# MANUEL DE LOPE

# IBERIA
## LA IMAGEN MÚLTIPLE

**DEBATE**

Primera edición: mayo de 2005

© 2005, Manuel de Lope
© 2005, Random House Mondadori, S. A.
   Travessera de Gràcia, 47-49. 08021 Barcelona

Printed in Spain – Impreso en España

ISBN: 84-8306-622-X
Depósito legal: B-17.059-2005

Fotocomposición: Lozano Faisano, S. L. (L'Hospitalet)

Impreso en A & M Gràfic, S. L.
Santa Perpètua de Mogoda (Barcelona)

C 8 4 6 2 2 X

# IBERIA
## LA IMAGEN MÚLTIPLE

A Jaume Ferrán
le dedico especialmente
la página 278 de este libro
en recuerdo de una
entrañable conversación
sobre los poetas muertos.
Con un fuerte abrazo,

M. de Cu

13.VII.05

# Sumario

# Madrid

De todas las comunidades autónomas españolas Madrid es la única que constituye una comunidad administrativa sin ser una región histórica o propiamente geográfica. La Constitución de 1978 otorgó a la antigua provincia de Castilla la Nueva estatuto de una comunidad aparte. La capitalidad del Estado que ostenta Madrid trajo ese ordenamiento diferenciado. Su ordenamiento legal fue tardío respecto al de otras comunidades españolas y sólo se votó en 1983. Contemplando el mapa de España hay algo que llama la atención. Los límites de la comunidad de Madrid forman un triángulo dinámico, con los vértices inclinados en sentido giratorio. Las puntas de San Martín de Valdeiglesias, de Somosierra y de Aranjuez parecen encajar en el mapa como una pieza mecánica en el eje de una rueda. El espíritu de las formas aplicado a la organización política de un Estado moderno no deja de ser un desvarío, pero Madrid fue escogido por los Austrias como capital de España precisamente por su carácter central geográfico, es decir, siguiendo un modelo teórico formal. Aquella decisión tuvo consecuencias duraderas. España es una vieja rueda que ha seguido un camino lleno de sobresaltos. Si se admite la imagen de la rueda, nada nos impide observar que la pieza que parece ajustar sobre el mapa las irregulares fronteras de las comu-

11

nidades españolas es el triángulo de la comunidad de Madrid.

A principios del siglo pasado Madrid era una ciudad poco poblada en comparación con otras capitales europeas. Apenas llegaba a superar el medio millón de habitantes. Se decía entonces que sólo la décima parte de sus vecinos eran naturales de Madrid. A las personas nacidas en Madrid se les llamaba «gatos», pero no he sabido averiguar por qué. El resto, es decir, las nueve décimas partes restantes, procedía de todas las regiones españolas. Se decía también entonces que aún era posible distinguir por su atuendo la procedencia de los visitantes que venían a la capital, en una época en que las indumentarias regionales, como residuos de un libro de folclore, abundaban todavía en detalles típicos y la propia labor de los sastres de provincias marcaba esas diferencias. Sin embargo, durante el siglo XIX Madrid mantuvo una referencia que consolidó su personalidad. El alzamiento del 2 de mayo contra las tropas de ocupación napoleónicas en 1808 constituyó uno de los mitos fundacionales del madrileñismo y su impacto en el imaginario colectivo quedó refrendado por los famosos cuadros de Goya. Otro acontecimiento, en pleno siglo XX, vino a reforzar la personalidad de Madrid como sujeto de la historia española. Durante la Guerra Civil la capital de la República sufrió uno de los asedios más largos y duros que se hayan conocido en guerras modernas. Esos dos acontecimientos de referencia se diluyen en la percepción actual de la ciudad, como si el concepto mismo de gran urbe los excluyera. El día 2 de mayo es una fiesta popular madrileña. Los lienzos de Goya que conmemoran las jornadas de 1808 se pueden admirar en el Museo del Prado. Del mismo modo, aún pueden verse en el parque del Oeste y entre las arboledas de la Casa de Campo algunos restos de aquellas apresuradas fortificaciones de hormigón que detuvieron a las puertas de Madrid el avance de las columnas sublevadas en 1936. Ello no parece ejercer en ningún caso la menor influencia en lo que ha sido el devenir de una ciudad que anula el pasado para convertirlo en reliquia prestigiosa. La expansión de Madrid se extiende sobre la región de forma creciente. La colonización de lo rural por lo urbano ha tenido lugar en el espacio de una generación. La explosión demográfica ha disuelto los contornos y lo mismo que hoy nadie sería capaz de averiguar la procedencia de los habitantes de Madrid por su indumentaria, ningún ejército se atrevería a plantear un asedio en el enorme cinturón de los nuevos barrios y sólo bajo figuras apocalípticas se puede imaginar un levantamiento popular. Las grandes ciudades del siglo XXI no tienen referencias heroicas, probablemente porque no las necesitan, o porque el protagonismo histórico de las ciudades modernas aún no ha hallado el momento y la forma.

La sierra de Guadarrama divide las aguas de la región madrileña de las tierras de Castilla la Vieja. A Segovia se llega cruzando el puerto de Navacerrada o el paso, más abrupto y literario, de Fuenfría. A poca distancia se encuentra el puerto de Guadarrama, separado de los anteriores por el pico de La Peñota y el macizo de La Mujer Muerta, con alturas que se acercan o superan los dos mil metros. Al puerto de Guadarrama también se le llama el Alto de los Leones, por dos antiguos leones de piedra que coronan el lomo de la montaña. Por Guadarrama cruzan las vías que comunican Madrid con el noroeste de la península. Más al norte, en dirección a Burgos, está el famoso puerto de Somosierra, donde una carga suicida de lanceros polacos abrió el camino hacia Madrid a las tropas de Napoleón. El arco de la sierra de Guadarrama se contempla fácilmente desde la capital y ha pasado a formar parte del patrimonio del Museo del Prado con una paleta de azules que la literatura del arte ha consagrado con la expresión de «azules velazqueños».

Guadarrama sirve de telón de fondo a algunos de los retratos más renombrados de la pintura española. A mediados de noviembre la sierra se cubre de nieve. Las cumbres permanecen blancas hasta bien entrada la primavera, que en Madrid es temprana. Guadarrama ofrece entonces una visión al mismo tiempo cercana y poética, como una comarca familiar y distinta, transformada en una panorámica nevada que se puede contemplar desde un parque urbano. La sierra impone a la ciudad el rasgo más acusado de su personalidad geográfica. Unas veces su sombra es tenue, otras parece trazada a la mina de plomo. Su hora grande llega con la puesta de sol, cuando el paisaje dilatado hacia poniente hace de los crepúsculos madrileños un espectáculo admirable. Se dice que Madrid obtiene de sus atardeceres lo que las ciudades costeras obtienen del mar. Para contemplarlo, los primeros palcos de preferencia son las terrazas del Palacio Real, o las barandillas de los jardines de Debod, o las campas del parque del Oeste. El crepúsculo madrileño puede ser glorioso, dramático, bíblico, bélico, plácido, majestuoso, aparatoso, verbenero o circense. Todos los madrileños lo saben y están orgullosos de ello, pero fingen ignorarlo. La ciudad parece indiferente al espectáculo de la puesta de sol. Sin embargo, las calles y azoteas de Madrid ofrecen un suplemento de espiritualidad a la banalidad del ladrillo en la hora precisa del atardecer en que les inunda la luz que llega de Guadarrama.

Las tierras fértiles del sur de la región están regadas por el Jarama y el Tajo. Del este llegan los ríos Tajuña y Henares, buscando el río grande. La sierra domina el paisaje madrileño y de la sierra procede sin duda el primer escudo del concejo de Madrid, que data de 1212 y representa un oso a cuatro patas, lo que en el lenguaje de la heráldica se llama un «oso pasante». Hubo un momento, también muy antiguo, a finales del siglo XIII, en que el oso se alzó sobre sus patas traseras y alcanzó los frutos de un madroño. Ése es el actual escudo de Madrid. Ahora se deduce que el oso pasante buscaba comida.

Se dice que los osos abundaban en la sierra de Guadarrama. Por las crónicas se sabe que el rey Alfonso VIII de Castilla mató sesenta osos en una semana en la sierra de la Cabrera, en los mismos parajes que hoy son unos picachos de granito casi completamente desforestados. Al ritmo de aquella carnicería los osos se extinguieron al cabo de unas pocas generaciones de monarcas aficionados a la caza. Además de Madrid, el oso figura también en el escudo de Berlín y Berna. Los suizos pueden contemplar en la vitrina de un museo de ciencias naturales un icono peludo y polvoriento: es el último oso abatido en sus montañas hacia 1870. Los madrileños sólo pueden contemplar el último oso de la sierra de Guadarrama en el escudo de Madrid.

Se puede describir una gran ciudad como se describe la topografía de un macizo de montaña, donde las cumbres tienen nombre, lo mismo que los valles, los pasos, los collados, los manantiales y los arroyos que conducen a ríos mayores. Las calles, las avenidas y los rascacielos son los accidentes geográficos de la gran ciudad. Desde ese punto de vista, la geometría del centro de Madrid está definida por un eje que la cruza en una orientación rigurosamente norte-sur, que sube por el paseo de las Delicias, va desde la estación de Atocha a la estación de Chamartín y se prolonga hacia el norte con nuevos desarrollos urbanos. Esa larga avenida de unos doce kilómetros de longitud tiene diversos nombres en su recorrido. A partir de Atocha, pasando por la plaza de la fuente de Neptuno hasta la fuente de la Cibeles, se llama paseo del Prado. A partir de la plaza de la Cibeles recibe el nombre de paseo de Recoletos. Más allá, a partir de la plaza de Colón, recibe el nombre de paseo de la Castellana. En tiempos de la dictadura del general Franco el paseo de la Castellana se llamó avenida del Generalísimo. Ese aumentativo de general, que el dictador se otorgó a sí mismo y que le complacía especialmente, no parecía sorprender a nadie bajo el antiguo régimen, quizá por la cuenta que a todos les tenía, aunque lexicalmente resulte tan ridículo llamar generalísimo a un general con mando supremo como llamar obispísimo al cardenal primado o abogadísimo al decano del Colegio de Abogados. En realidad los madrileños nunca dejaron de llamar a La Castellana por su verdadero nombre, del mismo modo que nunca llamaron avenida de José Antonio a la Gran Vía, rebautizada por la dictadura con el nombre del fundador del partido único. En el paseo de la Castellana tenía entonces lugar todos los años el desfile del Día de la Victoria, que conmemoraba el final de la Guerra Civil. Año tras año se celebraba el triunfo de los vencedores, alejando cualquier sombra de reconciliación, no sólo militar, que ya no venía a cuento, sino aquella reconciliación civil que ya de hecho se estaba produciendo en la sociedad por el alejamiento del conflicto y por la propia renovación de las generaciones. En cierta ocasión, uno de aquellos años, en la víspera del Día de la Victoria, a altas horas de la madrugada, cuando en el paseo de la Castellana ya estaban instaladas las tribunas de las autoridades para el desfile de la mañana siguiente, un poeta salió a la terraza del café Gijón, donde entonces se reunían las tertulias literarias, y exclamó alzando los brazos en un gesto patético: «¡En esta avenida se celebra cada año la Conmemoración del Crimen!».

Los que oyeron el grito de aquel poeta algo bebido no pudieron dejar de entenderlo. Cualquier guerra fratricida, y en último término ninguna guerra deja de serlo, conduce al mito de Caín y Abel. Durante algunas semanas la ocurrencia tuvo éxito y entre los iniciados del café el desfile se llamó la Conmemoración del Crimen. En tiempos democráticos, aquel desfile ominoso no ha desaparecido, pero se ha transformado en un desfile neutral, ni avasallador ni discordante, siguiendo la transformación del régimen político del país. Se le llama desfile del Día de las Fuerzas Armadas, un acontecimiento al que las autoridades prestan más caso que el grueso de la población, porque el prestigio militar se ha vuelto discreto y la función del ejército en la vida pública ha perdido el peso vergonzoso que le dio la guerra y se limita a cumplir las normas constitucionales.

Otro eje transversal, menos geométrico y riguroso que el eje norte-sur, cruza Madrid de este a oeste, desde el extremo de la calle de Alcalá, en parcelas que hasta no hace mucho tiempo se abrían al campo, hasta la Puerta del Sol, en el corazón de la ciudad, desviándose a la altura del edificio Metrópolis en una orientación noroeste por la Gran Vía, desviación que se acentúa en la plaza de España por la calle de la Princesa hasta los primeros panoramas de la Sierra. Los dos ejes forman una encrucijada en la plaza de la Cibeles.

Los aficionados a las ciencias esotéricas dicen que la plaza de la Cibeles es una de las plazas más importantes del mundo en cuanto a su significado astral. No se trata propiamente de la encrucijada del diablo, pero ellos mantienen que los flujos magnéticos que se concentran en la plaza son de primera magnitud. Para empezar sus esquinas son oblicuas respecto a los puntos cardinales. Ello se traduce en cierta inestabilidad cosmogónica que siempre actúa sobre los lugares de tránsito y movimiento. Cualquier ciudadano menos esotérico y más prosaico diría que la inestabilidad cosmogónica se traduce en embotellamientos infernales en las horas punta de tráfico.

Lo cierto es que en las esquinas de la plaza de la Cibeles se levantan símbolos muy poderosos. Uno de ellos es el Banco de España. Sus bóvedas acorazadas guardan el As de Oros en el juego de la fortuna. En la segunda esquina se encuentra el cuartel general del ejército. Es la sede de Marte, que en la baraja sería el As de Espadas. En la esquina opuesta se halla el Palacio de Comunicaciones, bajo la protección de Mercurio, el dios mensajero. La cuarta esquina de la plaza de la Cibeles es la más interesante. Durante un tiempo dio razón a aquellos que consideran a la Cibeles un lugar de mayor importancia trascendental que urbana. En la cuarta esquina se encuentra la Casa de América. Anteriormente fue la sede de la compañía naviera Transmediterránea. Antes aún había sido la mansión de los marqueses de Linares, cuya historia familiar se vio envuelta en una tragedia que algunos madrileños conocen y muchos ignoran. Durante las obras de restauración y acondicionamiento que habían de transformar el palacio de Linares en Casa de América se oyeron en su interior voces de fantasmas. Las obras se pararon. Se dispusieron instrumentos de detección y medida. Se comprobó la existencia de las voces. Se pensó en bendecir la casona vacía y en acudir a los servicios de un exorcista. Se comprobó también la existencia de risotadas. En los medios financieros, naturalmente escépticos, se dijo que aquello eran las carcajadas de satisfacción de los intermediarios que habían participado en lo que había sido una suculenta operación inmobiliaria. La teoría de una mansión habitada por almas en pena alimentó las especulaciones de los espiritistas. Al cabo de algunos meses las voces se desvanecieron y las obras del palacio de Linares se reanudaron, no sin que los periódicos hubieran aireado la historia de los marqueses y todo lo referente a los fantasmas.

La fuente de la diosa Cibeles, en el centro de la plaza, se levantó en tiempos de Carlos III. Cibeles es una divinidad ajena al panteón romano y helénico. Su origen más directo nos lleva al reino de Frigia, en las mesetas de Anatolia, en Asia Menor, a cuyos altares había llegado procedente de los templos del misterioso imperio de los hititas. Cibeles representa la fertilidad de la tierra. Es por lo tanto una divinidad primaria que nos remite al antiguo panteón indoeuropeo. Como todas las divinidades ctónicas, su poder se manifiesta en frecuentes temblores de tierra que algunos espíritus incrédulos atribuyen al tren de cercanías y a la línea 2 de metro que circulan bajo la plaza. La figura de Cibeles que emerge del subsuelo madrileño no tiene nada de infernal. Es una joven matrona que se pasea en un carro fastuoso tirado por dos leones.

En realidad, el gran poder magnético de la plaza de la Cibeles se hace evidente en las tardes de fútbol, cuando ha jugado y ganado el Real Madrid. Entonces acuden a la plaza decenas de miles de seguidores del equipo. Es una densidad humana de tal magnitud que hace pensar que la fertilidad de la tierra ha sufrido alguna clase de desajuste y sólo engendra aficionados al fútbol que pronto se adueñarán del mundo por poco que le vayan bien las cosas al Real Madrid. El fútbol aparece en esas ocasiones con su rostro más temible, que, paradójicamente o no, es el rostro de la victoria. El verdadero argumento de los esoteristas sería atribuir entonces a la plaza de la Cibeles la figura de Behemoth, el Monstruo Innumerable. Delante de la marea humana los palacios de las cuatro esquinas aparecen como inocentes sedes administrativas incapaces de movilizar una energía comparable a la que moviliza el principal equipo de fútbol de la ciudad.

## Un incendio en la Gran Vía

La vida puede ser una crónica de sucesos. El día 29 de noviembre, sobre la una y cuarto del mediodía, se produjo un incendio en la Gran Vía a la altura de la calle Valverde, en la manzana de la calle del Desengaño, junto al edificio de la Telefónica. El tráfico era intenso. Se tenía la impresión de vivir una de esas situaciones en las que la actividad de la ciudad parece a punto de sufrir un colapso que será, por último, algo más que un colapso circulatorio, como esas máquinas viejas y complicadas que despiden humo y pierden aceite y terminan por destruirse lanzando muelles y engranajes por los aires en una apoteosis final. Había racimos de peatones en los semáforos. El sol no hubiera encontrado suelo para proyectar sombra. Cualquier descripción individual resultaría insignificante en la idea misma de masa urbana. En esas condiciones, el humo que empezó a salir de lo alto del edificio del hostal Galicia y del hostal Pereda no suponía ni alarma ni espanto. Era un acontecimiento ligeramente desfasado de la percepción natural. No era el único suceso en el entorno. Un centenar de metros más allá se producía un acontecimiento simultáneo. En la encrucijada de la Red de San Luis, donde baja la calle de la Montera, tenía lugar una manifestación de trabajadores de Telefónica. Eran más o menos doscientas personas, con pancartas, banderas, bocinas y tambores. Frente a ellos se alineaban diez o doce furgonetas de la Policía Nacional que inmediatamente se dispusieron a controlar la manifestación y el tráfico. El incendio atrajo todas las miradas. El humo empezó a caer sobre las calles lo mismo que se llena de niebla un barranco. Era un humo blanco, con olor a plástico quemado. En pocos minutos, la muchedumbre que llenaba la Gran Vía se llevó a las narices muchedumbres de pañuelos. Un helicóptero sobrevoló la zona. El humo dejó de ser blanco y tomó un color ocre de hollín. Llegaron dos camiones de bomberos. Los manifestantes de Telefónica callaron. Las sirenas de los bomberos se enardecieron. Corrió el rumor de que ardía una pizzería. Otros dijeron que ardía un salón de belleza. Otros, la chimenea de una calefacción. El rumor recorrió un círculo entero de significados y regresó a la versión primera: ardía la chimenea de una pizzería en los bajos de un salón de belleza. El humo era tan denso que veteranos policías nacionales, endurecidos en disturbios callejeros, lloraban como niños. Huéspedes del hostal Galicia se asomaron a las ventanas. Algunos, de vida nocturna, todavía en batín. Las ventanas del hostal Pereda no se abrieron. Las letras PEREDA colgaban desvencijadas de la fachada. Era quizá un hostal abandonado. La trombosis de la circulación en la Gran Vía era completa y se extendía hasta mucho más lejos, desde donde llegaba el clamor salvaje de los automóviles como un rebaño de animales atrapados en una emboscada. Al cabo de media hora el humo comenzó a remitir. La atención del público siguió una vertiente humanitaria en el momento en que acudió una ambulancia del SAMUR. Hubiera resultado imprescindible ver desplegarse una escalera de bomberos, pero no se pudo gozar de esa oportunidad. Todo sucedía en las calles menores, a espaldas del público, como una obra de teatro en que la acción tuviera lugar detrás del decorado y sólo el ruido, los olores y el coro de las sirenas llegaran a los espectadores del patio de butacas. La representación duró tres cuartos de hora. Al cabo se restableció el tráfico. El público, aburrido, comenzó a circular. Los trabajadores del acontecimiento simultáneo incendio-manifestación volvieron a hacer sonar los pitos y a corear consignas. Los policías nacionales dejaron de llorar. Las reivindicaciones que figuraban en las pancartas sindicales eran demasiado específicas para ser entendidas por el grueso de los transeúntes. Sin embargo, en un momento dado, los manifestantes levantaron un bosque de dedos acusadores contra el rascacielos de Telefónica y entonaron una canción que por aquellos días resultaba comprensible para todo el mundo. El estribillo decía:

*Ahí está, ahí está,*
*la cueva de Alí Babá.*

Se referían a los antiguos directivos de Telefónica, prodigiosamente enriquecidos especulando en la Bolsa durante los pocos años que habían pasado al frente de la compañía.

## Un encuentro breve

En la calle de la Montera, entre la encrucijada de la Red de San Luis y la Puerta del Sol, hay una prostitución a todas las horas del día de mujeres jóvenes, ni guapas ni feas, ni provocadoras ni indiferentes, la mayoría de origen sudamericano. No es raro ver, en grupos de dos o tres, a los hombres que las explotan o las protegen, hombres duros, jóvenes también, fumando un cigarrillo sin apartar la mirada de las mujeres, o con los puños hundidos en los bolsillos de la cazadora.

Del otro lado de la Gran Vía la situación es diferente. En las callejuelas del lado impar de la avenida, detrás de los edificios altos, las prostitutas son mujeres maduras, en el segundo trecho de la vida. No tienen chulos que las controlen. Su trabajo es independiente. Visten de otro modo que las jovencitas de la Montera. Tienen tendencia a exagerar los pechos, ganando en bulto lo que han perdido en firmeza. Algunas podrían ser mujeres con una profesión cualquiera. Otras no quieren dejar ninguna duda sobre lo que buscan y ofrecen.

Una de ellas llevaba unos leotardos negros, una cazadora sintética imitando piel de pantera, una camisa colorada con el cuello abierto. Se erguía sobre unos zapatos negros de tacón de aguja. Era de poca estatura pero dominadora. Tenía los labios como un geranio. Llevaba una cadena de oro en el cuello, oro en las orejas y en los dedos. Su peinado era una melena espumosa teñida de rubio dorado. El autor le preguntó el nombre de la calle.

—¿Es ésta la calle de la Reina?

—No, rico —contestó aquella reinona sin saber que por su boca hablaba la filosofía—, ésta es la calle del Desengaño.

Un día, sobre las once de la mañana, un automóvil grande, discreto pero lujoso, de color azul oscuro, con los cristales ahumados, se detuvo a la altura del número 104 de la calle Lagasca, en el distrito de Salamanca. Un chófer con uniforme gris bajó el primero y rodeó el vehículo para abrir las puertas. A continuación bajó la mujer del presidente del gobierno. Luego, ayudado por ella y apoyándose en su brazo, bajó una persona mayor, quizá su padre. Del otro lado, ayudada por el chófer, bajó al mismo tiempo una mujer anciana, quizá la madre de la mujer del presidente. Una señora con la bolsa de la compra se detuvo a mi lado.

—¿Es la mujer del presidente del gobierno?

—Parece que lo es.

Un coche banal había seguido al primer automóvil y de ese segundo automóvil bajaron dos mujeres jóvenes que debían de ser las escoltas. Eran chicas guapas, de buen porte, bien vestidas. Probablemente habían sido escogidas por su buena apariencia. Una de ellas tomó posición en la acera, detrás del grupo. La otra se situó en el centro de la calzada, delante del automóvil. La primera iba vestida con un abrigo de color crema en forma de campana, elegante y bien cortado, como los abrigos que se ven en los figurines de las revistas de moda. La segunda mujer de escolta llevaba una chaquetilla de cuero negro, muy fina y ceñida a la cintura, con botines negros a juego y pantalones de franela gris. Nadie hubiera pensado que aquellas mujeres con aspecto de maniquíes iban armadas, realizaban regularmente ejercicios de tiro y puntería y habían sido entrenadas al más alto nivel de defensa personal. La mujer del presidente del gobierno caminó del brazo de su padre adaptándose a los pasitos cortos del anciano hasta llegar al portal, donde ya les esperaba la madre apoyada en el brazo del chófer. No había tráfico en la calle. Apenas había transeúntes, salvo dos o tres personas que se detuvieron al reconocerla. La compostura de la mujer del presidente era cariñosa y de suma atención. Vigiló el momento en que su padre debía alzar lentamente el pie para subir el primer peldaño del porche.

La mujer del presidente llevaba un traje inglés de paño grueso del que llaman *cheviot*, con chaqueta tipo sastre y pantalones rectos y anchos como tubos de chimenea. El color del *cheviot* no era demasiado afortunado. Era de un tono amarillo verdoso con minúsculas salpicaduras negras, como a veces se ve en los excrementos de pájaro. Curiosamente, las dos jóvenes escoltas, altas, atentas, inmóviles, con un encanto especial en su función de vigilancia, como si fueran modelos en una actitud de pasarela, parecían infinitamente más elegantes que la mujer del jefe.

## Misa de domingo en Las Mercedarias

Las grandes ciudades esconden en su interior muchas ciudades. Existe la ciudad artística, la ciudad espiritual, la ciudad laboral, la ciudad de los jóvenes y la ciudad de los viejos, la ciudad de los propietarios de perros, la ciudad financiera y la ciudad de los que duermen al calor de las bocas de metro, la ciudad cumplidora de la ley y la ciudad perseguida por la ley. Son ciudades cuyos habitantes se mueven en planos distintos, la mayoría de las veces invisibles los unos a los otros. Existen también en las grandes ciudades barrios que son ciudades. El urbanismo o la moda los definen como espacios autónomos integrados en un espacio más complejo. Así sucede con el barrio de Chueca, entre la calle de Hortaleza y la calle del Barquillo. Dicen que hasta hace unos años fue un barrio duro, marginal y transgresor. Ahora es un barrio frecuentado por homosexuales, con lo cual se mantiene su carácter medianamente transgresor, aunque todo el mundo reconoce que el barrio ha ganado en paz y buenas maneras. Las noches del barrio de Chueca son interesantes. El adjetivo «interesante» sirve para describir a ojos de los heterosexuales un carácter singular de las miradas y una tensión emocional siempre latente. No es un barrio especializado. No es la ciudad prohibida aunque para muchos sea la ciudad del deseo. Quienes lo conocen aseguran que en Chueca se viven buenas cosas. Hubo unos tiempos decrépitos que se han empezado a olvidar.

El paredón de la fachada trasera del convento de las monjas Mercedarias de Chueca cubre casi enteramente una de las aceras de la calle de San Gregorio. La fachada principal se encuentra en la calle Luis de Góngora. El convento de Las Mercedarias es una ciudadela religiosa incrustada en las calles de la ciudad del deseo. La comunidad la forman diez monjas que mantienen un colegio de niños y dan alojamiento a otras monjas de paso por la ciudad. La iglesia del convento sirve de parroquia del barrio. Los domingos tienen misa a las nueve y media. Apenas unas horas antes los habitantes de la ciudad del deseo y de la vida nocturna se habían ido a dormir.

El convento de Las Mercedarias debió de ser rico. La Orden de La Merced se dedicaba a rescatar a los cristianos cautivos de los turcos y manejaba fondos importantes. En los altares pueden verse los complicados escudos de los príncipes que favorecieron al convento, aunque nunca alcanzó el prestigio de los grandes conventos aristocráticos madrileños. Las bóvedas de la nave son de poca altura, pero sólidas y bien proporcionadas. En la gran cúpula central en forma de media naranja se veían restos de goteras. Aquél era el primer domingo de Adviento. Había diez personas en los bancos oyendo misa, entre ellas un hombre ciego con su largo bastón blanco entre las rodillas. Empezaba el año litúrgico. El cura vestía prendas de color morado. Era un hombre anciano, pequeño de estatura, algo cabezón. Hablaba con voz clara, bien modulada, con un timbre culto, como se puede imaginar que hablan los curas cercanos al arzobispo. Se le notaba la larga costumbre de la misa y la inercia de la liturgia bien sabida. Iniciaba las oraciones con el ritmo necesario, conociendo de antemano la cadencia final de la frase. La persona que le acompañaba en el altar leyó un fragmento del Evangelio de San Marcos, curiosamente profético, que lo mismo podía aplicarse a un parto que a una agonía:

*Estad atentos y vigilad,*
*porque ignoráis cuándo será el momento.*

*Velad, por tanto,*
*porque no sabéis cuándo vendrá el dueño de la casa,*
*si al atardecer, o a medianoche.*
*O al cantar el gallo.*
*O de madrugada.*

*Lo que a vosotros digo, a todos lo digo.*
*Velad.*

Las diez personas atendieron el Evangelio de pie. Luego se sentaron para escuchar el sermón. El cura, con la misma voz pausada con que había recitado la primera parte del oficio, se puso a un lado del altar y se dirigió directamente a su pequeño público. Aludió a las frases del Evangelio del día que todos habíamos escuchado.

*Velad […] porque no sabéis cuándo llegará la hora.*

Hacía pocas horas que los habitantes de la ciudad del deseo se habían ido a dormir.

«Hay narcóticos que adormecen lo más noble del ser humano: su espíritu. Uno de esos narcóticos es el culto del dinero.»

Aquélla era una opinión sobre el dinero que prácticamente ya no se oye decir en ninguna parte. ¿Qué hubieran pensado de ello los habitantes de la ciudad financiera? Cuando terminó el sermón una mujer se levantó y pasó un cestillo para recoger limosna. En el cestillo cayeron unas pocas monedas. El oficio siguió con las oraciones habituales de la misa y cánticos escuálidos de voces que no habían desayunado. El ambiente era frío. El espíritu descansaba en la liturgia como en una mecedora. Llegó el momento en que el milagro de la carne y de la sangre debía producirse y entonces dejé la iglesia. En el porche del convento había un mendigo esperando recoger su parte de limosna cuando aquella poca gente saliera de misa. Estaba tumbado en el suelo, reclinado en las escalinatas, apoyado en el codo, en la postura de un senador romano. Desde allí se podían oír las campanillas de la consagración. Afuera, en la calle, no había nadie. Se veían botellas vacías y envoltorios de papel. El aire tenía un olor agrio y el barrio daba la impresión de haber pasado una mala noche.

## En el metro

Una tarde, a una hora de gran afluencia, entre las estaciones de Retiro y Sol, en la línea 2, una pareja de argentinos hablaba de sus cosas casi junto a mi oído. Ella era una mujer de menos de treinta años, guapa, de rostro sereno, ni siquiera agobiada por la muchedumbre que llenaba el vagón. Llevaba una bufanda azul y un chaquetón gris, con un bolso de cuero cruzado en bandolera. Él era un muchacho moreno, de buen perfil, pelo espeso, algo más bajito que ella. Ella era actriz de teatro y conducía el hilo de la conversación.

Habló de sí misma.

—Yo llevo el teatro acá dentro… en el teatro siento que me expreso… Soy yo misma… No sé si lo podés entender…

Habló de amigos comunes.

—Conocés al de las barbas con anteojos… Juntó una compañía…

—Es un boludo.

—No es un boludo pero está rodeado de boludos.

Habló del trabajo. Era de las mujeres orgullosas que no han dado un paso atrás.

—El problema es el laburo… Yo vine acá con ganas de hacer cosas… Me salió un papel en una película porno con un par de boludos y allá que lo hice… Necesitaba la guita…

## El paisaje de Madrid

Desde la azotea de su casa en el quinto piso de la calle Colegiata, 2, junto a la plaza de Tirso de Molina, un periodista amigo mío me mostró el paisaje de Madrid. El exterior de su casa tenía dos terrazas. La primera era un gran balcón de dos o tres metros de anchura por seis de largo, con parapeto de obra, pértigas de metal para hacer correr un toldillo y baldosas rojas cuadradas, al estilo de los áticos madrileños. A los pies se veía la plaza de Tirso de Molina en el solar de lo que en otros tiempos había sido un convento. Es una plaza irregular, en forma de triángulo a la vez ancho y afilado. En una de las esquinas se halla el edificio de los antiguos almacenes El Progreso, que fueron los primeros grandes almacenes populares de Madrid. La pequeña cúpula gris y la fachada redondeada habían sido remozadas hacía poco tiempo y conservaban el aspecto de la arquitectura comercial de principios de siglo sin haber perdido un ápice de su aire emprendedor, progresista y moderno, como esos edificios vetustos que siempre guardan algo de su intención primera. Del otro lado de la plaza se veía el restaurante Asador Frontón. No lejos de allí, en la calle del doctor Cortezo, se levantaba todavía el edificio decrépito del antiguo Frontón Madrid, abandonado desde hacía muchos años. Enfrente del frontón, en la misma calle, el hostal Lagun aún recibía huéspedes en el segundo y tercer piso de una casa modesta. En el hostal Lagun, que en lengua vasca significa «amigo», se alojaban en otro tiempo los pelotaris. Más allá de la plaza de Tirso de Molina empieza el barrio de Lavapiés, en la pendiente que baja hacia las Rondas. El barrio tiene dos territorios. El primero lo ocupan los comerciantes chinos, especializados en la venta de ropa barata al por mayor. Su frontera llega hasta Cascorro y Embajadores, por la calle de Juanelo y de la Encomienda hasta la calle del Oso. Los chinos son gente tranquila. Se les puede ver a la puerta de los comercios descargando mercancía sin cesar, en esa actividad de hormiga que parece característica de los chinos, acumulando un margen de beneficio que a los extraños al negocio les puede parecer minúsculo y resulta ser próspero. A finales de enero o a principios del mes de febrero, con la llegada de la luna nueva, los chinos de Lavapiés celebran las fiestas del Año Nuevo chino. Las viejas calles del barrio se cubren con esa clase de farolillos rojos que siempre se han llamado farolillos chinos. La procesión del dragón dobla las esquinas entre petardos y tambores que ahuyentan a los malos espíritus. Para nosotros se acercaba el año 2003. Para ellos sería el año cinco mil y tantos. Dentro del ciclo de los años chinos le correspondía ser el año de la Cabra. La parte media y baja de Lavapiés la ocupan los marroquíes. En su mayoría son gente joven, emigrantes ilegales y sin trabajo. Los chinos y los naturales de Lavapiés odian a los marroquíes y les achacan todos los delitos del barrio. Probablemente, los chinos son tan ilegales como los marroquíes, pero el sistema de clan y la actividad comercial funcionan como un tipo de organización superior que incluye los entendimientos y los sobornos y protege a los chinos.

Desde la barandilla de aquella primera azotea se veían también los árboles de la plaza, de corteza oscura, con aspecto invernal, desnudos de hojas, salvo en las ramas que recibían en la noche el calor de las farolas. En ese comportamiento los árboles de Tirso de Molina se parecían al gato de La Venencia, la vieja taberna de la calle Echegaray, que solía dormitar en lo alto de la cuba más cercana a la lámpara para aprovechar el calor de la bombilla de sesenta vatios. Las ramas altas de aquellos árboles llegaban hasta los balcones de un segundo o tercer piso y formaban una especie de trama o red sobre la vida de la plaza.

En ningún otro barrio de Madrid se puede observar como en Lavapiés la combinación de lo exótico con lo castizo. En la calle Mesón de Paredes, donde comienza la cuesta hacia las Rondas, se encuentra la taberna de Antonio Sánchez, una de las más antiguas de Madrid, que en sus mejores tiempos acogió una tertulia literaria y taurina donde se reunían nombres de prestigio que hoy figuran en cualquier historia de Madrid. Antonio Sánchez, el fundador de la taberna, fue matador de toros. Dejó los ruedos para convertirse en tabernero después de recibir una cornada que le puso a las puertas de la muerte en la plaza de Tetuán de las Victorias, entonces un barrio de las afueras de la ciudad. El establecimiento no ha cambiado desde su inauguración. Ha conservado las maderas oscuras, el grifo de agua de chorro continuo que se desborda sobre el zinc del mostrador, el montacargas de manivela para subir las frascas de vino de la bodega. Es un local sombrío que huele a serrín. De los rincones asoman, como perforando la pared, las cabezas disecadas de dos o tres toros. Los viejos retratos de toreros, con patillas frondosas y grandes monteras, se han fundido en la mugre y en el barniz que han sudado los muros, y hacen pensar en esas fotografías de los abuelos a las que les ha caído encima una taza de café. Antonio Sánchez murió sin hijos, pero la taberna siempre estuvo en manos cercanas. El propietario actual también fue matador de toros bajo el apodo de Niño del Matadero. Es un hombre afable y listo, de poca estatura, bien proporcionado, siempre erguido, gaditano del Puerto de Santa María. Una de las cabezas de toro que se ven allí, casi tan grande como la mitad de su cuerpo, es la del animal que despachó en su alternativa. Entre el territorio de los chinos y de los marroquíes del barrio de Lavapiés la taberna de Antonio Sánchez es ahora un lugar insólito. La distancia entre el país añejo y castizo que la taberna representa y el país real que la rodea es enorme. El verdadero exotismo parece ser un exotismo del pasado que se ha refugiado allí. La taberna es frecuentada por algunos curiosos que acercan la nariz a las fotografías y levantan los ojos a las paredes con la misma veneración con que hubieran visitado un oratorio. En la sala del fondo se sirven comidas. También recibe cierta clientela del barrio que forma una pequeña reserva humana de la memoria de la taberna, en caso de que esa memoria represente algo más que lo que se deja sentir en la seria y solemne presencia de los toros disecados. El último reducto típico de Lavapiés es algo más que típico precisamente por ser el último. Lo mismo que un vino rancio no recuerda en nada a la viña de que brotó, la taberna de Antonio Sánchez no es ni siquiera un lugar taurino. ¿Qué puede pensar un comerciante chino al pasar delante de un oscuro local donde se dejan entrever aquellas cabezas de toro? Se hará a la idea de que la taberna de Antonio Sánchez es un lugar de culto, como esos templos donde se veneran animales, y probablemente habrá acertado con ello.

La segunda azotea de la calle Colegiata, 2, en la casa de mi amigo, era una terraza mucho más ancha y abierta que la anterior y se hallaba directamente encima de los tejados. Se subía a ella por una escalerilla estrecha y empinada, como se sube a la segunda cubierta de un barco. La barandilla era metálica. En esta segunda azotea estaba anclado el pararrayos de la casa. Había algunos hierros oxidados que habían servido de puntales para las cuerdas de tender ropa o habían cumplido alguna de esas tenaces funciones que los viejos hierros oxidados se resisten a abandonar. Era un día destemplado de invierno. El viento hacía temblar las antenas de televisión como los cables de los veleros amarrados en los puertos. Desde aquella segunda azotea se podían contemplar a la redonda las torres y tejados de Madrid. Era una visión extremadamente literaria. Desde allí se disfrutaba del panorama de *El diablo Cojuelo*. Contemplando el círculo del horizonte como la esfera de un reloj, en el norte, donde estarían las doce, se veían muy cercanas las torrecillas del palacio de Santa Cruz. Era un conjunto característico de tejados, cubiertos de pizarra negra, dispuestos con un ritmo de piezas de ajedrez. La parte de atrás del palacio fue cárcel y daba a la calle del Verdugo, por donde pasaba la comitiva de las ejecuciones hacia el lugar del suplicio, en la plaza de la Cebada. Las grandes ejecuciones, como las grandes fiestas, tenían lugar en la Plaza Mayor. Cambiando de orientación en el panorama circular, pasando a lo que serían las once del reloj, aparecían las torres de la Casa de la Villa y de la Plaza Mayor, en el mismo orden de arquitectura civil que el palacio de Santa Cruz. También se veía, muy discreta, una especie de torrecilla o lucerna que debía de pertenecer a la iglesia de San Ginés, en la calle del Arenal. Durante la Semana Santa, hace doscientos años, se reunía en la cripta de San Ginés una cofradía de penitentes que llamaban los Azotados para deshacerse mutuamente la espalda a latigazos. El espectáculo era muy concurrido. Además, la iglesia permanecía abierta día y noche durante toda la Cuaresma. Ello daba lugar a que San Ginés se convirtiera en una especie de casa de citas donde llegaban a celebrarse verdaderas orgías, quizá por la lujuria de la sangre, con tan gran escándalo que al fin se decidió cerrar la iglesia fuera del tiempo de los oficios.

Siguiendo el sentido inverso de las manecillas del reloj, la catedral de la Almudena aparecía en lo que serían entre las diez y las nueve y media. Era un gran bulto a la vez complicado y limpio de líneas, como un dibujo académico sobre el papel liso del horizonte, suspendido sobre el talud invisible que del otro lado del edificio se desplomaba hacia el Manzanares. Desde aquella perspectiva, el efecto combinado de la cúpula y de los campanarios hacía pensar en un gran carruaje de época. Había algo mágico en su conjunto, como si se tratara de una calabaza transformada en carruaje transformado en catedral. Al fondo se veía el perfil de la sierra. El guía de la terraza, con orgullo de propietario, me indicó que, en los días claros, por aquel lado se podía ver El Escorial con ayuda de un catalejo. Muy cerca, hacia las nueve del reloj, estaba la vieja catedral de San Isidro, tan próxima a nosotros que se podían distinguir los plomos de las cristaleras. Girando hacia el sur, entre las ocho y las seis, aparecían multitud de cúpulas y campanarios, en la corta y media distancia. Allí estaba la iglesia de San Cayetano, que fue saqueada durante la guerra. Su gran estructura central, como un sombrero en forma de campana, se levantaba muy por encima de las buhardillas del vecindario. Uno de los campanarios parecía desmochado. La iglesia de San Cayetano es un caso curioso entre las iglesias de Madrid. Su fachada parece haber sido proyectada para ocupar el fondo de una plaza o de un *campo* en el sentido italiano, o el lateral de un *corso* de cierta amplitud, y en su lugar se halla situada en una calle menor, sin ninguna perspectiva, como si un buen pastelero hubiera presentado una pieza de alta repostería en una fuente demasiado larga y estrecha. Sólo desde aquella azotea se podía apreciar el desarrollo completo de la iglesia, con su crucero alto, grande y armonioso, que asomaba sobre la línea de los tejados como el puente de mando de un navío sumergido hasta la borda. Detrás y a la izquierda de San Cayetano asomaban otras torres. Más lejos, según giraban las agujas del reloj, se veía San Francisco el Grande, una de las iglesias de mayor empaque de Madrid. Hacia las cinco, San Sebastián de Atocha. Hacia las dos y media la torrecilla modernista del hotel Victoria. Hacia no sé qué hora el pirulí de Televisión. Había muchas otras torres y cúpulas llenando todo el círculo horario, unas modernas, la mayoría dieciochescas y otras de la época en que *El diablo Cojuelo* levantaba los tejados de Madrid. El viento sacudía la terraza con fuerza. El propietario, volviéndose hacia el sur, señaló el cerro de los Ángeles, donde se dice que se encuentra el centro geográfico de España. Era un promontorio perfectamente visible, situado en los límites de la ciudad. Detrás se extendía una línea azul de tierras llanas por donde se llega a Toledo. Se podía concebir que Madrid fuera una isla densamente poblada y aquello que eran las primeras tierras de La Mancha fuera el mar.

Otro amigo mío y amigo del anterior, ambos naturales de Alcalá de Henares pero afincados en Madrid, me llevó al parque del cerro del Tío Pío, que llaman parque de las Tetas, en el barrio de Vallecas, para contemplar el paisaje de Madrid desde el sur. Era un día tan destemplado como lo habían sido los días pasados. Desde allí la visión de Madrid tenía más cielo y era más esférica que la que se podía ver desde el centro de la ciudad, que resultaba más circular y plana. Las fronteras de Madrid eran casi completas. El panorama lo cerraba por el norte la sierra de Guadarrama y el puerto de Somosierra, de un gris rico en matices, con retazos de nieve y largas nubes desgarradas por el viento.

El parque del Tío Pío se abrió en 1987 sobre cierta extensión de terreno que había sido utilizada para depositar los escombros y los materiales de derribo de toda la parte del barrio que antes eran chabolas o casas bajas. El acondicionamiento del parque fue un trabajo de gran jardinería. Se utilizaron excavadoras en vez de azadones o rastrillos y se dio forma a las montañas de escombros. Sobre los cascotes se extendió una capa de tierra vegetal y se plantó césped. Son media docena de colinas suaves como pechos de mujer. Unas colinas están desnudas. Otras tienen en la cumbre pequeños bosques de pinos de silueta cimbreadas, copa redonda y tronco fino.

El parque del Tío Pío es un mirador sobre Madrid, que desde allí parece una ciudad ajena. A un lado está el cuartel de bomberos del barrio, con una torre de seis pisos donde los bomberos ponen a estirar las mangueras y ejecutan arriesgados ejercicios de entrenamiento, como en un espectáculo *naïf*. Desde el parque del Tío Pío, visto de sur a norte, Madrid es una isla de ladrillo. Las viviendas más cercanas ofrecen detalles precisos, como una primera línea de costa que viene a quebrarse en la orilla. El resto es dilatado y uniforme. La vida tiene lugar por debajo del nivel de superficie, que desde aquel punto de vista no es el nivel de la calle sino el nivel de las azoteas. Se distinguen algunos rascacielos con nombre propio: la torre Picasso, la torre de Europa, las imperfectas torres de Kío, en la puerta norte de la ciudad. Hacia el oeste, el velo blanco y curvo del Planetarium parece un objeto espacial atrapado en una materia más primitiva o más tosca que la suya. En aquella tarde azotada por ráfagas de lluvia y viento el paisaje que se contemplaba desde el parque del Tío Pío o parque de las Tetas tenía algo de inhumano y grandioso. Había una luz dura y afilada de invierno. Todas las grandes ciudades llevan implícita la idea de catástrofe, quizá por la gran cantidad de energía que concentran. En general no se podía apartar el pensamiento de que Madrid sería algún día un gigantesco depósito de escombros, como los que yacían debajo de las suaves colinas del parque del Tío Pío, y como desde allí Madrid parecía una ciudad ajena, se tenía la impresión de que sólo Vallecas se salvaría del desastre.

La frontera de Madrid con Vallecas es mucho más perceptible que la de cualquier otro distrito madrileño. El barrio comienza en el puente de Vallecas, pasando debajo de la autovía urbana que sigue más o menos el lecho de lo que era el arroyo Abroñigal, un afluente del Manzanares que tuvo fama de arrastrar perros muertos y otras inmundicias. Por aquel paso sobre el arroyo Abroñigal se salía de Madrid hacia Valencia. La arteria principal de Vallecas se llama avenida de la Albufera, para indicar la dirección hacia la famosa laguna litoral de Levante. Se dice que los vallecanos eran gente muy viajada y marinera, que de Madrid emigraba a Valencia para embarcarse. Entre las calles del puente de Vallecas está lo que los vallecanos llaman el bulevar, una avenida corta y ancha, plantada de plátanos, tan mediterránea de aspecto que recuerda las alamedas de plátanos de los pueblos del interior de Cataluña. Es un lugar de sabor provinciano. Nadie visitaría Vallecas por amor al turismo ni por amor a la ciudad, de modo que la visita merece la pena por amor a Vallecas.

Parece que en la década de 1980 el barrio de Vallecas fue famoso por sus grupos de rock, cuando Vallecas fue bautizado Valle del Kas, y cada reunión de cuatro o cinco muchachos de aquel nuevo valle formaba una banda de música. La mayoría de esos grupos no pasaron de tener una popularidad local, es decir, vallecana. Otros alcanzaron una popularidad periférica, extendida a otros barrios del extrarradio madrileño. Otros, los más selectos, si es que ese adjetivo no es un insulto en el mundo del rock, gozaron de fama universal, entendiendo por universal lo que se cree dominar desde una sola perspectiva. En el bulevar de Vallecas hay un busto de bronce dedicado a una anciana de nombre Ángeles Rodríguez Hidalgo, que nació con el charlestón en 1900 y falleció con el rock en 1993. Era conocida como la abuela del rock y el busto se lo dedicaron muchos de esos grupos de rock vallecano. De un lado del pedestal hay unos versos:

> *De la plata a Sevilla,*
> *rociera ella,*
> *ángel tú eres,*
> *y tus alas despegan*
> *de la tierra*
> *al otro mundo.*

Del otro lado hay una inscripción cariñosa: «Adiós, abuela rockera. Tus amigos rockeros te dedican este monumento».

Lo firman el grupo Asfalto, el grupo Alma Cheyenne, el grupo Esturión, el grupo Lujuria, el grupo La Banda, el grupo Ñu, Mago de Oz, Sobredosis y otra media docena de grupos más. Pregunté a algunas personas detalles más concretos de la abuela rockera pero no supieron informarme y saqué en limpio poca cosa. Parece que a la abuela le gustaba el rock y no se perdía un concierto de las bandas de Vallecas. El busto de la abuela es una pieza curiosa. Va vestida con una cazadora de aviador y se cubre con una gorra de capitán. Levanta el puño de la mano derecha como una miliciana de la Guerra Civil, que probablemente vivió como miliciana, pero sus medallas y sus insignias no son militares sino rockeras. Tiene el rostro fino, la nariz grande y aguda, la expresión risueña, los ojos rasgados y abiertos, la mirada viva. A pesar de la serenidad alegre del retrato, los labios dibujan una sonrisa entre amarga y cínica, sin dejar de ser una sonrisa. Hay algo en ese busto que llama la atención. En realidad, el rostro de la abuela rockera de Vallecas esconde el rostro de un viejo conocido que nadie hubiera esperado encontrar allí. Bajo la gorra de capitán de la aviación republicana, la vieja abuela rockera de Vallecas es la reencarnación de Voltaire según se le recuerda en el famoso bronce de Houdon.

Se estaba preparando por aquellos días una carrera de maratón o medio maratón que tradicionalmente se celebra el último día del año y que se llama la San Silvestre Vallecana. Salía del centro de Madrid, recorría las principales arterias y terminaba en el estadio de fútbol del Rayo Vallecano. Aquel año había de ganarla por cuarta vez, y por tercera vez consecutiva, un corredor de fondo palentino de apellido Viciosa, con lo cual se había pensado en cambiar el nombre de la competición y llamar a la carrera la Vallecana Viciosa.

El núcleo del antiguo pueblo de Vallecas se encuentra a la altura de la estación de metro Villa de Vallecas, a siete estaciones del puente de Vallecas y a catorce o quince estaciones de la Puerta del Sol. Como término de comparación, la unidad de distancia es la estación de metro. La Plaza Mayor de la Villa de Vallecas es la plaza de Juan Malasaña, un protagonista de los sucesos del 2 de mayo, de los que Goya retrató acuchillando a los caballos de los mamelucos, vallecano de nacimiento. Del lado sur de la encrucijada sale el paseo de Federico García Lorca, ancho y bien arbolado, con dos fuentes monumentales procedentes de algún jardín romántico y un monumento en forma de laberinto dedicado al poeta. En cuatro bloques de granito se han grabado algunos versos:

*Oh guitarra, corazón*
*malherido por cinco espadas…*

*La plaza al par que la tarde, vibraba fuerte, sangrienta…*

*Abierta estaba la rosa con la luz de la mañana…*

versos populares, que hubieran podido ser sacados de romances anónimos, o escritos por algún poeta del barrio para aquel jardín público. El paseo de García Lorca es el espacio urbano que sustituye a lo que debió de ser la alameda del pueblo. Allí se encuentra la Junta Municipal de distrito, un edificio moderno que a su vez sustituye al anterior ayuntamiento independiente. Por aquellos días estaban instaladas las casetas del mercadillo de Navidad. Del otro lado de la plaza sale la calle Real de Arganda, que era el camino real hacia Arganda y Valencia. La Villa de Vallecas era la última etapa donde pernoctaban los arrieros que al día siguiente querían entrar temprano en Madrid.

Con ser el mayor suburbio de Madrid, Vallecas ha guardado su carácter rural en la iglesia de la villa, que se conserva como una reliquia en el enorme entorno urbano que se extiende hasta donde alcanza la mirada. Se dice que la torre de ladrillo es mozárabe. El cuerpo de la iglesia, también de ladrillo, con muros de piedra y mampostería, es de Juan de Herrera, el arquitecto de El Escorial. Es un edificio elegante, de buena presencia, con un frontón curvo y una vista incomparable desde lo alto de la torre hacia los cielos sangrientos de la puesta de sol. Se levanta sobre una plataforma empedrada con cantos rodados, a la manera de las iglesias de los pueblos. La portada es de granito de Guadarrama. La parroquia guarda la imagen de la patrona de Vallecas, la Virgen de la Torre, una muñeca cubierta con un manto verde. La iglesia está dedicada a San Pedro en Prisión. Las paredes del interior están casi desnudas. En el lugar del retablo mayor hay un gran lienzo de muy buena factura, lo que se llamaría un cuadro de museo.

Representa a san Pedro, ya anciano, liberado de prisión por un ángel mientras sus guardianes duermen. Otro ángel le precede hacia una puerta luminosa.

El cuadro de Vallecas tiene fuerza y misterio. Probablemente la idea de la liberación de san Pedro es puramente espiritual y conduce hacia la muerte, libre al fin de los hierros de este mundo. El cura de la parroquia, un hombre mayor, cercano a la edad de ser liberado por un ángel, leía un libro a la luz de una lamparilla dentro de un confesonario. Parecía una figura de cera encerrada en una cajita. Me acerqué para preguntarle si sabía de quién era el cuadro. Me dijo que era de Rizi, Francisco Rizi, un pintor del siglo XVII. Hablábamos muy bajo, con murmullos de confesión. Le pregunté por qué no había retablo sobre el altar mayor y sólo estaba el cuadro. Me dijo que durante la Guerra Civil la iglesia había servido de almacén de víveres y cochera y el retablo había sido destruido. Un jefe de milicias de algún entendimiento en pintura había mandado enrollar el lienzo para conservarlo en un almacén de Madrid. Al final de la guerra el cuadro había vuelto a su lugar de origen y se le había hecho un marco nuevo. Le pregunté cuánto tiempo llevaba de cura en Vallecas. Me dijo que cuarenta y seis años, desde 1956. Le dije que eso era mucho tiempo. Mucho, dijo él. ¿Nunca había pensado en cambiar de parroquia? Me dijo que había pedido cambiar de parroquia a finales de los años sesenta, pero el cardenal Tarancón, que era su obispo de entonces, se lo había negado. Le había dicho que le necesitaba allí. Había que saber que entonces el partido comunista clandestino era muy fuerte en Vallecas y la parroquia se veía envuelta en muchos compromisos. Le dije que la parroquia de San Pedro en Prisión debía de ser una referencia importante para aquellos hombres que se jugaban largas penas de cárcel. Para algunos era una referencia y para otros no lo era, dijo él. No se le iluminaron los recuerdos. Fuera de la iglesia, pegada a la cabecera del muro sur, estaba la casa parroquial. Era una vivienda muy modesta, de planta baja, del tiempo en que Vallecas era un verdadero suburbio y por sus alrededores se extendían las chabolas. La casita tenía un patio pequeño, cerrado por una alambrada de gallinero y una media tapia de ladrillo desconchado. En su interior crecía una palmera con aspecto de alcachofa gigante, que apenas alcanzaba la altura del tejado y ya ocupaba la mitad del patio. Junto a la puerta se veían macetas que nadie cuidaba. Había plumas ensangrentadas y restos frescos de una paloma que se había comido el gato.

## El Museo del Prado: preferencias

Resulta difícil imaginar ahora lo que era el Museo del Prado en aquellos tiempos, no tan lejanos, en que el museo, en cualquier época del año, estaba prácticamente vacío. Todas las generaciones creen haber sido la última generación en haber conocido alguna particularidad de su época. A mi generación le corresponde haber sido la última generación en haber conocido los museos vacíos. Los visitantes se contaban por decenas, no por millares al día. Las salas parecían mucho más vastas que ahora. La iluminación era escasa, la ordenación enciclopédica y los cuadros gozaban de un silencio que convenía al carácter intemporal de las figuras. El Museo del Prado era entonces un espacio ajeno a la actividad exterior, como puede serlo un convento o una mansión deshabitada. El flujo de comunicación social era inexistente. La proximidad, la fricción, el contacto físico entre visitantes era imposible. Nadie sentía otra respiración que la suya. Las obras maestras que habían dejado huella en la historia de la pintura dormían el mismo sueño que las obras de género. *Las meninas* se exhibía en una especie de alcoba que recordaba un aposento privado del Palacio Real. En uno de los ángulos de la estancia, frente al cuadro, había un gran espejo que quería sugerir no sé qué enigmáticos efectos ópticos. *Las meninas* era entonces un lienzo de tonos apagados hasta que una restauración milagrosa, como el contacto de Cristo con Lázaro, resucitó la atmósfera que había permanecido oculta bajo sucesivas capas de barnices y excrementos de mosca. En una sala cercana estaban expuestos los bodegones de Snyders y Van Loo. La visita transcurría entre referencias más o menos eruditas, más o menos difusas, y el visitante recordaba haber leído en algún lugar que una de las perfecciones académicas de la pintura consistía en saber pintar una liebre o un conejo. No sé si era malo o era bueno que el museo pareciera un cementerio de obras de arte. El desarrollo del turismo masivo llenó los museos, y si aquellos aspectos como la iluminación, la exhibición, la didáctica y la restauración de los cuadros han experimentado mejoras sorprendentes, también es cierto que el agobio de los muchos miles de visitantes destruye la percepción de aquello mismo que se intentaba gozar. Nadie duda de que la visita a un museo aporta cierto grado de enriquecimiento personal, pero es muy dudoso de que en esas condiciones la visita al museo pueda desarrollar el sentido de la pintura. Hay un deseo de que los cuadros famosos, mil veces reproducidos, funcionen a la manera de las grandes figuras del cine y del deporte, sumergidos en un baño continuo de popularidad, ocupando en exclusiva el ánimo del visitante. Ante el naufragio del museo bajo la carga del turismo a veces se piensa que hay que darle por perdido con todo lo que contiene, como si hubiera sufrido un incendio. Al igual que todos los museos importantes, el Museo del Prado padece una situación contradictoria. La contradicción consiste en que el exceso de visitantes oculta lo que se pretendía mostrar. Pero no se conoce la pintura a través de los libros y nada sustituye a la confrontación real con el objeto, por mucho que el curioso pueda aprender en los libros de arte. Para el visitante individual la solución es prosaica. Consiste en saber de antemano lo que el museo ofrece como quien lee un menú. En lo reducido de la selección está la clave de lo que uno goza, porque el peligro de los grandes museos es el deseo de poseer por la mirada lo que exige muchas visitas, lo mismo que el peligro de un banquete es la indigestión.

Uno de mis cuadros preferidos en el Museo del Prado es de tema religioso. El cuadro de Andrea Mantegna llamado *El tránsito de la Virgen* es una tabla de pequeño formato, no más de 40 × 50 centímetros de lado, presentada en sentido vertical, enmarcada a la manera de las pinturas de retablo, como si hubiera formado parte de una composición más amplia y se hubiera separado de un conjunto narrativo del cual es sólo una viñeta. La escena representa la agonía de la Virgen, que la tradición cristiana llama *tránsito* para conservar una idea más pura y espiritual de la muerte, eliminando lo que pudiera haber en ella de corrupción y angustia. El cuadro llegó a las colecciones reales en tiempos de Felipe IV, que lo compró en la almoneda de los bienes de Carlos I de Inglaterra, al que Cromwell hizo decapitar acusándole de alta traición. Su pinacoteca fue subastada en la más fabulosa venta de arte de todos los tiempos y las restantes monarquías europeas no dudaron en arrojarse sobre aquellos despojos. Los cuadros tienen una historia, a veces dramática, y la pequeña tabla de Mantegna que posee el Museo del Prado está relacionada con el triunfo de aquel puritano dictador inglés.

La última aparición de una obra de Mantegna en el mercado del arte se produjo mucho más recientemente y constituyó un acontecimiento excepcional. La venta tuvo lugar el 23 de enero de 2003 en una subasta de obras de maestros antiguos organizada en Nueva York por la casa Sotheby's. Era una ocasión rarísima. El Mantegna fue la estrella de la sesión. Todas las revistas especializadas se hicieron eco del asunto. Probablemente se trataba de la única pieza de Mantegna que aún se conservaba en manos particulares. La pintura no procedía de la colección privada de un monarca degollado sino de los fondos de Juan de Beistegui, un famoso coleccionista y anticuario de París de origen vasco. La obra, también de pequeño formato, como la del Museo del Prado, representaba el *Descenso de Cristo a los infiernos*, un tema inspirado en uno de los párrafos finales del viejo credo cristiano. Grandes museos pujaron por ella. Alcanzó el precio de veintiocho millones y medio de dólares. Aunque la compra fue anónima, los especialistas creían saber que el precioso Mantegna había vuelto a Italia.

Andrea Mantegna nació cerca de Mantua hacia 1430 y murió en esa ciudad en 1506. En sus *Vidas de los artistas* escritas casi cien años más tarde, Vasari nos dice que Mantegna era un hombre de origen muy humilde. De muchacho trabajó en las labores del campo y por su buena suerte, su esfuerzo y su talento llegó a alcanzar la categoría de gran pintor y la dignidad de caballero, una progresión social que Vasari subraya con respeto. Era una persona amable y estimada. Se le tiene por el inventor de la perspectiva *di sotto in su*, de abajo arriba, en una época en que los descubrimientos de la pintura guardaban una estrecha relación con los progresos de la geometría.

Mantegna es un pintor de obra muy escasa. Muchas de sus pinturas se han perdido. Vasari describe minuciosamente los frescos de la iglesia de los Ermitaños de Padua, reducida a escombros por un bombardeo en 1944, durante la Segunda Guerra Mundial. *El tránsito de la Virgen* que se halla en el Prado está fechado alrededor de 1460, cuando el pintor era todavía un hombre joven. A la pieza que se exhibe le falta una parte semicircular que actualmente se conserva en el Museo de Ferrara y que remataba el rectángulo con una especie de bóveda. En la imagen, la Virgen agoniza rodeada de once apóstoles, en una estancia perfectamente delimitada en su arquitectura. El lecho se encuentra situado en sentido transversal según la mirada penetra en la perspectiva del cuadro. Una ventana, al fondo, muestra el lago poco profundo y de aguas nacaradas que rodea a la ciudad de Mantua, con el puente que lo cruza y conduce al arrabal de San Giorgio. En el interior de la estancia, san Pedro, vestido a la manera sacerdotal, administra los últimos sacramentos a la Virgen. Otros dos apóstoles le atienden como diáconos del apóstol mayor. Uno presenta los santos óleos. Otro dobla la rodilla delante del lecho y adelanta el brazo con el incensario en un movimiento que parece dudar entre la ternura y la solemnidad. Los demás apóstoles se hallan colocados a un lado y otro de la escena en una ordenación perfecta que hace pensar en un ballet petrificado, o en una representación teatral, de no ser por la gran intensidad que todo ese pequeño conjunto encierra, como si la máxima tensión del dolor se expresara en términos matemáticos de composición y perspectiva del mismo modo que un mineral sometido a grandes temperaturas y presiones forma cristales perfectos. Los apóstoles lloran. Cada uno sostiene un cirio en la mano. Tienen la boca abierta formando pequeñas bocinas. Es el momento del lamento fúnebre y en ese aspecto el cuadro es sonoro.

Se puede imaginar la composición aumentada de tamaño, ocupando todo un muro. O muy por encima de la escala natural, formando constelaciones, de modo que se pudiera revelar el carácter monumental que se esconde en su pequeño formato, a la manera de las figuras que lo mismo aparecen en los pequeños elementos de la naturaleza que en las proyecciones de la astronomía. Esa dificultad en saber cuáles son las verdaderas dimensiones del cuadro de Mantegna es la esencia de su misterio. Se podría imaginar que el cuadro absorbe al espectador no para admitirle en el conjunto representado, sino para reducirle a una estatura liliputiense en una escena de apóstoles gigantes. Al cabo de un tiempo de contemplación esa pequeña obra de 40 × 50 centímetros demuestra la condición elástica del espacio. Se tenía por seguro en tiempos de Mantegna que el hombre era la medida de todas las cosas, pero la vieja presunción aristotélica sale malparada en la misma realización del pintor. El cuadro es inquietante pero no abruma. Hay una elegancia muy propia del Renacimiento que no pretende abusar del efecto causado. Ni siquiera se nos pide que en nuestra minúscula condición nos sumemos al llanto. Ellos son semidioses. Llevan la cabeza coronada con un plato de oro y el visitante se conforma con situar la mirada más o menos a la altura de sus pies.

Uno de los pintores europeos mejor representados en el Museo del Prado es Rubens. No es un pintor que goce de la afición de nuestro tiempo como lo gozó en vida. Las razones no son evidentes. Salvo en los círculos de pintores y expertos hay una percepción actual que impide valorar a Rubens en su verdadera altura, como si la difusión de su mundo visual no coincidiera con la demanda de nuestra época. Sin embargo, cualquier cambio de orientación puede alterar esas condiciones y veríamos entonces ocupar a Rubens el primer plano de la iconografía contemporánea como sucedió con el Greco. El Museo del Prado posee una magnífica colección de retratos de apóstoles. Son hombres carnosos, hombres del pueblo, con una gran presencia terrenal, verdaderos organizadores de la Iglesia a partir de sus oficios de artesanos. Los mismos instrumentos de su martirio parecen herramientas profesionales. Los apóstoles de Rubens ocupan el extremo opuesto a los apóstoles del Greco que pueden verse en Toledo, consumidos y alucinados por la energía mística de la Revelación.

De todos los cuadros de Rubens que posee el Museo del Prado mi preferido es aquel que se titula *El jardín del amor*. Es un cuadro cuyo tema alegórico va implícito en el título aunque conviene recordar que en otro tiempo se llamó *El sarao* o *Conversación a la moda*, lo que introduce un margen no pequeño de desconcierto. Según el diccionario, un *sarao* es una reunión nocturna de personas de distinción para divertirse con bailes y con música, a lo que se puede añadir la conversación de la segunda parte del título. Ello quiere decir que la época inmediatamente anterior a la nuestra percibía el cuadro en términos de reunión burguesa o de salón, como se decía entonces, y todo el cuadro quedaba reducido a una visión quizá no más banal, pero sí más limitada o más frívola. La visión alegórica es nuestra, no porque no estuviera contenida en el cuadro, sino porque no se la conseguía ver. No se trata de un lienzo de encargo. Rubens pintó el cuadro para sí mismo. Un conjunto de personajes se halla reunido en un jardín para disfrutar de la música, de la conversación y de la noche. A la izquierda se encuentran dos parejas de hombres y mujeres. Se cree que los hombres eran discípulos del pintor. Por ese lado el jardín se abre sobre una vista crepuscular. Se supone que se trata del jardín de la casa de Rubens en Amberes, aunque no hay motivos para identificar el decorado ni el paisaje, que permanecen en un ámbito imaginario. En el centro hay un grupo de mujeres. A su modo representan la vista, el oído y el tacto. Aparecen sumergidas en una inundación de pequeños amorcillos. Detrás de ellas un músico de aspecto vulgar y contrahecho toca un laúd. Otros personajes, mucho más desdibujados, se distinguen entre los elementos de arquitectura del fondo. Son los criados que retozan con las doncellas y sugieren el amor carnal. Mientras tanto, a la derecha del lienzo, los dos verdaderos protagonistas del cuadro bajan los últimos peldaños de una escalinata y llegan en ese mismo momento al jardín. Son el propio pintor y su segunda esposa, la joven Helena Fourment.

El elemento real, la introducción de los protagonistas, es precisamente lo que revela súbitamente la atmósfera onírica del cuadro. Rubens aparece envuelto en un gran manto de color rojo encendido que le da un aspecto mefistofélico. Calza espuelas de caballero y lleva una espada. Con el brazo derecho enlaza el talle de su esposa. En la mano izquierda lleva el guante de piel de cabritilla de su mano derecha desnuda. Ella va vestida de raso plateado, con una banda encarnada en la cintura. El escote está bordado de oro. En la mano sostiene un abanico de plumas. Su expresión es dócil, ingenua, sonámbula. Evidentemente, el guía o conductor del sueño es él. Lo que ofrece el jardín nocturno son los placeres sublimados de la amistad, la armonía, los sentidos nobles, excluidos los bajos sentidos del gusto y del olfato. Los juegos de la lujuria quedan relegados al segundo plano. La excitación procede de la ternura sin límites de la escena. El espectador recuerda entonces un gran lienzo religioso de Rubens en el que la misma Helena Fourment representa el papel de la Verónica enjugando el rostro de Cristo. Otros muchos cuadros de Rubens tienen como personaje o protagonista a su joven esposa. La posesión masculina manifestada en los sueños es muy cercana a la que ejerce el pintor sobre su modelo, y en ese caso la verdadera alegoría de *El jardín del amor* puede que no sea el perfecto amor conyugal y que el cuadro supere en mucho la escena de un sarao o de una conversación a la moda para convertirse en una representación dominadora, la más sutil, la más completa, la que exige la aceptación sonámbula de la mujer dominada. Por eso se ha comprobado que es un cuadro que produce una indescriptible satisfacción en los hombres.

Las colecciones de pintura española del Museo del Prado muestran grandes obras que figuran en el catálogo universal de la pintura, al menos de la pintura de Occidente, y también lienzos cuya proyección es más difusa, y que dejan un sentimiento ambiguo, como si permitieran descubrir una verdad interior difícilmente aceptable. El cuadro de Goya titulado *La lechera de Burdeos* es una adquisición reciente del museo. Tiene una significación especial dentro de la obra de Goya porque se le considera el último cuadro del pintor. Goya murió exiliado en Burdeos en 1828, a rastras con su patria, como diría alguno de sus contemporáneos. Cuando sus restos fueron exhumados para ser devueltos a España en 1919 se comprobó que había desaparecido el cráneo, del que no se ha vuelto a tener noticia. Unos suponen que el propio Goya lo donó a la ciencia. Otros que fue robado. Eran los tiempos en que se pensaba que la naturaleza del genio se podía descubrir a través del análisis numérico de las medidas de su cabeza, lo mismo que hoy pensamos que el talento se esconde en alguna parte del genoma. En varias ocasiones se ha creído volver a encontrar el cráneo de Goya y en su lugar han aparecido cráneos de sustitución más o menos voluminosos y con más o menos protuberancias frontales. Probablemente el cráneo de Goya sea ahora un cráneo olvidado y anónimo en algún gabinete de coleccionista. Después del cuadro religioso de Mantegna y de la alegoría de Rubens, *La lechera de Burdeos* es la representación fresca del naturalismo tal como se iba a entender durante todo un siglo después de Goya. Mantegna, Rubens y Goya fueron en su momento pintores revolucionarios, pero la cercanía de Goya y su modernidad, a las puertas de la nuestra, le hacen más sensible a nuestro entendimiento.

*La lechera de Burdeos* es una pintura sobria, realizada a base de dos o tres colores que producen sin embargo un efecto luminoso. La lechera del cuadro es una mujer joven de rostro carnoso y tierno, pelo abundante de color castaño, mejillas encendidas por el frío de la mañana, ojos grandes y rasgados, de gruesa pupila negra, que sospechamos algo bizcos, o quizá ensimismados, aunque sólo nos muestre su perfil. Se cubre los hombros con un chal donde se adivinan flores rojas. La luz cae sobre su cofia como si fuera un monte nevado o una tostada con mantequilla. A su lado, en el ángulo izquierdo, lleva una jarra de leche recién ordeñada, desbordante de espuma, que sujeta con su mano oculta. La descripción del cuadro no puede ser más sencilla, pero un sentimiento inconfundible nos dice que hay algo mucho más profundo que la imagen descrita, como si la escuela del naturalismo se iniciara con lecciones de metafísica.

La actitud de la lechera es curiosa. Toda la importancia de la figura está en el busto, aunque en realidad se ven las tres cuartas partes de su cuerpo, pero su bulto está recortado para elevar el campo de profundidad. Parece que va montada a la manera de las mujeres en una caballería, probablemente un asno de poca alzada. Entonces se advierte que el cuadro es una secuencia en movimiento. El busto se mece al ritmo tranquilo de la montura. La lechera se balancea sobre su asno y el pintor levanta la mirada para verla pasar. Goya era un hombre escéptico y anciano, a punto de cruzar las fronteras de lo invisible, y ella por el contrario es una mujer joven que va al mercado y acaricia en su mente el cuento de la lechera. Del lado del espectador hay un hombre a las puertas de la muerte y del lado de la lechera hay una muchacha que proyecta su vida. El cuadro adquiere de ese modo una profundidad temporal tan dramática como los abismos en la percepción del espacio que se manifiestan en el cuadro de Mantegna. Se tiene la impresión de que la vida está del otro lado, materializada en la pintura, no del lado del espectador a quien se le está consumiendo el tiempo. Hay una angustia que nace del sabor de lo efímero, fría como los colores de la paleta, que sólo se alumbran en el rostro lozano de la muchacha. Si la lechera pasa y se va estamos muertos. La nostalgia infinita del cuadro está en la conciencia de la vida breve y en la imposibilidad de apropiarse de ese fragmento intemporal de vida. Para quien visita el Museo del Prado la sorpresa es encontrar de nuevo la vida una vez que ha salido del museo. El tiempo real amortiza el tiempo detenido en el lienzo. El primer rostro ilusionado y atractivo que se cruza por la calle produce un sentimiento inesperadamente grato, un poco a la manera del hombre de edad madura que espabila de la siesta, junto a la chimenea, y descubre que aún le queda, con un resto de licor en la copa de la sobremesa, un tiempo escaso pero precioso por vivir.

*Escuelas, jardines y panteones*

Hay tres lugares en Madrid, fuera de la capital, que forman los vértices de un triángulo en los que se apoya buena parte de su prestigio, como esas construcciones ideales que sitúan la esencia de las categorías abstractas en puntos dispuestos en torno a una esfera central. El primero de esos lugares es Alcalá de Henares, el segundo es Aranjuez y el tercero San Lorenzo del Escorial. Cada uno de ellos parece tener un significado particular. Alcalá de Henares es la sede de una universidad antigua. De Aranjuez son famosos sus jardines. En San Lorenzo del Escorial están sepultados los reyes. Las escuelas de Alcalá, los jardines de Aranjuez y los panteones de El Escorial simbolizan respectivamente el saber, el placer y la muerte.

De los tres puntos, Alcalá de Henares es el más cercano a Madrid. Se encuentra a poco menos de cuarenta kilómetros de distancia de la Puerta del Sol, en una sucesión urbana prácticamente integrada a la expansión de Madrid, en lo que llaman el corredor del Henares, ocupando la vega de ese río. A pesar de la influencia de la capital, tan avasalladora como puede serlo la industrialización de tierras fértiles o la transformación en apretados núcleos de viviendas de lo que fueron prados o campos de cereal, la personalidad profunda de Alcalá se mantiene intacta. Su vinculación a Madrid es discreta. Su descripción urbana es específica. El corazón de la ciudad se ha cerrado en el interior de sus murallas y ha dejado que el entorno asuma las características de un barrio exterior de la capital. En Alcalá de Henares nació Cervantes. Alcalá fue el escenario de alguno de los capítulos más populares de *La vida del Buscón*, la gran novela picaresca de Quevedo. Desde luego hay referencias que no admiten comparación, pero no es inoportuno señalar, junto a Cervantes y a Quevedo, que en Alcalá de Henares nació don Manuel Azaña, el último presidente de la II República española. La importancia política de Azaña va vinculada a uno de los episodios cruciales de la historia española, pero además, nadie puede olvidar al leer sus memorias su excelente calidad de escritor, hasta el punto de que se ha pensado alguna vez que Azaña hubiera sido mejor observador que hombre de partido, y mejor escritor que político, por encima de muchos de los autores consagrados de su época, confirmando ese vínculo tan habitual entre el poder y las letras que cuando coinciden en un mismo individuo acaban por establecer la duda sobre el poder de las letras cuando lo que está al alcance de la mano es la tentación del poder.

Alcalá fue sede de una de las universidades más importantes de España y dio el nombre de Universidad Complutense a la propia Universidad de Madrid, cuando el claustro y la sede universitaria se trasladaron a la capital. El antiguo prestigio de la Universidad de Alcalá no puede separarse de su historia reciente, que resulta algo más que curiosa. Con el desplazamiento de la universidad a Madrid en el siglo XIX, los edificios que albergaban las facultades y los colegios quedaron vacíos. Puestos a la venta, fueron adquiridos en su momento por un industrial de Guadalajara que había hecho su fortuna con el comercio de miel de la Alcarria. Aquel industrial melero quizá pensaba dedicar aquellos edificios a la elaboración de miel, pero primero decidió vender la fachada íntegra del más hermoso de ellos a un comprador americano. Hubo entonces un repunte de orgullo alcalaíno. En la ciudad se formó una sociedad que presentó al melero de Guadalajara una oferta mejor, no sólo por la fachada en venta sino por todo el conjunto de edificios. Esa sociedad de vecinos de Alcalá, constituidos en Sociedad de Condueños, se hizo propietaria de los bienes del melero. Cuando la Universidad de Alcalá de Henares volvió a Alcalá hacia 1975 para aliviar la congestión de la Universidad de Madrid, los antiguos edificios que ocupaba fueron puestos a su disposición por la Sociedad de Condueños, que aún existe. Las participaciones de esa sociedad se transmiten de padres a hijos. A menudo son objeto de regalo de boda. La sociedad sigue siendo propietaria de los bienes inmuebles de la universidad.

Quizá no sea ésta la única circunstancia que ha salvado el patrimonio urbano de Alcalá de Henares de una destrucción que parecía asegurada. Alcalá fue también ciudad de muchos conventos. En el siglo XIX, cuando los bienes de las órdenes religiosas fueron puestos en venta, muchos de esos conventos fueron ocupados por el ejército. Alcalá de Henares tuvo guarnición de infantería, de caballería, compañía de sementales y regimiento de paracaidistas, sin contar algunos otros cuerpos de servicios. Cien años más tarde, el despliegue estratégico de muchas de esas unidades liberó los edificios de nuevo. El ejército es esencialmente un estamento conservador y la mayoría de las construcciones habían sufrido pocos desperfectos, salvo los derivados del uso. De ese modo, en tiempos recientes, Alcalá de Henares ha visto incrementado su patrimonio urbano de forma considerable. La Universidad de Alcalá ha ocupado en buena medida el casco antiguo. Desde allí, las grandes universidades de Madrid se ven con una mezcla de lejanía y desgana, lo primero por el evidente desplazamiento del campus complutense, que lo sitúa en una zona literaria e intemporal donde la eficacia puede ir acompañada de un antiguo prestigio, y lo segundo por el disfrute que concede la ocupación de un claustro monumental respecto a los edificios madrileños.

Aranjuez representa el placer de los reyes. La vega del río Tajo, a setenta kilómetros de Madrid, en la confluencia del Tajo y del Jarama, debió de ser contemplada como un oasis en la estepa manchega. Ambos ríos sufrieron obras hidráulicas para acondicionarlos al placer del agua y de los jardines. El palacio fue iniciado en tiempo de los Austrias, pero se ha convertido en un ejemplo del placer de los Borbones. La influencia de Madrid sobre Aranjuez se deja sentir de un modo muy diferente que la influencia de Madrid sobre Alcalá de Henares. La expansión madrileña ha convertido Aranjuez en una especie de merendero de fin de semana. El palacio recibe muchos visitantes. Los jardines del palacio son tres. El primero es el jardín del Rey. Se trata de un jardín pequeño, de ordenación estrictamente geométrica, situado al abrigo de las alas del edificio y de la tapia exterior. Esos tres cerramientos le dan el aspecto de un patio ajardinado en el fondo de una escena de teatro. En las hornacinas de las paredes se ven bustos clásicos. Los setos de boj, que en invierno toman el color del bronce, están recortados a poca altura. Los senderos están embaldosados. En el centro se levanta una fuente muy sencilla, de mármol verde, que no distrae la mirada ni rompe la ordenación general. Todo el recinto se halla separado del jardín mayor por una verja de hierro que mantiene su carácter de jardín real y privado, como un jardín de opereta para un solo actor. La representación de la monarquía responde a las leyes de la puesta en escena incluso en la ordenación de los jardines. Sobre el jardín del Rey parece flotar la ausencia de un personaje que le dé vida, aunque fuera un perro. Aparece escrupulosamente limpio en la degradación invernal. Por su carácter duro y frío es el jardín que figura en los sueños de un maniático que se mira la punta de las botas y no logra encontrar la salida en un laberinto de setos de boj que le llega a los tobillos.

El segundo jardín del palacio real es el llamado jardín del Parterre, mucho más grande que el anterior. Por un lado está cerrado por una zanja o foso de piedra y por el otro por el río Tajo, donde una presa retiene las aguas para derivarlas por un canal. El jardín del Parterre es un jardín de ordenación francesa que se extiende detrás del palacio. En su extremo tiene una fuente con figuras mitológicas. Es un jardín de paseo. Mucho menos recogido que el jardín del Rey, en los días destemplados deja correr los vientos. El lado que se asoma al río es el más grato, quizá porque el correr del agua le da cierta melancolía. Desde allí se aprecia la obra hidráulica que abastece los jardines. Al pie del muro crecen los cañaverales. El caudal que desborda de la presa produce la ilusión de hallarse junto a un elemento activo de la naturaleza, mientras los árboles y arbustos del Parterre, estrictamente podados, transmiten la idea de una naturaleza sometida.

Finalmente, el tercer jardín del palacio es el jardín de La Isla. Se llama así por encontrarse en la isla que forma el río y el brazo del canal. Más que un jardín es un gran parque. De frente se ve una gran alameda con tres hileras de árboles añejos. Luego el orden se pierde en una proliferación de senderos. Es sólo una apariencia. La impresión de laberinto no se corresponde con el trazado de sendas ortogonales o diagonales en las que sería imposible perderse si se conservara un registro matemático del recorrido. En el corazón del jardín de La Isla hay una fuente de Venus. Hay también una fuente de Apolo, una fuente de Hércules, una fuente de Baco, una fuente de

Neptuno, una fuente de tritones y una plaza de las arpías. Es un parque poblado por los personajes de la mitología clásica. La piel blanca y fría de los protagonistas aparece y se esconde en la perspectiva de los matorrales. En la imaginación de los reyes, las estatuas de los dioses y las diosas juegan el papel de las figuras de los enanitos de Blancanieves en el césped de un jardín burgués.

El placer de los jardines de Aranjuez se extiende mucho más allá de los límites que contempla el palacio. Ocho jardines y una huerta ocupan la orilla izquierda del Tajo en una sucesión de reductos, pabellones y fuentes que conducen hasta el pequeño palacio que llaman la Casa del Labrador. Su extensión haría pensar en una selva ordenada. La presencia del río lo mismo puede ser inquietante que tranquilizadora. Puede sugerir ideas de suicidio a quien padece la neurastenia de los jardines. A los que sienten el placer de los jardines les produce nostalgia. Del otro lado del Tajo, en la antigua carretera que conduce a Madrid, un largo puente de piedra cruza el río Jarama, que por aquellos días bajaba con mucho caudal. Más allá se ven las lomas áridas que marcan el límite de la vega de ambos ríos, cerca de su confluencia. Sobre la cresta de esas lomas grises, cortadas por el tajo de la autovía, se recortan los chalets de una urbanización. Es la primera avanzadilla de Madrid que se asoma para contemplar la vega.

El último vértice del triángulo simbólico que rodea Madrid es San Lorenzo del Escorial, a cuarenta kilómetros de la capital en dirección noroeste. Para quien lo contempla de lejos por primera vez, la visión del monasterio palacio es impresionante. Evoca la imagen de un templo tibetano, o de una de esas ciudades prohibidas que aparecen en los relatos de los viajeros. Aquellos que lo han visitado muchas veces y están acostumbrados a su estampa siguen admirando la extraña combinación de austeridad y elegancia de un edificio gigantesco que sólo ha concedido a los caprichos de la arquitectura un mínimo de recursos de forma. San Lorenzo del Escorial forma parte del paisaje que lo rodea con una curiosa aceptación inmediata. El edificio se identifica con su entorno. Parece que la construcción tuviera un valor geológico y siempre hubiera estado allí. Sin embargo, en el momento en que Felipe II decidió acometer las obras, la presencia de aquella enorme construcción en las montañas debió de resultar tan asombrosa como el lanzamiento de una nave espacial. Hay grabados de la época que ilustran las fases del proyecto. Dan idea de una obra que movilizó miles de hombres y enormes recursos. Dicen que el emplazamiento fue recomendado por los astrólogos del rey, que vieron en aquel lugar una confluencia favorable de los vientos. El 23 de abril de 1563 se colocó la primera piedra «en la línea y perfil que mira al mediodía, que es ahora debajo del asiento del prior en el refectorio». Era un bloque de granito con el nombre del rey, del arquitecto y con una inscripción votiva. Estaban presentes el primer arquitecto, Juan Bautista de Toledo, aparejadores y operarios principales, el vicario y dos frailes de la orden que había de ocupar el monasterio. A Juan Bautista de Toledo le sucedería tras su muerte Juan de Herrera, el gran arquitecto que daría nombre a todo un estilo. Las galerías bajas del monasterio conservan una colección de las herramientas y maquinaria que se utilizaron en las obras: grúas y cabrestantes de grandes dimensiones, sistemas de polipastos, poleas, garfios de palanca y de tenaza para izar sillares, cierrajuntas, cucharas de fundir plomo para las ensambladuras, escoplos, punzones y mazos de cantero. La piedra utilizada fue el granito extraído de unas canteras cercanas. La explanada donde se fue levantando el edificio dominaba la llanura. La capital ha ido avanzando hacia los lugares frescos y frondosos de la sierra, pero el paisaje que se contempla desde El Escorial no ha perdido su grandeza. Actualmente su significado se multiplica. Desde allí se establece una relación dialéctica entre el retiro monástico y la especulación inmobiliaria, entre la sede del poder absoluto y el desarrollo de una gran ciudad. Desde Madrid a El Escorial la carretera cruza una serie casi ininterrumpida de urbanizaciones y fincas de veraneo. Aún se ven prados y dehesas donde pasta el ganado, cerrados con largas tapias a hueso de bloques de granito sin desbastar. Desde la plataforma donde se alza el monasterio se contempla un horizonte dilatado. En el perfil muy lejano, donde ahora se distingue el *skyline* de los rascacielos, entonces se divisaba, como un espigón minúsculo, la silueta del alcázar de Madrid.

El interior del monasterio es un laberinto de galerías, aposentos y patios, algunos oscuros como pozos, otros cubiertos por un trozo de cielo serrano que hace aún más duras las aristas de granito. El patio principal o patio de los Reyes está presidido por seis estatuas de monarcas bíblicos: David, Josafat, Ezequías, Josías, Manasés y Salomón. Cada uno lleva sobre su cabeza una corona de bronce dorado. En las manos sostienen los emblemas de oro que los identifica con los personajes de los relatos sagrados y al mismo tiempo corresponden a una orientación estratégica sobre lo que se considera la obra de buen gobierno. El patio de los Evangelistas está situado en el ala de poniente. En uno de sus lados, en el eje de dos patios menores, se abre una gran escalera de aparato. Los frescos italianos que cubren la bóveda de la escalera han sido restaurados recientemente. Los colores brillan con intensidad. La escena es muy compleja y también muy sabia, con unos recursos de amalgama sinfónica que recuerdan los grandes acordes de una orquesta. Representan la apoteosis de la Casa de Austria. En un medallón visible desde el arranque de la escalinata se descubre el rostro estólido y prognático de Carlos II el Hechizado, el último de los Austrias, que los mandó pintar quizá para alegrar su corta vida. Sólo en el eslabón final y en el más débil de sus miembros se celebra la gloria de la dinastía. Pero en realidad el efecto que causan los frescos no depende de su lectura histórica, ni siquiera de la admiración técnica de la pintura. El Escorial conserva algo de la atmósfera opresiva de los lugares que han albergado la maquinaria del Estado. En la aspereza de sus patios los frescos italianos resultan sorprendentes. Son una proyección de la fantasía en un espacio gobernado por otras reglas. Es como si Kafka hubiera encargado a Lucas Giordano decorar las bóvedas de *El castillo*. Allí se ven los emblemas de países lejanos en un entorno de muros espesos que puede producir un ataque de claustrofobia. Los frescos introducen una explosión violenta de color en el interior gris del palacio, pero las nubes de gloria con que se adorna la representación del poder no pueden hacer olvidar los patios sombríos, como tampoco los colores de los frescos hacen olvidar el granito.

Las galerías más amenas del palacio son aquellas orientadas al mediodía. El museo que se conserva en El Escorial es un complemento al Museo del Prado. Pero el verdadero centro de gravedad del edificio son los panteones, situados a cierta profundidad bajo la cabecera de la basílica. Al panteón de Reyes se llega por una estrecha escalera de piedra. A medio recorrido la arquitectura de granito deja paso a un decorado mucho más fúnebre y lujoso. Una puerta de gruesos barrotes de bronce dorado introduce al esplendor de la muerte.

Una vez pasado el dintel el entorno es distinto. Parece que la muerte hubiera introducido un cambio de decoración con un toque de varita mágica. Los peldaños de la escalera y el paramento de los muros son de un elegante mármol negro con suaves veladuras grises, que no es el mármol negro de charol de los camposantos. Las paredes están cubiertas de un mármol jaspeado de color arena, casi anaranjado, de aspecto cálido. El segundo tramo de escalera desciende hasta el panteón. Es una capilla octogonal, cerrada por una cúpula alta y apuntada. Tiene la forma de un medio balón de rugby, de cuyo vértice cuelga una lámpara aparatosa. En los ángulos hay ocho angelotes que sostienen candeleros. La claridad, tenue y amarillenta, parece flotar en el ambiente mismo, como en el *Viaje al centro de la Tierra*. Frente a la escalera hay un altar. Las sepulturas están situadas en los siete lados restantes de la capilla, en órdenes de cuatro pisos, salvo en la entrada de la escalera, que sólo hay dos, directamente sobre el umbral. En el panteón están enterrados todos los reyes de España desde el emperador Carlos I.

En verano el panteón recibe muchos visitantes. Aquél era un miércoles de invierno y, salvo el guardián, no había nadie. El puesto de guardián del panteón es el turno menos deseado del servicio. La visita es obligatoriamente breve. La impresión de enclaustramiento es demasiado fuerte para ser soportada más allá de unos minutos. La máxima densidad de angustia se registra en el cruce de las diagonales, en el centro de la pieza, a la altura del ombligo, bajo la lámpara. Hay una carga de orden espiritual. Las almas de los monarcas pesan de algún modo en el ambiente y producen una concentración insoportable de efluvios históricos, o como se quiera llamar el agobio de saber que allí están los huesos del emperador, de Felipe II, de Felipe III, y así sucesivamente, en una serie que cubre casi cinco siglos. El visitante se representa las carnes inmóviles que pintaron Tiziano, Velázquez y Goya. El último en ser enterrado en el panteón fue el frágil y desgarbado Alfonso XIII. Es el único que provoca algún alivio. En el registro de la memoria su carne mortal se mueve en las secuencias aceleradas y algo cómicas de los documentales del cine mudo.

Sólo hay dos monarcas que no quisieron ser enterrados en El Escorial. Uno es Felipe V, el primer Borbón, que prefirió descansar junto a su esposa Isabel Farnesio en el palacio de La

Granja, un lugar sin duda mucho más ameno. El segundo fue su hijo, Fernando VI, que eligió como lugar de sepultura el convento de las Salesas Reales de Madrid. Sólo después de ellos los Borbones aceptaron dormir para siempre con los Habsburgo.

Desde lo alto de la primera escalera, bajando a mano derecha por otra escalera simétrica pero mucho menos lujosa que la que lleva al panteón de Reyes, se llega al panteón de Infantes. Son nueve cámaras sepulcrales de techos bajos, algunas de ellas tan grandes que pueden contener una docena de enterramientos. Hay una sala pequeña del tamaño de un camarote de barco casi enteramente ocupada por un único y gigantesco sepulcro de mármol gris. Otra cámara, también de reducidas dimensiones, acoge los restos de algunos bastardos. En el centro está el famoso don Juan de Austria, hijo del emperador y de la bella Bárbara Blomberg. Al fondo, en hornacinas casi ocultas, están los dos hijos naturales de Felipe IV. La sala novena tiene en el centro una especie de monumento circular en mármol de Carrara cuya traza recuerda a las estufas de los refectorios de convento. Esa extravagante torre subterránea tiene tres pisos o niveles sepulcrales. Los muertos están dispuestos en forma radial, juntando las cabezas, a la manera de los cuerpos de los guerreros en algunos enterramientos primitivos.

El enterramiento más dulce y a la vez más trágico de todo el panteón de Infantes se encuentra en la sala segunda. Es una cámara prevista para doce sepulturas, de las cuales sólo hay tres ocupadas. Una de esas sepulturas es la del infante don Alfonso, hermano menor de Juan Carlos I, que murió de un disparo en la cabeza cuando su hermano mayor, el actual rey de España, manipulaba un arma. Esto ocurrió en 1956. El muchacho tenía quince años de edad. Don Juan Carlos, el actual rey, no llegaba a dieciocho. Se sabe que el infante era

deficiente mental. El epitafio de su tumba es una alusión muy
tierna a su simpleza y evita cualquier mención de la tragedia:

*Dulcis et candidus*
*malitiam non cognovit.*

# Extremadura

El arranque occidental de Sierra Morena separa las comarcas atlánticas de Andalucía de las tierras del sur de Extremadura. Las primeras estribaciones de Sierra Morena nacen en la raya de Portugal con cumbres de poca altura y de orientación dudosa, como un movimiento de hombros de gigante que va acumulando fuerzas y apenas deja adivinar lo que será el desarrollo de uno de los sistemas orográficos más interesantes de la península. De un lado y de otro de la sierra de Aracena se ven las mismas dehesas de encinas y alcornoques hasta donde se pierde la vista. La parte que mira a Huelva recibe el régimen de lluvias del océano y presenta un aspecto frondoso. El lado que conduce a Extremadura mantiene una individualidad más primitiva, más misteriosa y más recia. La transición con Extremadura se extiende a lomos de tres o cuatro sierras del mismo grupo. Los horizontes van ganando altura y descubren una sucesión de pastos y cortijos en ese ancho mundo del interior de la península que nunca dejará de sorprender al viajero que llega de la costa.

El barranco del arroyo del Sillo marca la línea de separación que corresponde a una delimitación de frontera. Es una región que lleva en sus nombres las disputas de la Historia y las disputas de la meteorología. A la izquierda de la carretera que sube de Huelva queda la sierra de las Contiendas, cuyo centro es el pueblo de La Contienda, a la sombra de unos cerros de unos seiscientos metros de altura, en el lado de Andalucía. El camino hacia Extremadura, que sigue la misma cañada que la línea del ferrocarril, debe cruzar la sierra de los Vientos. El nombre de Las Contiendas habla por sí solo. El nombre de Los Vientos se refiere a unas cimas donde los aires del Atlántico pierden su sal un centenar de kilómetros tierra adentro. Esa frontera de las batallas y de los elementos, de Los Vientos y de Las Contiendas, apenas es perceptible para el viajero salvo en la transformación de una carretera que después de buscar los pasos naturales, en absoluto espectaculares o violentos, más bien secretos y confusos, con entresijos engañosos y valles cerrados, entra en una región al mismo tiempo familiar y distinta, como una mujer amada que ha madurado su carácter y no deja de ser la prolongación vasta y reposada de la que anteriormente habíamos conocido.

Los tres pueblos andaluces en el límite de Huelva con Extremadura son Cumbres de San Bartolomé, Cumbres de Enmedio y Cumbres Mayores. El primero conserva las ruinas de un castillo. El segundo es una aldea de casas blancas a un lado de la carretera general, con una iglesia de planta cuadrada, grande como un granero, y un campanario rematado por un pináculo de cerámica blanca y azul formando aguas. El tercer pueblo merece su nombre de Cumbres Mayores. Es una impresionante fortaleza subida en un cerro desde donde se domina el sur de Extremadura. Un día de primavera con fuerte viento, cuando las nubes son barridas del cielo y proyectan su sombra como en una secuencia acelerada, el paisaje parece evaporarse hacia las tierras llanas no porque el horizonte se detenga, sino por falta de potencia en la mirada. El alcázar de Cumbres Mayores se alza sobre un peñón de roca negra de grano fino como el basalto. Además de la torre del homenaje tiene otras ocho torres, cuatro de ellas cúbicas y cuatro cilíndricas. Una calle empedrada rodea la muralla por su lado norte. Las casitas más humildes del pueblo se ciñen a la fortaleza como vasallos que han sabido aprovechar, entre una torre y otra, el último recurso práctico que ofrecían los muros. La iglesia es grande y buena, con aspecto de haber ido medrando a través de los siglos, desde ser capilla de castillo a colegiata, a base de rentas, herencias y beneficios eclesiásticos. La plaza de toros, sobre la misma plaza que la iglesia y el castillo, forma un trío institucional. El resto del pueblo tiene buenas casas burguesas, con restos de un convento y algún palacio. Cubre la pendiente hacia el lado andaluz de la sierra, que es el lado de mediodía. El lado áspero y escarpado de Cumbres Mayores, desde donde se contempla el barranco del arroyo del Sillo, es el primer balcón andaluz hacia Extremadura. El lecho del arroyo del Sillo es de roca negra. Las aguas, abundantes en primavera, tienen un reflejo metálico. Los recodos más hondos del barranco hacen pensar en la peña negra sobre la que se levanta la fortaleza.

Más fuertes y más fríos eran los vientos que soplaban en el santuario de Tentudia, a mil cien metros de altura sobre el paisaje extremeño y andaluz. De un lado quedaba el embalse de Aracena, con brazos brillantes y sinuosos entre las lomas. Del otro lado se veía el charco azul de acero pavonado del embalse de Tentudia, sobre el pueblo de Calera de León. La sierra de Tudía o Tentudia es una de las sierras extremeñas que el macizo de Sierra Morena, al crecer y ensancharse, va dejando atrás. Dicen que en lo más duro del verano, cuando el calor se abate sin misericordia sobre las tierras llanas, aún se respiran aires frescos en Tentudia. Las faldas del monte están cubiertas de encinas y alcornoques que poco a poco van dejando paso a una vegetación que aprovecha los aires más ricos y más húmedos de la cota media. Antes de llegar al cerro pelado donde se levanta el santuario se ven bosques de roble, pino y castaño. Tentudia es el refugio de los últimos ejemplares de águila imperial que hay en la península. De oriente a occidente se ven los tres grandes pueblos del sur de Extremadura: Jerez de los Caballeros, Fregenal de la Sierra y Llerena. Al fondo, en terreno llano, sin romper la armonía didáctica de los mapas en tres dimensiones que antiguamente se exhibían en las escuelas, aparece Zafra, que mantiene en su núcleo urbano las riendas que conducen a Huelva, a Sevilla, a Córdoba y a Portugal.

En Tentudia tuvo lugar una batalla crucial que entregó las tierras de Extremadura a los cristianos. Eran tiempos góticos. Los guerreros leoneses dejaron su nombre en la comarca. Media docena de pueblos, Fuentes de León, Segura de León, Cañaveral de León, Arroyomolinos de León, Calera de León, llevan el nombre del viejo reino godo del norte que llevó su frontera hasta esas tierras. Como en la batalla bíblica de Josué, dicen que el sol detuvo su carrera para que pudiera cumplirse la victoria de los cristianos, de donde viene el nombre de Tentudia, una contracción de la imprecación que aquel día los cristianos hicieron al sol: «Detén tu día». Poco importa que ahora nadie crea en el poder que tienen los deseos de los hombres sobre las leyes de la astronomía. Lo cierto es que desde los tiempos más remotos siempre ha habido jornadas que sus protagonistas han considerado ser tan decisivas como para conseguir que el sol alumbrara unas horas más sus hazañas, contando con que la posteridad lo asumiera.

El santuario de Tentudia es uno de los puntos más importantes en el mapa sagrado de Extremadura. Probablemente en tiempos muy remotos, muchos miles de años antes de la batalla, hubo allí un culto solar. La construcción actual es pobre de

aspecto, sin campanario ni trazas exteriores de arquitectura
que hagan pensar que en aquel cerro se ha polarizado, como
un imán espiritual, la devoción de toda la comarca. Los muros son de mampostería. El claustro de lo que fue un minúsculo convento tiene los arcos de ladrillo. El interior de la iglesia es de una sola nave blanca y desnuda, con un coro que hace
las veces de porche sobre la entrada del fondo. El interés se
vuelve hacia la cabecera del altar mayor. Del otro lado de unas
rejas de hierro forjado, el muro está forrado por una composición de azulejos que data del siglo XVI. Alguien me había
hablado de aquellos azulejos. Forman un retablo de cerámica
con escenas evangélicas del género de las estampas populares
de devoción. El fundador del santuario, un gran maestre de la
Orden de Santiago, está enterrado a la izquierda del altar, en
una especie de sarcófago, también cubierto de azulejos, que
surge de la mampostería como un extraño bulto geométrico en
una pieza de arquitectura. No hay que esperar luminosidad ni
grandeza. Ese retablo pintado y esmaltado ha perdido brillo y
ha sufrido deterioros, pero esas mismas condiciones hacen más
evidente su pureza, como las obras donde aún no se ha aplicado la mano del restaurador y guardan la primera sinceridad
con que fueron creadas. Su encanto es ingenuo. Sus dimensiones son modestas. Probablemente se optó por el azulejo por
ser un material más barato. También resultó ser un material
duradero y en ello intervino sin duda un cálculo de inversión
que redujo el aparato excesivamente oneroso de la madera
dorada y policromada a la superficie lisa y dura de las baldosas contando con que al menos no serían pasto de la carcoma.
Se sabe el nombre del pintor que los ejecutó. El azulejero, un
tal Pisano, era un pintor de origen italiano, oriundo de Pisa,
que utilizó el azulejo como soporte en lugar del lienzo, incor-
porando a su oficio la tradición española del sur. A un lado de
la capilla principal se encuentra una cámara funeraria con as-

pecto de cueva, de bóvedas extrañas, levantadas con mucho artificio. En el centro hay dos sepulturas de piedra que han sufrido un largo abandono. A una de ellas le falta la cabeza. A otra el tiempo le ha devorado la nariz y los labios. El retablo de esa capilla, también de azulejos, representa a san Agustín. Del otro lado, es decir, del lado derecho de la capilla principal, está la capilla de Santiago. El retablo, del mismo género que los dos anteriores, representa al apóstol batallador en ese avatar victorioso y violento que el pueblo siempre ha llamado con una reivindicación nunca desmentida Santiago Matamoros. Es un Santiago rubio y de ojos azules que lleva en las manos un estandarte con la cruz y cabalga su mitológico caballo blanco sobre una porción de enemigos descuartizados como quien irrumpe en un *déjeuner sur l'herbe* y desbarata los restos de la merienda.

El ambiente del santuario de Tentudia debe de ser muy distinto los días de romería de lo que era aquel día destemplado de primavera. En el exterior el viento había traído algo de lluvia. Los dos guardianes del monasterio se habían refugiado en una pequeña habitación juntando los pies delante de un artefacto que soplaba aire caliente. El cerro era un lugar solitario. La magnitud del paisaje reducía la percepción de los azulejos que se acababan de ver a la escala de una de esas cotizadas miniaturas que los coleccionistas guardan en una preciosa cajita, como si la memoria inmediata del visitante retuviera del interior de las capillas, aún fijado en la retina, un recuerdo no mayor que un sello de correos, de tintas simples, pero raro y valioso, y lo protegiera del amplísimo despliegue visual de tierras, lomas y dehesas que ahora se extendía a sus pies.

## *Llerena y Jerez de los Caballeros*

Situado al pie de la pequeña sierra de San Bernardo, en los llanos que anuncian la Tierra de Barros, Llerena es un pueblo con cierto sabor andaluz que recuerda a los grandes pueblos de Córdoba. En tiempos pasados fue la sede de la Inquisición en Extremadura. Un viajero francés del siglo XVIII, Jean-François Peyron, natural de Aix-en-Provence, que recorrió nuestro país hacia 1770, dice que el último auto de fe que llevó a cabo la Inquisición en España tuvo lugar en Llerena. El hecho había ocurrido pocos años antes de que él visitara el lugar. En la ceremonia, un pobre desgraciado acusado de herejía fue quemado vivo. Peyron era un hombre del Siglo de las Luces. Su interés por los asuntos peninsulares tiene algo de lo que se podría llamar un estado precientífico de la sociología. Se interesó por los autos de fe de la Inquisición con una curiosidad particular en la que no faltaba cierta delectación, como si su formación de hombre moderno encontrara en aquel horror el estremecimiento de placer que producen las películas de miedo. Según Peyron, el más solemne auto de fe practicado en España, por su boato y por el número de víctimas, tuvo lugar en 1680, bajo el reinado de Carlos II el Hechizado. Peyron reproduce el procedimiento, las ceremonias y los sermones alimentándose en las fuentes escritas, con el mismo lujo de detalles que un guionista de cine escrupuloso. En aquel auto, veintiún herejes, que vestían casacas pintadas con llamas y diablos, fueron quemados vivos en la puerta de Fuencarral, en Madrid. Carlos II entregó personalmente a su favorito, el duque de Pastrana, el primer leño para encender la hoguera. El fuego estuvo ardiendo desde las once de la noche de aquel día hasta las nueve de la mañana del día siguiente, con los cuerpos de los condenados reducidos ya a cenizas. En tiempo de los Borbones, en 1720, reinando Felipe V, fueron quemados, también en Madrid, seis hombres y seis mujeres. Al año siguiente, en 1721, fueron quemados cinco miserables indios que habían sido traídos de América como animales exóticos expresamente para el suplicio. En 1724, en el único año de su reinado, Luis I quemó a cinco desgraciados. Bajo los Borbones, la lucha entre el Estado y la Inquisición fue decantándose a favor del poder del Estado, y aquéllas eran sus últimas concesiones en forma de vidas humanas. Aún había de pasar medio siglo antes de que la Inquisición renunciara, si no a las prisiones, cuando menos al fuego. Peyron dice que el último auto de fe, celebrado en Llerena, «hizo poco ruido, porque no hubo más que un hombre quemado y era de la hez del pueblo».

En Llerena tiene lugar cada año un Certamen Internacional de Culturismo del que ahora se celebraba la tercera convocatoria. En los carteles que anunciaban el acontecimiento se veía un muchacho musculoso. Era el representante local. Se veía también un hombre de cuerpo enormemente robusto. Era el representante nacional. Se veía por fin un superhombre monstruoso. Era el representante internacional. El taparrabos que vestía cada uno de los tres hombres del cartel seguía un rango de mayor a menor. El representante de Llerena llevaba un bañador pudoroso. El representante nacional exhibía una braguita elástica, abierta hasta la cadera, de las que los entendidos llaman «entre hombres». El representante internacional, el superhombre, lucía un minúsculo tanga no mayor que una tarjeta de visita, lo que hacía pensar que el único músculo que aquel engendro humano no había desarrollado era el sexo.

Llerena tiene una plaza grande, rectangular, con soportales sobre viejas columnas de mármol en dos de sus lados. Al fondo se encuentra la casa donde dicen que vivió y tuvo su taller Zurbarán. El gran pintor extremeño había nacido en

Fuente de Cantos, pero Llerena fue su etapa durante algunos años antes de dirigirse a la verdadera metrópoli peninsular que entonces era Sevilla. Delante de los soportales hay una fuente octogonal de mármol, de tacto suave, con el brocal limado. El roce antiguo del uso ha gastado las piedras y atrae la mano. Sin duda procede de otro lugar y ha sido trasladada allí para dar un empaque innecesario a la casa del pintor. El lado sur de la plaza lo ocupa la iglesia. Está construida en dos partes, como un proyecto que nunca se llegó a terminar. Presenta una gran portada con tres enormes escudos en piedra rojiza. El sillar que hace de clave en el arco muestra una granada. En la parte alta se levantan dos largas galerías como las de un palacio. Ocupan prácticamente toda la longitud de la fachada. Esas galerías le dan al edificio un aspecto teatral. Parecen palcos o *loggias* y no se puede dejar de pensar que desde allí se podían contemplar los autos de fe que se celebraban en la plaza como si se tratara de una representación.


Extremadura fue tierra de conquistadores. Hernán Cortés nació en Medellín. Su lugarteniente, Pedro de Alvarado, nació en Badajoz. Francisco Pizarro y sus hermanos nacieron en Trujillo, lo mismo que Orellana, que acompañó a Pizarro en la conquista de Perú. Orellana cruzó los Andes, bajó de los glaciares a la selva, se topó con un afluente del Amazonas, se dejó llevar por la corriente hasta el río gigante y siguió el curso del Amazonas hasta su desembocadura en un recorrido que todavía hoy resulta fantástico. Pedro de Valdivia, el conquistador de Chile, nació en Villanueva de la Serena. Núñez de Balboa, el descubridor del Pacífico, nació en Jerez de los Caballeros. Hernando de Soto, el descubridor de La Florida, nació en Barcarrota. La lista es impresionante por la categoría de los protagonistas y por el papel que jugaron en la conquista de América. Alguna razón debía de haber para que una tierra reputada pobre y extrema proporcionara cierta clase de hombres en un momento dado de la historia del país. Quizá el misterio haya que buscarlo a la vez en Extremadura y en Sevilla. La ciudad andaluza era el corazón del tráfico con América. Extremadura era el *hinterland* pobre en recursos pero rico en capital humano que se vertía como por un sistema de drenaje, atraído por el mar, desde las sierras y el territorio interior hacia los puertos. Para todo hombre con ambición lo mejor que podía ofrecer Extremadura era la ruta que llevaba a Sevilla. Tampoco hay que desdeñar un motivo que actúa sobre la imaginación. La curiosidad es un factor poderoso en el destino de los hombres con espíritu de aventura. Es esa fuerza al mismo tiempo irresistible y confusa que Herman Melville apunta en las primeras líneas de *Moby Dick* y que puede aplicarse sin cambiar palabra a los conquistadores extremeños: «[...] con poco o ningún dinero en mi bolsa y nada de particular que me interesara en tierra, pensé en hacerme a la vela y navegar para conocer la parte acuática del mundo».

Al protagonista de Melville sólo le interesaba el mar pero a los extremeños, una vez cruzado el océano, el instinto les empujaba tierra adentro. El final de muchos de aquellos aventureros fue miserable o trágico. La dimensión de la aventura es lo que da categoría a los personajes. Francisco Pizarro murió asesinado en una conjura. De sus dos hermanos, Gonzalo fue ejecutado por rebelión y Hernando fue preso y desterrado. Pedro de Valdivia murió espada en mano en un encuentro con los araucanos. Hernán Cortés murió pobre y pleiteó hasta el final por sus derechos contra el emperador. Alvarado murió arrollado por el caballo de uno de sus compañeros que huía en un encuentro con los indios. Alvarado debió de ser un hombre muy querido. Las crónicas cuentan con amargura que el propietario del caballo murió muchos años después, octogenario, en la ciudad de Guatemala. Núñez de Balboa, lo mismo que Pizarro, murió ejecutado, acusado de conspiración. Orellana, que cruzó los Andes y bajó el curso del Amazonas hasta su desembocadura, murió de fiebres en un segundo viaje de exploración entrando por la boca del río. La vida y la muerte de los conquistadores es una estampa panorámica de selvas, desiertos y volcanes por donde caminan pequeñas figuras de hombres armados moviéndose en el paisaje. La muerte es una pequeña figura casual que les acompaña. En los sueños de la fortuna no figuraba lo que suponía morir en un patíbulo, o morir de una cuchillada, o de una muerte por enfermedad, entre vómitos y diarrea. Quizá el funeral más solemne de todos aquellos hombres le correspondió a Hernando de Soto, el conquistador de La Florida y descubridor del Mississippi, que murió junto al gran río. Sus compañeros, y el cura franciscano que les acompañaba, fabricaron un ataúd de cuero para sepultarle en las aguas. No había guijarros en aquellas orillas pantanosas, y para lastrar el féretro improvisado utilizaron el hierro de las corazas y plomo de munición. Luego condujeron el ataúd en una canoa para arrojarlo al centro de la corriente. Se supone que esto sucedió a la altura del condado de Clarksdale, en el actual estado de Mississippi. Un automóvil americano de lujo de los años cincuenta llevó su nombre: De Soto. Los restos de Hernando de Soto yacen fosilizados en el limo del lecho del Mississippi, muy lejos de Barcarrota, donde el conquistador había nacido y donde se encuentran los más hermosos encinares de Extremadura.

El monumento levantado a Pizarro en Trujillo resume la idea que uno puede hacerse de los conquistadores. Es una enorme estatua ecuestre situada a un lado de la plaza, junto a la iglesia de San Martín. El hombre y el caballo forman una especie de ser híbrido, con una curiosa esencia diabólica simbolizada por la armadura que protege la cabeza del hombre y la frente del caballo. El rostro de Pizarro queda en la sombra del yelmo, como si nadie pudiera ver impunemente los ojos de Lucifer. Dos plumas gruesas como cuerpos de serpiente brotan del casco. La cabeza del caballo es una extraña frente blindada, como la de una langosta o la de un bogavante. El gesto del hombre y del animal participan del mismo movimiento. La pátina del bronce chorrea sobre las dos figuras. Ambos parecen compartir una voluntad única, por encima de la escala natural. El honor que Extremadura rinde a sus hijos más extraordinarios no siempre alcanza la forma épica del monumento de Trujillo. El homenaje a los conquistadores también puede adoptar formas humildes y no por eso menos dignas. Una de las callejuelas que desembocan en la Plaza Mayor de Plasencia lleva el siguiente rótulo: «Calle de los Quesos. Dedicada a Hernán Cortés».

Recorriendo la tierra natal de Hernando de Soto, nada puede compararse a los extensos encinares que se cruzan entre Barcarrota y Alconchel, entre Higuera de Vargas y Jerez de los Caballeros, entre Oliva de la Frontera y Villanueva del Fresno. Son carreteras solitarias, con pequeños barrancos abruptos sobre ríos que buscan el Guadiana. Las fincas se suceden durante decenas de kilómetros, con tapias de piedra seca a ambos lados del recorrido. Son tierras de latifundio. Las fincas más parecen dedicadas a la caza que al ganado, hasta tal punto ofrecen un aspecto silvestre, donde sólo de tarde en tarde puede descubrirse alguna punta de ganado doméstico, alguna vivienda de peón o alguna majada de pastores. Entre Alconchel y Barcarrota se pasa por las tierras de la finca Media Matilla. Entre Higuera de Vargas y Jerez se cruza La Chanca de Doña Sol, con los paisajes más bellos y misteriosos de toda la comarca. Los encinares se hacen espesos como bosques. Por aquellos días los prados estaban jugosos. Las lluvias de primavera habían formado balsas en las hondonadas. En las cercanías de los caseríos se veían macizos de eucaliptus, altos y esbeltos, con aspecto de árboles viciosos y ornamentales en el interminable, duro y bello mundo de las encinas.

Jerez de los Caballeros es un pueblo monumental, muy activo, como esos lugares en cierto modo aislados que se erigen en capitales de una comarca. Tiene palacios grandes y discretos, escondidos junto a casas de menor envergadura en callejuelas que nunca han variado su trazado. Un hombre del siglo XVI que resucitara encontraría fácilmente su casa. Todo el pueblo se apiña en torno a las iglesias y lo que fue la alcazaba. Hacia el sureste forma un declive sobre la vega del río Ardila, que sigue el camino de Valuengo a La Bazana, a escasos kilómetros de Jerez. Tiene tres iglesias con campanarios espectaculares y portadas incrustadas de cerámica, de un género que por su brillo y vistosidad llaman «iglesias vidriadas». En el mundo pastoril de las dehesas, Jerez de los Caballeros ha desarrollado una industria metalúrgica que viene a ser como el taller de un herrero en el paisaje, fuera de escala, de las grandes fincas. Jerez de los Caballeros es la puerta o la salida hacia Portugal. Pasado Villanueva del Fresno, el paisaje se hace más llano y más amplio y anuncia las tierras de cereal del Alentejo. La transición es súbita. Apenas los ojos han abandonado el misterio de los encinares y empiezan a descubrir horizontes desarbolados y abiertos, cuando la llanura de cereal se ofrece en toda su extensión con una violencia panorámica intimidatoria. El primer pueblo portugués es Mourao, al pie de una fortaleza. Unos kilómetros antes, en los cuartelillos de San Leonardo, el puesto de aduanas está abandonado. El cambio de país es radical. En Mourao se ven curiosas chimeneas como torres de ventilación con forma de dedal de costura. Se ven pequeñas mujeres, vestidas de negro, con una capelina azul o parda sobre los hombros y un sombrero masculino, también negro, sobre la cabeza. Se ven hombres taciturnos en la plaza, pequeña y limpia como un jardín botánico. Por encima de todo se cierne la melancolía portuguesa como si la idea de un carácter nacional determinado se materializara en rasgos particulares. En el interior de la fortaleza de Mourao crecen acebuches y almendros silvestres. Dos viejos cañones de bronce, con las armas de la casa de Braganza y la fecha de 1701 y 1704, apuntan la boca hacia el lado español. Del lado de poniente, hacia el interior de las tierras portuguesas, se ven los largos destellos del Guadiana. En ese tramo de su recorrido el río es enteramente portugués. Las aguas se encuentran retenidas en el embalse de Alqueva junto a un racimo de afluentes que en la luz de la mañana parecían llevar un caudal de mercurio.

## Los señores de Feria

El pueblo de Feria se encuentra a pocos kilómetros al norte de Zafra y se derrama a ambos lados de una ladera entre dos cerros. En la loma más alta está el castillo de Feria, una torre cuadrada y soberbia, inconfundible en el paisaje. A todas luces los primeros señores de Feria jugaron un importante papel militar. No hay fortuna aristocrática más brillante que la que sirvió a los señores de Feria. Su ascenso comienza en los tiempos de la monarquía castellana, cuando Enrique II les hizo condes de Feria. Los nuevos condes reunieron su séquito y trasladaron su pequeña corte a Zafra, bajando del cerro a la llanura, de la fortaleza al alcázar, de la guarnición al palacio. Felipe II les hizo duques de Feria. Su prestigio de nobleza antigua les situó en los primeros escaños de los Grandes de España. En el siglo XVIII el título pasó a la casa de Medinaceli. La casa ducal ya se había trasladado a Sevilla. En el siglo XX, en 1969, la duquesa de Medinaceli cedió el título de duque de Feria a uno de sus hijos. El nuevo duque llevó la gerencia de una empresa de cuero artificial creada por su padre, pero el duque de Feria no encontró su destino en un despacho. En 1990 fue acusado por un grupo de prostitutas de no pagar sus servicios. La figura del aristócrata a menudo incluye la figura del tarambana. Lo más grave quedaba por venir. En 1993 fue acusado del rapto de una niña de cinco años y de un delito de tráfico de drogas. El juicio tuvo lugar un año después. Junto al duque se sentaron tres jóvenes prostitutas sevillanas con las que el duque vivía en familia. Una de ellas tenía diecisiete años, otra era la tía de la niña secuestrada. En el juicio se exhibieron fotografías. El fiscal probó que el duque «desnudó a la pequeña con el único propósito de obtener placer sexual, la bañó y la fotografió sin ropas y con braguitas, para terminar sentado junto a ella enseñándole revistas pornográficas». El tribunal emitió una sentencia de dieciocho años de prisión para el duque y penas de menor cuantía para las tres prostitutas de aquella extraña comunidad. Se dice que el duque de Feria, al recibir la noticia, comentó: «Qué barbaridad». A raíz de la condena su inscripción en el libro de la Grandeza de España quedó suspendida. Un recurso ante el Supremo rebajó la pena a nueve años de prisión, argumentando drogadicción y tendencias psíquicas atenuantes. El duque ingresó en la cárcel de Sevilla. Trabajó en la lavandería de la prisión para redimir parte de la condena. Unos años más tarde alcanzó la libertad provisional. Tenía cincuenta y cuatro años. Sufría fuertes depresiones y su vida no encontró rumbo. El duque de Feria falleció en su casa de Sevilla el mes de agosto de 2001. El portero del palacio le encontró muerto en la cama una mañana cuando le subía los periódicos, con las sábanas revueltas, entre excrementos y orina. Se cree que murió de una ingestión de barbitúricos. Su cuerpo fue enterrado en el antiguo hospital de Tave-

ra, en Toledo, en el panteón familiar de la casa de Medinaceli. En Zafra, en el convento de Santa Clara, se encuentra el enterramiento de los primeros condes de Feria, aquellos que
bajaron de la loma al llano, del patio de armas de la torre a los
jardines del palacio. Como una roca que se desprende y que
la erosión transforma en canto rodado, el sentido de su función
social también se había transformado. Son dos losas sepulcrales de piedra, a la izquierda del altar, dispuestas en vertical, de
modo que las figuras parecen atender los oficios. A las siete
de la tarde las monjas cantaban detrás de unas rejas. El visitante no podía dejar de recordar, al oír aquellas voces limpias, los
excrementos y la orina en que apareció envuelto el cadáver del
último duque de Feria.

Los recursos principales del sur de Extremadura son ganade-
ros, especialmente la cría del cerdo ibérico. Sus productos han
alcanzado una enorme reputación. Se dice que los mejores
jamones de Extremadura vienen de Higuera la Real, o de Fregenal de la Sierra, en la carretera que sube de Huelva hacia
Zafra. Del lado de Huelva son famosos los jamones de Jabu-
go, que vienen a ser, en lo relativo al jamón, lo que París fue
en lo relativo a la pintura contemporánea. A decir de los expertos, el cerdo, como las escuelas de pintura, también admite trampas y adulteraciones, pero a gusto del profano el jamón
de cerdo ibérico resulta ser un producto más firme, más sabro-
so, de grasa mejor repartida en sus hebras, que el pálido jamón
afeminado del cerdo común.

Bajando del santuario de Tentudia, casi en las faldas del
cerro, poco antes de llegar al pueblo de Calera de León, la
carretera cruza la finca del Llano del Toril, dedicada a la cría
del cerdo ibérico. Allí se podían ver las cerdas recién paridas
en un cerramiento amplio de tapia de piedra y vallas metálicas,

cada una acompañada de media docena de cerditos. Unas cabañas de chapa ondulada, parecidas a tiendas de campaña, les servían de refugio. Cada cerda y su lechigada tenían un lugar propio. El barro era espeso. Parecía un campamento provisional con una finalidad que no estaba del todo clara. Desde luego no estaba clara para las cerdas y los cerditos, que corrían despreocupados de un lado para otro, los cerditos sin despegarse de mamá, levantando el hocico y los ojillos al visitante que no podía dejar de ver en ellos los futuros bosques de jamones que adornan, como un artesonado surrealista, los techos de las jamonerías. Los verracos, separados en otras cercas con hembras por cubrir, tenían el vello más largo, con brillos de color rojizo. Parece que el hocico de esos cerdos es más largo y agresivo que en el cerdo común. También separados en un gran prado estaban los muchachotes ya criados, listos para el matadero. La piel del cerdo ibérico tiene el color gris ceniciento de la piel de elefante. Aquellos animales hacían pensar en alguna variedad de paquidermo. Se amontonaban en grupos, juntando los cuerpos con obscenidad, conservando el espíritu gregario de la camada con esa promiscuidad característica de los cerdos que siempre tiene algo de indecente. Eran cerdos obesos. Comían en los pesebres de zinc con el gusto y la avidez que tradicionalmente se atribuye a los cerdos. Jamás había visto animales que respondieran mejor a la idea que uno se hace de ellos. Se trataba de cerdos productores de carne como existen vacas que se proclaman campeonas de leche. En las dehesas se veían cerdos libres, más pequeños, de carnes más enjutas, deambulando con paso ligero bajo las encinas. El profano llegaba a dudar que se tratara de cerdos de la misma especie. Aquella granja de las cercanías de Tentudia criaba cerdos de los llamados de recebo, alimentados con harina de bellota, a medio camino entre el cerdo asilvestrado y el cerdo de gusto más común.

Algunos días más tarde, a bastante distancia de allí, en el bar Casa Benito, junto al mercado de abastos, en Mérida, unos hombres hablaban de ganadería. Uno de ellos afirmaba su gusto por el campo: «Yo soy más de campo que los olivos». Explicaban la diferencia entre los pastos de la comarca de La Serena, más pobres, pero que criaban más lomo en los animales, y los pastos de las dehesas de la sierra, más frescos, más altos y más ricos, pero que según ellos criaban más barriga. Las vacas extremeñas son de una variedad que llaman vacas retintas. Su color es muy bello. El pelo de las de raza más pura parece teñido con *henna*, como el cabello de las mujeres árabes. Bajo la lluvia de aquellos días su color se volvía más intenso, de un tinte rojizo casi vinoso, parecido al tronco de los alcornoques después de arrancarles el corcho. Se dice que la vaca de los ranchos de Texas, la que los americanos llaman *long horn*, procede de la vaca retinta extremeña. Su carne, a la parrilla, es exquisita. La reputación de la carne de la vaca retinta, contrariamente a lo sucedido con el cerdo ibérico, no ha traspasado los límites de su comunidad, ni ha llegado a los platos de los gastrónomos, que quizá la consideran algo recia para sus cuchillos, pero es una de las carnes de vacuno más sabrosas que hay en la península.

Mérida es la capital administrativa de Extremadura. Para los romanos fue la capital de toda Lusitania. Se fundó en tiempos del emperador Augusto para gobernar las tierras entregadas a los veteranos que habían combatido en las guerras contra los cántabros. Hay una placa en la fachada del ayuntamiento con una cita de la *Historia de Roma* de Dión Casio, que recuerda las circunstancias de su fundación:

> *Cuando se terminó esta guerra,*
> *Augusto licenció a los soldados veteranos*
> *y ordenó que fundaran en la Lusitania*
> *una ciudad con el nombre de Augusta Emérita.*

Al lado del ayuntamiento, prolongando los mismos soportales, se halla el Círculo Emeritense o casino, un edificio de dos plantas, de aspecto severo y sin gracia, de donde emana el peculiar aburrimiento de las tardes de coñac, puro y café. En otro lateral de la plaza se ve un buen palacio transformado en hotel junto a una iglesia construida con sillares romanos a los que el tiempo ha pulido el grano y suavizado las juntas. Las piedras del circo levantaron el templo cristiano. Enfrente, en lo que se podría considerar el lado modernista de la plaza, se encuentra un edificio extravagante que avanza sobre la línea de las fachadas como esas mozas que se salen de la fila del baile para lucir mejor un vestido original. Es la sede del Palacio de la China, un edificio comercial de 1928, ya en desuso, que en sus tiempos albergó almacenes de Loza y Cristal, Tejidos y Muebles, según puede leerse en los azulejos sevillanos que cubren la fachada. El Palacio de la China tiene el aspecto de los palacetes de recreo que siguieron la moda exótica y morisca de principios del siglo pasado y más que a las necesidades de unos grandes almacenes parece que responde a un capricho. Tiene cornisa con balaustrada de cerámica, balcones de hierro forjado y miradores. Debió de ser una empresa floreciente, quizá el principal comercio de Mérida. Los rótulos de azulejos amarillos fueron en su época lo que el neón en la nuestra. Ahora se conforma con acoger en la mitad exigua de sus soportales una tienda de ropa vaquera. El centro de la plaza está plantado de naranjos. Hay cuatro quioscos modernos, de buen gusto, en las cuatro esquinas.

Mérida conserva algunos de los restos romanos más importantes de España. En la periferia del imperio, en lo que debieron de ser tierras de colonización extrema, un *far west* entregado a los más duros servidores del ejército, se levantó una ciudad que ahora surge bajo la ciudad moderna como un palimpsesto que permite leer bajo la escritura medieval, árabe o cristiana, los trazos sólidos de Roma. Lo que es hoy la calle comercial de Santa Eulalia sigue un trazado superpuesto al trazado latino. Cualquier excavación municipal o cualquier derribo alumbra la calzada original, de losas irregulares y perfil convexo, según el modelo de obras públicas extendido a todo el imperio. Tan importantes como los monumentos que se exhiben son esas piedras modestas, no destinadas al arte sino al servicio, donde la presencia de Roma parece haber permanecido de un modo menos espectacular pero más íntimo. Dos acueductos conducían el agua a la ciudad. Del llamado acueducto de los Milagros, al final de la calle de la Marquesa de Pinares, permanecen en pie dos docenas de pilares, levantados sobre sillares de granito, cuerpo de mampostería y arcos de ladrillo, una composición menos noble que la del acueducto de Segovia, pero que debía responder a los materiales de la zona y a la mejor aplicación funcional del presupuesto disponible. A pesar de su gran deterioro, ofrece un aspecto solemne. Los pilares cruzan por encima de la vía del tren, salvan un arroyo y se prolongan, aislados, sobre las casas de un barrio de nueva construcción donde antes hubo una fábrica de corcho. Es un acueducto fantasma, pero el ritmo está dado. La mirada puede adivinar el emplazamiento de los arcos ausentes y completar el trazado con una línea de puntos suspensivos. Algunos de los pilares conservan todos los arcos, reforzados, según la altura, en dos o tres series sucesivas. Una colonia de cigüeñas ha instalado sus nidos sobre las ruinas con la indiferencia de lo efímero sobre lo monumental. La melancolía peculiar de las ruinas romanas se manifiesta mejor en las construcciones de carácter civil y está emparentada con el sentimiento que producen las máquinas fuera de uso que un día fueron admirables en su funcionamiento. En Mérida sobreviven sobre todo los edificios lúdicos: un circo, un teatro y un anfiteatro. También se han excavado villas y se han levantado mosaicos. Las necrópolis han entregado buena parte de sus restos. El museo conserva una magnífica colección de bustos funerarios, hombres y mujeres que fueron ciudadanos prominentes de Mérida, lo suficientemente acomodados al menos como para poder pagar su efigie en mármol. Las figuras de esos muertos de hace dos mil años son tan individualizadas y tan personales como lo pudieran ser las de nuestros abuelos. Se ven en ellos las características irrepetibles de la persona, aquellos detalles que la hacen única. Uno de ellos, de cara ancha, expresión satisfecha y fina sonrisa de comerciante, tiene una verruga bajo el labio. Otro, más enjuto y senequista y más atormentado de rasgos, fue sin duda un hombre de leyes o un servidor del Estado. Su modelo, según hablan sus rasgos, no fue Lúculo sino César. Sobre el retrato se impone la figura tópica. No se trata de imágenes idealizadas, al menos no totalmente idealizadas, pero tanto interviene el hábito de nuestra mirada como la intención del escultor de favorecer al cliente respetando la personalidad que exige el retrato. Hay una mujer que debió de ser muy bella y luce un peinado extraordinariamente moderno, como las mujeres de los largos collares de ámbar en los años del foxtrot. En algunos de esos bustos se advierten rasgos y peinados orientales, como si el difunto procediera de colonias lejanas y hubiera acudido a Mérida a hacer fortuna. Lo importante es la vida que parece latir en ellos. Sumergidos en la corriente de la historia, esos bustos están más cerca de la conciencia actual del tiempo que, por poner un ejemplo, los intemporales retratos del Renacimiento donde un joven o una doncella se nos muestran de perfil.

El museo romano de Mérida tiene el ambiente desmesurado y resonante de las construcciones de Roma. Su trazado imita a Roma en lo que los monumentos de Roma tienen siempre de inhumanos. La cripta, donde emergen las piedras de una calzada y se hallaron los restos de una necrópolis, hace pensar en los sótanos y cárceles de los grabados de Piranesi. Se adivina una profundidad inquietante. El visitante sospecha que se hace un uso, quizá indebido, de un espacio reclamado por otras almas. Se sabe que es un museo, pero allí pudieran pasar cosas más graves. El cuerpo principal del edificio, sobre la cripta, responde a otra noción. Exige levantar la mirada hacia las bóvedas según un sentido monumental que Roma, ignorante de la idea de museo, hubiera aplicado indiferentemente a un gran almacén de granos o a unas termas.

En realidad, la presencia romana en Mérida no se limita a los lugares que marca el recorrido turístico. Esa memoria puede ser tanto más sugestiva cuando se hace más discreta. A veces se disfraza bajo la apariencia de lo cotidiano y entonces adopta una forma arqueológica modesta que todavía parece conservar un átomo de vida. Yo tuve un buen ejemplo a mis pies. La piedra que hace de umbral en el bar Casa Benito, junto al mercado de abastos, es un bloque de mármol fino surcado de estrías verdes, como las mallas de una red de pesca. Es un mármol de lujo. Quizá procede de algún templo o de algún edificio del foro. La lluvia de aquellos días la hacía brillar. Tenía el color lechoso y verde del vientre de los lagartos. No se puede ser indiferente a esas viejas piedras que salpican la ciudad y por eso, al entrar en el bar Casa Benito, hay que advertir que se está pisando una piedra de veinte siglos.

El río Guadiana hace una entrada esplendorosa en Extremadura. Es el río de España que goza de una predilección especial entre quienes sienten los ríos como cosa viva, ocupando espacios que no solamente son los de su cuenca, sino también los espacios imaginarios que han sido metáfora desde que los poetas compararon nuestras vidas con los ríos. Al Guadiana le vimos nacer en los parajes de las lagunas de Ruidera, en el límite de las provincias de Ciudad Real y Albacete, en el corazón de La Mancha. Al cabo de un corto trecho desaparecía en las arenas de Argamasilla de Alba. Volvía a aparecer en las cercanías de las tablas de Daimiel como después de un período de ocultación y retiro en un rito de pubertad. Le vimos desembocar en Ayamonte, bebiéndose la plenitud de las mareas, como un río que se ha hartado de ser río y le disputa el agua al mar. Así la muerte es plenitud impersonal, si eso puede servir de consuelo a los poetas. Cuando el Guadiana entra en Extremadura lo hace después de haber cruzado las pequeñas sierras, poco transitadas, del suroeste manchego. En las tierras de Badajoz el Guadiana y sus afluentes se extienden en una serie de embalses que forman el conjunto hidrológico más importante de España. Sobre el Guadiana se encuentran, de menor a mayor cota, el embalse de Orellana, el embalse de García de Sola y el embalse de Cíjara, prácticamente conectados entre sí, de modo que la cola de un embalse alcanza la presa del anterior. Sobre el río Zújar se encuentran el embalse del Zújar y el gran embalse de La Serena, estrecho y recortado en su primer tramo, abierto en dos a partir del río Guadalemar. Dicen que el embalse de La Serena es el mayor de la península y el único que figura en el catálogo de grandes presas del planeta. La sucesión de embalses del Guadiana forma una enorme serpiente de agua sobre el territorio extremeño. Si el Guadiana sirviera para ilustrar la metáfora tradicional de un río, desde las lagunas donde nace del vientre de la tierra hasta las playas donde muere, los embalses extremeños serían el reposo de la madurez, el aprovechamiento de la experiencia, la transformación en energía eléctrica del caudal acumulado de energía vital o hidrológica. Entre Mérida y Badajoz, el Guadiana sigue una vega que riegan el canal de Lobón y el canal de Montijo. Las propias orillas del río, lo que es el cauce que recoge las crecidas, están cubiertas de choperas y cañaverales.

Del puente romano de Mérida al puente de las Palmas de Badajoz, el Guadiana parece acotado por el hombre entre dos monumentos de piedra. Son puentes de más de veinte ojos, no muy altos de pretil, más bien cercanos a las aguas. Ambos parecen la horma o el calibre por donde se ha de medir el río.

Badajoz se encuentra prácticamente en la frontera con Portugal, en la margen izquierda del Guadiana, poco antes de que cambie su curso en un ángulo de noventa grados para dirigirse resueltamente hacia el sur. Cuando a mediados del siglo XIX se inauguró la línea de ferrocarril Lisboa-Badajoz-Madrid, el acontecimiento fue tan celebrado que se pensó que traería consigo la unión de los dos países. Tanto en Portugal como en España nacieron sociedades de fomento de la amistad hispano-portuguesa. Se fundaron revistas ibéricas de contenido cultural y político. Se creó un partido o grupo de presión para defender los intereses que la unión favorecería. Sin embargo, la línea de ferrocarril Lisboa-Badajoz-Madrid ha dormitado durante ciento cincuenta años con un tráfico modesto y la unidad peninsular no se ha producido. En Portugal siempre se vio la unión con desconfianza. En España, con indiferencia. La idea ibérica sólo encontraba apoyo en algunos sectores de la burguesía ilustrada y en el embrión de los partidos revolucionarios. Las casas reinantes en los dos países, los Borbones y los Braganza, sintieron que aquel proyecto no encerraba una promesa para ellos sino una amenaza. No acabaría con la unión de las dos dinastías, sino con la abolición del régimen monárquico en los dos reinos peninsulares. La utopía de la unidad ibérica se disolvió en cuanto dejaron de tocar las bandas de música en las estaciones de la línea Lisboa-Badajoz-Madrid al paso del primer convoy. España recuperó para sí la utilización del nombre de Iberia sin importarle que no coincidiera ni con la realidad política ni con la geográfica. Los anarquistas españoles del siglo XX se agruparon en una Federación Anarquista Ibérica que sólo se hallaba implantada en España y nuestra línea aérea de bandera ha asumido desde su fundación el nombre de Iberia. Como lo demuestra la *suite* para piano de Albéniz y el título de esta misma obra, España se ha apropiado unilateralmente de la denominación Iberia como de una imagen de marca.

Un cronista de la ciudad de Badajoz decía que la frontera entre España y Portugal, desde Ayamonte hasta la desembocadura del Miño, era una larga serie de castillos y fortalezas que se hacían frente a un lado y otro de la raya como los botones y los ojales de una chaqueta de muchos ojales y muchos botones. La idea es sugerente por lo que tiene de confrontación y de complicidad entre dos países que sólo se han contemplado durante siglos desde lo alto de sus atalayas. Badajoz fue una de las ciudades fortificadas más importantes de la raya de Portugal, aunque su aspecto actual no permite apreciarlo fácilmente. La ciudad militar se ha disuelto en la ciudad civil como un cuerpo lentamente digerido por otro cuerpo más sano, dinámico y vigoroso. Las nuevas construcciones y la expansión demográfica se han derramado por encima de las murallas. Los baluartes han quedado incorporados al tejido urbano. El carácter militar de las gruesas y compactas fortificaciones ha sufrido una metamorfosis que las ha convertido en monumentos o en jardines. En el baluarte de San Roque se encontraba la antigua plaza de toros. La nueva se ha edificado al pie del baluarte de Santa María. El auditorio municipal ha sido construido en un perímetro avanzado entre los baluartes de San Vicente y de San José, al oeste de un complicado sistema defensivo que no había olvidado levantar una cabeza de puente del otro lado del Guadiana. En lo alto del pequeño cerro que domina la curva del río se alza el castillo árabe y los restos de la alcazaba. Son construcciones esbeltas, de perfiles ligeros que se recortan con gracia en el aire, muy distintos de los perfiles chatos y espesos, ceñidos al terreno, de los baluartes del tiempo de la artillería.

A lo largo de la historia Badajoz ha sufrido dieciséis asedios. Sólo en dos ocasiones los asaltantes tuvieron éxito y lograron apoderarse de la ciudad. La primera vez fue en 1812, durante la guerra de la Independencia, estando la ciudad en manos de los franceses. Las tropas de Wellington entraron en Badajoz por el baluarte de San Vicente. Wellington perdió en la batalla cerca de cinco mil hombres, de ellos tres mil setecientos únicamente en el asalto. En teoría los ingleses eran aliados de los españoles, pero la población civil de Badajoz sufrió enormemente. Hubo violaciones, ejecuciones, saqueos. Ni siquiera hubo seguridad para las mujeres que se refugiaron en las iglesias. Algunos oficiales que trataron de oponerse fueron asesinados por sus hombres. El enardecimiento de la batalla les había vuelto locos. Un testigo inglés lo cuenta de este modo: «La soldadesca enfurecida [...] más parecía una jauría de perros infernales [...] que miembros del disciplinado ejército inglés». Las atrocidades duraron varios días. Wellington impuso el orden ahorcando a dos docenas de soldados y mandando azotar a otros, pero, como suele suceder en estos casos, más fue el cansancio que el castigo lo que restableció la disciplina.

La segunda vez que Badajoz fue tomada por asalto las cosas ocurrieron de un modo parecido para sus habitantes. Las fuerzas en presencia fueron numéricamente menos importantes pero la trascendencia histórica de la acción es mucho más cercana a nosotros. Sucedió en agosto de 1936, en las primeras semanas de la Guerra Civil. Se dice que la ciudad estaba defendida por cerca de tres mil hombres, la mayoría de ellos campesinos y milicianos mal armados y peor dirigidos. Las fuerzas de los militares sublevados en Sevilla fueron avanzando por Extremadura sin encontrar oposición, salvo algunas partidas sin verdadero control del terreno. La marcha se produjo con extraordinaria rapidez, bajo el calor abrasador de aquel verano. Se trataba de dos columnas de legionarios y tropas regulares curtidas en la guerra colonial de África. Su avance tuvo algo de la táctica de guerra colonial, con enemigo débil y disperso en un territorio amplio. Su intención no era establecer contacto con el enemigo. Su procedimiento de avance era siempre el mismo. Al llegar a una localidad tomaban posiciones en el entorno, rodeándola casi completamente, cuidando sin embargo de dejar un camino de huida, de modo que si allí había alguna fuerza contraria pudiera escapar sin presentar combate. Su intención era proceder sin detenerse, manteniendo únicamente una fragilísima línea de suministros, y evitar cualquier enfrentamiento que los retardara. Algunos grupos de campesinos armados con fusiles arrebatados a la Guardia Civil fueron eliminados fácilmente. Por Fregenal de la Sierra y por Llerena las dos columnas llegaron hasta Almendralejo, donde encontraron la primera resistencia seria. Un grupo de hombres armados se había refugiado en el interior de la iglesia. Se empleó la artillería de campaña. Se dinamitó la escalera que conducía al campanario. Aquellos hombres resistieron varios días y la iglesia quedó reducida a escombros. El 11 de agosto caía Mérida. Una granada alcanzó el transformador de electricidad. Fue un impacto fortuito que impidió que se activaran las cargas explosivas preparadas para volar el puente romano. Antes de proseguir la marcha hacia Talavera y Madrid el grueso de las fuerzas de legionarios se dirigió a Badajoz, que no podía quedar amenazando la retaguardia. Las defensas exteriores se tomaron con relativa facilidad. El coronel Yagüe, joven, muy resuelto, consciente del peligro, con grandes dotes tácticas, estaba al mando directo de las tropas. En la noche del día 13, durante un reconocimiento de las defensas, Yagüe dudó en intentar hacerse con la ciudad en un golpe de mano, al amparo de la oscuridad. En la mañana del día 14 lanzó abiertamente el primer ataque. La artillería ligera que acompañaba a la columna abrió una brecha en la puerta de la Trinidad, que pronto se conocería como «la brecha de la muerte». A las tres de la tarde se intentaba una primera entrada, llevando en vanguardia un carro blindado. El carro fue alcanzado por una granada lanzada desde la muralla y quedó inservible, paralizándose el ataque. Los legionarios retrocedieron. Se intentaron tres asaltos más, que fueron rechazados. Finalmente, la cuarta oleada de asalto lograba penetrar por la brecha y hacerse con una parte de la muralla después de un combate encarnizado donde se llegó al contacto con bayoneta. Los supervivientes de aquel asalto decisivo fueron dieciséis hombres, entre ellos un capitán y un cabo que se desangraba. Detrás de ellos se lanzó el grueso de la fuerza. La lucha se extendió por las calles de la ciudad. Otras unidades habían penetrado por el lado del Guadiana, ganando la cabeza del puente, sin decidirse a aventurarse por los barrios. Otro grupo lo hizo por la puerta de los Carros, cerca de la alcazaba. La lucha urbana prosiguió durante horas, calle por calle, y las pérdidas de los sitiados fueron enormes. Se cree que hubo por encima de mil bajas, es decir, un tercio de los defensores, para doscientas ochenta y cinco bajas entre los asaltantes. Sin embargo, el precio que pagaron las fuerzas de legionarios en el asalto a Badajoz, proporcionalmente a su número, fue muy alto. Como le había sucedido a Wellington, las tropas de Yagüe quedaron diezmadas. Al día siguiente, el coronel Yagüe dirigía una alocución a sus soldados que empezaba en estos términos: «Hijos míos, qué buenos sois… Qué pocos habéis quedado». La represión que se abatió sobre los defensores de la ciudad fue muy dura y pasa por ser una de las venganzas más implacables de la Guerra Civil española. Los defensores que rindieron las armas fueron encerrados en la antigua plaza de toros, donde tuvieron lugar ejecuciones masivas.

## *La tierra de Barros y la campanera de Almendralejo*

La comarca ancha, fértil, ligeramente ondulada, que rodea Almendralejo debe su nombre al aspecto arcilloso de la tierra. Es un suelo nutritivo y compacto, que no sólo hace pensar en su capacidad para esponjarse con las lluvias y levantar cosechas, sino que recuerda a los barros maleables, de color rojo ladrillo, que se utilizan en alfarería. En las lomas el color se hace algo más oscuro, como en las tierras donde ha habido algo de bosque. Algunas hondonadas que reciben las aguas de primavera son de un color sanguíneo, enriquecidas con un aporte de sedimentos orgánicos. Con las lluvias y el esplendor de la estación el paisaje parecía generoso. En verano los terrones de arcilla, cocidos por el sol, deben de tener el aspecto de la tierra de los botijos. En la tierra de Barros se cultiva la vid, el olivo y el cereal. Se dice que Almendralejo es el municipio que más vino produce de toda España. A la caída de la tarde, los cuarenta kilómetros que separan las orillas del Guadiana de la capital de la tierra de Barros discurrían por una comarca rica y lánguida, que invitaba a pasear por los caminos, entre olivos y sembrados. Era una tarde fresca. Las viñas no habían empezado a brotar. Se habían podado los olivos. Las ramas ardían en pequeños montones en la linde de los campos arrojando un humo espeso, blanco y sin llama. El único barranco que cruza la carretera se encuentra a la altura de Solana de los Barros, donde crecía un bosquecillo de eucaliptus.

La iglesia de Almendralejo, que sufrió fuego de artillería durante la Guerra Civil, fue reconstruida cuando terminó la guerra. Almendralejo es una ciudad grande, de un urbanismo que en ningún momento parece haber contemplado la posibilidad de hacer agradable la vida a sus habitantes. El único entramado que conserva algún carácter se encuentra en los alrededores de la iglesia, que parece atrapada en una pequeña red de calles estrechas. El interior es una nave sombría, sin crucero, con un par de capillas. En 1949, cuando el edificio se reconstruyó, dos pintores italianos lo cubrieron de pinturas. Cuando se encienden las luces aparecen los frescos como gigantescas estampas piadosas en el estilo que los franceses llaman de saint-sulpice y que nosotros podríamos llamar el estilo beato de los colegios de enseñanza religiosa que prosperaron en aquella posguerra. Los dos maestros italianos, Membrini y Gritti, tienen calle en Almendralejo. Estuvieron en el pueblo durante cerca de tres años y dejaron buen recuerdo. Su trabajo fue bueno y concienzudo. No se trataba de alcanzar cumbres artísticas, ni los llamados Membrini y Gritti parecían haber estado dotados para ello. Se trataba de un trabajo de artesanos. Las convenciones de la pintura religiosa de la época fueron respetadas con esa profesionalidad que no persigue llevar la contraria a los gustos del señor obispo. El obispo en cuestión aparecía retratado en una ventanilla junto al coro frente a un medallón del Papa de la época, aquel Pío XII que desde luego no era un Médicis. La iglesia de Almendralejo desplegaba en pintura la estética de una catequesis parroquial.

Como sus antepasados del quattrocento, los pintores italianos de Almendralejo tomaron sus modelos del pueblo. La campanera que encendió las luces para mí se llamaba María Pilar Núñez Sánchez, nieta del anterior campanero por el lado materno. Tenía cincuenta y tres años. Era rubia, agradable de cara, vestida con gusto, como si unos momentos antes hubiera estado tomando café con unas amigas. Era sábado y estaba preparando la misa de la tarde. Dejó su labor para enseñarme las pinturas. Su abuelo aparecía retratado como Lázaro en un fresco que representaba la resurrección de Lázaro, en uno de los arcos de la bóveda. También aparecía como un pobre enfermo, otro Lázaro al que un perro lamía las llagas, en un gran fresco junto al altar mayor que representaba a santa Isabel,

reina de Hungría. Le pregunté si su abuelo se llamaba Lázaro. Me dijo que no. Se llamaba Nicolás. Los pintores le habían
escogido por tener cara de hombre de mucha paciencia. Había atrapado siete pulmonías en el campanario a lo largo de su
vida. Las campanas se tocaban entonces desde lo alto de la
torre y había que aguantar el viento y las intemperies. Le pregunté si su abuelo había muerto de la última pulmonía y me
dijo que no había muerto de pulmonía, había muerto de viejo. Me llevó a la capilla del Sagrario. En una de las pinturas
aparecía un niño rubio, de pelo rizado, un querubín idealiza-
do de felicidad rural. Era el hermano de la campanera, que en
el tiempo en que se pintaron los frescos tenía veinte meses. Me
explicó que la mujer que lo tenía en brazos no era su madre,
era una vecina. Su madre estaba demasiado gorda y no había
querido hacer de modelo para los pintores. Sobre una puerta
lateral aparecía el párroco de la época, un hombre grande, con
sotana, gafas de montura gruesa y bonete. La campanera me
dijo que se llamaba don Manuel Alemán. Junto al párroco
aparecía el organista. Se llamaba Isidro. Le pregunté si ella
había conocido al párroco y al organista. Me dijo que no.
Quizá les había conocido siendo niña pero no los recordaba.
Vagamente recordaba al párroco, por las gafas o quizá por la
sotana, como hubiera podido recordar a otro párroco. Recordaba los nombres por habérselos oído a su madre. En otros
frescos aparecían rostros de viejos vecinos del pueblo. Cada
familiar sabía reconocer a los suyos, de modo que en Almendralejo cada cual tenía un primo, un tío o un abuelo en las
pinturas de la iglesia.

Después de recorrer las pinturas la campanera me enseñó
en la sacristía el sistema que accionaba las campanas. Antes las
campanas se accionaban manualmente. Ésa había sido la ciencia de su abuelo. El primer toque de la mañana se accionaba
desde la cocina de la casa donde ellos vivían mediante una

cuerda que pasaba por el tejado de la sacristía hasta la casa, junto a la iglesia. De este modo su abuelo podía tocar de madrugada ese primer toque sin salir de casa. Para lo demás tenía que subir a la torre. La ciencia del campanero era una ciencia musical. Combinaba los toques y repiques accionando a mano los badajos de las campanas. Hacia 1960, se instaló un sistema eléctrico. Cada campana se accionaba con un interruptor en un cajetín de baquelita negra parecido a un antiguo contador de la luz. Junto a cada cajetín había una etiqueta con una caligrafía escolar en tinta sepia donde se leía el nombre de cada campana. Por tamaños, la mayor se llamaba Cristo Rey. La segunda, La Piedad. La tercera, La Purificación. En total eran ocho campanas. Ese sistema eléctrico ya no se utilizaba. Había funcionado hasta que se instaló un sistema digital. El viejo sistema eléctrico, con sus cajas de baquelita, ocupaba un gran panel de la sacristía, casi tan grande como un pequeño altar. El sistema digital era poco más o menos del tamaño de una caja de cigarros habanos. Los repiques y los toques se accionaban pulsando unas pequeñas teclas, como las de un teléfono portátil. En aquel sistema las campanas aparecían numeradas. Con el primer cambio de tecnología se había perdido el contacto con el bronce, pero aún figuraba y se había conservado el nombre de las campanas. En el segundo sistema ese nombre se reducía a un número, con la consiguiente pérdida, no ya sólo de sustancia, sino de identidad. A diferencia de la cruda presencia de la baquelita negra, aquel cajetín de tecnología digital quería imitar el aspecto de un objeto religioso. Era un detalle simple pero revelador. El sistema eléctrico no intentaba disimular su pertenencia al mundo de la técnica. El sistema digital, mucho más sofisticado, pretendía introducirse en el ámbito de la iglesia y para ello estaba pintado de purpurina imitando el oro viejo de los retablos. Todos los toques y repiques de campana estaban programados. Había sustituido verdaderamente al campanero. Era el libro donde se hallaba recogido el ritual de las campanas. La campanera sólo conservaba un privilegio. Seguía accionando las campanas a mano, desde lo alto del campanario, a la manera de su abuelo, en los toques de duelo, cuando moría algún vecino de Almendralejo. La muerte es conservadora. El párroco se lo había autorizado.

Pregunté a la campanera si las campanas se habían salvado del bombardeo que había sufrido la iglesia durante la Guerra Civil. Me dijo que no. Su abuelo le había contado que las viejas campanas se habían rescatado entre los escombros de la torre. Estaban hendidas o rajadas. Alguna estaba partida. Se habían vuelto a fundir y con el bronce se habían fabricado las campanas nuevas. Saliendo de la iglesia por la puerta sur, antes de cruzar la callejuela que daba a la casa de los campaneros, había una capilla exterior que llamaban capilla del Cristo del Gran Poder. El interior estaba lleno de ventiladores. Era una visión tan sorprendente como encontrar a Cristo en un almacén de electrodomésticos. Era la capilla de la Pasión y el Comfort. ¿Qué hacía aquella selva de ventiladores en la capilla de Cristo? La campanera me dijo con toda naturalidad que eran los ventiladores que refrescaban la iglesia, distribuidos por la nave, durante el verano. El resto del año se encomendaban a Cristo.

A última hora de la tarde, en la carretera de Almendralejo a Villafranca de los Barros, se encendieron en la claridad del crepúsculo las luces del club Cacique, junto a la antigua carretera nacional, a un centenar de metros de la autovía. Era una casa de dos plantas, rodeada de un jardín convertido en aparcamiento. Las luces verdosas sobre el cielo pálido transformaban la casa en un nido de mariposas nocturnas. Muy lejos se dibujaba la línea azul de la Sierra Grande o de la Sierra de la Miradera que aún recibía el resplandor del sol. Era un paisaje suave y amplio. El club Cacique se presentaba a los viajeros como el cáliz de una flor fosforescente en un largo paisaje de carretera. Las putas del club Cacique debían de ser brasileñas. En la tapia podía leerse con grandes letras de color verde lo que aquella casa ofrecía: «O sabor do placer». El club Cacique debía de ser un buen negocio con cierta antigüedad en el mundo de los burdeles de carretera. Había abierto una sucursal en la carretera de Mérida a Montijo, en la vega del Guadiana, con el nombre de club Cacique 99, fundado en 1999, lo que atribuye al primer club Cacique una fundación anterior.

## Un recuerdo de Zafra en Mérida

En la principal calle comercial de Zafra, la calle Sevilla, hay un palacio renacentista que llaman la Casa Grande, ocupado por dos almacenes. Uno de ellos, El Siglo XXI, se dedica a la venta de muebles. Otro, Almacenes Gómez, es un almacén de ropa y tejidos que llevaba ciento veinte años en el negocio de la confección. El patio de Almacenes Gómez era un gran patio renacentista de dos plantas, levantado sobre columnas de mármol emparejadas de color hueso. En ese espacio monumental, cubierto con una vela, se hallaban los mostradores con el género. Aquellos días estaban de rebajas. Una muchedumbre muy activa escarbaba entre los montones de prendas de ropa. La nobleza de la arquitectura y la avidez de los clientes hacía pensar en la ruina de una gran familia que hubiera entregado su palacio al enjambre de los acreedores.

Algo más allá de la Casa Grande había un comercio mucho más modesto dedicado a la venta de botas camperas, calzado de caza, zahones, arreos, correajes, artículos de esparto, bronce y alpargatas. Tenía un largo mostrador de madera. El género colgaba en ganchos de las paredes. Era una de esas tiendas que antes llamaban talabarterías. Su nombre remite a los tiempos en que se fabricaban correajes para llevar la espada. Luego su función se relacionó con los arreos para el ganado. En la mayoría de los lugares las talabarterías han desaparecido o están a punto de desaparecer. Las ferias de ganado de Zafra fueron famosas desde el siglo XVI y se siguen celebrando en el mes de septiembre. A la entrada de la ciudad vieja hay un gran pilón de agua para el ganado. Ese abrevadero que llaman el Pilón del Duque es tan grande y tan hermoso que ha bastado con no tocarlo para convertirlo en un monumento.

En la talabartería de la calle Sevilla vendían cascabeles, esas esferas huecas de latón que llevan las mulas y los caballos en los cabezales y que van repicando a su paso. Aún se usan en los arreos de fiesta, en las plazas de toros, en las exhibiciones, en los coches tirados por caballos y en los circos. El dueño de la tienda me dijo que eran buenos cascabeles, de latón fundido, no de latón chapado. Compré dos. El dueño me explicó la diferencia entre los malos cascabeles, que él no vendía, y los buenos cascabeles como aquellos que yo acababa de comprar. Tenían el tamaño de una nuez grande. El pasador era macizo. En la palma de la mano resultaban más pesados de lo que aparentaban. Estaban perforados por seis agujeros, dos en la parte superior y cuatro en la parte inferior, rematando una hendidura fina característica en forma de cruz que cortaba la mitad inferior. La pepita que hacía sonar el cascabel también era de latón. El dueño de la tienda me aseguró que el sonido de aquellos cascabeles se iría afinando con el uso, a medida que se fueran desgastando las imperfecciones de la fundición y se redondeara la pepita. Probablemente esa pareja de cascabeles que ahora son míos no los llevará nunca ningún caballo y el oído de los especialistas en cascabeles captará su sonido imperfecto, demasiado agrio, demasiado nuevo, sin el afinamiento del uso, sin la melodía de un viejo cascabel. El sonido de los cascabeles es algo tan preciso que ha dado una palabra al idioma: el cascabeleo.

Unos días después, en una vitrina del museo de Mérida, pude ver una pareja de cascabeles como los míos, cascabeles romanos, de mil ochocientos años de antigüedad. Habían sido hallados en una excavación junto a otros menudos objetos de bronce. Eran de un color verde terroso y de aspecto granulado, como devorados en un baño de lejía. Su largo tiempo de sepultura les había arrebatado el brillo dorado y fino. Por lo demás, el tamaño, la manufactura, la cruz y las perforaciones de aquellos cascabeles romanos eran iguales que en los que yo había comprado. Probablemente aún conservaban la pepita en su interior y podrían sonar, aunque lo venerable de su edad les hacía suponer un sonido apagado o casi enteramente silencioso. A veces pienso en la extraordinaria capacidad de permanencia de ciertos objetos y ciertas formas. Mi pareja de cascabeles de Zafra y los cascabeles romanos del museo de Mérida confirmaban la permanencia de algo tan simple y tan lúdico como un cascabel.

El norte de Extremadura pertenece a la cuenca del Tajo, que cruza la región siguiendo una línea este-oeste casi paralela a la línea del Guadiana. Contrariamente a este último, al llegar a la raya de Portugal el Tajo no altera su rumbo. Parece indiferente al cambio de país. Su cauce natural no encuentra obstáculos. Durante un trecho sus aguas sirven de frontera. Llegado al país vecino su recorrido se inclina levemente y parece buscar como un viejo río cansado el espléndido estuario de Lisboa. En Extremadura el Tajo cruza algunos pasos angostos. En el desfiladero que llaman el Salto del Gitano, en la sierra de Monfragüe, el cauce no tiene más de treinta metros de anchura. Son dos cuchillas de roca caliza, perpendiculares al río, estrechas de perfil, coronadas por el vuelo de los buitres. El río es manso y profundo, sin corriente. Las aguas están retenidas por las dos o tres presas que se suceden hasta el gran embalse de Alcántara. Los montes de Monfragüe, ásperos y de vegetación cerrada, como montes sin ganado, crean una horma irregular que el río llena con falsas colas y brazos, inundando los barrancos como un animal que se acomoda en cualquier madriguera.

Un matrimonio inglés almorzaba a media mañana junto a su *camping-car* en el mirador que domina el desfiladero, donde la carretera toma altura después de cruzar el río. Habían instalado su mesa y sus sillas. Se encontraban muy a gusto. Lo mismo hubieran podido estar en Ceilán o en Escocia. Del otro lado se levantaban las peñas grises. El parque natural de Monfragüe es un lugar muy frecuentado por los excursionistas, pero en aquellos días fuera de temporada el desfiladero tenía una dimensión solitaria y agreste. El matrimonio inglés, en la larga ceremonia del almuerzo, o del desayuno, o cualquiera que sea lo que los ingleses comen a esas horas, parecían dos figuras insertadas en aquel lugar para dar la proporción exacta a la mirada, como esos personajes que los pintores sitúan en una esquina del cuadro para resaltar mejor el motivo del paisaje. Resultaron ser gente curiosa, sin la tradicional impertinencia británica. Admiramos las peñas y señalamos con el dedo el vuelo de los buitres. Les interesaba el nombre del lugar, *The Gipsy Jump*, lo mismo que me interesaba a mí. Era un nombre de película. Les conté que probablemente allí había ocurrido algún suceso al mismo tiempo hispánico y dramático, como un nuevo episodio de *Carmen*.

El sur de Extremadura tiene un sabor andaluz mientras que el norte refleja una mayor influencia toledana. Esa influencia se advierte en el hablar y en el carácter de las construcciones. También el paisaje se transforma. Entre Monfragüe y Trujillo, entre Navalmoral y Plasencia, los cortijos ofrecen panoramas despejados, sin los bosques prietos y misteriosos de las dehesas del sur de Badajoz. Los encinares son menos tupidos. El ganado pasta a la vista de las sierras castellanas de Gredos, de donde bajan los ramales de la sierra de Tormantos y de la sierra de San Bernabé, entre el valle del río Jerte y el valle de la Vera. El primer valle es famoso por sus cerezos. El segundo es famoso por la leyenda de la Serrana de la Vera, mujer híbrida, mitad yegua, mitad mujer, pariente de las serranas de pata de osa que aparecen en la obra del Arcipreste de Hita, pariente también de todas las amazonas y mujeres salvajes que han poblado el imaginario masculino. En Yuste, en el valle de la Vera, se encuentra el monasterio al que Carlos I se retiró para morir. Es una curiosa combinación de monasterio y palacio, ni tan lujoso como un palacio ni tan severo como un monasterio. Hace pensar en rezos pero también en partidas de caza. Con los riscos a la espalda, el valle se domina desde una solana levantada sobre dos pisos de columnas para equilibrar el desnivel del terreno. El paisaje que se contempla desde allí no es un paisaje grandioso ni presenta ningún accidente notable. Es un paisaje de montería. A sus pies se extiende un estanque con unos pocos árboles ornamentales. Por aquellos días los robles aún no tenían hojas. La lámina de agua verdosa donde nadaban cuatro cisnes negros era el único elemento que introducía cierta elegancia en un entorno áspero. Aquel detalle no cuadraba con el carácter del emperador. En su tiempo el estanque hubiera estado poblado de patos y de ocas. Durante seis meses Carlos I se había alojado en Jarandilla de la Vera, mientras hacían en Yuste las reformas necesarias. Su relación con la comarca le venía de los Zúñiga de Plasencia. Zúñiga había sido su encargado de negocios y su enviado especial en

muchos asuntos europeos. Los descendientes de aquel Zúñiga conservan en Plasencia un museo de la caza. De alguna
manera su antepasado había logrado convencer al emperador
de que el final de una vida puede alcanzar su plenitud teniendo
a sus espaldas un lugar de oración y ante la vista los territorios
de montería. En ello se proyectaba la imagen ideal de un hombre libre, vinculado únicamente a la salvación de su alma y entregado en lo terrenal a la figura del cazador, sin descontar el
cuerpo de una doncella que por las noches caliente la cama,
una situación que cualquier monarca temeroso de Dios puede reclamar imitando el ejemplo del rey David. Algo más abajo de Yuste está el cementerio militar alemán. No hay que olvidar que Carlos I fue al mismo tiempo el emperador germá-
nico. La embajada de Alemania mantiene un campo de olivos
de un cuarto de hectárea cerca del lugar donde murió el kái-
ser Carlos. En ese jardín fúnebre todas las sepulturas son iguales. Son tumbas de soldados caídos en la Primera y Segunda
Guerra Mundial, pilotos de aviones que se estrellaron en la península, tripulaciones de barcos y submarinos que fueron hundidos frente a las costas de España y cuyos cadáveres acabaron en nuestras playas. España era un país neutral. Durante
muchos años aquellas tumbas estuvieron perdidas en los lugares mismos donde los cuerpos habían sido hallados hasta que
en 1989 se reunieron en Yuste. No se sabe cuál es más evocador, si el retiro del César o esas tumbas de soldados modernos.
Parte de su nostalgia está en saber que fueron soldados de ejércitos derrotados, como si la derrota, independientemente de
los asuntos en juego, formara parte del verdadero carácter trágico de la guerra. En total son ciento setenta tumbas. En todas aparece el nombre, arma y graduación del soldado. Una de
ellas pertenece a un cadáver sin identificar. Las fechas que
figuran en las cruces son reveladoras. Los muertos de la Primera Guerra suelen pasar de los treinta años. Los muertos de

la Segunda son en general mucho más jóvenes. Rondan los veintidós años. Parece que la Primera Guerra hubiera sido una guerra de adultos y la Segunda Guerra una guerra de muchachos.

Cáceres es una ciudad monumental. En el invierno de 1967, cuando yo la visité por primera vez, las casonas y palacios del barrio viejo estaban prácticamente al abandono. La ciudad nueva seguía su propio ritmo. Algunos palacios se utilizaban de almacén, de garaje o de carbonería. Otros eran viviendas degradadas. A los balcones les faltaba el hierro que su propietario había vendido antes de que le embargaran la casa. En algunas casonas se había vencido el alero y en otras los cuartillos de las ventanas colgaban de una sola bisagra a punto de desprenderse. Entonces se estaban arreglando las conducciones del colector general y muchas calles aparecían levantadas. En esas condiciones toda la ciudad vieja parecía descubrir las tripas. Sin embargo, a pesar de las calles abiertas y del aspecto sórdido de aquellos palacios, aún se podían admirar los grandes arcos de los portales, los sillares finos, bien emparejados, la dignidad de las fachadas en medio de su desolación. La ciudad vieja de Cáceres era un lugar sucio y sombrío. Parecía que las excavaciones del colector le estaban buscando el alma y se la iban a comer. Treinta y seis años después las restauraciones han puesto en valor lo que el barrio tenía, como esas joyas de familia que se llevan a limpiar al joyero y vuelven con un brillo nuevo, quizá demasiado nuevo, habiendo perdido lo que el desgaste del tiempo añade de melancolía pero habiendo ganado el lucimiento de un barrio monumental. Mientras tanto, como ya se apuntaba en 1967, la ciudad nueva ha seguido su propio ritmo y el viajero no la reconoce.

## *Dos catedrales*

Plasencia y Coria, en el norte de la provincia de Cáceres, se encuentran a poco menos de cuarenta kilómetros de distancia a vuelo de pájaro, cruzando la vega del río Alagón. Algunos se preguntan la razón de que dos localidades tan cercanas sean sede episcopal, cada una de ellas con su propia catedral y su propio obispo. Hay quien dice que la demarcación se debe a la antigua administración romana que en este lejano extremo del Imperio dividió los territorios en pequeñas unidades para asegurar mejor su repoblación y defensa. Otros dicen que en los siglos turbulentos de la monarquía castellanoleonesa hubo voluntad política del poder real de crear sedes episcopales y ceder tierras a los obispos para contrarrestar la autoridad de los señores feudales. La organización de la Iglesia en la península copió en la mayoría de los casos la vieja administración romana y ello hace que resulte más plausible la primera hipótesis. Las obras del Imperio proporcionaron los grandes sillares sobre los que se levantaron los edificios eclesiásticos, en su sentido figurado y en su sentido estricto. Los mismos solares sobre los que se alzaba un templo sirvieron de base a las futuras catedrales, con la diferencia de que aún se encuentran a la vista, cumpliendo su función, muchas de aquellas grandes piedras romanas, mientras que los viejos dioses dejaron paso al culto del hombre torturado sin mantener siquiera un rescoldo de presencia pagana, como si desde el principio de la cristianización hubieran estado destinados a convertirse en materia literaria, decorativa o arqueológica.

La comarca que riega el río Alagón es de tierras fértiles y llanas. La catedral de Coria domina la vega del río desde lo alto de un promontorio de veinte o treinta metros de altura que sirve de asentamiento al núcleo más antiguo de la ciudad, mientras la ciudad nueva se ha ido extendiendo por el eje de la antigua carretera que con el tiempo se ha transformado en calle principal. A ambos lados de la catedral dos terrazas con losas de piedra sirven de balcón. Las viejas murallas de cimientos romanos forman una especie de parapeto. Los huertos vecinos, colgados sobre el derrumbadero, son los patios traseros de unas casas cuya fachada principal se abre en calles estrechas. El casco antiguo de Coria no es ostentoso. Ofrece una trama confusa y bien conservada, no monumental, de recorrido agradable, que siempre acaba buscando la plaza del ayuntamiento o el balcón de la catedral. Al pie mismo de la catedral se ve un puente romano de diez o doce ojos. El río Alagón ha debido de cambiar de cauce varias veces a lo largo de los siglos y el lecho actual del río se ha alejado unos trescientos metros del pie del barranco, de modo que el puente se levanta sobre campos sembrados como una muestra de arquitectura fósil, inútil en su función, como si la noción de puente sólo se hubiera conservado en la perfección de su forma y no en su significado. Parte de la vega ha sido plantada de arbolado y parte ha sido transformada en terreno deportivo.

El interior de la catedral es un espacio cúbico de grandes dimensiones en el que está encajado el coro de los canónigos como un dado labrado dentro de una caja. El elemento más noble es una reja de bronce que separa la nave del altar mayor. El retablo principal es una dorada arquitectura ostentosa sin apenas imágenes en proporción a su tamaño, con una petulancia eclesiástica que no ofrecen las modestas calles civiles de la vieja Coria. Por aquellos días la catedral estaba en obras y aquel espacio cúbico se había transformado en una especie de garaje. Junto a una puerta había un volquete cargado de cemento. Detrás del coro se veía una grúa de brazo telescópico. Un hombre en mono azul, con un zurrón de cuero y dos o tres herramientas en las manos, se paseaba por la balaustrada a cinco metros del suelo. Era el electricista. Las obras mayores habían concluido y se estaban instalando las lámparas. Aquellas tres lámparas de plata que yo veía no eran de plata sino de baño de plata y no eran antiguas sino que habían sido fabricadas en Granada. Las lámparas antiguas, de lágrimas de cristal de Bohemia, se habían desmontado. Estaban junto a la grúa, cubiertas de polvo, en parte con las lágrimas sueltas. Parecían arañas con las patas rotas. Las lágrimas de cristal habían rodado por la tarima. La catedral de Coria era una caja de piedra con un tesoro frágil, derramado por el suelo, quizá de poco valor. Aquel hombre me dijo que pensaba enhebrar las lágrimas de cristal y restaurar las lámparas para instalarlas en la sacristía.

La segunda terraza que domina la vega era el lugar de reunión de los muchachos. Era también el rincón de los pensamientos rebeldes o satánicos, a espaldas de la catedral. Las inscripciones no dejaban lugar a dudas. En pintura roja se leía: «La muerte os persigue, no miréis atrás». Otra inscripción de menor trascendencia invitaba simplemente a fumarse un porro. Otra decía: «El demonio vendrá a por vosotros». Había pinturas con la estrella de David, pinturas con el símbolo anarquista y tres o cuatro pinturas de serpientes de cabeza gorda y cuerpo flagelado que seguramente representaban el desmesurado deseo sexual de los muchachos bajo la forma de gigantescos espermatozoides.

La catedral de Coria es simple. La catedral de Plasencia es muy compleja, quizá una de las catedrales más complejas de España. En realidad son dos catedrales, la catedral vieja y la nueva. La catedral vieja se construyó a lo largo del siglo XIII. La catedral nueva se empezó a finales del siglo XV aunque las obras prosiguieron a lo largo de doscientos cincuenta años, con esa impasible lentitud que sólo se encuentra en las digestiones de los grandes reptiles y en los constructores de catedrales. A orillas del río Jerte, Plasencia es la verdadera capital del norte de Extremadura. Desde muy antiguo, en su plaza tiene lugar todos los martes un mercado al que acude la gente de toda la comarca. La ciudad ha conservado un núcleo urbano característico y se ha extendido mucho más allá del recinto que cerraban sus murallas. La gran catedral nueva se empezó a construir derribando parte de la pequeña catedral vieja. Tiene cabecera y tiene brazos, pero se detiene de forma abrupta a la mitad de la nave central. Allí se levanta un muro espeso. Del otro lado empieza lo que queda de la catedral vieja. En realidad se tiene la impresión de asistir a cierto tipo de arquitectura en movimiento. Es una catedral en trance de devorar a otra. El enorme vientre de la catedral nueva se ha detenido a medio camino de la digestión de la catedral vieja. La catedral vieja ha conservado buena parte de sus formas, quizá las más delicadas, como los cuartos traseros del animal devorado que aún viven y asoman de las fauces del animal devorador. Tiene un claustro pequeño donde crecen unos limoneros que siembran de fruta dorada el enlosado. Una de sus capillas, que llaman la capilla de San Pablo, es un ejemplo, armonioso y complicado, de una bóveda con arcos de luz esbeltos sobre una planta octogonal. Dicen que la obra es muy visitada por grandes arquitectos y estudiantes de arquitectura que la examinan desde todos los ángulos y toman medidas. Me pregunto si también son sensibles al aspecto catastrófico, aunque petrificado, de la vieja catedral lentamente engullida por el vientre de la catedral nueva.

Entre ambas catedrales existe un diálogo que en cierto modo también es devorador. En lo alto del pórtico oeste de la catedral vieja, sostenidas en un balcón donde crecen algunas plantas silvestres, se pueden ver dos imágenes que representan el misterio de la Anunciación. Quizá proceden del antiguo retablo románico. Su dimensión indica que estaban destinadas a ser contempladas a cierta distancia, quizá en lo alto del retablo. Son dos imágenes toscas, de formas gruesas, apenas modeladas, que aún recuerdan el bloque de piedra de donde proceden, como si el arcángel y la Virgen que representan todavía estuvieran encerrados y contenidos en la piedra sin desbastar. Las cabezas están labradas con mayor esmero y seguramente proceden del cincel de un maestro más refinado, especialista en labrar cabezas. Los grandes ojos ciegos del arcángel tienen la potencia de los ojos de un animal de las profundidades y no de una criatura celeste. En las manos sostiene una cinta donde estuvieron grabadas las palabras de la salutación que los siglos han borrado: «Ave María». Su expresión es firme, pero sutilmente detenida entre el enigma y el gozo. Con los escasos recursos de un cantero se ha logrado un máximo de emoción. El rostro de la Virgen anuncia la sonrisa misteriosa de las doncellas de la catedral de Chartres. Tiene un libro en las manos. Un leve movimiento de caderas es todo lo que refleja su sorpresa ante la aparición del arcángel. Ambas figuras hubieran podido acabar rellenando los cimientos de la catedral nueva. Probablemente se salvaron por su indefinible perfección, como ciertos ídolos cuya permanencia en el tiempo sólo se explica por esa especie de energía testaruda que transmiten.

En el retablo de la catedral nueva se repite el milagro de la Anunciación, pero esta vez a tres siglos de distancia. Es un gran lienzo de Francisco Rizi, un pintor que ha dejado en algunas iglesias de España obras extraordinarias. No se puede imaginar nada más alejado que la Anunciación de Rizi y la Anunciación románica. Si no fuera por la escena que representan, se diría que pertenecen a religiones distintas. El arcángel de Rizi se precipita como una tromba desde un cielo crepuscular y tormentoso. Todo el dinamismo del cuadro se expresa en una composición en diagonal. La Virgen interrumpe su oración y aparta las manos sobresaltada. Es una muchacha joven, casi una adolescente. Su manto azul se derrama por el suelo y produce un efecto sereno y nocturno en un atardecer donde la meteorología se anuncia complicada. Su camisa púrpura es del mismo matiz que el púrpura de algunas especies de dalias. El visitante que acaba de contemplar el misterio de la Anunciación en los dos grandes bloques de piedra del pórtico románico puede asombrarse ante la transformación del mismo misterio en el lienzo del siglo XVII, como si las dos figuras de granito del pórtico hubieran encontrado en el lienzo una forma distinta de vida, alimentadas por sangre caliente, o consumidas por un elemento activo interior, sin perder ninguno de los atributos constitutivos del milagro. Son mundos teológicos radicalmente distintos, el uno vertido en la esencia de las formas, el otro en su dramatización. Así se comprende que si la justificación de la catedral nueva consiste en devorar arquitectónicamente a la catedral vieja, la bella Anunciación de Rizi parece justificar su energía en los dos grandes bloques de piedra de la Anunciación románica, a los que pretende alimentar o consumir.

Al noroeste de Plasencia, apartándose de la línea que marca la frontera de Portugal, se levanta la sierra de Gata, con alturas que superan los mil trescientos metros. El suave declive de la meseta castellana en su vertiente leonesa se precipita bruscamente hacia las tierras extremeñas después de alzarse como en un castillo en los poderosos contrafuertes de la Peña de Francia. Las sierras delimitan las fronteras interiores de España mejor que cualquier sistema administrativo. El vértice de la sierra de la Canchera, sobre Casares de las Hurdes, alcanza los mil cuatrocientos cincuenta y seis metros de altura. El pico de Bolla, que domina el Puerto Viejo, entre Descargamaría y Ciudad Rodrigo, llega a los mil quinientos veinte. La gran peña de

Jálama, orientada en la dirección dominante de la sierra, con su característico perfil triangular como el manto de una pirámide geológica, se acerca a los mil quinientos metros. Los lingüistas han señalado en tres localidades del valle de Jálama la existencia de tres dialectos distintos. Al dialecto de San Martín de Trevejo le llaman *mañegu*. En Eljas le llaman *lagarteiru*. En Valverde del Fresno le llaman *valverdeiru*. La diversidad de los tres pueblos debió de ser muy celosa para haber conservado su hablar diferente durante tantos siglos. Unos piensan que los dialectos son corrupciones del portugués. Los más eruditos creen que se derivan de las colonizaciones efectuadas en la Edad Media con pobladores de procedencia distinta. El aislamiento de los tres pueblos o sus celos de vecindad conservaron las características del romance medieval de Asturias, León y Galicia, de donde procedían los colonos.

El pueblo de Gata, que recibe su nombre de la sierra o se lo da, ocupa un valle casi circular, bien protegido de los aires del norte, subido a un pequeño cerro como en la escuadra de un reloj de sol. Su vegetación es muy variada. Se tiene de inmediato la impresión de haber llegado a un lugar de efluvios beneficiosos. Se ven olivos, naranjos, limoneros, nísperos y algarrobos. A la entrada del pueblo crecen dos cedros centenarios. La plácida orientación del valle aumenta la sensación de hallarse en el centro de una comarca feliz. Gata es un pueblo antiguo. Su cerro estuvo poblado desde tiempos muy remotos. Su escudo representa a una gata sentada sobre sus cuartos traseros con un lazo alrededor del cuello. Se dice que el nombre del pueblo y el nombre de la sierra proceden de Santa Ágata, lo mismo que el lejano cabo de Gata, en Almería, que figura en los portulanos de los primeros siglos con el nombre de Promontorium Sanctae Agatae. Hay quien ha buscado otras raíces al nombre, más antiguas y enigmáticas. Se pensó que procedía de una leona o gata que apareció labrada en una peña. Don Marcelino Guerra Hontiveros, un erudito local, no ha querido pronunciarse sobre un misterio finamente cultivado, pero señala que en la peña de Jálama nace un río llamado Águeda, que es uno de los nombres de santa Ágata, y que hubo una ermita dedicada a santa Águeda en las faldas de esa peña. Cerca se halla la sierra de Santa Olalla, otro de los seudónimos de Ágata. Sólo falta encontrar alguna Fuente Gadea para añadirla a las variaciones del nombre de Ágata. Santa Ágata es la santa patrona de las mujeres libres. Es una figura ambigua del santoral cristiano. Su mitología se engarza con los personajes de los cantares de serranas. A la vista de las tierras de la Serrana de la Vera se puede pensar que la sierra de Gata ha conservado en su nombre la figura de la mujer que no desciende de Eva y que no fue formada de la costilla de Adán.

Hacia las cabeceras del río Hurdano y de Riomalo el desarrollo de la sierra de Gata se vuelve más pobre y más áspero. Son lomas de pizarra ferruginosa, de un color pardo oxidado, con irisaciones oscuras. Los montes están cubiertos de una vegetación tupida de brezos y jaras, salvo en los lugares donde la repoblación ha hecho crecer bosques de pino. Aunque los barrancos y los cortes de las laderas sacan a la luz los estratos cuarteados de las pizarras, el lecho del río Hurdano está formado por blanquísimos cantos rodados, apenas teñidos con un matiz verdoso. Es como si las aguas disolvieran las pizarras y descubrieran los blancos corazones redondeados de las rocas con el residuo de una ínfima concentración de cobre. La pendiente de las lomas es muy pronunciada. Los cultivos, ya abandonados, se efectuaban antaño en terrazas estrechas, a veces de unos pocos palmos de superficie, con tierra que en ocasiones había que aportar de muy lejos. Aún pueden verse esas terrazas donde el monte no las ha sumergido y donde crece un solo almendro asilvestrado o un solo olivo.

Yo recorrí las Hurdes a finales del verano de 1969. Era el

mes de septiembre. Tenía veinte años. Conducía mi primer automóvil, un Renault 4 de ocasión, con tres velocidades. Entonces las Hurdes gozaban del triste privilegio de ser la región más aislada y miserable de España. Quizá su miseria no fuera mayor que la que entonces se veía y aún se ve en las chabolas de las afueras de Madrid o Barcelona. En realidad se trataba de una miseria distinta, una especie de miseria antropológica que atraía cierta curiosidad por conocer un rincón vergonzante del país que Luis Buñuel había filmado en un documental titulado *Tierra sin pan.* En 1920 el rey Alfonso XIII había recorrido las Hurdes a caballo. En 1969 el Renault 4 que yo conducía luchaba con abruptas pistas de tierra. Treinta y cinco años después, cuando la mirada buscaba aquello que forma la naturaleza de este libro, la transformación resultaba asombrosa. El joven viajero que yo llevaba en mí pero que yo ya no era apenas reconocía las aldeas. Ni siquiera reconocía el río. La ruta del río Hurdano, hacia Casares de las Hurdes, es ahora una carretera de montaña tan incómoda como lo impone el terreno, pero no más dura de lo que se puede encontrar en cualquier otro rincón similar de la península. En Asegur, después de cruzar el puente, aún pueden verse, en la margen izquierda del río, lo que quizá sean las últimas chozas de las Hurdes, aquellas viviendas sin ventanas ni chimenea, de muros de pizarra y tejado de losas, de un solo espacio interior que albergaba familias enteras con un par de cabras. Naturalmente hoy nadie vive en ellas. Algunas de esas chozas se han caído. Otras están cubiertas de chapa ondulada y se destinan a otros usos. Otras han sido conservadas como un testimonio de aquello que guiaba a la curiosidad de antaño, que ya no tiene nada de aquella vergonzante exploración de la miseria y ha tomado el camino de convertirse en un atractivo turístico. El arroyo Malvellido, que baja de las alquerías de El Gasco y Fragosa, se vierte en el río Hurdano después de Nuñomoral. Malvellido y

Riomalo son nombres ominosos. Entre Nuñomoral y Casares el perfil de los taludes de la carretera aún es reciente. Más arriba de Casares todavía trabajan las máquinas de obras públicas. En el mes de septiembre de 1969 que yo recordaba el calor se comía los montes. Las aguas de los barrancos estaban en lo más seco del estiaje. Ahora, en el mes de marzo, las aguas del río Hurdano corrían abundantes, extraordinariamente claras, llenando los pedregales. En un soto crecía un bosque de álamos. Las hojas tenían un brillo tierno de primavera. Eran árboles esbeltos, demasiado jóvenes para figurar en el registro arduo de la memoria, que sólo conservaba el recuerdo de una vegetación dura y sin concesiones. Caminomorisco y Pinofranqueado, en el valle principal de las Hurdes, son ahora localidades animadas que han multiplicado su población y brindan la gracia de su nombre. Si algo puede hablar de la prosperidad de las Hurdes son los almacenes de Muebles Paco, un gran establecimiento de mobiliario y decoración, entre Caminomorisco y Pinofranqueado. Ocupa media hectárea, con aparcamiento propio. Tiene jardín de juegos para niños. Ofrece a sus clientes una cafetería y un vasto espacio de exhibición de muebles. En 1969 nadie hubiera podido pensar que treinta y cinco años después las Hurdes no sólo no se habrían despoblado, sino que permitirían montar un gran negocio a Paco.

Pasadas las Vegas de Coria, en el territorio central de las Hurdes, la carretera se divide en dos ramales. Ambos caminos planean itinerarios distintos para alzarse sobre el zócalo de la meseta. Desde la Portilla Alta, antes de llegar a las Vegas, pueden verse en un corto tramo las cumbres nevadas de la Peña de Francia. Más allá de las Vegas, por Las Mestas, se llega al pequeño valle salmantino de las Batuecas. Es un encajonamiento estrecho, con agua abundante y buen clima, flanqueado de peñas elevadas. La entrada al valle es casi invisible. En otros tiempos hubo allí establecida una orden de ermitaños cuyas pequeñas capillas se hallan colgadas en puntos casi inaccesibles de las rocas. En los canchales protegidos y en las cuevas hay restos de pinturas paleolíticas. Hoy día el monasterio principal está habitado por una comunidad de monjes carmelitas de clausura. Pasadas las Batuecas la carretera va tomando altura. Sigue un largo recorrido que se ciñe con tenacidad a las paredes del fondo del valle en un juego interminable de curvas y contracurvas como un ovillo desmadejado. El paso de El Portillo se corona a mil doscientos cuarenta metros de altura. El granito sustituye a la pizarra. Desaparecen las encinas y alcornoques de Extremadura y aparecen los primeros robledales salmantinos. La subida al Portillo desde Las Mestas es una experiencia espectacular. Los tramos elevados de la carretera ofrecen hacia el sur un amplísimo paisaje de sierras que parecen sumergidas en un aire cálido, algo más denso que el aire de altura. Se pueden contemplar seis o siete perfiles de sierras en una perspectiva atormentada, más bellas y mejor dibujadas a medida que el sol declina hacia el oeste. El número mágico de siete sierras superpuestas, en matices distintos de malva y azul, parece que no es superado por ninguna panorámica de España, o al menos así lo creo yo, que en ningún lugar he llegado a contar un encabalgamiento de sierras que supere ese número.

# Aragón

La fosa tectónica del Ebro divide el reino de Aragón a la manera de un pliegue o hendidura que hubiera marcado el pergamino de un atlas en el tercio superior del mapa peninsular. La ancha vega del río forma una especie de suave diagonal geográfica que sólo a la altura de Caspe, en el límite con Cataluña, cambia de orientación para formar la gran curva que llevará sus aguas al delta de Tortosa. Cuando el Ebro entra en Aragón es ya un gran río. Desde tiempos inmemoriales fue la vía de penetración al interior de la península. En el curso medio del Ebro, en un lugar que parece haber sido señalado como el ombligo de un viejo territorio, se encuentra Zaragoza. Prácticamente la mitad de la población aragonesa vive en la capital de la región. Zaragoza es una metrópoli del mismo modo que ciertas aglomeraciones humanas, independientemente de su tamaño, logran transmitir la idea de que constituyen un centro de gravedad histórico. A menudo se atribuye a los romanos una capacidad excepcional para hallar asentamientos que de algún modo responden a necesidades que se prolongan mucho más allá de lo que fue el Imperio. Zaragoza fue una colonia fundada por las legiones romanas. El año 24 a.C. los veteranos de la IV Legión Macedónica, la VI Legión Victrix y la X Legión Gémina se establecieron en lo que ellos convertirían en un importante puerto fluvial, sin sospechar que el río, aunque dejara de ser un camino de agua para ese tráfico fluvial moderno de que España carece, seguiría siendo hasta nuestro tiempo un gran eje de vertebración interior. La nueva capital romana se llamó Cesaraugusta, en honor al primer emperador. Las cuatro sílabas del nombre actual de Zaragoza sólo conservan el eco amortiguado de aquel nombre, a la manera de esas palabras que recogen, condensan y transforman su primitivo significado sin llegar a eliminarlo completamente. Hay canciones infantiles que de un gran título hacen un nombre nuevo. De esa misma manera lord Marlborough se transformó en Mambrú.

Desde lo alto de la sierra del Moncayo se contempla la entrada del Ebro en Aragón y equivale a una lección panorámica de geografía. El pico más alto del Moncayo se levanta a dos mil trescientos metros de altura. Del lado oeste, la sierra del Moncayo es una prolongación del espinazo de las sierras castellanas que se alzan sobre el pedestal de la meseta. Las parameras sorianas tienen el aire y el clima que se respira en el Moncayo. Del lado de levante, sin embargo, sus laderas se derraman como un manto hacia Aragón. Desde las tierras de la comarca de Borja el Moncayo es un gran monte que se impone en el paisaje con la misma esencia de monte sagrado que el monte Olimpo. Para quien llega del Mediterráneo por la cuenca del Ebro la aparición del Moncayo en el horizonte es una revelación que ejerce poco a poco un insensible poder sobre la mirada. Sus dos cumbres casi gemelas dibujan un perfil suave, etéreo, sin escarpaduras aparentes, difuminado en la altura, mostrando en la primavera tardía los arañazos de nieve que ha dejado la zarpa de oso del invierno. A medida que se acortan las distancias el monte se cubre de grandes manchas leonadas, como una red o una malla oscura arrojada sobre un tejido más claro. Es una caravana de nubes que proyecta su sombra. Las características del relieve parecen esconderse para mostrarse después con toda solemnidad. Cuando el Moncayo parece estar al alcance de la mano la vertiente se viste con grandes masas verdes, como un lienzo que va tomando profundidad y volumen. En parte sus laderas son oscuras, casi negras, pobladas de bosques de pino negro. En parte son de un color verde tierno, cuando están cubiertas por robledales de hoja nueva. O son de un color verde azulado en los hayedos de altura, donde la mirada confunde los matices y la línea de la vegetación marca una frontera con el gris de la roca. Los pinos y las hayas se acercan a la cota de los mil setecientos metros. Por encima de esa línea se encuentra el límite del bosque y el Moncayo deja ver su cuerpo de piedra.

El santuario de la Virgen del Moncayo se halla a mil seiscientos metros de altura. Es una ermita a medias excavada en una peña que llaman El Cucharón. De un lado y de otro del santuario se ha construido un hostal y un refugio que permanecen cerrados la mayor parte del año. Por encima de ese lugar las laderas del Moncayo son un caos de rocas que ofrecen el aspecto inestable y primario de los glaciares, donde apenas prosperan los líquenes y las plantas adaptadas a condiciones extremas. En el tiempo de la primavera tardía que no ha llegado a fundir los hielos pueden verse minúsculas plantas con flor, variedades de *sedum* de aspecto rollizo, con pequeñas flores de colores oxidados, raras especies de *saxífragas* con flores amarillas, blancas o malvas. La última avanzadilla del bosque suele ser un haya prácticamente reducida al tamaño proporcional de una planta rastrera. No se sabe si es un intento de la especie por conquistar las cumbres o una retirada del hayedo de lo que han resultado posiciones inexpugnables.

A veces me pregunto si la necesidad de alcanzar esas perspectivas de altura responde a un interés paisajístico o si cada una de esas excursiones satisface y fomenta cierto proceso de alucinación panorámica, como esos sueños en los que el durmiente cree volar a horcajadas sobre el cuello de un pájaro. En un día claro de primavera el Moncayo permite contemplar a lo lejos la línea nevada de los Pirineos de Huesca. Delante se alzan las sierras del Somontano, viejas y redondas como los lomos de una caballería. El plano más cercano lo forman la Muela de Borja, la Peña de las Armas y El Bollón. Son sierras diminutas, vistas desde aquella altura, apenas un juego de la orografía, como los pliegues de una tierra a la que le sobra piel. En el término central se adivina la ancha hondonada del Ebro, sumergida en una luz polvorienta y difusa. En las faldas del monte se pueden contar los pueblos de la comarca, Litago, Vera de Moncayo, Lituénigo, Trasmoz, unas veces rodeados de bosque, otras en espacios roturados. El monasterio de Veruela, en el que Gustavo Adolfo Bécquer vivió una crisis depresiva, se encuentra en un lugar frondoso, a poca distancia de Vera. Fue un monasterio cisterciense, una finca de los duques de Villahermosa y un noviciado de los jesuitas, antes de entrar a formar parte de lo más interesante del patrimonio aragonés, donde la piedra de la cultura románica se encuentra con el ladrillo mudéjar. Algunas ideas extrañas han tenido su origen en el Moncayo, como si la montaña tuviera cierta capacidad para excitar la imaginación. La capital de toda la región es Tarazona, una población antiquísima, que alardea de haber sido fundada por un nieto de Noé. Los íberos de Tarazona tenían en el Moncayo no sólo su monte sagrado y la fuente de sus recursos en madera y en ganados, sino también el espacio de retirada de una cultura arcaica que se dispone a morir. Sus aguas eran buenas para templar el hierro. En las faldas del Moncayo, Hércules persiguió y estranguló al ladrón Caco, el paradigma de todos los ladrones, que le había robado unos bueyes. Tarazona había sido destruida y Hércules la reconstruyó. En el ámbito de las culturas mediterráneas Hércules es un

elemento civilizador, por lo que Caco, en el drama que se jugó
en estas tierras, representa a los caudillos autóctonos, vencidos,
desarraigados y entregados al bandidaje. El Renacimiento recuperó esa historia. En la fachada del ayuntamiento de Tarazona las tres grandes figuras de la mitología municipal, Hércules, Caco y el nieto de Noé, Tubalcaín, alcanzan la categoría de
interesantes monstruos decorativos. Se dice que el Moncayo
debe su nombre al general romano Cayo Graco. Se puede pensar que aquel enviado del César fue el primero en advertir que
el Moncayo pertenece a la clase de montañas que generan sus
propias leyendas.

## Los funerales del carpintero de Borja

La iglesia colegial de Santa María, en Borja, tiene un claustro
que fue transformado en un conjunto de capillas aprovechando el cuadrilátero del jardín. Cada una de ellas era antiguamente mantenida por un gremio de artesanos, herreros, sastres, carpinteros, modistas, hasta que desaparecidos los viejos
gremios han pasado a manos de las cofradías. Una parte del
claustro sirve de almacén para las luces y artefactos de la Semana Santa. La iglesia es de una sola nave muy bien proporcionada, recién pintada de azul claro, con los fajones de las
bóvedas de un azul más intenso. El crucero lo forman dos
capillas. Una está pintada en tonos rosados y granate. La otra
está pintada de color crema, con arabescos de oro, y contiene
un refulgente retablo de la Virgen de la Peana. Un día, sobre
las seis de la tarde, se preparaba un funeral. Había unas veinte personas, que pronto fueron cincuenta. Llegaron tres grandes coronas de flores. Durante un buen rato siguió entrando
gente y pronto la iglesia se llenó. Serían unas trescientas personas que llenaron todos los bancos. Parte de los hombres se

instaló en el coro. Yo también me instalé en el coro. La persona que estaba a mi lado me sugirió que desde el coro la entrada del féretro se veía mejor. Llegaron unos mozos de pompas fúnebres con otras dos coronas de flores. Luego llegaron dos ramos y una corona más. En total había seis coronas y dos ramos de flores. El cura se estaba vistiendo en la sacristía. Sólo se esperaba la llegada del furgón. El difunto era un carpintero muy querido en el pueblo, padre de cinco hijos, todos listos y trabajadores, según me informó mi vecino, cuatro de ellos casados. La concurrencia no guardaba silencio. Se conversaba con cierta animación. La muerte se había producido de forma inopinada en Zaragoza. El hombre que estaba a mi lado desconocía las causas del fallecimiento pero sabía la edad del carpintero. Había cumplido setenta y tres años, dos más que él. El organista subió al órgano y encendió una lamparita sobre el teclado. Puso en marcha el mecanismo y se ejercitó brevemente en las teclas con ese esfuerzo lento de los dedos que exige el órgano. Estaba de espaldas al altar y debía de seguir la función por una especie de espejo retrovisor. De repente las dos hojas de las puertas mayores de la iglesia se abrieron completamente y en la nave entró un gran rectángulo de luz. Se hizo un silencio completo. El organista suspendió sus ejercicios. Se oyó un rumor de cuerpos y ruido en los bancos cuando todo el público se puso en pie. El cura salió al porche a recibir el féretro. Así la Iglesia sale a recibir los despojos de un cristiano igual que lo recibió en su seno el día de su bautizo. Los hijos del carpintero llevaban a hombros el ataúd. El cura rezó unas oraciones austeras, no dramáticas, que lo mismo podían ser unas palabras de bienvenida. Luego encabezó el cortejo y franquearon el umbral. Lentamente se fueron abriendo paso, bajaron dos escalones, doblaron frente al coro y enfilaron por el centro de la nave. El órgano arrancó con una armonía fúnebre de pocas notas. El organista levantaba los ojos al espejo para seguir la progresión de la comitiva. El féretro era de color caoba, con las esquinas redondeadas, como si hubiera sido trabajado con mucho esmero. En la luz natural tenía reflejos de color miel, con un brillo intenso, como si la madera estuviera vitrificada. Luego, cuando se cerraron las puertas, pareció cubrirse de un barniz más oscuro. Por el relieve que correspondía al ajuste entre la tapa y la caja corría un listón negro, imitando la madera de ébano. Parecía un buen féretro, digno de un buen carpintero. Sobre la tapa había un crucifijo de bronce. El hombre que descansaba allí dentro podía sentirse honrado. Hubiera sido capaz de construir su propio féretro, pero parecía que el gremio de carpinteros había tenido el honor de regalar un buen féretro al mejor de sus miembros.

## Las inundaciones del Ebro. La mina de sal

A finales del invierno el Ebro se había salido de su cauce en varios puntos. Hubo dos inundaciones. La primera causó algunos estragos. Sus efectos no habían pasado cuando llegó la segunda inundación, mucho más grave, de las que no se recordaba haber visto desde hacía cincuenta años. En parte fue debido a las lluvias intensas. Además, las nieves del Pirineo navarro se fundieron en una semana y los afluentes de la margen izquierda del Ebro bajaban muy hinchados. La capacidad de los canales de riego no dio abasto para aliviar la crecida. De hora en hora se iba anunciando la subida del agua. Se supo el desplazamiento de su nivel más alto como se anuncia el paso de un tifón o la ruta de un huracán. Aguas abajo de Zaragoza el río se salió a la altura de Burgo de Ebro, rompiendo algunos diques y cubriendo las calles del pueblo. Aguas arriba de Zaragoza el río entró en el pueblo de Pradilla, a la vista del promontorio de Tauste. En el puente que cruza el Ebro, en la carretera de Zaragoza a Tauste, el encargado de la finca Mejana de la Cruz me enseñó el alcance de la riada. Con la bicicleta apoyada en un costado y en cierto modo orgulloso de la catástrofe que la comarca había sufrido, señalaba la vega a la redonda con el dedo. Todo lo que abarcaba la vista, hasta los barrancos del cauce viejo, había sido cubierto por el agua. También había cubierto la finca de Santa Inés, vecina de la de Mejana. El caserío de Pola emergía como una isla. La vega estaba sembrada de alfalfa, con bosques de chopos destinados a las fábricas de papel y algunos rectángulos plantados de perales estrictamente alineados. De la avenida de agua aún quedaban charcas espesas y prados inundados por el lado de Tauste. En el puente donde nos encontrábamos el río había llegado a lo alto de los pilares. Por aquel lado la carretera corría elevada sobre un talud. Desde ese mismo puente ahora se veía un río ancho y plácido, con islas blanquecinas de canto rodado donde crecían bosquecillos de sauce.

En el pueblo de Remolinos el agua solamente había anegado las tumbas del cementerio y vaciado algunos nichos. El encargado de la finca de Mejana era natural de Remolinos. Su pueblo se halla sobre un cerrete, al pie de los barrancos, y nunca le ha llegado el agua de las crecidas. A la altura de Remolinos la orilla esteparia del cauce geológico del Ebro se desploma en unos acantilados terrosos de veinte o treinta metros de desnivel, horadados de cuevas donde se dice que vivieron ermitaños, o pobres gentes miserables que llevaban una vida de trogloditas. Antiguamente, hace cuatro o cinco siglos, el río seguía otro curso y su lecho se acercaba hasta aquella orilla. El nombre del pueblo no era entonces Remolinos. Se llamaba El Remolino, por el turbión que la corriente formaba al cerrar una curva al pie de los taludes. Ahora el cauce del Ebro se ha desplazado dos o tres kilómetros hacia el centro de la vega, pero según aquel hombre, cuando el viento sopla, ese remolino al pie de los barrancos aún lo hace el aire, como si el espíritu del Ebro hubiera dejado allí una presencia intangible. Remolinos tiene una iglesia no muy grande, armoniosa y elegante de proporciones, pero que cada doscientos años se resquebraja por estar mal asentada. En la bóveda se descubren cuatro lienzos ovalados del joven Goya, representando a cuatro santos obispos. El pueblo es rico por la vega y por las minas de sal gema que se explotan desde tiempos inmemoriales. Aquel hombre me dijo que ya los romanos embarcaban la sal en El Remolino para llevarla río abajo. Luego me dijo que después de los romanos las explotó el rey Arturo. Le dije si no sería otro rey. Me dijo que en cualquier caso era un rey muy antiguo. Le pregunté si las minas actuales podían visitarse. Le sorprendió que después de interesarme por las inundaciones me interesara por las minas. Le dije que quería visitar las minas por pura curiosidad. Me dijo que a un kilómetro del pueblo, entrando por los barrancos, por donde viera salir a unos camiones, se llegaba a la mina María del Carmen. Allí podía preguntar por el encargado y decirle que iba de su parte, pero de haber dependido de él no me las hubiera enseñado, por mi inconstancia entre las minas y las inundaciones, y no estaba seguro de que el encargado me las quisiera enseñar.

Se entraba a la mina de sal por un túnel estrecho, apenas lo necesario para dejar paso a un camión. De hecho, los camiones asomaban por aquel agujero como si salieran del centro de la tierra. Subían una rampa pedregosa a plena potencia de los motores, cargados con bloques de sal de tamaño irregular. Cada camión cargaba entre veinte y veinticinco toneladas. Se extraían mil toneladas de sal al día. Los camiones descargaban a medio kilómetro de allí, en una especie de tolva que llamaban El Molino, donde la sal era triturada. Los bloques de sal tenían un aspecto gris verdoso, pero algunos fragmentos eran extraordinariamente cristalinos y de no ser por su consisten-

cia friable se hubieran podido confundir con cristales de cuar-
zo. Una vez pasado el acceso a la mina la cavidad se hacía
mucho más amplia. Era una auténtica avenida subterránea situada en un plano horizontal. Por ella circulaban los camiones
como en un túnel urbano. Tenía diecinueve metros de anchura
por seis o siete metros de alto y discurría hasta un kilómetro
de profundidad sin cambiar de nivel. Estaba iluminada por
una serie en apariencia infinita de lámparas de mercurio, que
formaba una perspectiva geométrica de puntos de luz hasta
donde alcanzaba la mirada. A ambos lados de aquella avenida, en trechos de veinte en veinte metros, se abrían las calles
laterales, perfectamente trazadas, perpendiculares a la galería
principal, iluminadas por idénticas lámparas de mercurio, co-
municadas a la vez entre sí por calles de igual anchura, todas
ellas numeradas. Eran las calles de una ciudad subterránea,
anchas y regulares, con las esquinas en chaflán. Al fondo, muy
lejos, invisibles, en lugares aún no conquistados, trabajaban
las barrenas y las palas excavadoras. En el cruce de una de las
calles con la avenida central se abría una plaza donde se hallaban unos tanques de gasóleo y unos vehículos de mantenimiento. La oficina del encargado era una instalación precaria,
como un puesto colonial avanzado. Las oficinas principales se
encontraban en el exterior, al pie de las tolvas trituradoras. El
encargado salió de su cubículo para recibirme. Parecía un funcionario destinado en un territorio inhumano, una especie de
corazón de las tinieblas, olvidado por los mismos que le habían
enviado a aquel lugar. No me permitió pasar de allí. Aquel
mundo bajo tierra tenía algo de luciferino y al mismo tiempo
daba una impresión de normalidad absoluta, como la proyección plutónica de una ciudad ideal en la superficie. Los camiones cargados de sal hacían vibrar el aire. El eco de los motores resonaba por las galerías. No pude dejar de pensar en lo
que había sido, unos días antes, el paisaje contemplado desde

lo alto del Moncayo. Ahora me encontraba en lo íntimo de la tierra. Los recursos de la mirada se simplificaban enormemente. Todo se reducía a cuatro o cinco percepciones sobredimensionadas y elementales. Se multiplicaban los signos de la potencia mecánica: motores, rugidos, ecos sordos y lejanos en el frente de explotación. La perspectiva de las lámparas introducía un elemento inquietante, como en la noche urbana de un cuadro de De Chirico. Hablé con el encargado unos minutos. Luego subió en su coche y desapareció por una de las calles. Yo salí de nuevo a la superficie siguiendo a un camión. Parecía que me hubiera equivocado de universo al entrar en el túnel.

En el mes de mayo las aguas del Ebro a su paso por Zaragoza habían vuelto a su nivel normal. Tenían un color uniforme de café con leche. Zaragoza fue edificada en la margen derecha del río. Sólo en tiempos recientes ha ocupado la orilla izquierda. Después de las destrucciones sufridas en los dos duros asedios que padeció la ciudad durante la invasión francesa, Zaragoza se reconstruyó en el viejo perímetro que marca la avenida del Coso, que sigue la curva de las antiguas murallas. Los ensanches sucesivos acabaron de urbanizar lo que ahora se ha convertido en la capital del Ebro medio. El río se cruza por un puente histórico, el llamado Puente de Piedra, edificado sobre cimientos romanos. Aunque la tendencia natural de la ciudad la lleva a extenderse hacia el sur, cuatro o cinco puentes más, a distancia considerable unos de otros, marcan las etapas del desarrollo urbano en ambas orillas. La metrópoli aragonesa parece haber crecido a golpes, desbordando los sucesivos cinturones y avenidas que alternativamente rodean y estrangulan las ciudades modernas.

No hay nada más característico de Zaragoza que el perfil de la basílica del Pilar sobre el Ebro con la vista del Puente de

Piedra al fondo. Pertenece al género de rectángulos visuales en los que la arquitectura constituye un paisaje, quizá por la presencia del río. La enorme construcción, con la apretada cresta de las cúpulas, se incorpora a la serie de lo que podríamos llamar los grandes paisajes religiosos europeos, donde se incluirían, guardando las proporciones y los tópicos, San Pedro del Vaticano y el Sagrado Corazón de París. El lado del río siempre está en sombra, siempre es bulto y silueta. El lado de la plaza es el lado activo, con vuelos de palomas que recuerdan la plaza de San Marcos y grupos de visitantes que crean una sensación de hervor continuo. La voluntad de poder se expresa en los muros ciegos de la caja del edificio, que parece plantado allí con la única finalidad de servir de soporte al bosquecillo de cúpulas. La basílica del Pilar se edificó sobre suelo inestable. El año 1941 las pilastras centrales fueron reforzadas con un nuevo corsé de hormigón. El resultado es algo más macizo de lo que debió de ser antes y el nuevo margen de sustentación aún se percibe en los arcos posteriores de la nave. La gran plaza que se extiende delante de la basílica, y que va desde la vieja catedral hasta las murallas romanas, ha sido plantada de farolas de proporciones faraónicas. También el Puente de Piedra aparece materialmente erizado de farolas de estilo egipcio, sin contar cierto tipo de artilugios a modo de obstáculos que iluminan los pies. En el centro del puente una placa de bronce informa sobre el nombre y apellidos del alcalde y del teniente de alcalde responsables de semejante desatino.

La Virgen del Pilar es la patrona de toda España y de la Hispanidad. Tiene rango de capitán general del ejército. El interior de la basílica contiene, como un relicario, otra especie de capilla o santuario que no es exactamente ninguna de las dos cosas y que a su vez hace pensar en un estuche. Es un núcleo cargado de energía, construido en piedra roja, muy pulida, de aspecto al mismo tiempo duro, caliente y luminoso, como uno se imagina que debe de ser el corazón de una central atómica. El ámbito que rodea ese reducto principal es enorme. Son lo que en una central correspondería a las instalaciones secundarias. A las capillas y coros se añade un espacio deambulatorio que llega a admitir grandes multitudes de peregrinos, pero también recuerda a las sutiles jerarquías de iniciados que mantienen ese tipo de lugares, ya sea el personal técnico de una central de energía o las dotaciones de canónigos, beneficiados y deanes de una central religiosa. En ese sentido, los administradores de la religión, con sus hábitos negros, se confunden con los científicos de bata blanca, administradores de la energía altamente espiritualizada del átomo. Sus funciones son las mismas. La imagen de la Virgen es pequeña, de treinta y ocho centímetros de altura. Tampoco se necesita más de medio kilo de plutonio para generar grandes cantidades de radiación. Se levanta sobre un pilar forrado de plata, cubierto con un manto rígido, como una especie de embudo o pantalla difusora que se cambia cada día, salvo los días 2 y 12 de cada mes, como esas piezas clave de una tecnología sofisticada que se encuentran sometidas a control continuo. La piedra sólo es visible por la parte de atrás, en el deambulatorio, fuera del recinto del santuario, a través de una abertura ovalada rodeada de una chapa de oro. Parece ser de pórfido. Ha sido desgastado por el roce de los labios y los dedos de los fieles que piden un favor o hacen una promesa o acercan la mano a la piedra por curiosidad. En la parte del altar, el fondo de la hornacina es una lámina de mármol verde tachonada de estrellas, donde brillan las joyas que los devotos han regalado a la Virgen a lo largo del tiempo. En muchos casos son joyas de familia. En otros casos son cruces o condecoraciones, o simplemente piedras preciosas. Su valor intrínseco debe de ser considerable. Durante la noche, dos puertas acorazadas deslizantes transforman la hornacina de la Virgen y su tesoro en una caja fuerte. Ello no disminuye el sentimiento religioso porque se teme tanto el robo como el sacrilegio. En realidad, la diferencia de proporciones entre la enorme basílica y la diminuta imagen que alberga hace pensar en uno de esos abigarrados y gigantescos templos hindúes en los que se venera un minúsculo diente de Buda.

En la basílica del Pilar existe al menos el testimonio de un verdadero milagro histórico. Se dice que los milagros son aquello que los especialistas no han llegado todavía a explicar, pero dentro de esa categoría extremadamente razonable de lo que puede ser un milagro, donde se incluyen los cojos que repentinamente andan, los ciegos que repentinamente ven o los muertos que inopinadamente resucitan, hay milagros que podríamos llamar técnicos, a falta de otro modo de definir un suceso milagroso. El 3 de agosto de 1936, en los primeros días de la Guerra Civil, a las seis o seis y media de la mañana, un avión republicano en vuelo rasante lanzó tres bombas sobre la basílica del Pilar. El golpe de Estado del general Franco había tenido lugar dos semanas antes. La ciudad de Zaragoza y grandes zonas del entorno aragonés habían quedado en manos de los militares insurgentes. Durante buena parte de la guerra Zaragoza iba a ser una ciudad de la retaguardia inmediata, con una alegre vida de hospitales y guarnición, en algunos momentos prácticamente al alcance de la artillería divisionaria enemiga, pero en aquellas confusas jornadas iniciales, el avión que despegó del aeropuerto del Llobregat en Barcelona tenía como misión alcanzar un objetivo religioso y no militar, lo que ya informa mucho sobre las raíces profundas que alimentaron desde el principio la contienda en ambos bandos. El bombardeo en vuelo rasante era una táctica novedosa. Si en ocasiones Dios parece estar ausente de sus posesiones en la tierra, aquella vez protegió celosamente su basílica. El avión lanzó tres bombas, de entre cincuenta y cien kilos. Ninguna de las tres estalló. La primera cayó en la plaza, a pocos metros de la fachada principal. Una baldosa de mármol con la fecha 3 de agosto de 1936 recuerda el lugar exacto. Las otras dos cayeron en el interior del templo. La primera perforó la bóveda del lado izquierdo del santuario, a escasos diez metros de la Virgen. La segunda perforó un interesante fresco de Goya dedicado al Santo Nombre de Dios, sobre el pequeño coro. Aún pueden verse los boquetes, que nunca han sido reparados. El recinto se llenó de polvo de escayola. Buena parte del mármol del suelo quedó hecho añicos. Las gentes más piadosas aseguran que las baldosas de mármol se levantaron formando una cruz. El caso es que allí descansaban los proyectiles dormidos. Aquellas dos bombas que entraron en el templo no han salido de él. Se conservan expuestas en una de las columnas principales. Son artefactos relativamente arcaicos, como péndulos de plomo. Se pueden pensar dos cosas. O aquellas bombas eran material defectuoso o Dios impidió que se activaran las espoletas. Un hombre que tenía once años cuando ocurrió el suceso me dijo que dos o tres bombas más, lanzadas por el mismo avión, cayeron aquel día del otro lado del río y aquellas sí que estallaron, lo que abona la hipótesis de la intervención divina, que sólo se cuidó de desactivar las espoletas de las bombas que iban dirigidas al templo y a la Virgen del Pilar y dejó intactas las que cayeron por error sobre la población civil de los arrabales, a la que ese mismo Dios quizá suponía secretamente partidaria de la causa roja. Al día siguiente un periódico republicano de Barcelona titulaba a toda página: «Zaragoza arrasada por las bombas». Con ello reflejaba los feroces deseos personales del director de la publicación mientras en la basílica del Pilar el obispo celebraba un Te Deum de acción de gracias.

La Gran Vía de Zaragoza es una avenida agradable y bien sombreada con un paseo central donde juegan los niños. Empezaban los primeros días de calor. Una heladería anunciaba los nuevos productos de una marca de helados de cara a la temporada veraniega. El cartel, con fotografías de cada sabor, se titulaba «Los siete pecados capitales». Cada helado correspondía a un pecado capital minuciosamente descrito. El fabricante utilizaba el marketing de la tentación. Por ejemplo:

PEREZA: espesa salsa de chocolate.

GULA: todo el chocolate del mundo en un helado desbordante doblemente bañado.

ENVIDIA: una rencorosa mezcla de helado de pistacho, etc., porque la envidia es verde como el pistacho.

La AVARICIA era un pecado que no admitía descanso: helado de tiramisú con remolinos de café.

La IRA estaba sustituida por la VENGANZA: una cruel salsa de frambuesa.

La LUJURIA equivalía a una descripción fisiológica: atrévete a penetrar el chocolate y la fresa hasta llegar a la cremosa vainilla.

La SOBERBIA era un helado para una *drag-queen*: elegante helado de champán y trufa envuelto en puro chocolate blanco adornado con perlas plateadas.

Los niños hacían cola para comprar helados. ¿Quién compraría la Envidia? ¿Qué colegiala de quince años se llevaría a los labios un helado de Lujuria? ¿Qué muchachito de gestos breves rasgaría sin pestañear el envoltorio de la Venganza? Aquello era lo contrario a una lección de catecismo. Como decía Léon Bloy, el diablo puede ser el dueño de una tienda de comestibles. En la patria de la Virgen del Pilar, Satanás podía estar detrás del mostrador de una heladería. ¿Qué helado compraría una joven mamá?

La carretera que va de Zaragoza a Teruel sigue la margen izquierda del río Huerva. En un primer trecho es una vía de circulación urbana. Al llegar a la altura de Botorrita, apenas a veinte kilómetros de la capital, una pequeña desviación cruza el río, deja a la derecha el pueblo de Botorrita, sube un cerro de poca altura y se dirige a Fuendetodos. Es una de esas carreteras que a veces se recorren en sueños. A poca distancia de la prolongación natural de la ciudad se entra en un territorio distinto, como quien deja de trabajar y sueña. El paisaje es extenso. La naturaleza, solitaria, como tan a menudo sucede en el interior de España. La mirada se recrea en un entorno pausado, que se despliega con movimientos lentos y variaciones apenas perceptibles. Los cambios de perspectiva responden a un ritmo que no altera la esencia fundamental del paisaje. Son planos prolongados sin belleza aparente y sin embargo profundamente bellos. Si hubiera que encontrar un recurso de estilo se diría que el paisaje utiliza normas simples, austeras, que no actúan por impacto inmediato sino a través de un proceso de impregnación visual. No hay colores dominantes, salvo el azul de un cielo alto y seco. No se puede decir que sea un paisaje dormido. Quien parece soñar sin estar dormido es quien lo atraviesa. El automóvil se ciñe a las curvas, sube las lomas, domina las hondonadas como guiado por una atracción a velocidad constante. Las sombras son escasas. Hay que buscarlas al pie de los terraplenes, donde puede surgir el frescor de un hilo de agua que se agotará en verano, o en árboles lejanos y dispersos, testigos de un bosque que sólo existe de un modo figurado, como esos lugares que han sufrido una transformación de la que unos pocos restos han guardado memoria. Apenas se producen incidentes notables. En algún momento una perdiz cruza la carretera. Un automóvil en dirección contraria establece de inmediato una complicidad anónima, como dos protagonistas de un guión que comparten el mismo secreto: haber hallado la sencilla carretera prodigiosa. Las partes llanas están cultivadas. En las alturas asoma la estepa. Por aquellos días el trigo comenzaba a madurar y los campos de cereal tenían un color verde tostado. Las espigas eran gruesas y doblaban las cañas. Había campos de amapolas. Si se examinaba una espiga en particular parecía una espiga verde que hubiera estado sumergida en una infusión de té. Por una alquimia misteriosa ese color verde manchado iba a dar en unas pocas semanas el rubio dorado del trigo que desde el neolítico ha alegrado las caras de los agricultores.

Después de pasar el pueblo de Jaulín y subir una serrezuela se llega a Fuendetodos. El valle es algo más ancho y parece desnudo, salvo la hilera de árboles que desciende hacia el pueblo y se reúne en un pequeño congreso de árboles en el parque municipal. La iglesia está en un alto. Al sur, en la linde de las últimas casas, cruza la carretera de Belchite a Cariñena. En Fuendetodos nació Francisco de Goya. Nadie que no sea vecino del pueblo parece tener otro motivo para acudir allí. La curiosidad por visitar casas natales de grandes hombres no se justifica sola, aunque parezca lo contrario. Siempre es necesaria la justificación de un orden superior, íntimo y personal, que nada tiene que ver con el turismo y algo tiene que ver con un sentimiento que atribuye a los lugares donde un gran hombre ha nacido cierta categoría intemporal, quizá la misma que uno sentiría al tener y sopesar en la mano su calavera. El lugar donde un gran hombre vio por primera vez la luz del día expresa de manera más intensa, por lo incierto de lo que iba a ser después su vida, el famoso *to be or not to be*, que en el estado de calavera es cosa ya decidida y realizada. La primavera es probablemente la estación en que el lugar se muestra bajo su aspecto más favorable, pero no hay que descartar la visita en una tarde de invierno, buscando sensaciones más duras, las que asimilan la piedra al hueso y la tierra a la tumba. El abuelo de Goya era de origen guipuzcoano. El padre era dorador de retablos en Zaragoza. La madre, Engracia Lucientes, era de Fuendetodos, y allí nació Goya, el tercero de cuatro hijos. La casa se encuentra en una callejuela estrecha, en las faldas del pueblo. La casa de enfrente ha sido derribada para abrir un espacio escénico, adecentar un jardincillo y colocar un busto del pintor. Había dos rosales floridos, uno rojo y otro amarillo, los colores aragoneses. El pintor Ignacio Zuloaga compró la casa en 1915 a Benita Aznar Lucientes, sobrina nieta de Goya. Pagó por ella mil pesetas de entonces. Quise saber lo que eso representaba y supe que era el precio de cuatro mulas, de lo que se deduce que en los pueblos semiabandonados de principios del siglo XX las mulas eran un valor proporcionalmente más real de lo que era una casa. Zuloaga no hizo restauraciones. Mantuvo la vivienda en su estado. La amuebló con objetos de época, más con el espíritu de cierta antropología rural en ciernes que con la intención de recrear una atmósfera. Como hombre de progreso construyó, en lo que era el corral, una escuela para los niños del pueblo. Durante la Guerra Civil la casa fue saqueada por los republicanos y cualquiera que fuera el valor de la colección reunida por Zuloaga los objetos se perdieron. Ahora la casa natal de Goya apenas contiene media docena de muebles muy discretos, obtenidos aquí y allá en tiendas de antigüedades, y una docena de platos de cerámica en la alacena de la cocina. Una mujer joven, de unos veinticinco años, delgada, de pelo rubio, bastante buena moza, seguramente recién casada a juzgar por el brillo de la alianza que llevaba en el dedo, era la encargada de mostrarla. Yo era el único visitante. Le pregunté si recibía a mucha gente. Me dijo que esa misma mañana había recibido a dos turistas franceses y por la tarde esperaba a un autobús con niños de un colegio de la capital.

Era como entrar en una casa de labradores donde todo parecía reducido de tamaño. La planta baja tenía el techo que se alcanzaba con la mano, de vigas sin desbastar, pintadas de blanco. El suelo estaba cubierto de losas de piedra irregulares. A un lado quedaba la cuadra, con espacio y pesebres para no más de un par de asnos. La cocina tenía una campana cuadrada, con dos bancos de mampostería a cada lado y el hogar a ras del suelo, como las cocinas que todavía yo he alcanzado a ver de niño en los pueblos de Castilla. La primera planta se componía de un reducido espacio central, poco más que un pasillo, y dos pequeñas alcobas. Arriba estaba el granero. Me sorprendió que todo fuera tan estrecho. La mujer que mostraba la casa estaba de acuerdo conmigo. Además, había que asumir que en aquellas dos minúsculas alcobas dormían seis personas, los padres y los cuatro hermanos. No era de extrañar que a la primera oportunidad se fueran a Zaragoza aunque los Lucientes no eran de las familias más humildes de Fuendetodos y poseían tierras en el término. Sobre lo modesto de la vivienda había que concluir que de algún modo influenció los gustos de Goya durante toda su vida. La mujer me señaló la reproducción de una carta de Goya dirigida en 1780 a su amigo Zapater: «Para mi casa no necesito de muchos muebles, pues me parece que con una estampa de Nuestra Señora del Pilar, una mesa, cinco sillas, una sartén, una bota y un guitarrillo y asador y candil, todo lo demás es superfluo». El suelo del corredor y las alcobas estaba muy bruñido. Pregunté de qué estaba hecho. La mujer me dijo que de yeso muy endurecido. Era la manera de hacer los suelos en la comarca, cuando no eran de baldosa, que se consideraban más caros. Tenía un color oscuro y satinado, parecido a una tinta entre verde, negra y rojiza que se utiliza en grabado y que los franceses llaman *bistre.* Su aspecto se obtenía porque una vez al año el suelo de yeso se frotaba con sangre. Naturalmente, aquel suelo estaba reconstruido. Se le había dado un tinte de nogalina. Pero mi guía recordaba haber visto a su abuela, no hacía más de diez años, arrodillada junto a un caldero de sangre fresca, frotando de sangre el suelo de yeso de la casa donde vivía, precisamente por las fechas en que estábamos, como si fuera un rito de primavera. ¿Por qué se hacía? ¿De dónde venía esa costumbre de empapar los suelos de sangre? No lo sabía. Era una de esas terribles costumbres de España.

En una vitrina había dos tablillas pintadas algo mayores que un naipe de un juego de cartas. Estaban muy oscurecidas. En una se adivinaba una fruta, en la otra un vaso de agua. Se suponía que eran las dos pinturas de Goya más tempranas que se conocían, pintadas cuando aún era niño, sin ninguna garantía de que efectivamente fueran de Goya, salvo el acto de fe que se exige ante las reliquias. Lo que sí hubo en la iglesia del pueblo fue un retablillo y un sagrario que Goya pintó a los dieciséis años, y que también se perdieron cuando la iglesia fue saqueada en la Guerra Civil. Se conservaba una fotografía que había tomado Zuloaga. Si quería ver obra temprana de Goya en la comarca, la mujer me dijo que debería ir a la ermita de Muel. Le dije que había visto los cuatro medallones de la iglesia de Los Remolinos. Me dijo que los medallones de la ermita de Muel eran posteriores, más elaborados, después de que Goya hubiera estado en Italia. En Fuendetodos había tres bustos de Goya. Uno delante de la casa. Otro, de Mariano Benlliure, dentro de la casa. El tercero, levantado por Zuloaga y sus amigos, en la plaza de la iglesia. En todos ellos Goya se parece a Beethoven y a Goethe. No es un parecido estricto y físico. No corresponde al joven dandi con chistera ni al viejo artista escéptico de los autorretratos. Es un parecido espiritual que comparte una determinada interpretación del talento según la estética de los bustos para piano, consola o chimenea. Las características frenológicas del genio son la frente ancha y bombeada, los lóbulos prominentes, los pómulos marcados, la expresión enfurruñada, el cabello abultado y en desorden. El retrato en busto raras veces permite las sutilezas del retrato en lienzo. El prototipo se impone sobre el individuo. Parece que las figuras Goya-Beethoven-Goethe fueran de algún modo intercambiables, como llega a suceder con los bustos de los filósofos antiguos, y su representación tópica sigue las normas de la *Fisiognomía* de Lavater. Qué lejos estábamos del joven dandi Goya con chistera o del viejo Goya escéptico y descamisado de sus autorretratos. En realidad, la visita a la casa de Fuendetodos aportaba un elemento profundamente dramático, español y goyesco, y eran aquellos suelos impregnados de sangre. Uno pensaba en la sangre que se derrama en el primer plano de los *Fusilamientos*. Ciertas cosas pueden tener su importancia en la biografía de un gran hombre y no podía ser la menor haber nacido en un lugar donde los suelos se lavaban con sangre.

## El cementerio de Muel

En la ermita de la Virgen de la Fuente, en Muel, pueden verse cuatro frescos que pintó Goya al regreso de su breve viaje a Italia. La capilla se hizo en 1770 y Goya los pintó en 1773. Lo mismo que los lienzos ovalados de Los Remolinos y cuatro más que dicen que hay en Calatayud, las figuras de Muel representan a cuatro Padres de la Iglesia: san Jerónimo, san Gregorio, san Ambrosio y san Agustín. Ocupan el lugar que en las iglesias medievales ocupaban los evangelistas. Parece que la Iglesia del siglo XVIII responde a su manera al desafío de la Ilustración. A los enciclopedistas agnósticos opone sus propios enciclopedistas. Arrincona los personajes emblemáticos de la Revelación para exhibir las etapas de su consolidación histórica. Al tiempo remoto y milagroso de los Evangelios sucede la reafirmación de los dogmas y ese espectacular giro estratégico se refleja en la iconografía que soporta simbólicamente la cúpula de las iglesias.

La ermita de Muel tiene una escala íntima, racional, muy alejada de las grandes decisiones de Roma que influyeron en su decoración, en un entorno de merendero campestre. A menudo no hay en los pueblos de España lugares más amenos que aquellos donde se levanta una ermita. La de Muel se encuentra junto a un surgimiento de agua en un desplome del terreno. Se dice que antes hubo allí un templo romano y una mezquita. La cubierta es de poca altura. Los frescos de Goya se encuentran a corta distancia de la mirada y se pueden apreciar con detalle. La perspectiva ha sido dominada con ingenio aunque las figuras parecen calculadas para desenvolverse en un espacio mayor. Desbordan deliberadamente del marco y se hubieran encontrado a gusto en una cúpula más monumental y sobre todo más amplia. Son tres obispos y un papa con rostros al mismo tiempo individualizados y canónicos. El drapeado de los mantos, con efectos muy acusados de luz y tinieblas, impone una sensación pictórica de relieve y una sensación espiritual de hombres en estado de inspiración divina. Los cuatro tienen un curioso aspecto de navegantes, como si fueran cuatro viejos lobos de mar, no sabría decir por qué, quizá por el azul profundo de los mantos, la agitación de los pliegues o la luz violenta y tormentosa que les rodea. Goya era entonces un joven pintor ambicioso. No había cumplido veintiocho años y de algún modo se advierte el brío que le proporcionaba la conciencia de su propia fuerza. A ambos lados del espacio central hubo dos grandes lienzos que desaparecieron con la invasión francesa y nunca fueron localizados ni se guarda registro de lo que representaban. La parte inferior de la capilla está forrada de azulejos. En las esquinas hay cuatro ángeles pintados. Tres de ellos enseñan el ombligo. El cuarto ángel enseña el culo. Dicen que el ceramista, un tal Roque Siles, de Muel, no lograba cobrar su labor y terminó la obra con esa burla.

Muel tiene una vieja tradición azulejera. Me dijeron que antiguamente, en el camposanto, se colocaban lápidas no de piedra o mármol sino de azulejos. Me dijeron que aún podían verse algunas. El camposanto de Muel está situado en un cerro de las afueras del pueblo, según se sale por la carretera hacia Mezalocha, a escasos trescientos metros de una fábrica de cemento. La enorme construcción de la cementera recortándose en el cielo parecía más letal y amenazadora que un paseo a media tarde por el camposanto. Un aire suave aventaba el polvo gris de la fábrica que se depositaba como ceniza sobre las tumbas y las flores de plástico. Las lápidas de azulejos estaban repartidas por los muros. Tenían el tamaño de una doble página de periódico. Estaban pintadas en color azul oscuro, casi negro, sobre fondo rosado o marfileño, con ribetes tipográficos. Parecían esquelas o tarjetas de defunción. Algunas, muy pocas, estaban coloreadas. Cada lápida llevaba un verso que unas veces pronunciaba el fallecido y otras veces estaba puesto en boca de sus deudos. Por ejemplo:

*Aquí yace el niño Tomás Franco Gómez.*
*Murió el día 15 de marzo de 1901 a los 8 días de edad.*
*«Tan pronto fue nacer como llorar,*
*pues ya al abrir los ojos corrí el velo.»*

En una de ellas se leía un lamento byroniano:

*Felisa Rodríguez Argachal.*
*Falleció el día 9 de junio de 1901*
*a los 18 años de edad.*
*«¿De qué sirve ser joven?*
*¡Oh, de nada!»*

Otra decía:

*Aquí fue sepultado Francisco Aznar Clavería.*
*Murió violentamente el 10 de febrero de 1902.*

Los versos estaban picados y la curiosidad se quedaba insatisfecha. Probablemente aludían a las circunstancias de la muerte, quizá en forma poco ejemplar o vengativa. Los versos más dramáticos estaban en otra lápida:

*Jacinto Navarro Casas*
*falleció a los 26 años en 1889.*
*«[...] y dejas a tu esposa, de dolores, con el más profundo.»*

Cuando murió el esposo la joven viuda estaba con los dolores del parto.

Dos primos, Clemente y Macaria, fallecieron el mismo día, 9 de enero de 1866, y a la misma hora, dos de la mañana, él de veintiún años y ella de catorce años. El verso hacía mención de la coincidencia. Se les había dedicado la misma lápida seguramente porque pensaban casarlos. De aquella fúnebre artesanía de cerámica se habían conservado en todo el cementerio de Muel entre treinta y cuarenta lápidas.

## Los Monegros

El desierto de las Bárdenas Reales de Navarra se prolonga del lado aragonés por los altos de Castejón, desde donde se domina la fosa del Ebro y las lomas cercanas a Zaragoza. El río Gállego, que baja del Pirineo para entregarse al Ebro a pocos kilómetros de la ciudad, interrumpe por un trecho el paisaje estepario. Es un río de cauce generoso. Su bosque de ribera y los cultivos de la vega introducen una pausa en el desarrollo uniformemente estéril del terreno como una larga serpiente verdeante entre un aluvión de blancos cantos rodados. La comarca de los Monegros se extiende del otro lado del río Gállego hasta la desembocadura casi en paralelo del río Cinca, en un despliegue a vuelo de pájaro de cien a ciento veinte kilómetros por treinta a cuarenta de anchura. Al sur, una serie de barrancos escalonados guía el curso del Ebro. De oeste a este, como un espinazo central, corre la sierra de Alcubierre, de aspecto terroso, de poca elevación, siguiendo una línea sin grandes variaciones. Las alturas son de un color verde negro, cubiertas por un bosque resinoso que sobrevive con dificultad a las sequías, mientras las faldas se rasgan en cárcavas y torrenteras de tierra desnuda. Los barrancos a menudo se dividen en cuchillas aterronadas y friables como azucarillos que las escasas lluvias tardan un centenar de años en disolver. Hay baldíos de matorral muy disperso. En algunos lugares asoma el hueso de una roca blanquecina. Hay cerros que la erosión ha torneado hasta darles formas perfectas. Los Monegros son tierras blancas. La luz es limpia y fuerte y en verano, sin duda, cegadora. Es curioso que el nombre de la comarca encierre en su seno la negrura.

Un rebaño de ovejas, visto de lejos, entre Farlete y Monegrillo, formaba una masa compacta que iba dejando detrás una nube de polvo lo mismo que un barco va dejando una estela.

Serían las once y media de la mañana. En el mismo horizonte se veía el remolque de un camión cisterna con un destello blanco de esmalte dentífrico. Era una reserva de agua donde las ovejas iban a beber. Se llegaba hasta la cisterna por un camino. Como en las visiones de Don Quijote el rebaño parecía mucho más numeroso en la distancia que al pie del abrevadero. El pastor era un hombre mayor, cerca ya de los setenta años, de ojos verdes, muy rasgados, con la pupila escondida. Sólo muy brevemente se distinguía la pupila clara. Tenía la nariz grande, abultada en los lóbulos y estrecha en el hueso. Vestía una camisa a cuadros, con pantalones azules, y se cubría con la gorra amarilla de una cooperativa agrícola. Tenía la comisura de los labios bordeada de salitre blanco, como de alguien que hubiera hablado mucho, pero en realidad era un depósito del polvo que levantaban las ovejas. No hay que pensar que el campo estaba desnudo. Había buen pasto de primavera, en la corta medida en que aquellos campos esteparios pueden llegar a ser generosos. Después de beber al pie de la cisterna en un abrevadero de chapa las ovejas siguieron comiendo. Sólo saben comer, decía aquel hombre. Había salido de Farlete a las seis de la mañana y volvía al pueblo para almorzar después de mediodía. Su perro era un animal de poca talla, del género del pastor del Pirineo. ¿Cuántas ovejas tenía? Cerca de trescientas, y veinte cabras. ¿Sólo se dedicaba al ganado? Desde los siete años, no, desde los cinco años, sólo se había dedicado a las ovejas. ¿Hacían queso en Farlete? No. Había un hombre que hacía queso en Monegrillo, pero era cosa reciente. La leche de las ovejas de los Monegros era para criar corderos, no era leche para queso. ¿Cómo se llamaba el perro? Se llamaba Chicón.

Las ovejas parían una vez al año. A veces parían dos corderos. Antes era raro que parieran dos corderos, pero seleccionando a las corderas destinadas a ser madres se llegaba a que cada vez fueran más numerosas las ovejas que parían dos corderos. Había quien tenía ovejas que llegaban a parir tres veces al año. El procedimiento era algo complicado. Se introducía a las ovejas una esponjita por la vagina hasta que llegaba el momento de echarles el carnero. Entonces se les extraía la esponjita. Después de parir se les volvía a introducir. ¿Por qué lo hacían? No sabía por qué lo hacían pero así era. Lo recomendaban los veterinarios. Eran pequeñas esponjas adaptadas a las vaginas de las ovejas. El hombre se levantó la gorra para rascarse la frente y dejó ver por un momento el fulgor de sus ojos claros. No sabía explicar aquel procedimiento ni por qué las ovejas con una esponjita dentro de la vagina estaban listas para recibir al carnero tres veces al año, pero cada vez que les sacaban la esponjita y les echaban el carnero se quedaban preñadas, así era, tres veces al año.

Muchas de las tierras que se veían en torno a Farlete estaban labradas. Algunas llevaban trigo. Otras estaban en barbecho o habían sido arañadas con surcos poco profundos. Más o menos la mitad de lo que abarcaba el horizonte eran baldíos o pastos. Las ovejas no se habían dispersado después de beber. Formaban un grupo compacto. Sabían que volvían a Farlete para echar la siesta de mediodía que en muchos lugares llaman precisamente la siesta del carnero. Aguardaban a que su pastor echara a andar y mientras tanto seguían pastando con un rumor de maquinillas de cortar el pelo, con las cabezas juntas, como si fueran un animal colectivo. Se oía literalmente el tirón seco de los dientes en el pasto. Olía a polvo y a lana. El perro se había quedado al pie del pastor en una actitud al mismo tiempo descansada y expectante, como sólo se puede observar en los perros. De un lado se veía el pueblo a poco más de dos kilómetros de distancia. Detrás se extendía un amplio paisaje estéril y ondulado cuyos recursos ni siquiera parecían suficientes para mantener aquel pequeño rebaño de ovejas. El mediodía empezaba a ser caluroso y anunciaba lo que podían llegar a ser los terribles mediodías de verano. Con un solo movimiento se inició el regreso, como si pastor, perro y rebaño fueran una sola voluntad. Las cunetas del camino estaban llenas de cardos, algunos exuberantes, con tallos altos y carnosos como plantas de alcachofa. Había un cardo que allí llamaban cardo trompetero, en colonias soberbias de media docena de ejemplares, altos como un hombre. Tenía las hojas anchas y bien dispuestas, recorridas por un dibujo irregular, difuso y gris sobre el verde pálido de la hoja, como un diseño de camuflaje sobre la piel de un batracio. El tallo central se erguía como una trompeta. Los pinchos estaban situados en posición de ataque sobre el perfil de las hojas. Ese cardo aún no había florecido. Tenía los capullos grandes, prietos, a punto de reventar, cubiertos de un vello cano. Había otro cardo pequeño, de flores violeta, algunas ya pasadas, como si fueran de algodón. A ese cardo pequeño le llamaban cardacha. En los tiempos del hambre la cardacha se comía cuando estaba verde y tierna, se cocía con sal o se comía cruda, como si fuera ensalada. Las mujeres con los niños pequeños agarrados a las faldas salían por la mañana al campo a recoger cardachas. Había cardos de los que llaman lecheros por una savia blanca que brota al cortar el tallo, pero aquel hombre los llamaba azotacristos. Sus pinchos, curvos y tostados, eran los más agudos y fuertes de todos los pinchos. Se decía que con aquellos cardos habían azotado a Cristo. Así se veía en las imágenes de la Flagelación que se sacaban en las procesiones de algunos pueblos. Los verdugos tenían en las manos, no correas, sino un haz de aquellos cardos. También servían para juegos más crueles. Los niños utilizaban las púas para reventar los ojos a cachorrillos de perros y gatos. En los tiempos duros, es decir, en los tiempos del hambre, cuando el trigo se segaba a mano y se comía poco y se trabajaba duro, no era raro que las manos de los segadores se llenaran de pinchos. Entonces en los campos había tantos cardos como trigo. Se trabajaba de sol a sol. El capataz no daba tregua. «Los pinchos para Santiago», decía. Y eso no quería decir que había que ofrecer el sufrimiento a Santiago. Eso quería decir que nadie dejaba la labor y nadie paraba de segar por tener las manos llenas de pinchos. Había que esperar a sacarse los pinchos cuando se dejaba de trabajar, el día de la fiesta de Santiago.

Después de agotar el tema de los cardos le pregunté por el agua. En Farlete y Monegrillo antiguamente había pozos. Aunque vivía en Farlete, él había nacido en Monegrillo. Había años en que hasta los mejores pozos del contorno se secaban. Ahora el agua venía del río Gállego por una toma que servía a cuatro o cinco pueblos de la mancomunidad. La estación de bombeo estaba a treinta kilómetros de distancia. Pero el agua de los Monegros, el agua de verdad, pasaba del otro lado de la sierra de Alcubierre, por el canal de los Monegros, que bajaba del Gállego hasta el Cinca. Ésas eran tierras de regadío. El pastor no había estado nunca por allí y no podía dar noticia. Monegrillo y Farlete quedaban en la parte de acá de la sierra que era la parte seca. ¿Podía ir de su parte a por queso a Monegrillo? Podía. El hombre que hacía queso se llamaba Jesús Laguna.

Monegrillo queda a seis kilómetros de Farlete. Casi podía verse desde aquel lugar. Eran pueblos unidos por el mismo horizonte, el mismo color de tierra, los mismos cerros descarnados. El hombre que hacía quesos en Monegrillo me confirmó lo que me había dicho el pastor. Los Monegros no eran tierra de hacer quesos. Aragón en general no era tierra de muchos quesos. En Teruel se hacía el queso «pata de mula». En Huesca había queso fresco de cabra o de oveja en Radiquero. El hombre de los quesos había sido delineante en un estudio de arquitectura. Los ordenadores habían convertido la profesión de delineante en una profesión arcaica. Se había quedado sin trabajo, le gustaba el campo, le gustaban las ovejas y se había lanzado a hacer queso. Sus ovejas no eran de raza aragonesa. Eran ovejas de leche, de raza francesa, de Lacaune. Venían a producir entre un litro treinta y un litro y medio de leche en un ordeño diario, cuando la oveja del país apenas hubiera llegado a dar tres cuartos de litro. La quesería estaba situada en un alto en las afueras del pueblo. Junto a la quesería estaba el redil con las máquinas de ordeño automático. Las ovejas no salían nunca a pastar. Eran ovejas de establo. Los quesos que hacía eran de leche cruda, curados o semicurados, compactos y bastante buenos. En la cámara de maduración flotaba el polvo gris verdoso de las esporas de moho. La temperatura era agradable, como la de una bodega de vino. Al salir al exterior se recibía el impacto de la luz como una sensación global, de cielo azul y tierra seca, como si los elementos del mundo físico se hubieran simplificado al extremo. Poco a poco volvían los detalles del paisaje. Allí estaba Farlete, donde yo había dejado al pastor. A las espaldas la línea de la sierra. En unos cerros cercanos se veían unas curiosas construcciones, simples como un dedal. Hubieran podido ser palomares. Eran poco más que un cubículo pintado de blanco cubierto con una media cúpula blanca. Otro de esos palomares, algo más grande, tenía junto a la torrecilla de la cúpula una vivienda de líneas rectas y techo plano. Le pregunté al hombre de los quesos qué eran aquellas construcciones. Me dijo que eran observatorios astronómicos. Los astrónomos aficionados de Zaragoza venían a los Monegros a observar las estrellas. Las noches eran oscuras y el cielo limpio. El ayuntamiento había cedido aquellos cerros. El observatorio más grande, el que tenía una vivienda y un pequeño jardín, pertenecía a un hombre jubilado de la empresa Telefónica. Era un astrónomo aficionado serio. Había publicado artículos en revistas con interesantes descubrimientos. Los otros dos observatorios, más modestos, que hacían pensar en ermitas o capillas a las que las pequeñas cúpulas daban un sabor árabe, eran de otros dos aficionados con raíces en el pueblo que habían seguido e imitado la afición del primero. En agosto, cuando se producía el paso de las estrellas fugaces, alrededor del día de San Lorenzo, invitaban a la gente por las noches a ver la lluvia de estrellas. Mucha gente subía, pero no se hacían observaciones astronómicas. Se subía sobre todo a asar chuletas. Yo entonces recordé otras noches, en otro lugar lejos de allí, muchos años atrás, tumbado de espaldas junto a una bodega, con los amigos y las novias, mirando al cielo para ver las estrellas fugaces y contarlas como quien cuenta los tantos de un juego o las cifras de una lotería, mientras se extinguían las brasas debajo de una parrilla y las sobras de la ensalada se disolvían en vinagre en el fondo de un cuenco. Aún flotaba en el aire el olorcillo de la grasa de cordero. Se bebía vino del año que había fermentado en el vientre de la tierra. Apenas se distinguía el rostro del amor cercano porque el proyecto mismo del amor era indeciso. Alguien encendía un cigarrillo con un resto de tizón. La noche refrescaba y las chicas pedían un jersey para echárselo sobre los hombros. De los que aquellas noches contábamos estrellas fugaces, unos cuantos, de ellos y ellas, habían sacado un número bajo o un número funesto y habían muerto jóvenes.

Las revueltas de un portillo de poca altura salvan la sierra de Alcubierre y llevan a Castejón. La sierra se cruza sin mayor dificultad que se cruza una vaguada, aunque con curvas pronunciadas, entre un bosque de pino coscojo salpicado de enebros y sabinas. Las cunetas estaban floridas como un largo macetero sinuoso. La tierra gris granulosa de los Monegros encerraba una potencia insospechada de color. Todas las flores de campo estaban representadas y desmentían en el breve esplendor de quince días la amplia visión estéril de la llanura. En pocos metros de cuneta el herborista podía recoger más de veinte especies, sin contar los matorrales aromáticos de secano, que florecían en los derrumbaderos y en los lugares donde el bosque abría algún espacio.

Aquél parecía que iba a ser el día de los lagartos. Alguno escapaba a esconderse entre las hierbas. Eran grandes animales verdes, dejando apenas un fulgor y el latigazo de su larga cola antes de desaparecer. Pero su presencia no se manifestaba en la huida a la menor aproximación, antes incluso de que el ojo les descubriera inmóviles, sino que tenía su expresión evidente y definitiva en los numerosos lagartos aplastados en el firme de la carretera. Pude contar más de diez lagartos muertos, algunos recientes, otros apergaminados, otros reducidos al estado de fotocopia. Era una proporción muy alta en un tramo muy corto y en una carretera de poca circulación. Lo mismo indicaba la abundancia de lagartos que su indiferencia suicida hacia el peligro que representaban los automóviles. Uno de ellos, fallecido muy recientemente, me llamó especialmente la atención. El neumático le había aplastado la cola y los cuartos traseros, pero el tórax, la boca y la garganta se le habían hinchado prodigiosamente por la presión de la masa visceral desplazada, de modo que el medio animal restante se alzaba sobre sus patas delanteras con las fauces abiertas, en una actitud dramática y desafiante, como si hubiera muerto no sobre el asfalto de una carretera contemporánea, sino en el mundo de los grandes saurios. En pleno mediodía conviene no ignorar que las noches deben ser suntuosas, como recordaba el quesero de Monegrillo. Entonces se comprende que durante la noche la Tierra vuelve el rostro al universo y justifica mejor que nada la atención que se dirige durante el día a los minúsculos detalles tiernos, ya sean flores de cuneta o lagartos muertos, como si, entre Newton y Linneo, la soledad del campo encontrara un eco en la soledad del cielo estrellado. Así suelen ser los regalos de las tierras pobres.

Pasada la sierra de Alcubierre del lado de Castejón no se baja la altura que se ha subido. El bosque, ya escaso de por sí, desaparece. A la vista del pueblo la comarca se extiende en una meseta con suaves ondulaciones y valles de perfiles confusos, sin grandes accidentes, solapados entre sí, como si la esencia de la personalidad de la comarca se mantuviera en la norma de ofrecer tierra y cielo. La materia parece ser algo más rojiza que en la vertiente contraria. Entre los taludes de marga se descubren algunas vetas arcillosas. Sobre una loma de las afueras de Castejón se levanta una ancha torre cuadrada de origen árabe. Hacia el lado contrario, en el declive de la ladera, a poco menos de un kilómetro del pueblo por un camino de árboles escuálidos, se ve una ermita grande como una iglesia, sobria y bien proporcionada, tan perfecta en sus volúmenes que parece haber surgido en medio del campo directamente de la maqueta de un arquitecto de la Ilustración. En el mismo pueblo se alza el enorme silo de cereal del antiguo Servicio Nacional del Trigo. Esos tres monumentos, la torre, la ermita y el silo, representan tres poderes institucionales que, sin ser coetáneos ni mucho menos, se incorporan a los avatares particulares de la historia de Castejón para conservar su significado militar, religioso y económico. Ello da unidad al pueblo, como una cuerda bien trenzada, porque aunque nadie quiera conceder al silo su categoría de monumento, también lo es.

Pasado Castejón se cruza el canal de Los Monegros y se entra en una comarca de regadío. El paisaje no cambia en sus líneas fundamentales, ni en su condición solitaria y triste, pero aparecen las manchas de verdor de los maizales y de los campos de alfalfa. El canal capta sus aguas en el embalse de la Sotonera, que a su vez recibe las que se divierten del río Gállego y las que aporta el pequeño río Sotón. Son de un color

verde claro. Su flujo es rápido. Su trazado sigue aproximadamente el flanco norte de la sierra de Alcubierre, cruza los cerros con media docena de túneles y salva algún valle con un
acueducto. Aunque el canal estuvo proyectado desde los primeros años del siglo XX, no se acabó de construir hasta bien
entrada la década de los sesenta, en parte con mano de obra
de castigo, llevando sus aguas hasta la cuenca del río Cinca.
Las tierras de regadío del canal permitieron crear algunos
pueblos de colonización. El último de todos, quizá el pueblo
más reciente de España, es Cartuja de Monegros, fundado en
1967, en los años tardíos de la dictadura. La mayoría de los
vecinos del pueblo aún pertenecen a aquella primera generación. La Cartuja de Monegros recibe su nombre de un enorme convento que fue cartuja, ahora abandonado y en manos
particulares. La gran cartuja de los Monegros se destaca en un
llano, al borde de un barranco, rodeada de una tapia de tres
metros que cierra un terreno inculto de cuatro o cinco hectáreas. Dicen que el edificio actual sustituyó a una fundación
anterior de cartujos mucho más modesta y que jamás fue concluido por su ambición desmesurada. Ahora es un monumento
extraño y poderoso, aislado en el interior de su alta cerca. El
pueblo mismo presenta un aspecto muy diferente. Es un oasis
escondido entre pinares y choperas de donde emana un frescor desconocido en cualquier otro lugar de los Monegros.
A su alrededor se extienden los campos de hortalizas. La mujer
que atendía el bar, una moza guapa, cetrina y robusta, de veintisiete o veintiocho años, con aspecto de fresca moza soltera
aunque fuera mujer casada, me dijo que sus dos hijos eran ya
nacidos en el pueblo en primera generación. Los padres de ella
eran de Cuenca y de Murcia. Ella misma había nacido en
Murcia y la familia había llegado allí cuando se repartieron las
tierras de regadío de los Monegros entre labradores sin tierra
de toda España. Otro muchacho me dijo haber nacido en

Soria, hijo de labradores sorianos, llegados también cuando el reparto. Anteriormente, las tierras eran del convento, o, mejor dicho, de las dueñas del convento, dos herederas de Zaragoza, solteras, que ahora habían cumplido cerca de noventa años y habían conservado como suyas, después de la expropiación, seis mil hectáreas de fincas. Un buen partido, dijo el muchacho soriano, si hubieran tenido setenta años menos. En el término de la Cartuja, como en el término de San Juan del Flumen y Lanaja y otros pueblos de colonización, se cultivaban tomates y pimientos y toda clase de productos de huerta. Se vendían a las compañías conserveras de Navarra con quejas por parte de los labradores, o por lo menos con quejas por parte de los labradores presentes en aquel bar, que decían que las conserveras fijaban los precios al nivel mínimo cercano al coste de producción o, lo que era peor, no pagaban. Así que en la Cartuja algún hombre se había puesto a enlatar pimientos, pimientos de La Sarda, y como me aseguraron que eran de la mejor calidad compré dos latas. También se sembraba arroz en los llanos bajos. Se regaba por el procedimiento de manta, es decir, dejar salir de la acequia al campo una manta continua de agua. Yo pude ver los arrozales inundados. Después de haber cruzado los cerros baldíos, los yermos y desiertos, en el mismo horizonte que abarca la vista de un pájaro se producía aquel milagro del agua.

Si la mañana había sido de los lagartos, aquélla iba a ser la tarde de las culebras. El formidable cambio que las aguas del canal introducían en las tierras repartían el territorio de los reptiles según el índice de humedad. En un paseo de poco más de una hora vi media docena de culebras aplastadas en la carretera o arrojadas a las cunetas. Cruzaban de un lado a otro saliendo del frescor de las acequias para encontrar la muerte por laminación, dejando la mancha de las tripas en el asfalto y un pellejo largo y sinuoso como una piel de muda, unas veces cubierto del brillo seco de las escamas, otras veces conservando parte de su color. Una de ellas, sin embargo, había sufrido una muerte diferente. No había muerto de muerte de automóvil sino de muerte de labrador. Había recibido un solo golpe certero que le había partido el espinazo, probablemente asestado con el mango de una azada. Su cuerpo aún estaba fresco. Su rostro era pequeño en proporción a lo largo y grueso de la anatomía, con la mandíbula rasgada, el morro apretado y los ojillos negros muy avanzados sobre el hocico, cubiertos de un párpado azul opaco. Suspendida por la punta de la cola venía a medir cerca de un metro. Era de un color verde ceniciento en el lomo, de escamas pequeñas, con una línea en zigzag más oscura sobre el espinazo y ósculos negros en los costados. Su vientre era pálido, con grandes escamas transversales y reflejos de nácar y de amarillo limón. Puede que fuera una culebra del género *natrix*. Su cuerpo flexible y limpio recordaba al bastón de Moisés arrojado a los pies del faraón.

## Hacia el norte

No hay experiencia que se pueda comparar a la de subir las largas rampas del puerto de Monrepós y contemplar por primera vez la línea de los Pirineos aragoneses en un atardecer de junio, cuando la luz no ha perdido el frescor que le arrebatará el verano y los grandes bultos grises de las montañas aún conservan en su regazo los lienzos de nieve de una estación perdida. Cuando se habla del norte peninsular la idea general es evocar la costa del mar Cantábrico y se olvida a menudo ese otro norte interior, fronterizo y de montañas, que posee todas las características de un país de iniciación. El puerto de Monrepós separa la hoya de Huesca del valle de Jaca a la manera de un elemento de transición que incluye un alto, una meditación y un reposo. El nombre de Monrepos tiene un aroma francés que no es napoleónico, sino versallesco. Se contempla una comarca ancha y accidentada, como una orquesta que ensaya desordenadamente sus instrumentos antes de que empiece la gran sinfonía de los Pirineos. A la izquierda cae la sierra que lleva por las laderas del sur al castillo de Loarre. A la derecha se prolonga, más potente y más atormentada, la sierra de Guara. Algo más atrás y de ese mismo lado queda el Somontano, una región fragosa y áspera, de barrancos peligrosos, labrada por cañones profundísimos, en ocasiones tan estrechos que un hombre puede abarcarlos extendiendo ambos brazos. Esas gargantas recibían antiguamente un nombre evocador. Se las llamaba los oscuros. Se hablaba del oscuro del río Alcanadre, de los oscuros del río Vero, del oscuro de Mascún. Era el lenguaje descriptivo del pastor incorporado a la geología. Muchos de esos desfiladeros, que no eran tales, porque por ellos no pasaban caminos, permanecieron largo tiempo inexplorados. Ahora los recorren racimos de muchachos enfundados en trajes de neopreno que viven el juego de la aventura. Al este se cierran las alturas que dominan Sabiñánigo, redondas y boscosas, dejando sus aguas orientales a la cuenca del río Cinca. Hacia el resplandor ensangrentado de poniente, donde el valle de Jaca alcanza su desarrollo, van las aguas del Gállego y del Aragón. El Gállego conserva su aspecto torrencial todo a lo largo del recorrido. Toma la curva hacia el Ebro al pie de los mallos de Riglos, un grupo de enormes peñas rojas que se desploman trescientos metros en vertical y forman un conjunto insólito. El río Aragón, casi gemelo del otro, cumple un trecho más largo hacia el oeste y se hincha al entrar en Navarra con las aguas del Esca y del Irati. Este rincón de España que se define en torno a Jaca guarda un tesoro importante. En él se encuentran la topografía celtibérica y la topografía euskalduna. En él entran en contacto los nombres árabes y los nombres carolingios. Es el único lugar de la península donde cuatro viejas culturas han dejado su huella en el paisaje, como si cuatro civilizaciones en parejas coetáneas hubieran acudido a ese rincón remoto de nuestra geografía para mirarse con curiosidad y recelo, para marcar límites y definir territorios, para intuir cuáles eran sus fronteras o para tantear sus posibilidades de expansión. El entorno de Jaca está dominado por la peña de Oroel. Es un vértice que llama poderosamente la atención. El lado sur presenta paredes de roca desnuda, de un suave color rosado, como un paño expuesto a la intemperie que ha perdido tintura. El lado norte, con laderas más amplias y sombrías, está algo más arbolado. Esa peña que se alarga marcando la dirección del valle se hunde como un navío que levanta la proa al ser contemplada desde poniente. Su perfil es inequívoco. Pudiera haber sido el punto de referencia de los árabes atrincherados en el castillo de Alquézar, de los francos que acamparon en Canfranc, de los vascos inmemoriales de Urdués y de los celtíberos de Sasal. Hay una referencia clásica de los pobladores celtíberos. Estrabón habla de los *iaketanoi*, el clan o tribu que habitaba el valle de Jaca. A los ojos del entendimiento se compone una imagen múltiple que no parece reposar en sedimentos ordenadamente estratificados, sino que se resuelve en fuerzas imbricadas en una tensión que de algún modo logra su verdadero equilibrio. No falta siquiera aquel elemento vertebrador de la península que fueron las obras civiles de la ocupación romana. Se dice que una calzada secundaria del imperio subía por el valle de Hecho hacia un paso que hoy sólo toman los montañeros y los excursionistas. La vía que más tarde siguió el camino de Santiago eligió el paso de Somport. En el pueblo de Siresa, donde hoy termina la carretera y empieza la pista que se hunde en las montañas, hay una hermosa iglesia, único resto de un monasterio fundado por Carlomagno. Cinco hombres de grandes narices y pómulos altos, seguramente hermanos o primos hermanos, tomaban el sol. El ayuntamiento había colocado junto a un muro dos elementos decorativos. Eran dos piedras de molino, de las que llaman la muela giratoria o volandera. Eran piedras entre rojizas y moradas, como si durante siglos hubieran molido carne, de un material conglomerado parecido al pórfido, ceñidas en el canto por un viejo aro de hierro. Algo hacía pensar que aquellas piedras simbolizaban mejor que nada, por su color y su composición, a los dispares elementos humanos que alguna vez se encontraron en ese rincón peninsular. La muela del tiempo había pasado sobre tribus y ejércitos respetando únicamente los nombres hallados en la topografía y quizá algunos rasgos faciales. La modernidad tiene a veces ecos extravagantes. A la entrada del pueblo que da nombre al valle, junto a las aguas torrenciales del Aragón Subordán, se levantaba la cafetería Danubio.

El territorio de Jaca fue entregado por uno de los primeros reyes de Pamplona al segundo de sus hijos. El recién nombrado conde de Jaca, como a menudo sucede con los hijos segundones y emprendedores, rompió sus vínculos, abandonó el título de conde y tomó el título de rey de Aragón sin sospechar la dimensión histórica que alcanzaría la nueva monarquía. Hacia el año mil, el pequeño reino pirenaico ya había alcanzado el valle del Ebro y su capital se había desplazado a Huesca, luego a Zaragoza. Un enlace matrimonial incorporó el condado de Barcelona a la Corona de Aragón junto a los territorios catalanes de la vieja Marca Hispánica. La potencia territorial se transformó en potencia marítima. El reino de Mallorca se unió hacia 1229. El reino de Valencia lo hizo en 1245. Esa especie de federación operativa, en la que cada territorio conservaba su administración y sus fueros, halló en el Mediterráneo un espacio natural de expansión. Las cuatro barras

Aragón

del escudo aragonés pronto se hallaron en Cerdeña, en Nápoles y en Sicilia.

Es curioso, sin embargo, remontarse a los orígenes y visitar el primer panteón real de la casa de Aragón, en el monasterio viejo de San Juan de la Peña. Al principio debió de ser poco más que la cueva de un ermitaño al abrigo de una enorme roca que llaman el Galeón. En una hornacina excavada en la parte más antigua pueden verse a través de un cristal media docena de cráneos y un montón de huesos, en su mayoría fragmentos de fémur. Encima se levanta el monasterio románico. Dicen que allí se conservó el Santo Grial. A un lado queda el claustro, pequeño y valiosísimo por lo que representa en la historia del reino. Las dimensiones del conjunto, iglesia, capillas, dependencias y claustro, son tan reducidas que la enorme peña que se levanta por encima actúa como una auténtica potencia simbólica y señorial. Las tumbas reales, muchas veces saqueadas, son sarcófagos labrados en la roca viva, alineados y superpuestos en dos niveles, trece o catorce en total. Están orientadas de este a oeste, según los viejos ritos solares. Junto a ellas corre un manantial que brota de la roca como una parábola de vida. Sin embargo, el verdadero poder fundacional de San Juan de la Peña se revela en un detalle dinástico. En el siglo XVIII, muchos años después de que el panteón hubiera sido abandonado, Carlos III, rey de España, mandó construir, junto a aquellas tumbas arcaicas, un nuevo panteón. Carlos III de Borbón había sido rey de Nápoles antes de venir a España. Como rey de España, Carlos III está enterrado en El Escorial, pero su homenaje a la estirpe aragonesa estaba justificado. Ese panteón de gusto napolitano ha conservado el vínculo de la corona de Aragón con los prósperos tiempos de su expansionismo.

El recorrido de Jaca hacia Somport hace pensar en un país que alguna vez se ha visto en sueños. Todos los elementos de una complicada elaboración onírica parecen concurrir en el ascenso hacia un lugar señalado como frontera, como si en vez de una frontera política y geográfica se tratara de una frontera inmaterial que separa las sensaciones de vigilia de las sensaciones soñadas. Se sale de la ciudad por una avenida plantada de altos abetos sombríos, a la manera del durmiente que ve desfilar una procesión a ambos lados de la cama a la vez que cierra los ojos y hunde su cabeza en la almohada. La carretera enfila un valle angosto compartiendo el estrecho espacio disponible con el trazado del ferrocarril. Las laderas de la izquierda son redondas, boscosas, abruptas, dispuestas a la umbría de poniente, oscuras a partir de la media tarde, como esas siestas profundas que enlazan con el crepúsculo sin que nadie sepa en qué se ha invertido el día. A la derecha, por el contrario, se abre gradualmente un paisaje majestuoso. La capacidad de seducción de la alta montaña se despliega en todo su esplendor. Poco antes de llegar a Villanúa, cuando parece que las curvas van cerrando el camino y sólo queda seguir la línea de máxima pendiente del valle como único recurso para coronar el puerto, una sucesión de peñas desnudas ofrece la imagen del país soñado, inalcanzable y cercano, ofreciéndose a la mirada y hurtándose al entendimiento, indiferente al hombre y extraordinariamente bello, como una demostración gratuita de poder. Son las peñas de la Collarada, Peña Nevera, Peña Reiona y Peña Telera, todas ellas cercanas o por encima de los dos mil ochocientos metros. Forman un lienzo de piedra desnuda, pulida por los glaciares, sólida y sutil, de un gris azulado en el aire limpio de la tarde, con grandes cuencos y sábanas de nieve que alimentan los torrentes hasta entrado el mes de agosto. La atmósfera actúa como un filtro. El vacío característico de las alturas contrasta con el hormigueo del valle. Los hoteles y chalets pertenecen a otra civilización. Las cumbres parecen suspendidas sobre una masa arbolada que les sirve de zócalo. En realidad es un repliegue menor del terreno aunque de dimensiones ya de por sí espectaculares, como el vuelo de las faldas de las damas de Brobdingnac cuando se inclinan sobre un diminuto Gulliver. Y cuando la visión de las cumbres parece aproximarse lo suficiente como para apreciar los detalles de aquella alta geografía, la misma base que las sustenta las esconde y las oculta a la vista, de modo que la impresión residual queda concernida por lo que se ha admirado de lejos y nunca se podrá contemplar de cerca, porque la montaña, de cerca, no existe, y sólo se revela en la distancia, lo mismo que el lenguaje de los sueños sólo se articula al despertar.

En todo el recorrido hay pruebas de una actividad militar incesante, sin que se detecte, salvo indicios, la presencia de ejército alguno. El sueño ha vaciado a la guerra de su contingente humano y sólo se manifiesta en su arquitectura, como el caparazón de un crustáceo sin carne, como un teatro donde público y actores han desaparecido y sólo queda la misteriosa disposición del escenario. Las fortificaciones preparadas a lo largo del valle hacen pensar en un ataque que puede ser inminente o demorarse durante siglos. La ciudadela de Jaca es un pentágono estrellado proyectado por una imaginación enteramente volcada a construir el reducto ideal cuyo perímetro pondría a salvo y para siempre a aquellos que se acogieran a su interior. Ninguna forma del pensamiento humano, ni siquiera el pensamiento que surge de los claustros, logra evocar con mayor firmeza la idea de supervivencia autónoma, indiferente al tiempo y al mundo, como esas fortificaciones regidas por leyes matemáticas complejas que han apurado en su diseño todas las posibilidades de la balística y de la perspectiva. A ello se suma la idea de traición, que siempre está presente, como una sombra que arrojan los baluartes, en todas las fortalezas. Innominada, la traición es consistente con la idea misma del reducto defensivo. Su conjuro suele ser un escudo de piedra que honra la fachada, y por un sistema de compensación simbólica, cuanto más aparatoso es el escudo menores suelen ser los vínculos reales y mayor la desconfianza. La ciudadela de Jaca está rodeada por un foso donde pasta un rebaño de ciervos, como si la guarnición, prisionera de su propia geometría, permitiera acercarse a los animales del bosque hasta las inútiles bocas de fuego. Fuera de la ciudad, subiendo el valle por donde el sueño sigue su camino, se descubre un fortín en lo alto de un nido de águilas. Su misión consiste en controlar al enemigo invisible que hubiera logrado salvar el puerto y se dispusiera a devastar el país y derramarse por la llanura. Puede que esa construcción, que en el sueño recibe el último resplandor crepuscular y ha criado líquenes y arbustos en las hendiduras de los sillares del parapeto, esté abandonada, o puede que su guardián, como el Numa del bosque, haya sido olvidado por el mando de la ciudadela. Un segundo fortín, discreto, oculto, devorado por el bosque, protege desde una peña alejada el ángulo débil del primero. En el lugar más sombrío del valle, donde el río se encajona y el paso se reduce poco más que a la anchura del cauce, se alza una torre de fusileros. Es una construcción siniestra como una cámara de tortura, o como una de esas torres donde se dejaban pudrir los cuerpos de los ajusticiados. Tiene dos docenas de ojos que vigilan la curva y la boca del túnel del ferrocarril. Algo más allá, cuando el valle se cierra y se encarama en prados altos, y el aire de las peñas se hace más translúcido, comienzan las rampas más fuertes del puerto. En el lado derecho de la carretera, una casamata de hormigón monta guardia junto al puente del Ruso. Es una fortificación de la Guerra Civil. Nadie sabe quién fue el Ruso.

En un prado risueño, a media altura, crecen lirios oscuros, de un color azul morado casi negro. Junto al arroyo se ven los barracones de una agrupación de cazadores de montaña. No hay banderas. Los mástiles están desnudos. Las ventanas están cerradas. El ejército está allí pero no se ve. También el enemigo es invisible, como ya se advertía al principio del recorrido. Pero sabemos que una vez pasado el puerto, en el lado francés de la montaña, el enemigo tiene sus propias fortificaciones. Resulta ser un enemigo troglodita, que ha labrado galerías, troneras y nidos de ametralladora en el paso llamado de las Gargantas del Infierno, a la altura de Portalet. Nadie recuerda si ese dispositivo fue utilizado en el pasado. Nadie sabe tampoco si será de utilidad alguna vez. A ambos lados del puerto se espera la llegada de los bárbaros y en cada bando un oficial redacta informes diarios. Las modernas estaciones de esquí se suceden a lo largo del valle. Lo ignoran todo sobre ese mundo onírico que ocupa el paisaje con mayor densidad y precisión que sus frágiles y proliferantes instalaciones. El sueño de las fortificaciones militares está alojado en lo profundo del cerebro del saurio mientras que el sueño del deporte tiene lugar en lo más externo de la corteza cerebral.

Siempre hubo mayor interés del lado español en mejorar las comunicaciones con Francia que el interés recíproco por parte francesa en mejorar las comunicaciones con España, ya fuera por carretera o por ferrocarril. La península sufre un agobio. Sólo comunica de forma eficaz con el resto de Europa por Behobia y La Junquera, en los dos puntos extremos de los Pirineos. La necesidad de abrir un tercer paso por el punto central del sistema montañoso fue un proyecto lanzado en los años del progreso, a finales del siglo XIX, con la idea de romper un aislamiento que tanto se vivía en lo físico como en lo histórico. El punto elegido fue Somport. Todos los grandes proyectos se cargan de una niebla especial que los envuelve durante décadas, o se cubren del polvo de los archivos, o se abandonan como ideas de hombres emprendedores que se arruinan por una quimera. Hay algo noble en el fracaso, pero al menos un proyecto ha logrado su realización. Hace pocos años se inauguró el túnel de Somport por carretera. Tiene algo más de ocho kilómetros de longitud. Del lado español la entrada es monumental. Los ingenieros realizaron un esfuerzo técnico y arquitectónico. No sucede lo mismo del lado francés, donde la boca del túnel es banal, lo que ilustra de modo simbólico su interés relativo en el proyecto. Sin embargo, a efectos oníricos, que es de lo que aquí se trata, no nos interesa tanto el túnel por carretera sino los accesos a Somport por ferrocarril y especialmente la estación de Canfranc. Las obras del túnel y de la estación se hicieron entre diciembre de 1908 y enero de 1914. No hay que decir que del lado francés también se hicieron las obras pertinentes, pero el trazado está cortado, las vías desmanteladas, las estaciones transformadas en albergues juveniles, y aunque el ferrocarril español llega hasta Canfranc, el ferrocarril francés se detiene en Oloron, a cincuenta kilómetros del pie del puerto. Afortunadamente, ello nos permite admirar la estación de Canfranc abandonada. Quiso ser una estación internacional. El edificio es inmenso. Tiene pretensiones de estación monumental como aquellas donde hacían sus entradas, entre nubes de vapor, los grandes expresos europeos. El trazado del ferrocarril, de vía única, se abre en un abanico de ocho pares de vías, con pabellones para el tráfico de mercancías y dos largos andenes de pasajeros. Los viejos rótulos de esmalte están en dos idiomas. Hay despachos de aduanas, oficinas de cambio de moneda, salas de espera de primera, segunda y tercera clase, aseos, fonda y hotel, pero todo está habitado por fantasmas y los largos andenes vacíos no esperan la llegada de ningún expreso. Se sabe que el ferrocarril es el medio de transporte favorito de los sueños. Habría que profundizar en el significado de las estaciones abandonadas. Quizá el polvo y los cristales rotos alimentan una idea de añoranza que al despertar se suma a la conciencia del tiempo perdido. Quizá las oxidadas marquesinas de hierro, las locomotoras desguazadas, los cambios de aguja sin utilidad, evocan una derrota de los titanes del progreso. Quizá los lugares de presencia colectiva son los más adecuados para que el abandono los colme de nostalgia, tanto más poderosa cuanto anónima. La estación arruinada evoca tiempos de crisis y guerra, como si estableciera una sorda consanguinidad con el significado de las fortificaciones militares. Los pájaros que han hecho su nido bajo las bóvedas ocupan un espacio ajeno. Su rápido batir de alas, ahuyentados por los pasos del durmiente, tiene el sonido de los malos presagios. Cuando su vuelo se desvanece se puede oír el eco de los propios pasos en el andén. Junto a la estación corre el río. En el interior, los pies apartan vidrios, escombros y basura. Algunos lugares amenazan ruina y el acceso está prohibido. Se puede ver alguna rata. No es exacto decir que la estación de Canfranc esté completamente abandonada. Un vagón autotractor con dos motores diesel de doscientos cincuenta caballos efectúa el recorrido Canfranc-Zaragoza-Canfranc dos veces al día, invirtiendo en cada trayecto entre cuatro y cinco horas. El maquinista se queda a dormir en el pueblo. Cuando el valle se llena de sombras y el olor de los escombros se mezcla con el olor de los helechos en el andén se enciende una bombilla. Un hombre limpia el vagón con un chorro de agua. La escena es el meollo de una intensa pulsión onírica. El hombre de la manguera se incorpora de inmediato al sueño. Junto con el durmiente ligero de equipaje, es la única presencia humana en la estación vacía.

La vertiente francesa de los Pirineos es mucho más frondosa que la vertiente española al recibir la influencia climática del Atlántico. Apenas pasado el puerto de Somport se hace evidente el cambio de vegetación. Las laderas están cubiertas de hayedos y bosques de roble de hoja ancha que delatan un régimen generoso de lluvias. En el lado español, una vez que se pierde el paisaje definido por la alta montaña, la vegetación de tipo alpino se orienta sin apenas transición hacia un tipo de vegetación netamente mediterránea. La primera bajada de Somport por el lado francés es rápida. La carretera se ciñe a las faldas de un monte llamado Peyrenere, o Piedra Negra, con un sabor de lengua d'oc bearnesa. El desarrollo posterior sigue el fondo del valle del Gave d'Aspe que conduce hacia Oloron-Sainte-Marie, donde la dulce Francia empieza a mostrar si no suaves colinas al menos montañas menos recias que las que dejamos atrás. El valle de Aspe es tanto o más estrecho que el que sube de Jaca hacia Somport y que ha servido para alimentar nuestro caudal onírico, pero es curioso observar en esa vegetación apretada, menos rica en matices, más uniforme en su propia densidad, el surgimiento de pequeños jardines exóticos a poco que un lugar habitado se cruce en el camino. Lo profundo del valle le protege de las temperaturas extremas. Cada aldea parece un balneario. El recorrido puede ser sombrío, porque apenas recibe la luz del sol, pero el cuidado de los buenos jardineros y de las buenas amas de casa pone flores donde debía haber maleza. Los bosques de hoja caduca deben de ofrecer un otoño suntuoso. El invierno debe de ser húmedo y triste. La primavera, tardía. Probablemente la estación ideal, la que coincide con las fotografías de promoción turística, sea precisamente la corta estación indefinida que en estos climas llaman el verano, con sus florecitas multicolores, y sus macetas pintadas, y sus jardincitos municipales, tan pulcros que parecen un desafío al bosque que se derrama de las montañas, como si todo un ejército de la tercera edad pusiera su tenacidad y su tiempo libre al servicio de los herbicidas y de las podaderas. Más allá de Oloron el paisaje se abre como una panorámica en helicóptero del Tour de Francia. Hay un lado risueño y potencialmente aburrido que es el lado francés, y un lado áspero, desordenado y especulador que es el lado español, de modo que el puerto de Somport, además de dividir las aguas y los climas, divide los arquetipos.

Somport fue la ruta principal del camino de Santiago que de Jaca llevaba a Sangüesa para enlazar con la ruta que pasaba los Pirineos por Roncesvalles. Su dimensión histórica no se la debe a los sueños de progreso que representa el ferrocarril sino a ese progreso espiritual que, levantando los ojos al cielo y orientándose por la Vía Láctea, llevaba a Compostela. Oloron era la última etapa del camino francés. En Oloron se juntaban los grupos de peregrinos antes de lanzarse a la larga ascensión del puerto, que duraba varios días. La vieja catedral de Sainte-Marie era el punto de reunión. El edificio no es grande, ni su exterior resulta exageradamente atractivo, pero su interior muestra una disposición ordenada y pura. Hace pensar en un lugar de reflexión, como esos ámbitos sagrados donde el sentido de lo trascendente no se departe enteramente de la condición humana. Durante la Revolución francesa la condición humana se adueñó enteramente de la catedral, que fue transformada en establo. En el siglo XIX se restauró y fue decorada con las pinturas murales que ahora se pueden ver, imitando lienzos y tapices, según la moda gótica de la Sainte-Chapelle de París. El polvo cubre los azules estrellados y los rojos de damasco que introducían en las paredes de las capillas la decoración de los salones aristocráticos, pero ese deterioro superficial no disminuye en nada la sensación pausada, detenida, equilibrada, del juego de las columnas y del espacio, como si el proyecto inicial hubiera logrado la justa medida entre el recogimiento de una iglesia rural y el impulso espiritual de las grandes catedrales. La entrada tiene un porche donde se ve una estatua de Santiago Matamoros a la que le falta la cabeza. Nada más pasar el umbral, junto a la pila grande de agua bendita, hay otra pequeña pila adosada a la pared y destinada a los leprosos. Es muy probable que esa discriminación no fuera tanto destinada a los leprosos como a los agotes o *cagots*, la misteriosa casta de intocables a los que se supone descendientes de los godos, cuya pervivencia está documentada hasta tiempos muy recientes en Navarra. La pieza de excepción en la catedral de Sainte-Marie de Oloron es el dintel que se puede admirar en el pórtico románico. Representa la escena del *Descendimiento.* A diferencia de las restantes piezas del conjunto, está labrada en mármol blanco. La disposición de las figuras es sencilla, casi infantil, con grandes espacios vacíos, como el dibujo de un niño que no ha llenado la página. La realización es aparentemente tosca. La indiferencia absoluta por la idea de perspectiva sitúa a las figuras en posiciones casi aleatorias del mismo plano. Sin embargo, la acción es dramática con una intensidad que no guarda relación con recursos tan sencillos. Son figuras rígidas, articuladas como las marionetas. Su primera noción artística sería la de un teatro popular de ese género llevado a la escultura. El dintel es el escenario. Su dramatismo es directo. Cristo tiene una mano desclavada. El cuerpo cede y san Juan se arroja y se abraza a su cintura. La Magdalena se precipita a beber la sangre que brota de la llaga. La Virgen permanece a un lado esperando la parte de su papel en que Cristo muerto descansará sobre sus rodillas. Será otra escena, la escena de la *Pietà.* Nicodemo, uno de los santos varones, aparece subido a una escalera intentando liberar la mano de Cristo que aún permanece clavada, mientras José de Arimatea, *discípulo de Jesús aunque en secreto*, el hombre que compró la sábana nueva, hoy en Turín, que había de servir de sudario, aguarda a que el cuerpo sea descargado de la cruz. Hasta aquí llega la descripción de una escena que sigue los cánones del Evangelio.

Ya hemos visto lo que una representación sagrada puede tener a la vez de ingenua y de sublime, hasta el punto de que el primer adjetivo llega a ser puesto en duda por el segundo. La perfección del friso de Oloron que a la primera observación llena de asombro no tiene, sin embargo, mucho que ver con su contenido y sí con algunos detalles de su ejecución. El relieve del friso no tiene más de dos centímetros de profundidad en los bultos mejor realzados y tanto cabe decir que es un friso plano, pero las túnicas de los personajes nobles, esto es, la Virgen y José de Arimatea, logran la sensación material de un finísimo velo que tiembla en el aire como si la brisa recorriera el mármol. Viene a la memoria el largo friso de la parada de los caballos del Partenón, que con cinco centímetros de profundidad logra crear la falsa perspectiva de una columna de caballos avanzando de siete en fondo. No todo se perdió en los oficios artísticos entre los siglos clásicos y los siglos oscuros. El cantero que labró el dintel de Oloron sabía de esos efectos sutiles que resucitan la brisa en la piedra del mismo modo que el maestro del Partenón sabía evocar el fragor del desfile.

Del lado español, el primer lugar de acogida de peregrinos de cierta importancia era Jaca, donde los peregrinos se reunían en la catedral una vez pasado el puerto. El lector puede seguir aún asombrado ante el friso de Oloron o peregrinar siguiendo la lectura hacia los párrafos destinados a la catedral de Jaca. Se dice, no sé si con un criterio cierto, que la catedral de Jaca es la más antigua de España. Es un edificio ancho y chato, con un campanario que apenas levanta con esfuerzo las campanas unos metros por encima del caballete de la nave. Su tejado es primitivo, con una esencia local que le da fuerza. Salvo el claustro, cuya restauración parece haber sido reciente, la mayor parte de las vertientes del tejado están cubiertas de lajas de piedra, según la antigua forma de techar que ya casi ha desaparecido en las zonas rurales. Del lado de poniente tiene un gran porche con bancos de piedra y cuatro estatuas de apóstoles procedentes de un pórtico desmantelado o nunca construido. El dintel representa dos fieras a ambos lados del anagrama de Cristo. A la izquierda hay una columna que los peregrinos han acariciado durante siglos y donde ahora casi se puede hundir la mano. Ese portalón servía también de refugio de los pobres. Aquella tarde, conservando la tradición, una muchachita punk, con el pelo de cobre, pedía limosna.

El interior de la iglesia conserva los grandes pilares románicos de su primera traza, con capiteles voluminosos y basamentos redondos, negros, lustrados por el tiempo y por la devoción. Lo demás es muy confuso y al mismo tiempo muy interesante. Hay una capilla dedicada a santa Orosia, muy venerada en la ciudad. Es uno de esos rincones donde siempre hay media docena de mujeres rezando, donde siempre arden velas, donde se dicen misas por la tarde. Las paredes están cubiertas de pinturas que ilustran la vida de la santa en el estilo piadoso de las estampas de catequesis, que pretenden afianzar la fe con los aspectos clínicos de la actividad milagrosa. En el ábside del altar mayor, gran sorpresa. Dios es música. En el lugar donde suele estar el retablo está el órgano. A ambos lados se ven dos murales del franciscano Bayeu que representan la escena de la pesca milagrosa. Son pinturas robustas, exageradamente anatómicas y tan lejos del mar que su mensaje se dirige a pescadores de truchas. Junto al ábside derecho un obispo de nombre Baguer se hizo construir una lujosísima capilla para que le sirviera de enterramiento. Allí se encuentran dos imágenes del santoral compostelano. De un lado está san Roque con el perro. Del otro está san Cristóbal. Deben de ser imágenes muy veneradas. Sus pies están pulidos a besos. La cercanía con el puerto de Somport da todo su sentido a san Cristóbal, el santo gigante que domina los ritos de paso. En la idea del obispo los dos santos sustituyen a los atlantes y hombres salvajes que adornaban las fachadas de los palacios renacentistas. De la nave sombría se pasa al claustro transformado en museo. Allí se conservan pinturas románicas que han sido rescatadas de los muros de las ermitas de la comarca y trasladadas al lienzo, reconstruyendo su disposición y su arquitectura. Toda esa visita, que no es exhaustiva, deja una confusión en la memoria que no es del todo ingrata, como si en vez de haber hallado el monumento perfecto el visitante se viera recompensado por un monumento representativo de media docena de formas de religión, desde la que atribuye a Dios la voz del órgano hasta la que, como la tumba del obispo Baguer, representa el otro mundo bajo la estética de un palacio. Además, si alguien quisiera coleccionar piedras perfectas a lo largo del camino de Santiago, en la catedral de Jaca puede hallar la primera de su colección nada más entrar en España. En la fachada del mediodía hay un porche pequeño, más discreto que el portalón de la entrada principal. Allí se ven algunos capiteles muy finamente labrados. Uno de ellos representa a la burra de Balaam con las patas hincadas en el suelo. El animal se niega a avanzar un paso más. Se detiene al ver el ángel que su amo no puede ver y aguanta los bastonazos. La burra habló y reprendió a su amo. «¿Es que no ves el ángel?» Ésa es la verdad. Todo está en ver el ángel. Ésa es la pregunta interior que lo mismo se plantea delante del encanto escondido de las piedras que ante el suave temblor de los cirios de la capilla de Santa Orosia.

## *El verano en Teruel*

En el mes de agosto las tierras altas de Teruel, al sur de Daroca, pasados los llanos de Monreal del Campo, ofrecen un paisaje en todo diferente al norte de la región, como si la composición simétrica del territorio aragonés, tomando como eje la ribera del Ebro y como centro de gravedad la aglomeración de Zaragoza, se desdoblara en una segunda posibilidad estética tan fuerte y tan cargada de elementos sustanciales como la primera. Ninguna otra región de España desarrolla una extensión, de norte a sur, que se pueda comparar a la que cubre el territorio aragonés. El cambio de latitud tiene referencias marcadas. A vuelo de pájaro, se olvidan los valles pirenaicos, se cruza la hoya de Huesca, se pasan los desiertos, se deja atrás la hondonada del río principal y se entra en un paisaje de terrazas y mesetas amplias que cobran altura y se incorporan paulatinamente, en cambios de estructura claramente perceptibles, al sistema orográfico que sirve de columna vertebral a la península. En Teruel mueren las últimas estribaciones de la cordillera Ibérica y se despeñan las últimas alturas de la Meseta. El valle del Jiloca, suave y ancho como un campo de trigo, ofrece un camino natural que pertenece a la cuenca del Ebro. El caudal de estiaje del Jiloca es poco más que el de un arroyo, pero su influencia en el paisaje es grande. En los campos y rastrojos abrasados por el sol la cinta del río forma una espesa línea verde. A partir de los altos de Cella, a poco más de quince kilómetros de la ciudad, se produce el cambio de aguas hacia la cuenca levantina. En Teruel confluyen el Guadalimar y el Alfambra, que juntos forman el Turia. En ese paisaje continental y atormentado, devorado por la erosión, el nombre mismo de Turia evoca un espejismo. A la voz de Turia la imaginación se representa de inmediato las huertas de la capital levantina. Es una sorpresa de la misma índole que hallar un fruto fresco y jugoso en una tierra desértica, entregada a una ganadería pobre que aprovecha territorios que de otro modo serían baldíos, o que en las tierras llanas y aprovechables se consagra al cultivo de cereal. Las vegas de los ríos definen verdaderos corredores de verdor. Así sucede con el Jiloca, que sigue la línea central de su valle dejando a un lado las alturas cenicientas de la sierra Palomera y al otro los gruesos contrafuertes de la sierra de Albarracín y los montes Universales. El Alfambra surge como un manantial en el desierto. En muchos tramos su vega es un oasis longitudinal, entre cerros carcomidos de un viejo color de sangre y lomas blancas devoradas por el sol. El Guadalimar se abre paso por desfiladeros profundos y pintorescos, y conserva el aspecto torrencial de los ríos de montaña. Y por fin el Turia, el río evocador de las huertas valencianas, acumula junto a su estrecho cauce una carga de verdor que luego irá extendiendo todo a lo largo de su recorrido en vegas cada vez más ricas y más amplias. El Turia en Teruel es un espacio concentrado de lo que luego serán las huertas levantinas. A poca distancia del cauce, en anchuras que en algunas ocasiones se miden en unas pocas decenas de metros, empieza el territorio estéril, escarpado y sediento. A la altura del pueblo de Villel un ramal de la carretera conduce al santuario de la Fuensanta. Desde allí, una pista dificultosa se encarama a los cerros que forman el flanco oeste de la cuenca. La sierra se abre paulatinamente mientras el camino se ciñe a las laderas y bordea los barrancos. Aparecen bosques de pino resinero. A ratos el camino se ensancha y juega el papel de un cortafuegos. Una calidad especial del aire, una atmósfera lejana y blanquecina sobre la cañada tortuosa donde se supone que se pierde el río, hace pensar que aquel horizonte que se contempla desde los cerros al sur de Teruel pertenece ya a Levante y el Turia ha dejado atrás, como en un proceso de iniciación, las hormas recias a las que se ha visto sometido. El cielo recibe un destello tenue, amortiguado por la caída de la tarde. Es la ilusión del mar. La brisa es relativamente fresca, pero desde allí se contempla la canícula. Es como examinar un paisaje que se ha visto descrito en otro libro, porque las alturas al sur de Teruel, pobres y duras como un viejo hueso bien roído, son en cierto modo un balcón y una promesa hacia el Mediterráneo. La topografía es confusa. Se tiene la impresión de que, buscando el mar, las sierras escapan a su propio laberinto.

Teruel se construyó sobre un cerro de indudables méritos defensivos. La fundación de la ciudad es muy remota y en cierto modo ha dado lugar a todo tipo de interpretaciones enigmáticas. En su escudo figuran un toro y una estrella de ocho puntas. Se cree que el toro es de origen oriental, quizá fenicio, quizá íbero, quizá ambas cosas, suponiendo que aquellos íberos del interior lo tomaran de alguna colonia fenicia de la costa. En el nombre de Teruel se quiere ver la palabra toro. Una hipótesis tan sugerente como descabellada lo quiere hacer de origen hebreo. El nombre de Teruel se derivaría del hebreo *Thorbat* o Casa del Toro, que los romanos tradujeron al latín como *Domus tauri*. Cualquiera que sea su valor etimológico, estas especulaciones sirven para adornar largos artículos en las enciclopedias y satisfacer la imaginación ardiente de los eruditos, pero no hay duda de que el toro en Teruel tiene un significado que no es taurino, o que no es solamente taurino, sino que ocupa en la vida urbana lo que en la vida privada sería una divinidad tutelar del hogar. En el centro del casco antiguo se levanta una columna que sostiene un pequeño toro de bronce. Es la plaza del «torico». El diminutivo es importante. Nadie hubiera pensado levantar una estatua superlativa que hubiera recordado los templos ensangrentados del dios Baal. El tamaño reducido es el que conviene para un altar doméstico, lo mismo que se guardan con mayor fervor los retratos de los antepasados en pequeño formato. El monumento de Teruel no tiene una entidad artística relevante pero actúa como un imán. Ése es el enigma. Proporcionalmente al número de visitantes, y a pesar de su aparente insignificancia, se diría que el «torico» de Teruel es uno de los lugares más fotografiados de la península. El símbolo es poderoso y la fotografía turística es la forma actual y ritual de celebrar su misterio. Los visitantes no se llevan un recuerdo. Rinden, sin saberlo, un homenaje. Durante la Guerra Civil Teruel sufrió grandes destrucciones. Un impacto directo de artillería alcanzó la columna del toro. El pedestal se hizo pedazos. El pequeño, papudo, imperturbable dios de bronce salió despedido. Surgió intacto entre los escombros de una esquina de la plaza. Tenía el cuerno derecho mellado. Dos hombres cargaron con él como quien carga con un yunque y lo conservaron hasta que en la restauración de la posguerra fue repuesto en un nuevo pedestal. Ya sé que una anécdota de estas características no tiene nada de prodigioso. Después de los más violentos bombardeos, en medio de los edificios destripados, siempre hay quien recupera una botella de champán intacta o un piano de cola sin un rasguño. Sin embargo, atendiendo a lo milenario del símbolo del toro, hemos de conceder al «torico» de bronce de Teruel una capacidad de supervivencia que se refleja en su éxito fotográfico. El lema de la ciudad recoge una historia que no merece menos de ocho adjetivos: «Muy Noble Fidelísima Vencedora Heroica Siempre Heroica Abnegada Mártir y Ex Cautiva Ciudad de Teruel». Por encima de las circunstancias que merecieron a Teruel esas condecoraciones verbales está el pequeño toro. Durante la Guerra Civil Teruel demostró una gran capacidad de sufrimiento que la retórica heráldica no llega a embellecer ni a disimular.

## *La batalla de Teruel*

En las afueras de la ciudad, en un llano desolado, hay un pozo donde fueron arrojados los cadáveres de las personas ejecutadas en las primeras semanas de la Guerra Civil. En total fueron varios centenares. Algunos dan una cifra concreta que supera el millar para toda la comarca, de los que unas cuantas decenas aún permanecen en ese pozo cegado. Teruel y una parte de su entorno inmediato habían quedado en manos de los sublevados, que, por afianzar un levantamiento de resultados aún dudosos, procedieron a venganzas indiscriminadas. A pocos kilómetros de allí, en la misma provincia, en la zona que había quedado en manos de la República, un grupo de milicianos se presentó una noche a las puertas del monasterio de la Virgen del Olivar. A la luz de los faros de un camión fusilaron a los cinco frailes asustados que formaban la comunidad. Luego robaron, con un instinto primitivo, los candelabros y las piezas de culto y prendieron fuego al altar mayor. Con ello se perdió una imagen que se veneraba allí desde hacía siete siglos. Esto hace pensar que la Guerra Civil fue en algunos aspectos una guerra de asesinos, y Aragón, por las condiciones específicas en que quedó dividida, fue un libro abierto para ese tipo de atrocidades.

Entre diciembre de 1937 y enero de 1938 Teruel cambió de manos dos veces. Pasó a la historia no por las ignominias de retaguardia, sino por la batalla por el control de la ciudad. Hay quien dice que fue una de las batallas más duras de la historia militar moderna en lo que se refiere a sufrimiento humano. No fue una arriesgada batalla de tanteo, como lo fue Belchite, ni fue una batalla decisiva como lo fue la gran batalla del Ebro. Hay que señalar que las tres batallas tuvieron lugar en Aragón o en sus límites, como si la región quisiera mostrar su papel preponderante en la trágica resolución del conflicto. Cualquiera que sea el término de comparación, lo cierto es que en la batalla de Teruel se dieron todas las circunstancias que convirtieron a la ciudad en el centro de gravedad de la guerra. En lo que ya se llamaba el Ejército Popular de la República intervinieron las mejores divisiones. En lo que se llamaba el Ejército Nacional se embebieron prácticamente todas las reservas del momento y la mayor parte de la artillería disponible, hasta quinientas bocas de fuego. El general Vicente Rojo, que terminó la guerra con la aureola de prestigio que desde Aníbal envuelve a los grandes generales derrotados, diseñó las operaciones del lado de la República. Del lado de los nacionales, el propio general Franco dirigió la contraofensiva desde un ferrocarril en el valle del Jiloca que cada noche cambiaba de emplazamiento. En ambos lados se manifestó la fatiga de la guerra y se registraron deserciones. Pero el nudo del combate, donde realmente pareció concentrarse toda la capacidad de sufrimiento, tuvo lugar en el mismo núcleo urbano. Teruel justificó su excelente posición militar al precio de su ruina. El empuje de las fuerzas republicanas logró hacerse con la ciudad. Los defensores del bando nacional se hicieron fuertes en dos reductos incomunicados entre sí. El primero era el edificio del seminario, con el convento de Santa Clara y el convento de Santa Teresa que le eran aledaños. El segundo reducto, en torno a la plaza de San Juan, lo formaban el edificio de Gobernación, el Casino Turolense, el cine La Parisina y el hotel Aragón. Las condiciones de combate quedan señaladas cuando un cine, un casino y un hotel se convierten en puntos de resistencia. En ambos reductos se hacinaban cerca de diez mil personas, de los que no llegaban a cuatro mil los combatientes. El resto era población civil, entre ellos el obispo de Teruel y algunos canónigos.

La contraofensiva nacional pareció llegar a tiempo para recuperar la plaza y liberar a los suyos antes de finales de año. El día 31 de diciembre las primeras unidades ocupaban la Muela y algunos elementos alcanzaban el puente sobre el Turia. Los republicanos se hallaban a punto de evacuar la ciudad cuando una copiosísima nevada paralizó las operaciones. La temperatura cayó a veinte grados bajo cero. Durante veinticuatro horas el silencio reinó sobre Teruel. Republicanos y nacionales quedaron clavados en sus posiciones como conejitos de hielo. Un labrador de nombre Gabriel, a quien yo pude conocer ya anciano, recordaba haber sido movilizado aquellos días y enviado directamente al frente de Teruel con una recua de mulas a su cargo en una unidad de suministros. Su primer contacto con la acción fue un obús que aniquiló la recua de mulas. La suerte salvó a Gabriel con dos animales que se hallaban algo apartados. Su segunda misión consistió en recoger cadáveres en campo abierto. Cargaba los cuerpos en los flancos de las mulas de tres en tres, seis por mula, tiesos, lívidos, a veces aferrados al fusil, cubiertos de cristales de hielo, «como se atan y se cargan en invierno los haces de leña». En la figura de aquel labrador con nombre de arcángel la muerte cosechó miles de cadáveres en estado de congelación, pero fue en los reductos de la ciudad donde se concentró la mayor miseria de la batalla.

La situación en los edificios cercados había llegado a ser insostenible. La tasa de muertos subió a más de cien víctimas diarias. Los cadáveres se amontonaban en los sótanos, junto a dependencias llenas de inmundicias y excrementos. Se perdieron algunos edificios en combates muy duros, donde sitiados y sitiadores morían por tomar una escalera, un pasillo o una habitación. Otros edificios fueron volados. En el reducto del seminario una calle de menos de cuatro metros separaba a ambos bandos. Los sitiadores hicieron saltar parte del seminario con una mina, mientras una pieza de 155 milímetros emplazada en la embocadura de la calle de San Martín, con el alza del cañón a cero y a menos de cien metros del edificio, abría boquetes en los muros y provocaba grandes derrumbamientos. Se perdió el convento de Santa Teresa, que los sitiadores ocuparon abriendo un túnel subterráneo, y se derrumbó parte del convento de Santa Clara. La bóveda de la iglesia del seminario se hundió sobre los que allí se habían refugiado. En el reducto de Gobernación, el Casino Turolense sufrió un incendio. El cine La Parisina fue volado con todos los combatientes y civiles que se hallaban dentro. Se perdió el hotel Aragón cuando ya era una ruina y se combatía entre los escombros. En el reducto del seminario los sitiados podían ver, desde las ventanas que daban al río, a las fuerzas enviadas en su auxilio bloqueadas por la nieve en las laderas de la Muela. Por fin, el día 8 de enero, sin agua ni comida desde hacía una semana, capituló el reducto de Gobernación. Al día siguiente el reducto del seminario fue tomado en circunstancias confusas, en medio de una tregua, dicen que ofreciendo pan a los sitiados.

El coronel Rey d'Harcourt, que había asumido la defensa del reducto de Gobernación, se encontró en la situación más interesante en que pueda hallarse un militar de carrera. Para los suyos, que vieron en la rendición una cobardía, era un oficial traidor. Para sus enemigos era un oficial cautivo. La palabra interesante es una de las más ambiguas del diccionario. Aquí se emplea en el sentido en que la empleaban los mandarines chinos cuando acariciaban la idea de algún nuevo suplicio. El suplicio del coronel era doble. El héroe simultáneamente cautivo y traidor, pero íntimamente convencido de su heroísmo, se convertía en un personaje literario de primera magnitud. Parte de los civiles y algunos de los combatientes encerrados en Gobernación prefirieron no entregarse. Aprovechando la capitulación, escaparon de noche por las huertas del Turia. Vadearon las aguas del río, donde se ahogaron unos cuantos. Cruzaron la carretera, donde unas decenas más cayeron ametrallados. Pasaron las líneas enemigas de una manera que no se logra concebir, teniendo en cuenta que se trataba en muchos casos de hombres heridos, mujeres y niños. En total, de unos doscientos que se descolgaron a las huertas, ciento treinta y cuatro llegaron al pueblo de San Blas, donde se encontraban las líneas nacionales. En cuanto a los que fueron hechos prisioneros en los reductos, el Ejército Popular garantizó sus vidas.

Rey d'Harcourt era un coronel de artillería de entre cuarenta y cinco y cincuenta años, más bien alto, de frente ancha, o si se quiere de calvicie frontal. Usaba gafas de concha de cristales redondos, de las que estaban de moda aquellos años. En el retrato que aparece en las publicaciones militares, probablemente tomado del boletín de promociones del escalafón, presenta una expresión serena, algo triste, algo amarga, como si el mismo día de su ascenso a coronel presagiara ya su interesante destino. Empezaba a encanecer. Se diría que el bigote era ya totalmente cano. Su aspecto de funcionario hace pensar en un oficial de Estado Mayor y no en un jefe de operaciones sobre el terreno. Hay algo modestamente aristocrático en su nariz, como si Rey d'Harcourt llevara en su apellido la sangre de aquel astuto embajador de Luis XIV en la corte de Madrid que Saint-Simon evoca en sus memorias. No yergue la cabeza. Antes bien, vence ligeramente el cuello, lo que el prototipo del héroe nunca debe hacer, pero Rey d'Harcourt no era un héroe típico. El mando nacional le abrió *in absentia* un juicio sumarísimo por traición, mientras él, con sus oficiales, con su esposa y su hija, con el obispo, con los canónigos y con los maltrechos supervivientes de los reductos se entregaba prisionero.

El coronel recibió varias proposiciones para incorporarse al Ejército Popular, que no aceptó. Se le ofreció el mando de una gran unidad y una suma de dinero en un banco de Francia. Todo fue inútil. Por encima de lo que pensaran los suyos, su fidelidad estaba asegurada. Ansioso de justificarse ante la historia, el coronel exclamaba delante de quien quería oírle: «A mí que me fusilen». Un centenar de camiones evacuaron a los prisioneros, separados en dos grupos. Las mujeres fueron conducidas a una cárcel de Valencia. Los hombres fueron seleccionados según su condición. Aquellos que se consideró significativos por su importancia política o por su rango fueron trasladados de Valencia a la cárcel de Montjuïc, en Barcelona, a la espera de que se produjeran las condiciones que facilitaran algún canje. En todo momento existió voluntad de proteger su integridad física, a pesar de las exclamaciones del coronel. Un año después, cuando la guerra ya se consideraba perdida y las fuerzas nacionales se disponían a entrar en Barcelona, los prisioneros fueron trasladados en tren hacia la frontera. Después fueron cargados en camiones. Parte de ellos fueron abandonados a su suerte, recuperando así la libertad, mientras sus guardianes huían a Francia. Sin embargo, un pelotón de milicianos bajo el mando de un tal sargento Gregorio apartó a un grupo de cuarenta y dos según los criterios ruines que en esos casos dicta la venganza. Naturalmente entre ellos estaba el coronel. Algo más allá de Figueras, en el pueblo de Pont de Molins, fueron conducidos maniatados a un barranco. Allí se les fusiló en grupos de catorce. En aquellos días crepusculares de la República afloraba de nuevo la guerra de los asesinos. El poder de vida y muerte había caído en manos de los más indeseables, que prefirieron ejecutar a los prisioneros antes de que fueran liberados por los suyos. El coronel se enfrentó con el destino que tanto había deseado para lavar las sospechas de cobardía. Murió junto al obispo. Terminada la Guerra Civil, su mujer y su hija, que habían sobrevivido en una cárcel de Valencia y en un campo de concentración en Murcia, consiguieron rehabilitar su honra y su memoria aunque para el interés novelesco del personaje quizá hubiera sido mejor que se hubiera cernido permanentemente la duda.

Pero volvamos a Teruel. Dos meses largos después de que se hubiera iniciado la batalla, la segunda contraofensiva nacional se apoderó de nuevo de la ciudad. La última unidad republicana en evacuar Teruel fue la famosa división del Campesino. El visitante que hoy día recorre Teruel aún puede adivinar las cicatrices que dejó la batalla. Muchos edificios de la ciudad llevan la marca de la arquitectura de posguerra, lo que algunos han llamado arquitectura franquista, concediendo al dictador el genio y la virtud de haber inspirado un estilo. La plaza de San Juan, donde se encontraba el conjunto de edificios que formaban el reducto de Gobernación, es una plaza estricta y dura como un patio de armas. En el centro se levanta una pequeña pirámide que no es un monumento a lo que allí pasó, sino el sistema de ventilación de un aparcamiento subterráneo en lo que fuera almacén de cadáveres. El Casino Turolense recibe a sus socios en un edificio reconstruido sobre su antiguo solar. A su lado se encuentra el teatro cine Marín, como antaño el cine La Parisina, lo que demuestra una insospechada tenacidad en el negocio de las salas de cine. Lo mismo sucede con el hotel Boulevard Plaza, que ha sustituido al hotel Aragón. La metáfora habitual consiste en evocar los campos de trigo en lo que fueron campos de batalla. Ese predominio testarudo de la actividad civil aquí lo ilustran el hotel y el cine.

Del mismo lado de la ciudad, sobre las vegas del Turia, el reducto del seminario ha recuperado sus volúmenes y sus formas, aunque no su función. Una comunidad de monjas habita de nuevo el vecino convento de Santa Clara, pero el seminario ha sido transformado en residencia, restaurante y hotel sobre una plaza igualmente restaurada. En lo que era la plaza de las monjas se levanta un monumento al obispo fusilado. Por supuesto nadie que no fuera un novelista pensó nunca en levantar un monumento a nuestro controvertido coronel. La calle de cuatro metros que separaba a los bandos enemigos lleva el nombre de un general vencedor. Dos establecimientos modestos, el bar Victoria y el bar El Sitio, todavía recuerdan aquellos lejanos acontecimientos con sus rótulos. Entre cañas de cerveza y aperitivos de jamón, la clientela es absolutamente indiferente al nombre mismo de los bares, obedeciendo a un curioso mecanismo que a la vez que mantiene la memoria gestiona el olvido.

Las bellas torres mudéjares de la ciudad, de filigrana de ladrillo y cerámica, sufrieron gravísimos desperfectos y fueron restauradas años después. Quedó intacto, sin embargo el elegante viaducto que une la ciudad con el ensanche, un proyecto de ciudad jardín que el desarrollo posterior ha desvirtuado completamente. También la catedral sufrió graves daños. Una bomba desplomó el coro y las fotografías de la época muestran la torre y las cúpulas centrales carcomidas por los impactos de metralla. El realidad, si hubiera que buscar en Teruel el símbolo de la destrucción, habría que dirigirse precisamente al interior del templo, a una pequeña capilla del lado izquierdo de la nave. Allí puede verse una imagen mutilada. Representa a una mujer. El busto surge del madero en el que fue labrada. Ha perdido los brazos y la mayor parte del cuerpo. Le falta medio lado de la cara, pero su media cabellera se extiende hermosa sobre su hombro derecho. Fue una imagen de la Virgen de la Asunción. Una cicatriz le cruza la mejilla desde la nariz a la comisura de los labios. Tiene una expresión amarga, como si la sonrisa de los misterios gozosos se hubiera transformado en un misterio de dolor al borde del llanto. Alza los ojos al cielo como si aún oyera las sirenas de un ataque aéreo inminente. Amputada por los hachazos de la guerra, su presencia es mucho más valiosa de lo que hubiera podido obtenerse con cualquier restauración. Esa mujer representa el sufrimiento y la destrucción que padeció la ciudad mejor que una monografía histórica.

El camino de Teruel hacia Valencia no sigue el rápido descenso del Turia, sino que toma la ruta hacia Sagunto por el puerto del

183

Escandón. Por esa vía se evitan las gargantas del río. El puerto del Escandón es una landa extensa, cómoda, con horizontes de meseta. Es una de esas carreteras que anuncian un cambio de paisaje con una especie de pausa o demora, como si la posibilidad de abandonar la región quedara suspendida entre cielo y tierra y concediera una oportunidad para volver atrás. El horizonte no fluye, se detiene por un momento, como si la propia facilidad del terreno quisiera recordar a los viajeros indecisos que han olvidado a sus espaldas algo esencial y apenas intuido. A la salida de Teruel, nada más abordar el primer cerro, el club Habana, desierto a mediodía o quizá abandonado, está pintado de color azulete. En la carretera del Turia hacia Cuenca, un club sin nombre está pintado de color de caramelo de naranja. En la carretera hacia Zaragoza, el club Los Arcos, instalado en una antigua venta, está pintado de color lavanda, como el sombrero de la reina de Inglaterra. Los burdeles de carretera de Teruel responden a su manera al gris ceniciento de los cerros y al amarillo pálido de los rastrojos, intentando quizá puntuar la sinfonía de grises y oro como se pellizcan las cuerdas de los violines, pero en una tarde de tormenta se puede observar que, empapados de lluvia, el color lavanda, el color azulete y el color caramelo de los tres burdeles se transforman por un húmedo arrepentimiento en los colores densos, penitenciales, de los hábitos de las cofradías de Semana Santa.

Otra carretera, mucho más discreta, más áspera y solitaria, sale de Teruel hacia las tierras del Alto Maestrazgo. Por ese lado el recorrido es abrupto, lleno de incidentes, de una orografía tensa. Contrariamente a la landa, peinada por el viento de altura, el paisaje que sirve de introducción al Maestrazgo acumula los remolinos, se rompe en barrancos y se desmorona en cauces pedregosos. Al viajero entonces le atormenta la duda contraria a la que propone la meseta: la de no poder volver atrás. El puerto del Escandón es un puerto positivo, razonable, de ida y vuelta, que lo mismo admite una gasolinera que un proyecto de autovía. Los puertos del Maestrazgo son una finalidad en ellos mismos. No se perciben como vías de acceso, ni siquiera como obstáculos. Ellos no son tránsito hacia ninguna parte, son el paisaje mismo que se aborda. Ése es el efecto inmediato de las comarcas olvidadas. Hay territorios que se perciben como un enclave único y cerrado y quedan para siempre interiorizados en su desolada magnitud. El primer tramo de la carretera se muestra discreto. Se diría que quiere inducir a error. Sigue un valle de cerros pelados, o salpicados con el escaso verdor de enebros, quejigos y sabinas que han colonizado los viejos cultivos en terrazas. Así se llega hasta el pueblo de Corbalán. Luego se suceden cuatro puertos que en realidad no son pasos de montaña sino pura y simplemente la subida a los fuertes collados que separan cuatro valles sucesivos. Son los puertos de Cabigordo, Sollavientos, Villarroya y el puerto de Cuarto Pelado. Las primeras cuestas arrancan en los mil metros del entorno de Teruel, pero ninguno de esos puertos tiene menos de mil quinientos metros de cota. Lo más duro del verano ha pasado por ellos, pero la hierba aún verdea con el color castigado que es propio de los pastos de altura. De agosto a febrero se rompen los termómetros. Las temperaturas son extremas. Los inviernos de las tierras de Teruel fueron capaces de detener una batalla. El último puerto deja a un lado una sierra de nombre amenazador. Es la sierra del Rayo que culmina en el pico Bramadoras.

Aunque sea una comarca geológicamente más antigua que las cumbres afiladas de los Pirineos, el aspecto rugoso y dinámico del Alto Maestrazgo hace pensar en una tierra en trance de formación. El paisaje es inmenso, duro, desordenado, con pueblos que parecen entidades solitarias, enclavados en el valle que poseen o que les acoge como en un minúsculo reino. Casi todos fueron pueblos fortificados. Cedrillas tiene el ambiente de una pequeña ciudad. Allepuz, al pie de Sollavientos, es un pueblo que se abriga en la pared soleada de un barranco, suspendido sobre las aguas vírgenes del río Alfambra, que viene de su manantial en la sierra de Gúdar. Del otro lado de la estrecha hondonada, la procesión de los dos juníperos, el enebro y la sabina, invade lentamente las laderas. El pueblo con más sabor es Fortanete, donde se reúnen tres símbolos del juego de la oca: la cárcel del ayuntamiento, el pozo y el puente sobre las huertas. El pueblo más cinematográfico es Cantavieja, que aparece desde el collado de Cuarto Pelado en una panorámica de farallones, mesetas y barrancos. Como sucede en tantas ocasiones, la geografía descriptiva sirve de alimento a la imaginación, que toma como pretexto las manifestaciones simples de la materia. Es fácil dejarse llevar por las figuras y formas de la tierra. En aquellas montañas, donde la erosión ha puesto al descubierto los plegamientos de la roca, se manifiestan, como en un arco en tensión, las ensoñaciones dinámicas de la voluntad. Por el contrario, en los pastos peinados por el viento, bajo un cielo limpio y uniforme, surgen las imágenes de la intimidad y del reposo. El oído se afina hasta percibir el rumor insensible de la hierba como una invitación a penetrar en el secreto de la naturaleza. Aquellas noches de agosto, que en la mayor parte del país fueron sofocantes, en Teruel eran frescas. Los periódicos anunciaban un acontecimiento extraordinario. El planeta Marte brillaba en el cielo con una intensidad inusitada. Cualquiera lo podía observar. Hacía sesenta mil años que la órbita de Marte no se hallaba tan cerca de la Tierra. El planeta aparecía por el sureste, nada más ponerse el sol, con un brillo que superaba el de cualquier estrella. Luego trazaba su curva en el firmamento con una luminosidad rojiza, constante, dominadora. Los últimos que tuvieron el privilegio de contemplar Marte con ese brillo fueron los hombres de Neanderthal.

# Baleares

El archipiélago de las Baleares lo forman cuatro islas principales y cierto número de islotes, la mayoría de ellos deshabitados. Mallorca y Menorca son las islas de mayor tamaño y con su nombre establecen una relación recíproca: la isla mayor y la isla menor, como si ellas solas bastaran para definir el conjunto. Las otras islas, Ibiza y Formentera, más pequeñas, más modestas y durante siglos más olvidadas, forman un segundo archipiélago dentro del archipiélago balear, junto a los islotes que las rodean, y fueron conocidas antiguamente con el delicioso nombre de islas Pitiusas. No se sabe muy bien la raíz de ese nombre. Se supone que aludía a que estaban cubiertas de bosques de pinos. Los primeros habitantes de las Baleares fueron aquellos misteriosos «pueblos del mar» que colonizaron las islas más alejadas del Mediterráneo y que ya eran legendarios en tiempos de Homero. En todas las islas han quedado restos de su cultura, pero muy especialmente en la isla de Menorca, donde su modo de vida se prolongó cuando ya se había extinguido en todo el ámbito que antes ocuparon. Los descendientes de esos pueblos vuelven a aparecer en la historia dos mil años más tarde. Durante las guerras púnicas entre cartagineses y romanos las fuerzas de honderos baleáricos se sumaron al ejército que Aníbal llevó a Italia y le acompañaron

189

después en su derrota hasta los últimos días de Cartago. Los honderos baleáricos eran unos cuerpos especializados. Su arma era la honda de pastor y cumplían las funciones de los cazadores ligeros o cuerpos francos en un ejército moderno. A pesar de la identidad común de las Baleares, los propios habitantes de las islas son conscientes de sus diferencias. La distancia sociológica entre las islas es mucho mayor que su distancia real. Ello no sólo se expresa en términos de comunicación, aunque es común que un habitante de Ibiza no haya puesto nunca los pies en Menorca, y viceversa, y no tenga a lo largo de toda su vida motivos para hacerlo. Cualquiera que visite sucesivamente las islas se quedará sorprendido por hallar en cada una de ellas un mundo propio, como si la identidad común determinara al mismo tiempo una exigencia de diferenciación, a la manera de esos grupos humanos que cultivan deliberadamente sus rasgos particulares como subespecies de una especie de rango superior con cuyas características nadie se identifica de verdad. La isla como territorio tiene mayor importancia subjetiva que el archipiélago como territorio. Un mallorquín, un ibicenco o un menorquín se ven y se sienten como tales. Sólo en un segundo término, más o menos difuminado, interviene la identidad balear. Es posible que esto sea así en la mayoría de las realidades geográficas y humanas que llamamos archipiélagos. Abusando de la idea, es posible también que esto sea aplicable a la propia identidad española. Nos encontraríamos delante de una definición de España como archipiélago histórico, una imagen tentadora que tiene el mérito de describir no sólo la fragmentación en entidades menores característica de la península Ibérica sino cierta incapacidad de comunicación entre las diferentes regiones.

El paisaje de las islas Baleares las hace muy diferentes entre sí. Menorca es una isla plana y pedregosa, sometida a todos los vientos. Sus costas no ofrecen playas, sino caletas. Su mayor altura es el monte Toro, desde donde prácticamente se puede contemplar toda la isla aunque apenas supera los trescientos metros de altura. Durante cerca de un siglo Menorca perteneció a los ingleses, que dejaron por todas partes su huella y que siguen frecuentando la isla con una afición especial. Ibiza y Formentera ofrecen unos perfiles que parecen haberse desgajado de la cercana costa de Jávea. Mallorca, en fin, es una isla completa, en el sentido en que su paisaje ofrece, salvo en la carencia de ríos, todas las variaciones, amenas o espectaculares, de una comarca utópica. Una gran cadena de montañas, la sierra de la Tramontana, con alturas que en muchos casos superan los mil doscientos y mil trescientos metros a escasa distancia del mar, la protege de los vientos del norte. En Menorca se crían vacas y caballos. Mallorca desarrolló una agricultura más compleja, basada en los cultivos tradicionales del Mediterráneo. Tanto Mallorca como Menorca han sido siempre islas con un comercio muy activo, mientras que Ibiza y Formentera lograron a duras penas mantenerse durante siglos con economías de subsistencia. En la segunda mitad del siglo pasado el turismo cambió radicalmente esos datos, pero incluso bajo las nuevas condiciones económicas las diferencias entre las islas se han mantenido. El idioma común es el catalán en su variante insular, más dulce y más melodioso que el catalán de la península. Para el oído de un catalán de la península el catalán *de les Illes* posee un indecible encanto. Aun así, un menorquín sabe diferenciar por el acento y las locuciones empleadas el catalán que se habla en Mallorca del que se habla en su propia isla, y lo mismo constatan a su vez los mallorquines respecto al catalán que se habla en Menorca. Naturalmente, esas diferencias, que los lingüistas locales justifican con ejemplos, resultan inapreciables para el extraño, que tiende a atribuirlas al espíritu diferenciador del archipiélago, más aún cuando, dentro de la misma isla, el habitante de Mahón pretende a su vez diferenciar su acento del acento de Ciudadela. El caso es que dentro de esa vertiginosa búsqueda de particularismos es posible que todo el mundo tenga razón y, como sucede en ciertas ciudades, el idioma se pueda diferenciar por barrios.

Los geólogos dicen que las islas Baleares emergen en el Mediterráneo como una prolongación de las sierras andaluzas y levantinas que corren transversalmente por el sur de la península. Sin embargo, resulta mucho más interesante cierta explicación popular que se contaba antaño en Mallorca. Según esa leyenda, cuyo origen se ignora, la isla de Mallorca se mantiene flotando en el mar apoyada en un enorme tornillo de oro. Antiguamente la ubicación de ese tornillo era conocida. La leyenda lo precisaba. Se encuentra, o se encontraba, en el interior de la iglesia de un pueblo del centro de la isla que actuaba como eje o pivote de todo el conjunto. Es posible que hoy día sólo los poetas y los folcloristas conozcan esa leyenda y puedan recordar la ubicación exacta del tornillo de oro. Sin embargo no sería correcto relegar la explicación al terreno de lo fantástico. En ciertas ocasiones las leyendas acaban siendo realidad para quien sabe interpretarlas, y la idea de un núcleo de riqueza como característica fundamental de la isla de Mallorca sigue siendo vigente. El flujo económico principal de Mallorca, como el de las islas Baleares en general, lo proporciona el turismo. Cualquier visitante puede comprobar, sin necesidad de acudir a los folcloristas, que el tornillo de oro sobre el cual pivota la economía de toda la isla se halla situado bajo las pistas del aeropuerto internacional de Son Sant Joan. Allí se encuentra el epicentro del turismo europeo que acude a las islas Baleares a consumir dos productos elementales: el sol y el mar, y en el intercambio deja una lluvia de dinero. Sin embargo, todas las economías asentadas en el turismo dan una impresión de fragilidad, como si la riqueza basada en el capricho del viajero pudiera desvanecerse con la misma facilidad con la que ha llegado. Una temporada de incertidumbre puede ser desastrosa. Algo así ocurría aquel verano en Mallorca, donde la inquietud era grande. El aeropuerto de Son Sant Joan continuaba ofreciendo la imagen del remolino sobre el que pivota la riqueza de toda la isla como sobre el famoso tornillo de oro, pero el periódico local comentaba que la frecuentación estaba siendo baja. Se hablaba de la ocupación de las plazas hoteleras con cierto pesimismo rural, como los campesinos hablan de las cosechas.

Hacia el oeste de la bahía de Palma se extiende una línea continua de hoteles y edificios de apartamentos. En lo alto de un cerro boscoso se encuentra el castillo de Bellver, que antiguamente fue la residencia de los gobernadores de la isla. También del lado de poniente se encuentra el palacio de Miravent, donde veranean los reyes de España. En otro tiempo el paisaje de la bahía debió de ser espléndido. Hoy día, a pesar del prestigio que recibe del veraneo real, el abuso inmobiliario produce una impresión de hacinamiento. Como a veces sucede en tales casos, en medio de un urbanismo mediocre, especulativo y sin gracia se encuentra una excepción. El museo de la Fundación Joan Miró es una joya de la arquitectura incrustada entre torres y edificios de poca entidad. Es como hallar un diamante en una fábrica de ladrillos. Sin embargo, me pregunto si esas torres no podrían ser contempladas de otro modo. La parte trasera de un edificio de diez plantas se asoma directamente a los jardines de la fundación. Se ven los toldos verdes de las terrazas, el azulejo barato de color rojo, las toallas de baño multicolores puestas a secar. Hay un desorden rítmico en los balcones que remite a la propia mirada del pintor, reduciendo a su esencia cualitativa las líneas y los colores de esa

torre, y entonces, cuando esto se aprecia así, el juego de los toldos, el azulejo y las toallas cobra un modesto valor artístico
contrapuesto a la eficacia del museo, aunque esa apreciación
fugaz no logre salvar del desastre al urbanismo de la bahía de
Palma. Del lado de levante, el paseo marítimo, estrecho y encogido entre la cinta de la playa y la autovía, llega hasta Portitxol. Por un error del proyecto o por decisión municipal, los
bancos de cemento vuelven la espalda al mar y contemplan la
autovía. Esos terrenos han sido ganados al mar, que antaño
llegaba hasta los mismos pies de la catedral y de los palacios
que la rodean. El efecto de la catedral reflejándose sobre las
aguas se ha querido mantener conservando un estanque donde brota un surtidor de jardín suizo. Nada puede reemplazar
lo que debió de ser la ciudad de Palma cuando el rey Jaime III
exclamó: «Es la ciudad más hermosa que Nos hayamos visto».
Y no se puede exagerar lo que fue la belleza de esa ciudad
cuando se leen las descripciones extasiadas de los viajeros que
la visitaron o de los forasteros que en ella vivieron, hasta
que a mediados del siglo pasado el desarrollo turístico acabó
con aquello mismo que se quería admirar.

En Palma de Mallorca nació Ramon Llull, uno de los grandes hombres de la cultura catalana. Su nombre se castellanizó a
través del latín como Raimundo Lulio. Su vida y su obra cubren
un área de influencia europea específicamente mediterránea.
Ramon Llull escribió en latín, en árabe y en catalán. En una
encrucijada del paseo marítimo de Palma, no lejos del puerto, se
levanta una estatua de bronce de Ramon Llull. En el zócalo está
grabada una inscripción en los tres idiomas como ejemplo de su
cosmopolitismo mediterráneo. En el período clave de la formación de las lenguas romances, a lo largo del siglo XIII, dicen que
la prosa de Ramon Llull dio hechura, belleza y concisión a la
lengua catalana. Ramon Llull fue una especie de intelectual itinerante en un siglo que sorprende por la inquietud y el noma-

dismo de los grandes hombres. En su biografía se encuentran pocos años de reposo. Lo mismo que san Pablo y san Agustín, Ramon Llull sufrió una conversión repentina a la edad de treinta años que en el relato de su vida se describe así: «Estando escribiendo una vana canción para una suya enamorada vio a Nuestro Señor Jesucristo colgado de la cruz».

No es raro atribuir a los sabios y a los santos una vida precoz desordenada. Una leyenda dice que aquella mujer de la que Ramon Llull estuvo enamorado, y a la que comprometió en la iglesia, y a la que persiguió de día y de noche, le mostró al fin su pecho devorado por el cáncer, y en aquel pecho Ramon Llull vio la muerte que precipitó su conversión. A menudo se citan versos de su *Libro de amigo y de amado*, versos místicos que encuentran una traducción muy apropiada en lo referente a los sentimientos del amor terrenal.

*Amor és mar tribulada*
*de ondes e de vents*
*qui no ha port ni ribatge.*[1]

Ramon Llull fue monje, filósofo, político de altura, astrólogo y diplomático. Si hubiera cultivado las artes plásticas y su curiosidad científica hubiera desarrollado todas las posibilidades de la época su figura de humanista se hubiera acercado al paradigma que estableció Leonardo da Vinci. La descripción del mundo visible e invisible según una escala de valores en la cual la categoría más alta impregna de sentido a las categorías inferiores sigue siendo seductora:

*Lapis – flumen – planta – brutum – homo – angel – Deus.*[2]

---

1. «Amor es mar procelosa / de olas y vientos / que no tiene puerto ni orillas.»
2. «Piedra – río – planta – bruto – hombre – ángel – Dios.»

Se dice que Ramon Llull vivió un tiempo de retiro espiritual en el monasterio franciscano de Rauda, entre Llucmajor y Montjui, conocido como santuario de Nuestra Señora de Cura. Es un lugar que se eleva en el aire por encima del vuelo de los pájaros. Desde los parapetos del monasterio se contempla la llanura central de la isla y los largos contrafuertes de la sierra de Tramontana, de un lado a otro del horizonte. La comunidad del monasterio de Rauda la forman cuatro frailes. Uno de ellos comenta las leyendas de Ramon Llull. Al recinto del monasterio y de la hospedería corresponden, sobre el mismo cerro, las instalaciones de una estación de radar, como si entre la mística y las telecomunicaciones existiera una relación secreta y sólo se diferenciaran en la ambición de sus objetivos. El monasterio de Rauda es uno de los puntos cruciales en la biografía mallorquina de Ramon Llull. Para acercarse al lugar donde descansan sus restos hay que volver a la ciudad. El monumento fúnebre de Ramon Llull se encuentra en una capilla de la iglesia de San Francisco, en el deambulatorio que rodea el altar mayor. La tumba es una arqueta empotrada a cierta altura del muro, donde se puede ver la figura de Ramon Llull esculpida en alabastro. Unas hornacinas, al pie del nicho, estaban destinadas a recibir las alegorías de las artes y las ciencias, pero nunca se completaron. Sólo se pueden apreciar las coronas y los pedestales, donde se leen los títulos previstos de cada una de las siete figuras como siete asignaturas del bachillerato. Sobre la arqueta donde se hallan los huesos del gran hombre surge un extraño y diminuto personaje femenino. Es el alma desnuda, sostenida por dos ángeles, como una muñeca por vestir. Frente al monumento hay una inscripción larga y bella, del *Libro de amigo y de amado*, dedicada al beato Ramon Llull por los frailes franciscanos de la Orden Tercera:

*En un bell vas d'amor*
*de glòria e de veritat,*
*humilitat e pietat*
*posaren los donzells lo cors de l'amic.*
*Sobre el vas e la pera d'amor*
*escriviren los donzells*
*d'amor aquest títol:*
*Aç jav l'amic mort*
*per son amat e per amor.*[3]

Además de la gran estatua de bronce del paseo marítimo, sólida y obtusa como un pisapapeles, se puede encontrar en Palma un monumento más discreto a Ramon Llull en el patio de lo que fue el seminario mayor, llamado Antic Col·legi de la Sapiència, cerca de la catedral. Es un lugar recogido, silencioso como un claustro. Entre ambos monumentos no se impone una elección. El primero es un enorme bulto sin gracia y el segundo es una figura sin relieve particular. La más hermosa representación de Ramon Llull no es la estatua de bronce del paseo marítimo, ni el monje yacente en la urna de alabastro de la capilla de San Francisco, ni el pequeño monumento entre glicinias y geranios del patio del seminario. Para comprender mejor las cosas hay que buscar en otro lugar. El espíritu de Ramon Llull se manifiesta con potencia en el mascarón de proa del vapor *Raimundo Lulio*, un barco botado en 1870 que cubrió durante más de treinta años la ruta del Atlántico. Es un cuerpo de madera de una sola pieza, de más de tres metros de envergadura, que se conserva, sostenido de una viga, sobre el

---

3. «En un hermoso sepulcro de amor / de gloria y de verdad, / de humildad y piedad / depositaron los donceles el cuerpo del amigo. / Sobre el sepulcro y el pomo de amor /escribieron los donceles / de amor este epitafio: / Aquí yace el amigo muerto / por su amado y por amor.»

pozo de la escalera del museo de la ciudad, en la misma posición que ocupó en la proa del barco. La representación de Ramon Llull es clásica. Gran manteo, luenga barba, cabeza ceñida con un bonete. Esa figura que debía afrontar el oleaje, tiene el brazo extendido señalando el horizonte, la rodilla recogida en intención de avanzar, la barba agitada por el viento, la expresión fuerte, los ojos grandes como ojos de visionario. Se tiene la impresión de que Ramon Llull arrastra y guía el barco. No se puede dejar de pensar en lo que sería la navegación en aquel puesto: sol, salitre y borrascas. El vapor transatlántico *Raimundo Lulio* cumplió eficazmente su labor durante largos años, y los archivos de la navegación comercial conservan el registro de sus viajes, pero la representación del mascarón de proa supera esa función. El barco se convierte en un pretexto. El visitante reconoce inmediatamente en la figura de Ramon Llull una metáfora del viaje intelectual o la aventura del conocimiento.

Los paisajes más espectaculares de Mallorca se pueden descubrir en la costa norte de la isla, donde la sierra de Tramontana o Tramuntana ofrece todo su flanco al mar. Son acantilados y vertientes de mucha altura. A partir de Andratx, cuando la carretera cruza la sierra en su nacimiento y se ciñe a la costa, se pueden contemplar entre los bosques de pinos algunos de los panoramas más bellos del Mediterráneo, más amplios y grandiosos que los de la isla de Capri, menos duros y pelados que los de Creta. La humedad del aire hace que la atmósfera sea visible con filtros tenues y sucesivos de azul. La hendidura de las rocas puede llegar a ser de un azul casi negro. El aire es de un azul ligero y palpable. El perfil más lejano de los acantilados parece flotar sobre el mar, dando crédito a la leyenda del tornillo de oro. Ésa es la atmósfera en la que Ícaro pensaba que se podía volar. Los turistas circulan por la pequeña carretera con toda clase de medios de locomoción, a pie, en bicicleta, en moto, en moto de cuatro ruedas, en pequeños coches de alquiler, en grandes coches propios, en pequeños autobuses y en autobuses grandes. El mirador de las Ánimas y el mirador de Ricardo Roca son dos miradores de concentración. El panorama sigue siendo sublime, muy superior en belleza y potencia a nuestras pobres vidas que lo contemplan, transformado y degradado únicamente por la conciencia abrumadora de la presencia humana, como un tejido suntuoso atacado por una invasión de polillas.

La carretera domina el mar por Estallenc y Banyalbufar hacia Valldemossa y Deià. Luego se introduce en la médula de la sierra. La costa es tan abrupta que resulta prácticamente inaccesible. En el siglo XIX el archiduque Luis Salvador de Austria se hizo construir en esos parajes una mansión que ahora pertenece al actor Michael Douglas. El cambio de propiedad tiene su propia lógica. El archiduque era un viajero romántico, moderno en su tiempo, sensible y erudito, que produjo uno de los mejores tratados que se conocen sobre las islas Baleares. El famoso actor americano representa el papel que le corresponde en los tiempos del turismo de masas.

La cartuja de Valldemossa recibió a otros visitantes de fama que ahora forman parte de la iconografía del lugar. En el invierno de 1838 Chopin y George Sand pasaron cuatro meses en la cartuja. El convento había sido confiscado por las leyes de desamortización de bienes religiosos, aunque la comunidad contaba con unos pocos monjes que, para subsistir, recibían huéspedes. La estancia del compositor polaco y de la escritora francesa no fue del todo feliz. El invierno resultó excepcionalmente desapacible. Chopin padecía los primeros síntomas de la tuberculosis que diez años después le llevaría a la tumba y bajo el seudónimo de George Sand se encubría una vida insatisfecha que aquella relación no llegaría a colmar. El ardor amoroso de Amantine-Aurore-Lucile Dupin, a quien acompañaban sus dos hijos, no había alcanzado la paz de espíritu de que disfrutaría más tarde la *bonne dame* de Nohant. La cartuja conserva una torre cubierta con hermosos azulejos de color verde turquesa. Frente a la puerta lateral hay un busto del compositor. Nadie ha pensado en poner a su lado un busto de su compañera, quizá porque la fuga de los dos amantes resultó escandalosa y el sentimiento del escándalo les ha acompañado más allá de la tumba, o quizá simplemente porque la figura póstuma de Chopin ha cobrado una importancia muy superior a las casi olvidadas novelitas de George Sand. El retrato de bronce de Chopin tiene los rasgos hundidos, la nariz afilada, los pómulos salientes, los párpados cerrados, como si el escultor hubiera reproducido su mascarilla fúnebre siguiendo una norma que hace que todos los retratos de Chopin abusen de una representación cadavérica.

Delante de la fachada principal de la cartuja hay un jardín con setos de boj y ciprés formando una especie de laberinto. Casi perdidos entre los matorrales pueden descubrirse dos retratos más. Uno es un medallón a la memoria de Rubén Darío. El poeta nicaragüense, a quien los escolares aprendimos a recitar con el poema de «Margarita, está linda la mar...», tiene una expresión al mismo tiempo ampulosa y aburrida, muy acorde con sus versos. La modernidad no siempre está donde uno la desea. Eran los cursos superiores del bachillerato y aquellas poesías resultaban demasiado preciosistas para muchachos que empezaban a echar barba y querían tener voz de hombre, aunque ahora me pregunto si en el fondo aquel preciosismo no era del mismo género que el de la famosa canción de los Beatles, «Lucy in the Sky with Diamonds», que nos encandilaba por la misma época. Sea como fuere, los visitantes de Valldemossa, por razones que ignoro, tienen la costumbre de tocarle las narices al medallón de Rubén Darío, que brilla con una gota de bronce como si el poeta de «Margarita, está linda la mar» estuviera acatarrado. En realidad, el mejor busto de los jardines de Valldemossa es el del pintor Santiago Rusiñol, casi oculto entre un macizo de cipreses. Es un rostro atractivo, interesante, con una ceja enarcada, un busto de seductor de mujeres. Rusiñol pasó largas temporadas en Mallorca a principios del siglo XX. Sus pinturas mallorquinas tuvieron gran éxito entre la alta burguesía de la época y actualmente todavía son bien cotizadas en las subastas de arte.

De los tres personajes representados en los jardines de Valldemossa, Santiago Rusiñol es el único que da la impresión de encontrarse en el lugar apropiado, a pesar de que las circunstancias de su vida le llevaron muy lejos de lo que se supone que es la experiencia de un retiro en el paisaje agreste de una cartuja. Santiago Rusiñol vivió en París, viajó por toda España y fue una de las figuras más representativas del movimiento modernista catalán. Los recuerdos de su estancia en Mallorca los recogió en un libro: *L'illa de la calma*. Al final de sus días, adicto a la morfina, su decadencia física fue emparejada con su espíritu de vanguardia, en una combinación tan habitual que en ocasiones parece un impuesto a pagar en forma de frustración o desánimo. Su busto en los jardines de Valldemossa transmite una impresión de serenidad y un ligero y elegante desdén por la vida, como si la isla de la calma, ahora mucho menos tranquila que cuando él la frecuentaba, le hubiera ofrecido al menos un refugio póstumo.

Valldemossa no es un lugar para la música de Chopin. Apenas cabe imaginarle allí. Tampoco es un lugar para los versos de Rubén Darío, si es que Rubén Darío merece salir de los aburridos manuales de la escuela. Sin embargo, se admite de forma inmediata que Valldemossa haya sido un lugar para pintores, como lo fueron otros muchos rincones de la isla. Santiago Rusiñol dedicó una serie de lienzos llenos de melancolía a los jardines de España. Murió pintando los jardines de Aranjuez, pero el recuerdo de los años lozanos de su vida está evocado en el jardín de la cartuja de Valldemossa.

La capital de la costa norte es Sóller. La ciudad se encuentra rodeada de un circo de montañas que se descuelgan con paredes casi verticales y laderas socavadas, dominando el puerto de Sóller, por donde antiguamente se exportaban naranjas. El sacristán de la iglesia me dijo que Sóller contaba con una población de once mil habitantes, de los cuales había que calcular unos tres o cuatro mil extranjeros, en su mayoría alemanes, instalados de forma casi permanente.

El valle de Sóller es un lugar rico, una especie de Arcadia entre montañas, más idílica aún en los tiempos en que la vida de la comarca no se hallaba sometida a la tremenda presión del turismo. Un pequeño ferrocarril de vía estrecha lo une con la capital, cruzando la sierra de Tramontana por no menos de trece túneles, el más largo de ellos de tres kilómetros de longitud. En su tiempo se trataba de un ferrocarril para transportar fruta y mercancías entre el puerto de Sóller y el de Palma. En la actualidad sólo circula una especie de tranvía de dos vagones que transporta a los turistas por un recorrido pintoresco. Las vías cruzan la Plaza Mayor del pueblo, por delante de la iglesia.

De las montañas baja el Torrent Major, habitualmente seco, que sin embargo aquellos días llevaba unas aguas tumultuosas, como las de un torrente alpino, debido a las últimas tormentas. En los remansos del cauce crecían bosques de papiros, con sus tallos altos y frágiles y sus elegantes hojas estrelladas. A la puerta de la iglesia de Sóller había una estatua del apóstol san Bartolomé despojado de su propia piel, que llevaba atada a la cintura como una especie de Hércules cristiano. En el interior de la iglesia había otro san Bartolomé. Por la nave se paseaban pequeños enjambres de turistas. Le pregunté al sacristán si aquel santo, que murió desollado, tenía algo que ver con el nombre del pueblo. Me dijo que no. El antiguo nombre de Sóller era Sullier y no tenía nada que ver con *sollar* o *desollar*. Esas etimologías fantásticas suelen ser una de las tentaciones del viajero, que siempre ve el modo de interpretar, a través de ellas, los hallazgos o las coincidencias del viaje. El sacristán se quedó pensando en la posible relación entre Sóller y *sollar*, que no tenía el mismo significado en su idioma, y no quería decir quitar la piel sino manchar o *embrutar*. Lo único que se sabía, me dijo al fin, era que la imagen del san Bartolomé despellejado que había en el retablo no era del pueblo, sino que había sido traída de Nápoles. De hecho, la patrona de Sóller era la Virgen de Bon Any. Era una diosa de la abundancia que mantenía un ramo de naranjas en la mano, triunfando en lo alto del retablo mayor, sobre el san Bartolomé napolitano. La fachada de la iglesia me pareció excesivamente aparatosa. El sacristán me dijo que había sido construida a costa de los hombres ricos del pueblo, que habían hecho fortuna, en el siglo pasado, unos con la exportación de naranjas y otros en la emigración. Para confirmar sus palabras, junto a la iglesia se levantaba, igualmente aparatoso, el antiguo Banco de Sóller, y el sacristán me hizo notar que un pueblo que entonces debía de contar con seis o siete mil almas disponía de su propio banco.

La comunicación desde Sóller con la llanura interior es muy dificultosa. En el trayecto se percibe la barrera física de la sierra como un obstáculo formidable que aísla toda la comarca, aunque el actual túnel de Sóller haya facilitado el contacto. Hacia levante se encuentran las alturas más importantes. El Puig Major, con 1.445 metros; el Massanella, con 1.350, y el Tomir, con algo más de 1.100. La caída del flanco de la sierra hacia la costa se hace vertiginosa, con muy pocos puntos de acceso. Enclavado entre esas alturas se encuentra el monasterio de Lluch, el más importante de la isla, que ofrece el aspecto de una pequeña ciudad santa, con patios y plazas y hospedaje para peregrinos. En Lluch se venera una imagen de la Mare de Déu, con toda la gracia y el misterio del gótico francés. En el monasterio de Lluch se hospeda una escolanía de niños cantores que llaman Escolania de Blauets, por el hábito azul que visten. Son entre cuarenta y cincuenta niños reclutados en toda la isla. Tienen entre ocho y trece años de edad. Sus estudios corren a cargo de cuatro profesores. Tienen cocineros y servicio y su obligación es cantar diariamente a las once y cuarto de la mañana y a las siete y media de la tarde, durante los oficios, además de la misa mayor de los domingos. No cantan en bodas ni en servicios privados y es raro que participen en conciertos. Pasados los trece años, cuando empiezan a cambiar la voz, dejan la escolanía y vuelven al mundo. Hay algo sobrecogedor en esa vida infantil dedicada a la pura perfección del canto. Pero hay un detalle más sobrecogedor todavía. En el centro de la iglesia, delante del altar mayor, hay una tumba con los restos de los niños que por alguna causa fallecieron en el monasterio. En la lápida hay una inscripción llena de inocencia que dice: «Al cel siam, amén».

El monasterio de Lluch está rodeado de bosques de encinas y pinos. Hacia levante la sierra va perdiendo altura, sin perder su orientación general, como una de esas cordilleras que en lugar de una isla recorren todo un continente. El espinazo de la sierra de Tramontana surge del mar como la verdadera estructura insular de Mallorca y se resiste a volver a su origen marino. Antes de llegar a Pollensa se descubren los primeros valles hondos que recogen las aguas interiores a una cota apenas superior a la llanura. La bahía de Pollensa ofrece una visión increíblemente plácida después de las asperezas de la montaña. Entre el puerto de Pollensa y Alcudia el núcleo de la sierra forma una horquilla. El llano central de la isla se vierte en la bahía de Alcudia. Sin embargo, el último recorrido de la sierra de Tramontana aún muestra sus huesos duros y se prolonga cerrando el flanco norte hasta sumergirse como el esqueleto de un monstruo en el límite extremo del cabo Formentor.

## Conversación con un camarero

Un día, a la hora de la comida, el camarero del hotel Saratoga me habló de las circunstancias de su vida y de su opinión sobre algunas cosas. Era un camarero de comedor en sustitución de un colega enfermo. Normalmente atendía los desayunos. El menú de aquel día consistía, de primero, ensalada Saratoga o crema de espárragos; de segundo, mero a la mallorquina o ternera en salsa; de postre, crema catalana o fruta variada. Le pregunté en qué consistía el mero a la mallorquina. Me dijo que llevaba una salsa de almendras. Me decidí por la ensalada y el mero. A los pocos minutos me trajo la ensalada. Saratoga era el nombre del hotel, el nombre de la ensalada del menú y había sido el nombre del principal portaaviones de la VI Flota americana estacionada en el Mediterráneo. El camarero era un hombre bien informado. Me dijo que el *Saratoga* había dejado de prestar servicio y había sido desguazado diez o doce años atrás. Recordaba los tiempos en que los barcos de la VI Flota y el mismísimo *Saratoga* venían de visita a Palma, una vez al año. Las tripulaciones y los hombres de infantería de marina desembarcaban en la ciudad con tres o cuatro días de permiso, en total unos diez mil hombres, con todo lo que eso suponía de animación y dinero. También visitaban Barcelona. Un año, quizá en los tiempos de la guerra del Golfo, quizá antes, unos manifestantes pacifistas habían arrojado pintura contra alguno de los buques de guerra fondeados en el puerto de Barcelona, llegando hasta la misma quilla de los barcos en lanchas neumáticas. Se habían producido incidentes y desde entonces la VI Flota había dejado de incluir a Barcelona y Palma en su periplo de visitas. Calculando lo que se podían gastar diez mil hombres en comida, bebida y mujeres, eso era lo que Palma había perdido cuando el *Saratoga* y los demás barcos americanos habían dejado de asomar en la bahía. Cuando terminé la ensalada y me trajo el mero continuamos hablando. En todo el comedor sólo había otra mesa ocupada. Me interesó saber de dónde venía y me dijo que había nacido en Segovia. Trabajaba en Palma, en la hostelería, desde hacía más de treinta años. Era un hombre que aparentaba los cincuenta, menudo, de pequeña estatura, de cara afilada, con gafas de hipermétrope que le agrandaban los ojos, como si observara el mundo a través de una pecera. Hablaba con un tartamudeo al comienzo de cada frase, como los niños que saben muchas cosas pero no aciertan a contarlas. A los diecisiete años, al morir su madre, se había ido de Segovia para alistarse como voluntario en la Legión. ¿En la Legión? Sí, en la Legión, durante tres años. Su aspecto no era el de un antiguo legionario. Pues sí, lo había sido, en el tercio Don Juan de Austria, estacionado en Fuerteventura. Le pregunté a qué equivalía un tercio. Más o menos a una división. Luego me explicó la organización de la Legión en tercios. Los tercios no eran tres, como podía suponerse, sino cuatro. El tercio Gran Capitán, el tercio Duque de Alba, el tercio Don Juan de Austria, al que él había pertenecido, y el tercio Alejandro Farnesio. Dudó un momento si alguno de aquellos tercios no había sido disuelto después de que él dejara la Legión y hubiera sido absorbido por los otros tercios. Le pregunté si tenía tatuajes como suelen tener los legionarios. Me respondió que tenía uno en lo alto del brazo pero no se molestó en remangarse para enseñármelo. Tampoco se lo pedí. ¿Cómo había llegado a Palma? Un compañero que se había licenciado poco antes que él había encontrado trabajo en Palma. Cuando le tocó a él el turno de licenciarse se vino a trabajar con aquel compañero. Luego el compañero se había vuelto a la península. Él había decidido quedarse allí. En aquellos treinta años él se sentía como si siempre hubiera vivido en Mallorca. Luego me volvió a hablar del portaaviones *Saratoga*. Le gustaba leer libros de historia y el tema le había interesado precisamente por trabajar en aquel hotel. ¿Sabía yo por qué el portaaviones *Saratoga* había sido un buque histórico? Le dije que sabía que había sido un buque famoso pero no sabía por qué era un buque histórico. Durante la Segunda Guerra Mundial el *Saratoga* había sido el buque insignia de la escuadra americana en el Pacífico. A bordo del *Saratoga* se había firmado la capitulación de Japón. Quizá yo conocía la foto de la famosa escena. No la conocía. Me la explicó. Era una foto del general MacArthur con el emperador Hiro-Hito en uno de los camarotes del portaaviones. El general MacArthur aparece recostado en una silla, fumándose un puro, con las manos detrás del cogote y los pies con sus enormes zapatones encima de la mesa, como un jugador de póquer después de una larga partida, sin dignarse dirigir una mirada a su adversario. Pocas semanas antes se había lanzado la bomba atómica sobre Hiroshima y Nagasaki. A su lado, el diminuto emperador de Japón, tieso como una estaca, embutido en un frac de protocolo, firma los documentos de capitulación como si firmara un pagaré ruinoso. La foto se veía en muchos libros y era una lástima que yo no la conociera. Era una lástima no tenerla allí para enseñármela. Entonces, cuando yo ya había terminado el mero y sólo me quedaba elegir el postre, el camarero del hotel Saratoga tuvo un arranque de inspiración admirable. La foto de la capitulación de Japón era exactamente lo mismo y lo contrario que el cuadro de Velázquez con la escena de la rendición de Breda. El general Spínola se baja del caballo y recibe al gobernador de Breda con gran cortesía militar, sin permitirle que hinque la rodilla. Ambos se han ataviado especialmente para la ocasión. El general MacArthur no bajó la escalerilla del portaaviones para recibir a Hiro-Hito, ni se puso el uniforme de gala. El modesto camarero del hotel Saratoga, antiguo legionario, aficionado a los libros de historia, capaz de hallar la esencia común y contraria entre una foto de prensa y un cuadro de museo, concluyó con una reflexión importante para un hombre cuya profesión era el servicio: los militares americanos son buenos en muchas cosas pero no tienen educación.

El *Diario de Mallorca* publicó una fotografía de una culebra de dos cabezas que había sido hallada en un jardín. El animal medía unos diez centímetros de largo. Era un ejemplar, o cabría decir dos ejemplares, de culebra de la garriga, una especie bastante común en la isla, que habitualmente alcanza los cincuenta o sesenta centímetros de longitud. Los especialistas suponían que el fenómeno era debido a una malformación embrionaria, como sucede con los hermanos siameses en la especie humana, y no le daban mucha esperanza de vida, aunque el animal mostraba en ambas cabezas un aspecto inteligente y atrevido. Las dos cabezas se reunían no sin cierta elegancia en lo que era la primera parte del cuerpo. Sus dos pares de ojos eran brillantes. Sus dos lenguas bífidas temblorosas exploraban el mundo con curiosidad. En otros tiempos el hallazgo de una culebra de dos cabezas hubiera sido interpretado como un presagio o como una sugerencia estética. Hubiera inspirado la decoración de un vaso etrusco o el capitel de una ermita románica, según la época. Hoy día su destino es ser noticia de un día en un periódico. Se supone que la pequeña culebra de dos cabezas acabaría su corta pero interesante experiencia de la vida en un frasco de formol.

A finales de agosto, el *Diario de Menorca* publicó una fotografía enviada por un lector en la que se veía un plato con un filete empanado. Parecía un filete empanado normal, pero no lo era. Era un filete empanado con la forma exacta de la isla de Menorca. Se necesita un ojo muy preparado para descubrir la isla de Menorca en un filete empanado. El pie de foto aseguraba que el fenómeno se había producido en un restaurante por pura casualidad.

Ciudadela, la vieja capital de Menorca, es la ciudad más bonita de las Baleares. Mahón, su rival, la que fue capital de la isla durante la ocupación inglesa, es bonita de otro modo. Se prefiere Ciudadela por sus palacios. Se prefiere Mahón por la vista del puerto y por la terraza del American Bar.

## *Menorca, del pirata Barbarroja al gobernador Murria*

El puerto de Mahón ha sido considerado siempre como uno de los mejores puertos del Mediterráneo. El almirante Nelson afirmaba que en el puerto de Mahón podía fondear toda una escuadra y su situación geográfica lo convertía en un lugar estratégico para el dominio del Mediterráneo occidental. Tres siglos antes que Nelson, el almirante genovés Andrea Doria opinaba que los mejores meses para navegar por el Mediterráneo eran los meses de junio, julio y el puerto de Mahón. Así daba a entender las buenas condiciones de Mahón como puerto de invernada. Lo cierto es que el puerto de Mahón tiene unas características sorprendentes. Es un gran valle o barranco marino que penetra unos seis kilómetros tierra adentro. Su profundidad es considerable y permite la entrada de naves de gran calado. Su aspecto es recortado. En el lado norte de la bocana se levanta un promontorio chato que llaman La Mola, de acantilados grises y rojizos, con una altura, cerca del faro de la Mare de Déu, que alcanza los setenta y dos metros sobre el agua. Del otro lado de La Mola está el castillo de San Felipe. Una vez efectuada la maniobra de entrada en la bocana, los barcos deben pasar por un estrecho canal entre la orilla sur del puerto y la isla del Lazareto, que obliga a ajustar la navegación. Luego el valle de agua se ensancha. A medio recorrido está la isla del Rey, que los barcos salvan por el canal del lado sur, del mismo modo que la isla del Lazareto. Cuando la punta del Moll de Llevant obliga a virar suavemente hacia el sur, el brazo de mar sigue con profundidad suficiente para llegar al Moll de Ponent, en aguas siempre mansas, donde los barcos atracan a los mismos pies de la ciudad de Mahón. En el lado norte queda la base de la armada, como una península artificial enhebrada a tierra con una espiga de hormigón. A poniente de ese mismo lado está el muelle de barcos mercantes, la antigua central eléctrica y los depósitos de petróleo. En la ribera del sur queda la estación marítima y algo más entrado a poniente está el puerto pesquero. Los ojos de un turista pueden descubrir todo este recorrido desde lo alto de un crucero como en una panorámica deslizante. Los pequeños yates de placer forman una línea continua, estremecidos por las olas que levantan a su paso los barcos grandes. Desde su más remota antigüedad, la razón de ser de la ciudad de Mahón ha sido el puerto, aunque como sucede en tantos casos, la ciudad le vuelve la espalda, encaramada en lo alto de un acantilado carcomido. Sólo el turismo ha hecho del puerto un lugar de paseo, incorporándolo a la vida de la ciudad como un largo apéndice veraniego. La isla del Lazareto se llamó así por haber estado destinada a los obligados períodos de cuarentena que debían pasar las naves. La isla del Rey recibió su nombre del rey Alfonso III de Aragón, el conquistador de Menorca, que estableció en ella su primer campamento. El nombre popular de la isla del Rey era illa dels Conills, o isla de los Conejos, por los muchos que allí había, con lo que se ilustra toda la diferencia entre el pomposo significado histórico de un lugar y su modesto significado cinegético. Los ingleses instalaron en la isla del Rey o dels Conills un hospital y por eso la llamaron Bloody Island, es decir, Isla Sangrienta o Isla Maldita, según el humor del traductor. Por la noche, los acantilados, las islas y los fortines del puerto de Mahón se iluminan. La orilla norte, más suave y boscosa, aparece salpicada de puntos de luz. El puerto de Mahón se transforma en una frágil estructura de celuloide proyectada sobre su reflejo en el agua negra. Cuando un gran paquebote se abre paso en la oscuridad siguiendo a la lancha del práctico como un mamut detrás de una mariposa, los reflejos se rompen. Desde la bocana hasta el muelle la navegación es lenta y equivale a un largometraje. Los turistas apoyados en la borda llegan al fondeadero con los ojos asombrados, como si salieran del cine después de haber visto una buena película. Cuando el barco se dispone a acostar y se lanzan las sogas, el flash de las cámaras, como el brillo de un golpe de tijera, intenta llevarse de recuerdo un fotograma.

El puerto de Mahón fue el escenario, en épocas diferentes, de dos acontecimientos diametralmente opuestos, aunque se produjeron en el mismo ámbito de la relación humana entre bandos en guerra. El primer acontecimiento fue una capitulación infame. El segundo fue una capitulación ejemplar. En el primer acontecimiento, que llamaremos el acontecimiento atroz, los protagonistas fueron el pirata Barbarroja y los vecinos de Mahón. El acontecimiento ejemplar tuvo lugar dos siglos y medio después del acontecimiento atroz, y sus protagonistas fueron por un lado el duque de Crillón, jefe de un cuerpo expedicionario francoespañol, y por otro lado el gobernador inglés de la isla, lord Murray.

La cronología y la curiosidad malsana nos llevan a examinar en primer lugar al acontecimiento atroz. Los famosos piratas del siglo XVI conocidos con el nombre de Barbarroja fueron tres hermanos. Se dice que eran hijos de un alfarero griego, natural de la isla de Mitilene, que en circunstancias oscuras renegó del torno y de la verdadera religión y se pasó a los turcos para abrazar otra religión verdadera. Los Barbarroja heredaron de su padre una barba de bronce, la misma que los poemas homéricos atribuyen a los antiguos aqueos, de donde les vino el apodo. El mayor de los hermanos Barbarroja estableció firmemente la reputación de la familia. Empezó a labrar su fortuna al servicio del sultán de Constantinopla, reclutando una armada con aventureros de todas las naciones. Con patente de corso del sultán arrebató Argel a los españoles después de un asedio donde no faltaron pactos y traiciones. Para entonces el mayor de los Barbarroja ya había perdido un brazo en combate, engrosando la lista de mancos históricos. Hay que detenerse unas líneas sobre lo sucedido en Argel para hacerse una idea de las costumbres de la época. La lucha por el castillo de la ciudad había sido muy dura. Parece que en algún momento se llegó a una capitulación que en otro momento se rompió. Cuando Barbarroja se hizo con la fortaleza, el castigo que infligió a los capitanes españoles fue ejemplar. En primer lugar hizo que los despellejaran vivos. En segundo lugar los hizo pasear por la ciudad a horcajadas en sendas burras, montados al revés, de cara a la grupa, ensangrentados y agonizantes, cubiertos de miel para que las moscas acudieran con más avidez a la carne viva. El desollador que practicó la operación era un experto. Consiguió obtener de cada uno de aquellos desgraciados la piel completa, como se da la vuelta a un guante. Entonces Barbarroja, en tercer lugar, hizo rellenar con paja aquellos perfectos envoltorios de piel, de modo que obtuvo una efigie de cada una de sus víctimas. A continuación envió como presente la colección completa de monigotes humanos al sultán de Constantinopla. La idea de un tormento que reuniera el suplicio y el escarnio no era nueva. Sin embargo, al sultán le resultó tan imaginativa que mandó que le fuera aplicada de inmediato al gobernador veneciano de Famagusta, entonces en cautividad, con la diferencia de que el sultán envió la piel rellena de paja, a modo de regalo particular, al dux de Venecia. A Barbarroja el Manco se le reprochan muchas atrocidades, pero el destino fue clemente con él. Su final encierra una lección inmoral y no puede servir para ilustrar los cuentos para niños en los que prevalece el sentido de la justicia. Aquel primer Barbarroja murió en Constantinopla a los sesenta y seis años de edad, rodeado de eunucos y cortesanas, gozando de la confianza del sultán, después de haber disfrutado en sus últimos años de una vida fastuosa y liviana.

Al morir el mayor de los Barbarroja le sucedió su segundo hermano. El primogénito del alfarero de Mitilene, además de un hombre con fantasías crueles, había sido un gran estratega naval. El segundo de los Barbarroja fue un hombre político. Consolidó el poder heredado de su hermano y obtuvo del sultán el título de bajá o gobernador de Túnez y Argel. Para entonces las fuerzas combinadas de españoles y genoveses ya habían logrado reconstruir una armada. Los españoles enviaron varias expediciones de castigo y lograron arrebatar temporalmente a Barbarroja el dominio de Túnez y el control de algunos puntos del litoral argelino. Inspirado en el ejemplo de su hermano mayor, la reacción del segundo Barbarroja no se hizo esperar. Con parte de la escuadra que había logrado salvar de Túnez se presentó ante el puerto de Mahón el 1 de septiembre de 1535. Una goleta vizcaína que se disponía a doblar La Mola logró escapar. Una nave portuguesa, fondeada junto a la isla del Rey, presentó combate y fue capturada después de una lucha de varias horas. Los vecinos de Mahón se encerraron en la ciudad. Mahón era una villa de comerciantes, con poco espíritu militar, y al cabo de tan sólo tres días de asedio intentaron parlamentar con el pirata para saber cuáles eran sus condiciones. En su primera demanda Barbarroja accedía a respetar la vida de todos los vecinos de la ciudad si se le permitía saquearla libremente. Sorprendentemente, las autoridades de Mahón decidieron pensárselo. La pretensión no fue rechazada de plano. La reputación alcanzada por su hermano mayor contra aquellos que se le resistían no se había extinguido y las autoridades de Mahón temieron ver sus pellejos convertidos en peleles. En la segunda negociación Barbarroja aumentó sus exigencias. Pidió que, además del saqueo, se le entregaran cien muchachos y otras tantas doncellas mayores de siete años para llevárselos como regalo al sultán. El estado de ánimo de las autoridades era tal que tanto el alcalde como los vecinos principales volvieron a responder que estudiarían esa segunda proposición. La cobardía atrae la soberbia como el metal atrae los rayos. El pacto infame estaba a punto de cerrarse cuando Barbarroja arrojó sus últimas pretensiones sobre el tapiz. Exigió el saqueo de la villa y la entrega de todos sus habitantes como cautivos, prometiendo tan sólo respetar las diez casas que se le señalaran. Esas condiciones también fueron aceptadas. Al día siguiente Barbarroja entró en la ciudad con mil hombres de todas las naciones del Mediterráneo. Inmediatamente se dio la orden de pillaje. Las iglesias y casas de la villa fueron saqueadas y entregadas al fuego, respetando únicamente las diez casas señaladas. Todo aquel que opuso alguna resistencia fue degollado. Dos días después, pasada la borrachera de fuego y de sangre, las naves de Barbarroja salían plácidamente del puerto de Mahón, en buen orden y con viento favorable, cargadas de botín hasta el punto que lo permitían las bordas. Los supervivientes, unos ochocientos vecinos, fueron llevados cautivos a Constantinopla. Ese acontecimiento figura como uno de los más tristes en los viejos anales de Mahón. Hay que decir que algún tiempo después el alcalde y cuatro de los vecinos más ricos, responsables del pacto infame que había garantizado su vida y sus bienes, fueron acusados de traición a la ciudad y ejecutados.

El tercero de los hermanos Barbarroja no ha dejado en las crónicas ninguna hazaña digna de mención, ni en lo referente a su crueldad ni en lo referente a su codicia. En el año 1558, Ciudadela corrió una suerte parecida a la de Mahón, esta vez a manos de una escuadra al mando de Mustafá Pialí. Cerca de cuatro mil cautivos, de la ciudad y de su comarca, fueron llevados a los mercados de Constantinopla. Existe una relación nominal de todos ellos, de modo que los actuales menorquines pueden saber si alguno de sus antepasados fue vendido como esclavo en los patios del Gran Bazar reservados a la mercancía humana. Estas islas Baleares que el turismo actual considera como un sucedáneo fácil del paraíso pagaron con siglos de miseria su apetitosa situación en el Mediterráneo. El relato de tales horrores suele animar la curiosidad, pero me apresuro a cambiar de registro. Después del relato de una capitulación infamante debe seguir el relato de una capitulación honrosa.

El castillo de San Felipe, en la entrada del puerto de Mahón, se construyó poco después del asalto de Barbarroja y fue considerado como una de las mejores fortificaciones costeras de la época. Su trazado y sus defensas fueron mejoradas en siglos posteriores, al mismo tiempo que evolucionaba la potencia y el alcance de la artillería de marina. Se excavaron nuevos reductos y galerías subterráneas. Se extendió el complejo de baluartes para cubrir mar abierto. Todas las vías de aproximación al puerto de Mahón quedaban batidas por las piezas de

San Felipe, pero fueron los ingleses los que resolvieron, ante la posibilidad de un desembarco enemigo en algún otro punto de la costa, su vulnerabilidad por el lado de tierra. Lord Marlborough, el famoso general Mambrú de las canciones infantiles, levantó el fortín que lleva su nombre, complementario al sistema de defensa de San Felipe. Fort Marlborough domina con alguna altura la fortificación de San Felipe desde el otro lado de la cristalina y encantadora cala de Sant Esteve. Es una construcción maciza de siete lados, con forma de proyectil, orientada hacia el interior, incrustada en el terreno para ofrecer una vulnerabilidad de perfil casi nula, con acceso por galería a partir de la cala. El núcleo principal se halla rodeado por un foso, protegido a su vez por una galería excavada en la roca, perforada de troneras, sin ángulos muertos, ancha como un túnel de ferrocarril. Dispone, además, de un sistema de pozos que penetran más allá del cinturón defensivo y que en caso necesario podían servir de contraminas. Ese ejemplo perfecto y combinado de arquitectura militar se completó más tarde con la torre Stuart, único punto desde el cual una batería enemiga hubiera podido dominar el fuerte. Sin embargo, la idea de la potencia de fuego empleada en una batalla de posiciones del siglo XVIII es relativa. Toda la artillería que albergaba el complejo de Fort Marlborough se componía de cuatro piezas.

Los ingleses ocupaban Menorca desde 1713 como consecuencia del tratado de Utrecht, en el que los Borbones cedían Gibraltar y Menorca a los ingleses a cambio de desplazar de sus derechos a la Corona de España a la casa de Austria. La dominación inglesa ha sido siempre bien recordada por los habitantes de la isla. Su primer gobernador, sir Richard Kane, construyó el camino principal de Mahón a Ciudadela. Parte del trazado aún perdura, al margen de la carretera actual, y se conoce con el nombre de Camí d'en Ken. También importó planteles de nuevas variedades de fruta. Su nombre quedó unido a cierta clase de ciruelas que los menorquines llaman D'en ken. No todos los gobernadores ingleses son recordados en Menorca con el mismo aprecio que el gobernador que construyó el camino y plantó los ciruelos. El gobernador Anstruther, mezquino, injusto y voraz, quedó definido por el color de apoplejía de su rostro como el gobernador *en vermell*.

Por causas diversas, la dominación inglesa de Menorca no fue continua. En dos ocasiones franceses y españoles lograron recuperar la isla, aunque por breve tiempo. En el año 1781, un cuerpo expedicionario francoespañol, al mando del duque de Crillón, desembarcó en las calas de Alcaufar y de Sa Mesquida y se hizo por sorpresa con el control del territorio alrededor de Mahón y después de la isla. Las fuerzas francoespañolas estaban compuestas por diecisiete mil hombres, de los cuales doce mil españoles y cinco mil franceses. La guarnición inglesa la componían poco menos de tres mil hombres. Ante la desproporción de fuerzas, el gobernador inglés de la época lord Murray, decidió refugiarse en el castillo de San Felipe. Allí hizo un recuento de sus efectivos. Eran exactamente dos mil seiscientos noventa hombres en estado de combatir. Ninguno de los dos bandos quiso precipitar una acción. Los recién desembarcados y los recién encastillados decidieron darse un respiro. A partir de ese momento se estableció entre sitiados y sitiadores una relación que parecía más propia de un baile de sociedad que de una acción bélica. El sitiador, duque de Crillón, era un aristócrata francés, excelente militar al servicio de la Corona española. El sitiado lord Murray era un hombre tenaz, consciente de su situación, de su honor y del honor de Inglaterra. Lo que sucedió a continuación hubiera dejado asombrados a los partidarios del pirata Barbarroja y de las soluciones simples. En primer lugar se pactó una tregua. Lord Murray hizo saber a Crillón su preocupación por las mujeres de los oficiales ingleses que no habían podido refugiarse en el fuerte y habían permanecido en Mahón. El duque de Crillón hizo responder a Murray que no se alarmara. Al momento dio órdenes para asignar un asistente al servicio de cada una de las damas inglesas. Ya habían quedado atrás los tiempos en que los enemigos eran despellejados vivos y sus mujeres entregadas al regimiento más castigado. Las relaciones prosiguieron al mismo ritmo de minueto. En nombre de sus oficiales lord Murray agradeció la atención. A su vez aquel caballeroso detalle de Crillón no podía quedar sin respuesta. Entonces Murray envió a Crillón, como prueba de agradecimiento, una hermosa yegua blanca. Crillón recibió la yegua y quiso a su vez corresponder. La situación de los sitiados no era envidiable. Crillón hizo llegar a Murray, a través de sus emisarios, un abundante lote de víveres frescos. Al mismo tiempo ofreció asistencia médica. Su propio cirujano personal quedaba a la disposición de Murray. Eran los últimos días del año 1781. Naturalmente ese vaivén de atenciones hubiera podido proseguir hasta convertir la guerra en unas prolongadas Navidades. Dicen que Crillón dio un baile de fin de año al que asistieron algunos oficiales de Murray. Sin embargo, tanto Crillón como Murray eran conscientes de que estaban allí para combatir, el uno para defender el fuerte de San Felipe y el otro para tomarlo. Así pues, las fuerzas españolas abrieron fuego el día de Reyes, 6 de enero, después de parlamentar una rendición que fracasó. Fue un duelo de artillería. San Felipe capituló un mes después, el día 4 de febrero, en condiciones honrosas. Los ingleses salieron del castillo en formación de cuadro por secciones, con sus armas al hombro, con las banderas desplegadas, batiendo sus tambores. Los españoles rindieron honores a los vencidos. Crillón no quiso aceptar el sable que le entregaba Murray. Considerados prisioneros de guerra, los ingleses fueron repatriados a Londres pocos días después en cómodos barcos españoles.

Los protagonistas de esta capitulación ejemplar, que nos aleja de las capitulaciones infames, compartían la cultura cosmopolita de la aristocracia europea. Eran hombres diferentes en lo físico. Lord Murray le sacaba al duque de Crillón más de un palmo de estatura, según se aprecia en una pintura conservada en el museo de Menorca que pormenoriza la escena de la rendición. Crillón era el tipo del aristócrata francés no cortesano, cuyas maneras finas apenas enmascaraban la voluntad de labrarse un destino. Un año después de tomar Menorca intentó tomar Gibraltar y fracasó. Murray era un hombre de aspecto robusto, con algo rudo y estrictamente castrense en su actitud. Un retrato ovalado de la afamada imprenta Cumberledge, de Paternoster Row, en Londres, editado por el Universal Magazine, le representa de perfil, con la peluca y la coleta de la época, corto de cuello, ancho de mejillas, con la nariz grande de persona voluntariosa y sensual y el mentón redondo y avanzado de un general sargento.

Una historia tan caballeresca no podía quedar limitada a un asunto de señores. Es preciso añadir un detalle no menos histórico pero mucho más novelesco. En el intercambio de fuego de artillería que se produjo antes de la rendición del fuerte resultó herido un soldado que, al ser atendido por los médicos, descubrió su condición de mujer. Era una muchacha de apenas veinticuatro años, suiza de origen, natural del cantón de Valais. Formaba parte del regimiento de Solingen que combatía con el contingente francés. Se había alistado como mercenario dos años antes disimulando su sexo. Todo el pueblo de Mahón fue sacudido de asombro al conocer la noticia. La gente acudía en masa a visitar a la mujer soldado. Muchas canciones populares de la época hablaban de doncellas que se alistaban disfrazadas de varón para servir al rey. Ahora el tema de esas canciones se materializaba ante sus ojos. Desafortunadamente, la muchacha murió a los pocos días. Su cuerpo, ataviado con ropas femeninas, con sus armas a los pies, fue expuesto en el hospital establecido en el convento del Carmen, donde actualmente se encuentra el mercado. La curiosidad por aquel hecho se extendió por toda la isla y ante el cadáver desfiló multitud de gente.

El asunto de la mujer soldado tiene su patrón o su arquetipo en la figura de santa Juana de Arco. Existe un caso intermedio, que también combina las armas con la religión, y viene relatado en las memorias de *la monja alférez*. En realidad, el panorama completo de las mujeres combatientes, desde la santa a la prostituta, lo cierra la famosa Eulalie Papavoine, que se mantuvo mes y medio con las armas en la mano en una barricada de París en la época de la Comuna. En el juicio en el que fue condenada a la deportación se le reprochó haber tenido dieciocho amantes en un solo día, es decir, todos y cada uno de los defensores de la barricada. Eulalie Papavoine lo admitió. Parecía más orgullosa que avergonzada de ello.

La relación de Menorca con los ingleses no termina con la derrota de Murray por Crillón. Unos años después, y a causa de sutiles transacciones diplomáticas, la isla volvió a manos de los ingleses aunque por poco tiempo. El almirante Nelson entra en escena para instalar en una magnífica mansión que domina la garriga y el puerto a su amante lady Hamilton, la mujer del embajador inglés en Sicilia. A lady Hamilton le gustó Menorca. Inglaterra no podía admitir su relación con el almirante. El sueño de lady Hamilton era una Arcadia mediterránea lejos de su marido. Aún puede verse su finca, a la que bautizó con un nombre de utopía. Se llamó y todavía se llama The Golden Farm.

## *Las fiestas de San Luis*

En las fiestas de Menorca siempre participan los caballos. Son animales que han seguido un proceso de doma muy especial. Son caballos negros, finos, de cara estrecha, de buena alzada sin ser excesivamente altos. Los criadores de la raza menorquina buscan el caballo negro azabache, aunque se nota que la raza original era de pelo negro embetunado sobre un reflejo pardo, más bello quizá que el pelo negro puro. Cuando el caballo agita las crines al trasluz o vuelve los flancos al sol se aprecia ese hermoso reflejo de caoba. Un hombre, vecino de San Luis, propietario de una yegua, me dijo que los criadores también buscan aumentar la alzada. Con ello se pretende mejorar la estampa del caballo creciéndole de estatura. Aquel hombre no estaba completamente de acuerdo. Los caballos demasiado altos de patas pueden ser también caballos desgarbados. Su yegua tenía veinte años y se llamaba *Roc*. El año anterior había ganado un primer premio de estampa y presencia en la feria de Mercadal. Nunca la había llevado a las fiestas porque a las fiestas sólo van caballos enteros, no castrados, y nunca se llevan yeguas. Había guardado dos potros de ella. Desde diez años a esta parte los criadores de caballos conservan un registro de raza con la genealogía de las nuevas crías. Su yegua pertenecía a los grupos de madres anteriores a la existencia del registro, de modo que era de las madres que habían establecido los criterios actuales de raza. Me dijo que los caballos menorquines, a pesar de su aspecto bien proporcionado, eran caballos de salud frágil. Tenían el estómago pequeño respecto a su envergadura. Su principal problema eran los intestinos. Aquel hombre me dijo, señalando la distancia que nos separaba de un árbol, que los intestinos de un caballo vienen a medir veintidós metros de longitud. Muchos caballos jóvenes morían de oclusión intestinal. El ejercicio, o la alimentación, o cualquier otra causa, les provocaba un nudo en los intestinos. A veces se producían tremendas heridas en la cabeza, golpeándose contra el pesebre y las paredes de la cuadra, enloquecidos de dolor. A él se le había muerto un caballo joven. Otro de sus potros, que ahora tenía tres años, había tenido problemas de intestinos al comienzo de sus dos veranos. Aquél era su tercer verano y el primero en que el animal no había tenido problemas.

Otro hombre, natural de Ciudadela, me dijo que hay caballos listos y caballos tontos, imposibles de domar, que nunca llegan a entender lo que se quiere de ellos. Decía que su caballo era un caballo bastante inteligente. Era joven. Tenía ocho años. Se llamaba *Fabiol*. Estaba orgulloso de su caballo no sólo por ser un caballo listo. En cierto modo también era un caballo famoso. Era el caballo que había servido para la publicidad en televisión de un nuevo modelo de automóvil, el Seat Ibiza. Pero el anuncio no lo habían rodado en las islas. Habían embarcado al caballo en Ciudadela y lo habían llevado a rodar a Barcelona. Entre los caballos que participaron en las fiestas de San Luis había algún caballo de pelo entrecano, del estilo de los caballos de Jerez. Uno de ellos, de nombre *Magic*, parecía salido de un cuadro de Rubens. Su jinete me dijo que para darle más efecto a las crines se las lavaba con champú y suavizante. A su lado un muchacho montaba un caballo negro lustroso, del color del cuero embetunado. Se llamaba *Aníbal* y era un caballo de diecisiete años. Todos los caballos llevaban la cola trenzada. Iban adornados siguiendo una pauta regular, con una gualdrapa bordada bajo la silla de montar, con una cruz, un corazón o un disco de acero en la cincha del pecho. Todos lucían en la frente un bordado con un pequeño espejo. Me dijeron que la costumbre se debía a una antigua ordenanza de la isla, según la cual los caballos debían ser recogidos antes de la puesta de sol, es decir, cuando el sol aún pudiera reflejarse en el espejo. Ésa es la explicación que podríamos llamar administrativa. En realidad hay otra explicación mucho más interesante que podríamos llamar la explicación fabulosa. Es fácil ver en el espejo que llevan los caballos menorquines el último avatar del rayo de luz que salía de la frente de *Pegaso*.

Las fiestas más conocidas de Menorca son las fiestas de Ciudadela, por San Juan. Allí llegan a participar hasta doscientos caballos. Las fiestas de Mahón tienen lugar en septiembre. Son las fiestas de la Virgen de Gracia. Mahón reúne un centenar y medio de caballos y jinetes. En las fiestas del pueblo de San Luis, el día 25 de agosto, día de San Luis rey de Francia, se juntan hasta cuarenta caballos, a pesar de ser San Luis un pueblo pequeño. La fiesta con los caballos se llama la *qualcada*, que en castellano sería la «cabalgada». Su desarrollo sigue una pauta ritual. En primer lugar los jinetes pasean por toda la población. A veces se detienen y son recibidos a la puerta de algunas casas. Ese paseo se llama el *escargol*, o caracol, quizá porque se sigue un trazado aproximado en espiral, de las afueras del pueblo hacia el centro, para concluir en la plaza. Los jinetes forman en fila de a dos. Van precedidos por un hombre montado en una burra que toca el *fabiol* y el tamboril. Es el *fabioler*. Como tiene ocupadas ambas manos, la burra la conduce un espolique en mangas de camisa, con una corbata de cinta y un chaleco floreado de jugador de póquer. Luego le sigue el abanderado. La bandera de San Luis es blanca. En ella se ve el escudo de San Luis, con las cuatro barras rojo y gualda de la Corona de Aragón y las flores de lis sobre fondo azul de la Corona de Francia. En último lugar vienen las autoridades, el *batlle* o alcalde, el cura o capellán y el jefe de la policía municipal, todos a caballo. Algo más tarde tuve ocasión de hablar con el *fabioler* que me enseñó el instrumento. Era una pequeña flauta de unos veinticinco centímetros de longitud, del estilo de una flauta de pastor. Tenía cinco orificios en la parte

superior, y tres en la parte de abajo. Durante la *qualcada* se toca
con la mano derecha, mientras con la mano izquierda se toca el
tamboril. El sonido del tamboril es lúgubre, como si el cuero
estuviera destemplado. No marca ningún compás sino que
parece puntuar la frase musical del *fabiol*. La música del *fabiol*
es a su vez muy simple, con notas altas sin ser agudas, recogidas y amortiguadas por la madera del instrumento. El *fabioler*
me dijo que aquel *fabiol* era un *fabiol* de Mallorca, hecho de
madera de almendro, con el extremo y la boquilla de latón
dorado. El *fabiol* de Menorca es más rústico, hecho de caña.
No utilizaba el *fabiol* de Menorca en la *qualcada* porque su sonido era más débil y no se dejaba oír.

El *batlle*, el capellán y el guardia municipal son los repre-
sentantes en la *qualcada* de los tres poderes, el legislativo, el
espiritual y el ejecutivo. El orden de las autoridades y el orden
de los *caixers* es respetado escrupulosamente. También existe
un orden y un ritual en los atuendos. Los jinetes visten una
especie de chaqué, con pantalones blancos, camisa blanca y
corbata de pajarita. Llevan calzado negro de montar, con pan-
torrilleras de cuero, o botas negras de media caña. Los gorros
son bicornios o monteras. El capellán lleva cuello alzado y un
manteo corto que le hace de capa. Salvo el jefe de la policía
municipal, que viste el uniforme habitual del cuerpo, camisa
azul claro, pantalones oscuros y gorra de plato, la vestimenta
de los demás jinetes está codificada estrictamente, hasta en los
galones dorados del gorro y el color blanco o negro de las
corbatas. Después de que los jinetes han acudido al oficio de
completas en la iglesia tiene lugar el *jaleo*. Es el aspecto más
espectacular de la fiesta. En grupos de dos, los jinetes se abren
paso entre la muchedumbre, encabritando a los caballos. Todo
parece indicar que se trata de la evocación de alguna revuelta
popular transformada en juego. Los caballos se alzan de patas
y se revuelven entre un enjambre de muchachos. La tensión y

el acoso que soporta el animal es muy grande. La doma del caballo menorquín consiste precisamente en adaptar al caballo para que acepte y domine esa tensión. Aunque parezca imposible, el peligro de que haya gente herida bajo las patas de los caballos es escaso. Ello es debido al adiestramiento de los animales, que de un solo manotazo podrían abrirle la cabeza a un hombre. A pesar de la violencia aparente, sus movimientos son tan medidos y tan exactos como en una exhibición de ballet, algo que no se percibe de forma inmediata, y quizá no deba ser percibido de ese modo, para conservar la pura esencia visual, confusa, polvorienta y sudorosa del espectáculo. Puede ocurrir que un jinete caiga. En San Luis se recordaba el accidente del alcalde de Ferrerías, que había muerto el año anterior aplastado bajo su montura. En realidad, el *jaleo* representa la escenificación más perfeccionada que existe de la lucha de clases, por el grado de relación que conservan los símbolos y por el ambiente a la vez explosivo y mesurado en que se produce. La fiesta es un simulacro. No hay sangre porque hay juego. No hay violencia real porque todo es violencia aparente. El premio que reciben los jinetes, como una caricatura inofensiva de una lanza de caballero, es una caña verde. El ayuntamiento les entrega como recuerdo una cucharilla de plata.

Una mujer de edad decía que la gente de San Luis era famosa en toda la isla de Menorca por dos razones. La primera por ser gente muy limpia. La segunda por ser gente a quien le gustaba bailar, especialmente a los hombres. Su marido, que había muerto hacía unos años, era de San Luis y le gustaba bailar. La fama de gente limpia se apreciaba en San Luis en el ahínco con que las mujeres se esmeraban en tener las casas encaladas, los cristales abrillantados, las aceras fregadas con lejía y jabón. Antiguamente, la cal que se empleaba para encalar las casas de San Luis procedía de las caleras de Alcaufar. De

San Luis a la cala de Alcaufar hay poco más de tres kilómetros. A un lado de la carretera, a la derecha, queda la granja de pollos de la Pollería Pedro Pons, con tienda en San Luis. Algo más allá, del mismo lado de la carretera, queda la casa señorial de Alcaufar Viejo (Alcaufar Vell), en medio de un predio o finca de considerables dimensiones. Es una mansión de pocas ventanas, algo así como un pabellón de piedra de aspecto severo en medio de la garriga, donde el único detalle que revela cierto *savoir vivre* mediterráneo es una terraza con balaustrada para pasar las veladas nocturnas a la fresca. Más allá, a la izquierda de la carretera, está Villa Carmen, con la tapia cargada de buganvillas. Poco después está el ramal que lleva a la urbanización S'Algar. Luego está Villa San Pancracio, una casa pintada de rojo. Pasado San Pancracio se llega enseguida a la caleta. Hay otros chalets en parcelas o agrupados, pero siempre discretos. Allí está la finca Quatre Vents, propiedad del escultor Chillida, que había fallecido pocos días antes. Todas estas indicaciones sirven para señalar una de las caletas más íntimas y bonitas de la isla, poblada con un pequeño aluvión de vecinos que han construido sus casas como en un juego de arquitectura, agarradas a la escarpadura de la cala en el lado más protegido de la tramontana. Alcaufar en árabe significa «el horno de cal» o «la calera». Según la información de aquella mujer, en Alcaufar se había estado produciendo hasta fechas muy recientes la mejor cal de Menorca. En cuanto a los hombres bailarines de San Luis, el programa de fiestas tenía previstas un par de verbenas. También se dice de los vecinos de San Luis que son gente laboriosa y ahorrativa, muy mirados con el dinero. Todos los menorquines son limpios, bailarines, laboriosos y muy mirados con el dinero. En realidad, a juzgar por lo que decía aquella mujer, con las virtudes de la gente de San Luis pasaba lo mismo que con la óptima calidad de la cal. San Luis reunía todas las características de los menorquines en grado óptimo. Aseguraba que en Menorca se vivía bien. Ella tenía setenta y nueve años. Todos los días se desayunaba con un café y un whisky. ¿Un whisky? Sí, un café y una de esas frutas nuevas. Un kiwi. Sí, un café y algo de fruta y a veces una tostada de pan con aceite. Seguía la dieta mediterránea.

San Luis lo fundaron los franceses durante su corta ocupación de la isla. Sus calles están trazadas a cordel. En principio eran sólo tres o cuatro calles. Una de ellas lleva el nombre del gobernador francés, conde de Lannion, otra lleva el nombre del duque de Crillón, el comandante del cuerpo expedicionario que tomó Fort Marlborough. La calle principal se llama carrer de Sant Lluís pero todo el mundo conoce esa calle con el nombre de *es* Cos. En realidad es una calle estrecha y poco amena. En los últimos años el pueblo de San Luis había ido creciendo de modo armonioso, con villas y chalets, pero el viejo trazado francés seguía siendo la referencia principal. Una vía de circunvalación se había transformado en avenida urbana, con edificios de poca altura. Los franceses dedicaron la iglesia a san Luis rey de Francia. Es un edificio elegante, muy bien proporcionado, que responde al gusto equilibrado y exquisito del Siglo de las Luces, y en ese sentido, y en su dibujo limpio y racional, lo mismo hubiera podido servir para un templo que para sede de una academia. Está rodeada por un jardín plantado de moreras que antiguamente debió de ser el cementerio. Ahora es un jardín donde juegan los niños. En la fachada puede verse una inscripción latina con letras grandes y texto complicado: «Divo Ludovico Sacrum dedicavere Galli Anno MDCCLXI». En la plaza de *sa* Creu, delante de la iglesia, se había instalado una plataforma para la banda de música. Otros años la banda de música se colocaba bajo uno de los arcos de la fachada. Entonces era una banda de sólo cinco instrumentos, pero ese año había venido la banda de Migjorn Gran, eran veinticinco miembros y había sido necesario instalar una plataforma. Se había extendido arena en aquel tramo de la calle para que no resbalaran los caballos. Aquella mujer me dijo que la iglesia de San Luis había sido saqueada durante la guerra, aunque ahora se la viera tan limpia y tan pura. Se apresuró a aclarar que los saqueadores no habían sido gente de San Luis, ni siquiera gente de Mahón, sino grupos de anarquistas llegados de Barcelona, forasteros, gente de fuera. Durante la guerra Mallorca había quedado en manos de los sublevados y Menorca había quedado en manos de la República. Aquellos anarquistas llegados de Barcelona fusilaron curas, saquearon iglesias y cometieron atrocidades según llegaban noticias de las atrocidades que a su vez se cometían en Mallorca. En el jardín de la iglesia de San Luis, junto al juego de petanca, hay ahora una lápida que dice: «A la memoria de todos los caídos en la Guerra Civil española». Tres barcos viejos, fondeados en un extremo del puerto, sirvieron de prisión. Hubo otra prisión de mujeres en el claustro del convento de las Concepcionistas, y otra prisión, decían que la más terrible, en las cuevas de una cantera donde ahora se encuentra un restaurante indio llamado Taj Mahal y una discoteca que se llama Casa del Demonio. Sin embargo, según aquella mujer, la peor suerte la corrían los presos que eran enviados por cualquier razón a Barcelona, a las prisiones que llamaban *checas*. La familia de aquella mujer era devota. Cuando se cerraron las iglesias, su madre, que era viuda, instaló en casa un pequeño altar de cartón, pintado de purpurina, con un pequeño sagrario, también de cartón, recubierto de papel plateado y encima del sagrario puso una estampa. Alguien les denunció. Los milicianos anarquistas vinieron a registrar la casa. Ella tenía trece años y recuerda a los anarquistas fumando en el comedor, con el fusil colgado del hombro, mientras sus compañeros registraban los dormitorios. Otros permanecieron junto a las puertas, abrazando los fusiles contra el pecho. ¿Qué pasó cuando encontraron el altar? No lo encontraron. Alguien, quizá el mismo que les denunció, quizá por arrepentimiento, había avisado a su madre, y su madre había deshecho el altar el día anterior, pero la situación fue muy dura. Ella recordaba haber conocido a un hombre que durante un registro se había defecado y los milicianos le habían restregado la cara en sus propios excrementos. Era un hombre de San Luis, gente limpia.

Los bares del carrer de Sant Lluís habían sacado los mostradores a la calle. Pasaron unos hombres con unos bocadillos de sobrasada de dos metros de longitud. En total llevaban cinco bocadillos gigantes. Los llevaban sobre tablas, cargados al hombro, como en un cuadro de Brueghel. Les seguía un burro con un carrito y un tonel de vino. Después venía un hombre con otro carrito con un cesto de pan y otras vituallas. Ésa era la merienda que iba a ofrecer el ayuntamiento después del *jaleo*. Los caballeros o *caixers* estaban en el interior de la iglesia. Los caballos se habían quedado por las calles de alrededor, según el orden que habían seguido en el recorrido del *escargol*. Cada caballo lo atendía un hombre. Había que darles de beber. En la iglesia los caballeros se habían colocado a ambos lados del altar. El oficio de completas lo celebraba el capellán que había participado en la *qualcada* y que más tarde participaría en el *jaleo*. Era un hombre alto, delgado, muy moreno, con la nariz estrecha y afilada. Pregunté si era el cura de San Luis y me dijeron que no lo era. El cura de San Luis era el que ayudaba en el oficio y no sabía montar. El cura que oficiaba y que montaba era un arcipreste de Mahón. El público que asistía a los oficios no era muy numeroso, aunque los bancos de la iglesia se habían llenado. Era más numeroso el público que se había quedado fuera. El interior de la iglesia, pintado de blanco y crema, estaba casi desnudo, sin imágenes ni altares, fuera del altar mayor y de un enorme crucifijo moderno. En lo más alto había una estatua de san Luis con su corona de rey, cubierto con un manto con forro de armiño. En la mano derecha llevaba un cetro y en la mano izquierda una corona de espinas. El público cantó los Gozos del rey san Luis (*Goigs a sant Lluís rei de França*). Era un himno de homenaje sin grandes pretensiones onomásticas, con un simple estribillo que decía:

*Sant Lluís per ara i sempre*
*siam nostre bon patró.*

En ese momento, hacia la mitad de la canción, se fue la luz de la iglesia y la nave quedó iluminada únicamente por cuatro cirios. El órgano se paró. Después de un titubeo el himno continuó sin música, *a capella*. Después se cantó la Salve en latín. La poca luz que entraba por la puerta y las ventanas daban a la nave una atmósfera de crema batida. Todavía quedaba un detalle para ultimar la ceremonia. Entre el público circularon unas jarritas con agua de arroz y albahaca. Cada uno recibía un chorrito sobre la cabeza, como si fuera un bautizo, y a cambio dejaba un óbolo en un cestillo. Luego terminó el oficio. Los jinetes salieron en el orden prescrito, precedidos por el hombre que tocaba el *fabiol*. Una vez en el exterior el alcalde les deseó a todos buena suerte con una fórmula lacónica: «Bona sort i bon cavall».

En realidad todo el pueblo se había quedado sin luz y no solamente la iglesia. Hubo quien dijo que había sido debido a una avería mal reparada, después de una tormenta que había descargado a media tarde. Sin embargo, se pensó que había luz suficiente para empezar el *jaleo*. La muchedumbre se había concentrado delante de la iglesia. Los jinetes fueron avanzando por parejas. Cada pareja se abría paso poniendo al caballo de patas. El animal obedecía. Lo hacían girar en redondo, abriendo un remolino entre los muchachos. Los caballos se alzaban como enormes caballos de ajedrez. Tenían los ojos desorbitados, las bocas babeantes, la espuma del sudor bajo las cinchas. Se les veía levantarse como monstruos por encima de los brazos alzados y de las cabezas. Algunos avanzaban diez o doce pasos sobre las patas traseras, como grandes perritos amaestrados, manoteando el aire con los cascos, y entonces la gente aplaudía. El jinete mantenía las riendas con la mano izquierda y utilizaba la mano derecha para saludar con la montera. A veces, en un gesto inadvertido, acariciaba con la montera las crines del caballo. Era el lenguaje cariñoso de un instante, en medio del torbellino, entre el jinete y su caballo. Cuando una pareja de *caixers* terminaba por librarse de la muchedumbre y cumplía su cometido en el juego la pareja siguiente entraba en la calle. Algunos de los jinetes eran gente madura. El más joven era un niño de catorce años. También participaban dos muchachas que no llegaban a veinte. Mientras iban sucediéndose los jinetes la banda de música no había podido empezar a tocar porque no tenían luz y no podían hacer funcionar los amplificadores. Decidieron tocar sin amplificadores. Era una jota menorquina con un estribillo que todo el mundo conocía, porque en todos los *jaleos* de la isla la música es la misma:

La música es la siguiente:

*Tiruriruriru ri ti*
*pom pom pom pom* [...]

Y el estribillo:

*Ara va da bo, ara va da bo,*
*Ciutadella* [...]

231

Aproximadamente la mitad de los jinetes y de los caballos eran de San Luis. Los demás venían de otros pueblos. También de Ciudadela y de Mahón. Para que no aumentara demasiado el número de caballos sólo se admitían dos participantes por localidad. Algún caballo pisó los vasos de plástico que había en la calzada. Al sentir el pie inseguro el animal parecía perder el equilibrio. Poco a poco había ido cayendo la luz. Los últimos jinetes salieron cuando las calles ya estaban cubiertas con un cielo oscuro. En último lugar, cuando hubieron pasado todos los demás jinetes, aparecieron el *batlle*, el *caixer* capellán y el guardia municipal. El más vistoso era el *caixer* capellán, buen jinete, largo de piernas, juntando mucho las rodillas, vestido con su cuello alzado y su manteo. El guardia municipal, con su uniforme y su gorra de guardia municipal, parecía un jinete futurista. Lo cierto es que ya sólo se veían sombras. Los muchachos formaban racimos alrededor de los caballos. Se dijo que no se había podido arreglar la avería del transformador. Aunque estaban previstas tres vueltas de jinetes y caballos, que hubieran durado un par de horas más, hasta el agotamiento de los jinetes y de los caballos, el *batlle* decidió suspender el *jaleo*. No había claridad suficiente para hacerlo sin peligro. La decepción no fue mucha, pero hubo decepción. Los jinetes y las autoridades se tomaron un refrigerio en el ayuntamiento. Los bares siguieron despachando bebidas. De lado a lado de la calle las banderitas se agitaban como murciélagos ensartados en una cuerda. Al día siguiente a mediodía estaba previsto la segunda *qualcada* seguida del *jaleo*. Después de haber celebrado la fiesta del Rey San Luis, a la semana siguiente se celebraría la fiesta de San Luisito. En esa fiesta participaban solamente jinetes y caballos de San Luis, de modo más informal, prescindiendo de las ceremonias del *jaleo*.

*Cales Coves*

En la costa sur de Menorca, en el litoral de las Peñas de Alayor, entre barrancos cubiertos de matas bravas, está la diminuta caleta que llaman Cales Coves, por las muchas cuevas que hay en ella. La entrada del mar es estrecha. A ambos lados de la boca los acantilados se levantan unos diez o veinte metros sobre el nivel del mar, unas veces derramándose en un talud, otras veces entrando a pico en el agua. Después de formar una pequeña ensenada al abrigo de todos los vientos, la caleta se divide como una lengua bífida. Una de las lenguas se llama caleta de Santo Domingo. La otra no tiene nombre. En verano siempre suele haber algún yate de recreo fondeado en la cala. Como en la fotografía de una agencia de viajes, la sombra de la embarcación se proyecta en el lecho del mar a través de un agua increíblemente transparente, más verde y frágil sobre el fondo arenoso, más densa y azul cuando el fondo es de roca. Los turistas de las urbanizaciones próximas vienen a bañarse en la caleta y a tomar el sol en la orilla.

El nombre de Cales Coves describe la característica principal del lugar. Todos los acantilados de la caleta están perforados de cuevas. Esas cuevas son sepulturas muy antiguas. En realidad, los turistas se bañan en una necrópolis como niños indolentes jugando en un cementerio. Una mujer se zambulle. La embarcación de recreo se balancea en un patio de agua rodeado de nichos. El Mediterráneo ofrece su imagen habitual de juego y muerte bajo una luz implacable. Hasta las moscas parecen cumplir otra función. Cales Coves cobra entonces un significado superior al de un simple accidente geográfico.

En total hay algo más de noventa cuevas que han sido investigadas en su totalidad. Algunas cuevas son prácticamente inaccesibles. Otras tienen su entrada al pie del talud o a flor del agua. Las sepulturas más antiguas datan de la edad del hierro y de la edad del bronce. Todas han recibido sedimentos sucesivos de muertos durante un período de tiempo muy dilatado. Los rituales de enterramiento variaban según las épocas. Unos enterramientos aparecieron cubiertos de cal. Otros revelaron que los restos habían sido previamente incinerados. Hay cuevas pequeñas, con la entrada no mayor que la de un nicho actual. Otras fueron labradas con dimensiones más honrosas, como si en tiempos tan remotos ya se produjera la ostentación social de la muerte. Una de ellas, en el acantilado de San Domingo, muestra el trazado de un pórtico o porche labrado en la roca como si fuera el esbozo de una cripta. Otra, con acceso libre al mar, ha sido transformada en almacén de redes por los pescadores. Ninguna de las sepulturas de Cales Coves ha conservado pinturas o inscripciones, salvo una. Es la que llaman Cova dels Jurats, a la que se llega por un sendero oculto entre la maleza. Parte de la cueva se ha derrumbado. Otra parte ha sido protegida por una reja. Las inscripciones están grabadas sobre planos rebajados en la misma roca a modo de lápidas. El salitre y el aire del mar han carcomido esos textos funerarios que resultan ilegibles. Entre las letras del alfabeto latino se pueden distinguir la *pi*, la *épsilon* y otros caracteres del alfabeto griego, como si esas inscripciones procedieran de un cincel que obedecía indiferentemente a ambas influencias. La Cova dels Jurats fue el último lugar sagrado de Cales Coves. El nombre mismo de Els Jurats, con su aroma de grupo de iniciados, oculta un pequeño enigma. Era quizá un lugar de peregrinación. Se supone que sería la tumba de un mago o de un santón en los primeros siglos del cristianismo. Desde los enterramientos de la edad del bronce hasta esas últimas inscripciones de Els Jurats transcurrió un arco temporal de tres mil años. Ahora las cuevas de Cales Coves son ojos vacíos y los turistas juegan al borde del agua como en un cuadro *naïf*. Ningún otro cementerio puede alardear de haber sido durante tan largo tiempo la morada de los muertos antes de ser entregado a las cortas vacaciones de los vivos.

# Cataluña

Desde Port-Bou, donde el extremo oriental de los Pirineos se precipita en el Mediterráneo, hasta el delta del Ebro, la línea del litoral catalán sigue una orientación uniforme, ligeramente inclinada en el sentido noreste-suroeste, rocosa y abultada en el norte, suave y de largas playas a medida que se dirige hacia el sur. Los accidentes principales son la península del cabo de Creus, el cabo de Begur, donde la costa encuentra su punto de inflexión, y la propia excrecencia del Delta, que sobre los planos presenta un aspecto tuberoso. Entre los Pirineos y el Ebro la región queda perfectamente delimitada. La geografía política lo llama las fronteras naturales. Hacia el interior, el límite de Cataluña y Aragón lo marca el Noguera Ribagorzana, un río con nombre de árbol que baja del Pirineo de Arán y es afluente del Segre por la derecha, gemelo y casi paralelo con el Noguera Pallaresa. La influencia lingüística catalana desborda sobre Aragón en las comarcas situadas en la margen derecha de ese río.

La frontera de los Pirineos no siempre fue tal frontera. Lo mismo que sucede en el extremo occidental de la cordillera, la coincidencia del hecho político y del hecho natural no fue doctrina única hasta el establecimiento moderno de los estados europeos. Hasta la época de Luis XIV, los condados del

Rosellón y la Cerdaña, que ahora son franceses, se hallaban incorporados al territorio del Principado de Cataluña y al espacio de la Corona de Aragón. El tratado de los Pirineos, que consagró la hegemonía francesa en Europa durante un siglo, supuso también para Cataluña la alienación de esa parte del territorio. Puede decirse que el proceso de afrancesamiento fue todo un éxito, entre otras cosas porque no se dudó en recurrir a los medios necesarios. En la época de la Revolución francesa las tropas de Carlos IV intentaron recuperar el Rosellón aprovechando los problemas internos de Francia, pero los roselloneses defendieron como tigres el paso de Banyuls y prefirieron seguir siendo roselloneses con Francia que catalanes a parte entera con la Corona española. Ello no quiere decir que la asimilación fuera total. Algunos de los lugares más puramente catalanes, por imprecisa que sea la expresión, se encuentran en la vertiente norte de los Pirineos, y el pico del Canigó, con su perfil limpio, su masa imponente, y sus casi dos mil ochocientos metros de altura, es una especie de observatorio catalán que domina las tierras bajas del Rosellón. En los tiempos modernos el Rosellón le ha dado a Francia al menos un hombre de gran fuste: el mariscal Joffre, natural de Rivesaltes, que durante la Gran Guerra condujo la batalla del Marne. Los cronistas militares lo llamaron un milagro. Joffre salvó París al improvisar un urgentísimo transporte de tropas requisando todos los taxis de la capital. Fue la primera movilización motorizada de la historia y es sin duda una expresión del sentido práctico que habitualmente se atribuye a los catalanes. Dicen que Joffre hablaba algo de catalán, aunque *malament*. También era rosellonés el escultor Arístides Maillol, su contemporáneo, probablemente una de las figuras clave del arte de su tiempo y también del nuestro, que es lo más importante que se puede decir de un artista. Si Joffre, como corresponde a un héroe nacional, nunca tuvo en nada sus orígenes, el gran escultor, mucho más universal, siempre dio gran importancia a sus raíces y a la tierra donde había nacido. Esta diferencia puede resultar paradójica, pero se confirma casi siempre. El artista, que representa unos valores universales y una aspiración a lo absoluto, mantiene una relación estrecha con el pedazo de tierra que le vio nacer, mientras que el mariscal cambia lo que este sentimiento localista puede tener de mediocre por el amor a la patria, creyendo haberlo sublimado. Quien quiera ver los límites del antiguo Rosellón de la Corona aragonesa debe visitar el castillo de Salses, una construcción achaparrada, a unos pocos centenares de metros de la costa, en la carretera de Perpiñán hacia Narbona. El mar se ha retirado del pie de las murallas, dejando unas lagunas litorales pobladas de flamencos rosa. En cuatro siglos también las referencias del paisaje cambian. Esa inexplicable construcción tuvo un sentido cuando Salses fue guarnición y frontera.

Hasta que el turismo de masas arrasó el litoral, la Costa Brava, tanto del lado español como del lado francés hasta Port-Vendres y Colliure, tuvo fama de ser una de las regiones más bellas del Mediterráneo occidental. Se buscaba en la Costa Brava una versión más salvaje y primitiva de la costa de Amalfi, sin la *morbidezza* italiana que desactiva los sentidos, y también con menos filigrana. Incluso los pescadores dicen que el mar en ese sector, batido por la tramontana, es más peligroso. No hay nada más inquietante, cuando desciende el barómetro, que las pequeñas olas cortas y continuadas que anuncian el temporal y aún apenas se ha levantado el viento. El Mediterráneo parece crecer y hervir, un estado de la mar que en las islas, donde llegan los mismos vientos, señalan con la expresión *hi ha plena*. En realidad, si se prescinde del turismo, se puede imaginar una costa bella y dura, y también pobre. Lo abrupto de la cordillera litoral y su imbricación en el espinazo terminal de los Pirineos le dieron el nombre de Costa Brava, lo mismo que el Rosellón tomó el suyo del

color rojo cinabrio de las pizarras que se hunden en el mar. Aña-
diendo el componente del turismo, la Costa Brava actual es
mucho menos bella que antes, también en apariencia menos
dura, pero desde luego mucho más próspera económicamente,
lo que no llega a demostrar que el dinero esté reñido con la belleza, pero deja a las claras el abismo que separa lo que era ese
paisaje de lo que es ahora, y eso en apenas una generación de
frenética avidez urbanística. Hay quien recorta segmentos
de costa milagrosamente intactos como quien salva una diapo-
sitiva para el recuerdo. Hoy día el prestigio del litoral catalán es
mucho más antiguo que el turismo. Mucho más antiguo que las
vacaciones de agosto. Se remonta a la llegada de los griegos a
Ampurias siete siglos antes de Cristo. Se remonta al paso de
Aníbal por Banyuls o al establecimiento de los romanos en Ta-
rragona. Pero no sé si estas proyecciones históricas pueden servir de consuelo.

La demarcación meridional de Cataluña, que forma el río
Ebro, iguala en importancia a la línea de los Pirineos. Como
suele suceder en España, tampoco se trata de una verdadera
frontera cultural. La influencia lingüística catalana hacia el sur
supera los límites del río, extendiéndose por los países de lengua valenciana, aunque se discute si el valenciano es una variante del catalán, como lo son el mallorquín y el menorquín
que se hablan en las islas, o si es una lengua con entidad propia, opinión esta última sustentada con ahínco por los valen-
cianos. Sin embargo, yo ya he podido hacer observar en otro
lugar de este libro que la lengua que se habla en las calles de
Vinaroz o de Tortosa, de un lado y de otro de la línea que separa ambas regiones, es obviamente la misma, pero a menudo
las pruebas que ofrece la constatación más elemental no valen
nada en contra de la opinión de las academias.

Desde Mequinenza a Tortosa, el Ebro se abre paso por un
terreno muy atormentado, entre las sierras que forman los

ramales más norteños del núcleo del Maestrazgo y las sierras catalanas del Monsant. Tras el largo reposo aragonés, el destino de este río, el más significativo de los ríos españoles, parece estar consagrado a un último y penoso esfuerzo antes de hallar el mar. Son tierras sobrias, escasas de lluvia y blanquecinas. En el amplio y tortuoso bucle que se forma entre Ribarroja y Benifallet tuvo lugar en el verano de 1938 la famosa batalla del Ebro, que constituyó el encuentro decisivo de la Guerra Civil. Dicen los expertos militares que no hay operación más difícil en el curso de una guerra que el desembarco en una playa o el cruce de un río caudaloso. En un momento del conflicto en que las fuerzas de ambos bandos estaban muy agotadas todo pareció estar suspendido del resultado de aquella batalla. El arco se tensaba por última vez. El ejército republicano pasó el río en una operación brillante y audaz, perfectamente ejecutada. Fue una acción ofensiva que pronto se convirtió en una batalla de desgaste. El planteamiento había sido minucioso. El material y los hombres se prepararon con el mayor sigilo. Las mejores fuerzas se embebieron en el combate. En la batalla destacaron los principales jefes militares republicanos, la mayoría forjados por la guerra misma, y entre ellos cobra un relieve especial, sobre los muy variados destinos que la guerra produjo en toda una generación de españoles, la figura del teniente coronel Manuel Tagüeña, estudiante, entonces de veinticinco años de edad, que mandó un cuerpo de ejército de cien mil hombres y, en opinión de sus propios enemigos, los mandó muy bien. Por unos días pareció que la suerte entera del conflicto aún se hallaba en la balanza. Sin embargo, la batalla del Ebro supuso la práctica aniquilación del ejército republicano. Y en la dimensión que nos concede el paso del tiempo, aquel esfuerzo final se nos presenta como el lance supremo de uno de esos toreros pundonorosos que entran a matar cargados de coraje, manchada de sangre la taleguilla, enfebrecidos por su propia lucidez, y que en el momento de asestar la estocada, ya en el terreno del toro, sienten la debilidad de sus piernas y el calor del asta entrándoles por la ingle, y su futuro sólo se consagra para la posteridad tras una penosa agonía. La sierra de Cavalls, frente a Gandesa, se convirtió en la tumba de la última esperanza de victoria republicana. El resto de la guerra, durante ocho meses agónicos, se redujo a una serie de operaciones de avance, ocupación y limpieza por parte del ejército franquista. No volvieron a producirse enfrentamientos de envergadura. A las pocas semanas de aquella noche de julio en que el ejército del Ebro pasó el río, las primeras unidades franquistas habían superado el mismo obstáculo y ocupaban los burdeles de tropa que los republicanos tenían instalados en Cambrils.

Las tierras de aluvión del delta del Ebro cubren una superficie algo superior a los setenta kilómetros cuadrados, mucho menor desde luego que el gran delta del Nilo, donde podría entrar confortablemente toda Cataluña, y algo menor que el delta del Ródano, en la Camarga francesa, pero se trata del único río peninsular que desemboca formando un delta. El último puente que cruza el Ebro se encuentra en Amposta. A partir de ese punto el río sigue un canal principal de donde parten infinidad de canales secundarios que no solamente alivian al río de una parte de su caudal, distribuyéndolo por las zonas de regadío, sino que en cierto modo actúan como canales de drenaje y consolidan las tierras. La mayoría de los cultivos son arrozales. Una parte considerable permanece en estado salvaje. El paisaje aparece saturado de agua, inestable y precario. El delta avanza en el mar formando una especie de flor lanceolada que dirige sus alas hacia la punta del Fangar y hacia la punta de las salinas de la Rápita. El corazón humano del delta es Deltebre, una población que se estira junto a las aguas verdosas del río en un punto en que el Ebro ha perdido ya su calidad de tal y es un cauce grande y domesticado, como esos lagartos gordos que se ven en los parques naturales. Pasado Deltebre el Ebro recupera su última libertad. El agua dulce llega al mar por dos bocas, la Gola del Nord y la Gola de Migjorn o Mediodía. Esta última es la más accesible. Es un lugar extenso y melancólico, de arenas turbias, donde el límite de la vegetación lo forman carrizos y cañaverales hasta una distancia de veinte metros del mar y casi en el mismo plano que la superficie de las aguas. Un temporal podría sumergirlo todo. La corriente del Ebro, ya muy fatigada, se riza en pequeñas olas al encontrarse con el Mediterráneo.

La mejor época para visitar el delta del Ebro es el mes de noviembre. Si se tiene suerte y el día es de niebla, el recorrido por el delta puede asimilarse a un viaje de transición por un paisaje indefinido entre dos elementos, el aire y el agua, en cierto modo huidizo a la mirada, matizado en toda la gama de grises, donde a pesar de todo, entre la abundancia de aves acuáticas, lo más exótico sería encontrarse a un señor con gabardina. Los tractores que labran los arrozales son máquinas anfibias de anchas ruedas metálicas, cargadas de barro como los búfalos de los arrozales de Filipinas. Es una tierra sin piedras ni guijarros. En los baldíos saturados de salitre crece la enea y el llantén y una variedad de brezo rastrero, muy tupido, con un característico color púrpura apagado. Los eucaliptus se adaptan al paisaje, a menudo delante de una casa de aperos como un ciprés delante de una tumba. Los sonidos son raros y exquisitos, aunque se trate de un motor lejano. En las lagunas cobra una presencia extraordinaria el ¡plop! sistemático de un martín pescador zambulléndose en el agua desde los carrizos. Además, el mes de noviembre es propicio en el delta por otra causa. Es la temporada de caza del pato silvestre y lo guisan con mucho esmero en el restaurante del Racó del Riu, en Sant Jaume d'Enveja, frente a Deltebre, en el punto mismo donde los automóviles se embarcan en el transbordador.

## Barcelona, «ciutat d'hivern»

En un día suave de diciembre, seco y azul, con viento del Montseny, Barcelona hacía pensar en aquellos tiempos, a finales del siglo XIX y principios del XX, en que la ciudad se promocionaba a sí misma como «ciudad de invierno» y pretendía rivalizar con Nápoles, Palermo o Niza en atraer al rico rebaño de lo que entonces se llamaba la *café society*, millonarios internacionales, tuberculosos o no, aficionados al juego, a la conversación y a los inviernos soleados, en una época en que, con mucha sensatez, a nadie se le hubiera ocurrido frecuentar el Mediterráneo en el mes de agosto. En realidad, como Palermo y Nápoles, Barcelona nunca respondió a esa imagen de ciudad balneario. Los carteles *art nouveau* que promocionaban la «ciutat d'hivern» han quedado como curiosidades gráficas en las carpetas de los anticuarios o se reproducen para los escaparates de las tiendas de *souvenirs*. El destino internacional de Barcelona ha sido muy distinto. Como todas las ciudades portuarias, Barcelona tiene un pulso duro y fuerte bajo su fama de ciudad bella, aunque una gigantesca operación de urbanismo ha alejado el centro de gravedad del puerto y ha separado, como una nuez abierta, las funciones del ocio, del negocio y del trabajo. Barcelona es al mismo tiempo una ciudad abigarrada y una ciudad serena. Hay algo anónimo y distante en las miradas que contrasta con un ambiente plácido, genuinamente barcelonés, como si se marcara la diferencia entre una población de aluvión y los vecinos de una ciudad de toda la vida. En ninguna otra ciudad se da un arreglo parecido entre lo provinciano y lo cosmopolita. Es evidente que Barcelona produce ejemplares depurados de la más cautelosa sociedad catalana junto a individuos exóticos como pájaros de las islas.

Los intelectuales catalanes aseguran que Barcelona es una ciudad muy literaria, en el sentido de que facilita el caldo de cultivo de la obra de creación y proporciona su decorado. Por aquellos días de diciembre, a pocas fechas de la Navidad, las calles estaban engalanadas. El barrio chino estaba cubierto de rojos farolillos chinos. Las Ramblas adyacentes se iluminaban con grandes globos chinos de color calabaza. El paseo de Gracia estaba decorado con guirnaldas de luces que eran obra de un gran diseñador barcelonés, porque Barcelona, desde los ceniceros a las farolas, es una ciudad que vive obsesionada por el diseño. Decía Josep Pla que los catalanes suelen ser, salvo excepción, gente apasionada pero con compensaciones, y la obsesión actual por el diseño encuentra su compensación en la buena marcha de los negocios de los diseñadores. Se podrá discutir hasta qué punto las manifestaciones del diseño barcelonés son meras exhibiciones de ingenio, pero en lo referente al carácter literario de la ciudad las recompensas suelen ser muy diversas, aunque a veces pueden diferirse muchos años y otras veces no llegar nunca. La ciudad literaria se revela de improviso y de forma sorprendente. Barcelona es el único lugar del mundo donde yo he tenido la ocasión de contemplar en directo la siguiente escena. Era en un paso de peatones a la altura de la Travessera de les Corts, en el cruce con la calle Numancia, lejos de los barrios bellos o de los barrios históricos o artísticos. Dos hombres forzudos, de los que antes se llamaban mozos de cuerda, cruzaban la calzada llevando en brazos y al vuelo un enorme espejo. Caminaban lentamente pero sin grandes precauciones, como si pasear el espejo por la ciudad fuera parte de su vida cotidiana, limitados únicamente por el peso. El primero doblaba la nuca y miraba al suelo con aire testarudo. El segundo levantaba la barbilla y miraba al aire como si el olfato le indicara la trayectoria. Era un espejo rectangular de buen tamaño, de manera que los dos hombres llevaban los músculos tensos y los brazos extendidos. Absortos en su obligación, aferraban el grueso marco dorado con sus manazas de hombres de circo. El espejo iba reflejando las fachadas y algún retazo de cielo azul. Por el espejo fueron desfilando los automóviles detenidos en el paso de cebra. También los transeúntes quedábamos reflejados por un momento en el espejo. Después de cruzar la calzada los dos hombres siguieron con su espejo calle abajo. Todos los novelistas conocen aquello de que una novela es un espejo que se pasea por los caminos. Barcelona es una ciudad de microscópicas situaciones potencialmente creativas. Si se tuviera que certificar el carácter literario de Barcelona yo puedo afirmar que he visto pasear un espejo por sus calles.

Las últimas aventuras de Don Quijote tuvieron por escenario Barcelona. Sería interesante averiguar las razones que empujaron a Cervantes a buscar un escenario barcelonés para concluir las andanzas de su inmortal personaje en vez de haber escogido Sevilla, como hubiera sido lo lógico en su ámbito y en su obra. Sin duda los eruditos lo saben. El caso es que Cervantes dirigió a su caballero a Barcelona. Quizá el manco de Lepanto conservaba de Barcelona recuerdos de juventud. Quizá alguna vez se embarcó en Barcelona con destino a Italia, o quizá Barcelona le sirvió de puerto de escala, que son los puertos que suelen dejar mejores recuerdos a los viajeros. Cualquiera que sea la razón, Cervantes tuvo de Barcelona una opinión inmejorable: «[...] archivo de la cortesía, albergue de los extranjeros, hospital de los pobres, patria de los valientes, venganza de los ofendidos, correspondencia grata de firmes amistades, y, en sitio y en belleza, única».

Podemos considerar que esa letanía de las siete alabanzas contiene una parte de retórica pero eso no impide que lo examinemos de cerca. No sabemos exactamente a qué puede referirse la expresión «venganza de los ofendidos» y la «correspondencia grata de firmes amistades» puede ser trastocada en odios igualmente firmes por la universal condición humana. «Albergue de los extranjeros» corresponde a una realidad cosmopolita de la que ya hemos hablado antes. «Patria de los valientes» no pasa de ser un piropo. «Hospital de los pobres» es algo medianamente cierto, porque yo he oído comentar cierta práctica aplicada hace unos años por la administración municipal de Barcelona según la cual se entregaba a los mendigos de la ciudad dos mil pesetas y un billete de ferrocarril y se les enviaba a mendigar por las calles de Madrid. Sobre *la cortesía* no hay nada que objetar. Las maneras son dulces. El temperamento en general es educado y sedativo. En una cuestión tan valorada por los catalanes como es el idioma, puedo decir, contrariamente a una opinión vulgar sostenida en el resto de la península, que siempre que me he hallado en un entorno de lengua catalana la conversación, por cortesía, se inclinaba hacia el castellano desde el momento en que alguien advertía que yo era castellanohablante y nunca me he hallado en una ocasión en que haya faltado esa exquisita y no obligada deferencia.

Con todo, la apreciación más interesante dirigida a Barcelona en los cuatro siglos que nos separan de Cervantes es la última, aquella en que valora su *sitio y belleza*. La posición simplemente geográfica de Barcelona la determina la avenida Meridiana, que corresponde a la longitud del meridiano 0° de París, una coincidencia que siempre ha halagado mucho a las clases ilustradas barcelonesas, de suyo francófilas. Una calle que llaman el Paralelo corresponde exactamente al paralelo 41° 22′ de latitud norte. Todo esto es información neutral. Pero en lo que se refiere al paisaje, lo que Cervantes describe como su sitio y belleza, debieron de ser en verdad únicos. Probablemente la ciudad no se extendía entonces más allá de lo que hoy es el arranque del paseo de Gracia o la plaza de Cataluña. Enseguida empezaban vergeles, huertas y campos fértiles, en una suave pendiente hacia Gracia y Sarriá. Hubo jardines de frailes y quintas de recreo que duraron hasta tiempos recientes. Las antiguas rieras o ramblas donde se alineaban las adelfas y las higueras han transformado su significado inmediato y en la Barcelona actual el nombre de «ramblas» es sinónimo de paseo urbano. Las montañas cercanas, que hoy se hallan sumidas en el entorno directo de la ciudad o han sido incorporadas a su tejido, formaban entonces el horizonte de un paisaje que, por ensalzarlo de algún modo, podemos llamar napolitano. Llegar a la comarca de Barcelona desde las estepas del interior debía de ser un prodigio. A todo ello se añade el descubrimiento del mar. Los barceloneses suelen decir que en Barcelona es difícil ver el mar. Don Quijote y Sancho Panza vieron el mar por primera vez en Barcelona. Se hallaban cerca de las atarazanas o astilleros, que aún pueden verse, en un lugar que hoy son dársenas y donde entonces se extendía una playa. Era al amanecer. El Mediterráneo «parecióles espaciosísimo y largo, harto más que las lagunas de Ruidera que en La Mancha habían visto». Hoy día, la ciudad vegetal de Barcelona, esa que se encarama a las azoteas, que se extiende a lo largo de las avenidas en interminables palmerales, que se agrupa en los parques como en una reserva botánica, tiene en el Mediterráneo su última justificación, como si se necesitara la luz cegadora de ese mar para apreciar plenamente la sombra de los jardines y las plazas.

No fue el mar lo único que Don Quijote descubrió en Barcelona. En otro lugar donde se narran los sucesos de Don Quijote en la ciudad, mientras el caballero se paseaba por una calle alzó los ojos y vio escrito sobre una puerta con letras muy grandes un letrero que decía: «Aquí se imprimen libros». Don Quijote se contentó mucho. Era la primera vez que veía una imprenta. La sutileza de Cervantes es muy grande. También debió de serlo su melancolía. A punto de concluir su obra, cuando ya faltaban pocos capítulos para que el autor se despidiera definitivamente de sus personajes, hace que Don Quijote descubra el sistema que le inmortalizará, un poco como si a un agonizante se le mostrara el taller del cantero que levantará su monumento.

Sin embargo, no es solamente la mención de esas líneas del Quijote en Barcelona lo que aquí me interesa, ni su interpretación subliminal, sino el hecho mismo de que Don Quijote descubra en Barcelona un cartel que dice «Aquí se imprimen libros». Muchas veces se ha dicho que Barcelona es una capital editorial y eso me lleva a un recuerdo personal que también tiene que ver con la imprenta y con los libros. Siendo un joven de veintisiete años yo conocí en Barcelona a mi primer editor. Era Carlos Barral, un hombre que ha dejado buen recuerdo en las memorias barcelonesas y al menos en la mía ocupa un lugar privilegiado por varias razones. En primer lugar, además de mi editor fue mi amigo. En segundo lugar, cualquiera que conozca la actual maquinaria editorial podrá calibrar los méritos de un editor que acepta un manuscrito llegado por el correo ordinario sin más recomendación que cuatro líneas de presentación del propio autor. Carlos Barral tardó en responderme unos meses. Al cabo de ese tiempo, cuando yo ya daba por descontado que mis ilusiones habían acabado en la estufa, recibí una carta suya. Había leído el manuscrito. Quería publicar mi novela si mis pretensiones económicas no eran excesivas. Le respondí que mis pretensiones económicas eran franciscanas. También quería conocerme. Le respondí que iría a verle a Barcelona. Ahora recuerdo vagamente un despacho con vidrieras emplomadas en un entresuelo de la calle Balmes, donde estaba instalada la editorial. Un rótulo anunciaba Barral Editores. De ese modo, lo mismo que le sucedió a Don Quijote, Barcelona representó para mí la ciudad donde hallé un cartel que decía «Aquí se imprimen libros». La amistad con Carlos Barral sustituyó enseguida a la relación editorial, entre otras cosas porque al poco tiempo los libros de cuentas le ahogaron y dejó de ser editor, aunque como el Ave Fénix supo resucitar con una colección del mismo título en un intento efímero y ambicioso. Todavía conservo el grabado que sirvió de logotipo a aquella aventura.

Curiosamente, la presencia física de Carlos Barral en Barcelona no se ha desvanecido por completo. Barcelona es una ciudad de bonitas estatuas urbanas. No me refiero a esos grandes pisapapeles que se levantan en las glorietas de la Diagonal, ni al abracadabrante monumento a Macià de la plaza de Cataluña, sino a las pequeñas y bonitas obras de arte sembradas un poco al azar por las ramblas y los jardines. Mis preferidas son las del Minotauro y la Minotaura en el tramo superior de la rambla de Cataluña. No hay nada más sensual que el cuello de jirafa de la Minotaura. Pues bien, en el triángulo ajardinado que forma el cruce de la calle Casanova con la calle Buenos Aires, ya subsumido en la Diagonal, hay una estatua que nunca dejo de contemplar con cariño. Representa a un niño pescador vestido con una camisa abierta y unos calzones cortos desgarrados en la culera. Tiene una rodilla hincada en tierra. Con la mano izquierda ha atrapado un pez y alza la mano derecha lanzando al sol un grito de júbilo. Su cara es una expresión de paroxismo solar, su pelo es una aureola encrespada. Su cuerpo enjuto y sus costillas marcadas le dan el vigor de los cuerpos curtidos por el salitre. El físico de Barral, cenceño, escurrido, correspondía a esa complexión, aunque el niño goza de una buena salud que el editor ya hubiera deseado para sí. El rejuvenecimiento es asombroso. En realidad es una metamorfosis. De algún modo ese muchacho le recuerda, pero no de una manera precisa, no como lo hubiera hecho un monumento a su memoria, que probablemente no hubiera alcanzado la misma plenitud. Parece que a Carlos Barral le hubieran concedido otra vida. A ambos lados del muchacho hay dos delfines, de los que antiguamente se decía que eran las almas de los piratas arrepentidos y que Barral incorporó a su sello. El grito al sol del muchacho representa un triunfo que sin duda Barral nunca tuvo. El gesto de la mano se dirige a los balcones del número 580 de la avenida Diagonal, donde se encuentra la agencia literaria de Carmen Balcells. Parece que nos llama o nos saluda. Normalmente un autor, con el paso del tiempo, suele quedar literalmente aburrido del mundo de la crítica y es entonces cuando cobran más valor los recuerdos primordiales, aquellos del entorno que supo valorar sus primeros pasos. Las cosas más nimias parecen convertirse en símbolos. Ello responde a la necesidad de que la memoria hable y dé sentido a la vida. La fuente del niño pescador es uno de esos puntos que polarizan la memoria, y en ese aspecto no debo dejar de mencionar que el portal de la casa de Carmen Balcells tiene un picaporte de latón en forma de concha de peregrino, ya muy desgastada. Esa concha indica que a veces se acude a Carmen como a Santiago. Ésta es una observación propia de la edad adulta. Las referencias personales y literarias de Barcelona dejan paso al brillo de algún minúsculo objeto.

*Foix de Sarriá*

En Barcelona se distinguen perfectamente los diferentes ciclos de crecimiento de la ciudad. La mayoría de las veces esos ciclos están marcados, como es lógico, por las características del propio urbanismo. Otras veces son pequeños rastros fósiles, apenas una señal de situación que aflora por encima de múltiples avatares. El mercado de la Boquería y el teatro del Liceo ocupan el lugar de las ferias de ganado y de los circos ambulantes que se instalaban extramuros de la ciudad gótica, en la margen derecha de la Rambla que entonces era una torrentera estacional. Naturalmente nada de esto está documentado pero yo estoy persuadido de ello. En la margen izquierda de la Rambla, en lo que era la ciudad intramuros, el núcleo gótico de Barcelona encierra la primitiva energía de la ciudad, que todavía actúa como un imán sobre los visitantes. El barrio del Raval fue un arrabal de la ciudad gótica, como indica su nombre. Lejos de allí, en los confines de la derecha del Ensanche, Sant Martí de Provençals probablemente corresponde a una ermita para viajeros en el camino hacia Francia. Por el mismo procedimiento se puede deducir que el barrio de la Verneda, no lejos del cauce del río Besós, debió de ser un humedal plantado de alisos, que incorpora con su nombre un viejo vocablo celta en tierra latina. El barrio de la Sagrera debió de ser suelo eclesiástico o quizá una misteriosa tierra consagrada. Ahora algunos de esos nombres corresponden a estaciones de metro y su significado se ha hecho más técnico, más radicalmente integrado a la composición de la ciudad. En realidad, la Barcelona actual, la que es al mismo tiempo clásica y moderna, a la manera en que pueden compaginarse sin dificultad ambos conceptos, no tiene nada que ver con santos ni con circos, ni con bosques de alisos, sino con un proyecto deliberado de urbanismo. Es la Barcelona del Ensanche, que corresponde a la expansión burguesa de la primera industrialización. Todavía en 1900 el escultor Manolo Hugué podía contemplar en la noche, desde Barcelona, el parpadeo de las luces de Gracia. En aquel rápido movimiento urbano, que sobre el plano aparece como una enorme retícula lanzada hacia el interior, la ciudad llegó a las faldas de las primeras lomas. Con ello se integraron los pueblos más cercanos, primero el pueblo de Gracia, más tarde Sarriá. Luego se rodearon las lomas y se integraron huertas y masías. Luego se intentó el asalto a los montes. Con el desarrollo del siglo XX el área de influencia de Barcelona hacia el interior ha llegado hasta los suburbios de Sabadell. El río Llobregat marca el límite hacia el sur. La expansión hacia el norte ha unido Barcelona con Badalona en una sola entidad urbana aunque no administrativa.

Dicen que aún quedan algunos aromas rurales en los barrios de Gracia y Sarriá. En mi opinión, esto no pasa de ser una entelequia en el barrio de Gracia, que ha sido un barrio de pequeños talleres, pero es particularmente cierto en el caso de Sarriá. La iglesia de Sant Vicenç con su hermoso campanario octogonal conserva el aspecto de una parroquia de pueblo. Su interior es desnudo como un templo protestante, salvo algunas capillas cubiertas de pinturas recientes imitando los mosaicos bizantinos. La plaza de Sarriá es un recuerdo de las *esplanades* plantadas de plátanos que pueden verse en todos los pueblos de Cataluña y del Rosellón. También las pequeñas calles del entorno son rurales, con sus puertas para carros y sus patios traseros con balaustradas de hierro o de terracota, donde crecen buganvillas y plumbago que en pleno mes de diciembre aún se atrevían a alumbrar alguna flor. La calle Salvador Mundi no se sabe si está dedicada a un particular con nombre de mesías o al Mesías. El pasaje Mallofré deja entrar en intimidades de vecindario. Antes de que Sarriá fuera una población y se levantara allí una iglesia, aquello se llamaba «el desierto de Sarriá», donde hubo retiro de ermitaños y donde dicen que habitó santa Eulalia, patrona de Barcelona. Sin embargo, se tiene la impresión de que la verdadera patrona de Barcelona es una estatua de bronce que se halla a la entrada del antiguo ayuntamiento y que representa a la diosa Pomona. Es obra de Josep Clarà i Ayats, nacido en Olot en 1878. Pomona es una mujer robusta, de formas rotundas, caderas firmes, pies grandes de línea griega, rostro de facciones planas, ancho y sereno. El pelo es una melena espesa recogida en un moño o coleta corta. En la imagen de Pomona, Clarà representó a una Venus productiva y ésa es la idea que uno se hace de Barcelona.

Lo que me llevó a Sarriá a quince días de Navidad fue comprar turrón en la Confitería Foix que tiene un establecimiento en la plaza y otro, el primitivo establecimiento, en la Calle Mayor de Sarriá. En realidad no sólo se trataba de comprar turrón. En la Confitería Foix de la Calle Mayor nació Josep Vicenç Foix, uno de los grandes poetas catalanes contemporáneos, que además de ser un gran poeta siempre se ocupó de los negocios de la confitería familiar. Ello no quiere decir que fuera un ermitaño literario. Josep Vicenç Foix fue poeta vanguardista. Recibió en su edad madura todos los honores de las letras catalanas. La República francesa le nombró *chevalier des arts et des lettres.* El gobierno de Madrid le concedió el Premio Nacional de las Letras Españolas. Murió en 1987 al día siguiente de cumplir noventa y cuatro años y su capilla ardiente fue instalada en el palacio de la Generalitat. La Confitería Foix fabrica unos bombones con su retrato. Son unos bombones tristes, envueltos en papel de plata, que hacen pensar en esas fotografías ovaladas que se ven en las cruces de los cementerios. Es curiosa la relación que en algunos casos ha existido entre los grandes hombres y los negocios modestos. El filósofo Balmes nunca dejó de interesarse por la buena marcha de la sombrerería que su familia tenía en Vic.

Se trataba, pues, de conocer el lugar donde un hombre de tanto prestigio había pasado la mayor parte de su vida, durmiendo en la cama donde su madre le había parido y donde él mismo murió. No celebró en esa cama su noche de bodas porque fue soltero. Hay en la vida de Josep Vicenç Foix una extraordinaria combinación de dulce vida gris y de vida interior resplandeciente, como si junto al obrador de la confitería hubiera un laboratorio de alquimia donde se fabricaran piezas de oro. Las circunstancias de su tiempo propiciaban esa doble existencia. Decía Lichtenberg que hay dos maneras de resolver la vida, no apartándose del lugar donde uno ha nacido o alejándose a los confines de la tierra. Normalmente la vida, en la mayoría de los casos, es un compromiso intermedio, pero recordando a Josep Vicenç Foix no se puede dejar de pensar en Virgilio, que murió sin haber podido regresar a criar pequeñas gallinas negras con cresta colorada a la granja cerca de Mantua donde había nacido. Junto a la puerta de la Confitería Foix hay una pequeña placa de bronce con cuatro versos del poeta:

> *Tota amor és latent en l'altra amor.*
> *Tot llenguatge és saó d'una parla comuna.*
> *Tota terra batega a la pàtria de tots.*
> *Tota fe serà suc d'una més alta fe.*[1]

Son versos generosos, saturados de prosodia catalana, sabrosa como pan tierno, siempre más suave en lo escrito que en lo oral. Por ellos ha pasado el espíritu de Ramon Llull. Se tiene por cierto que un poeta sobrevive en la memoria de su pueblo cuando sus versos los cantan los muchachos, pero lo mismo puede decirse cuando sus versos figuran en la puerta de una confitería. De los versos de Josep Vicenç Foix se hicieron algunas canciones. Los catalanes veneran a sus poetas, que no suelen ser poetas heroicos, ni poetas de folclore, ni poetas muertos en circunstancias desastrosas, sino poetas profundos, un punto místicos y otro punto sensuales y materialistas, como la doble existencia del obrador y de la alquimia de que hablábamos antes.

---

1. «Todo amor late en el otro amor. / Toda lengua es sazón de un habla común. / Toda tierra palpita en la patria de todos. / Toda fe será savia de una fe más alta.»

*Ocells*

Una de las palabras más bellas de la lengua catalana es la palabra *ocell*, que significa pájaro. La palabra *ocell* es pariente cercana del italiano *uccello*, también de una sonoridad muy bella, y pariente algo más lejana del francés *oiseau*, aunque *ocell* resulta más suave y plumífera. No sé de dónde viene que en castellano a los *ocells* los llamemos pájaros, una palabra esdrújula como una saeta. Además, en castellano, la palabra pájaro está cargada de sentidos colaterales peyorativos que nada tienen que ver con las bolitas de pluma que representa. Decimos pájaros de mal agüero y pájaros de cuenta para señalar a los sujetos de mala sombra y de poco fiar, con la misma palabra que llamamos pájaros a los canarios y al ruiseñor, y se tiene la impresión de que para estos últimos se necesitaría una palabra distinta, tan suave y tan liviana como *ocell*. Parece que en el siglo XIX, en Barcelona, al canario de la casa se le llamaba en términos familiares y cariñosos el *pacaritu*. Pero nos quedaremos con *ocell*. Todo esto sale a relucir para explicar que en Cataluña hay cierta afición a la cría de *ocells*, ya sea por el canto o por lo bonito de la palabra y de la pluma, o por el capricho de tener una presencia en casa. Además, hay una actividad muy poco conocida fuera de Cataluña que es la cría de pájaros de combate.

Igual que en China se crían peces de combate, en Cataluña se crían y adiestran pájaros de combate. No se trata de peleas como las peleas de gallos, ni de combates físicos o cruentos. Antonio Caballero Cruz, natural de Baena (Córdoba), era criador y entrenador de estos pájaros. Tenía carnet de la asociación de Competicions Oficials d'Ocells de Cant de Cornellà. Los pájaros preferidos por Antonio para las peleas eran los jilgueros, verderones, pardillos y pinzones. El carnet daba derecho a atrapar con red cinco pájaros de cada especie para entrenarlos y presentarse a las competiciones. Antonio había llegado a Barcelona en 1957. Había trabajado de peón de albañil, luego de albañil, luego de encofrador, y había terminado por jubilarse en el servicio de mantenimiento de un hospital. Su esposa Lola, natural de Écija (Sevilla), era una mujer de buen cuerpo, discreta pero de gran presencia. Llegó a Barcelona por la misma época y había trabajado y aún trabajaba de cocinera y doncella. Antonio me enseñó sus pájaros. En aquel momento tenía seis, cuatro jilgueros y dos verderones. Los mantenía en la oscuridad, en pequeñas jaulas enfundadas en bolsas cerradas con cremallera. Se les bañaba, se les cuidaba y se les alimentaba bien. Le pregunté cómo eran los combates. Me explicó que los combates se realizaban en recintos cerrados. Se ponían en línea, sobre una mesa, las jaulas desenfundadas con los pájaros que entraban en competición. Siempre eran machos y eran pájaros de la misma pluma, jilgueros contra jilgueros, verderones contra verderones, etcétera. Se separaba cada jaula de la jaula vecina con un cartón lo mismo que se separa a los caballos con un panel en la salida de las carreras. Se cruzaban apuestas. Se retiraban los cartones. Cada pájaro descubría entonces al pájaro de la jaula vecina y empezaba a gorjear. En un momento dado, muy breve, cualquiera de los pájaros lanzaba un trino agudo de desafío al pájaro vecino. El jurado debía estar muy atento y con mucho oído. El pájaro que primero trinaba vencía a su vecino porque demostraba ser el pájaro dominante. Se seleccionaban así las jaulas de los primeros trinadores y se retiraban las de los pájaros que se habían limitado a gorjear. A continuación, a los trinadores se les hacía competir entre ellos del mismo modo. Subían las apuestas. Se procedía a una segunda selección. Y así, por tandas sucesivas, se llegaba a proclamar un campeón de jilgueros, o de verderones, o de pardillos. Todo esto parece muy complicado, pero en realidad es extremadamente sutil. Es tan sutil que podrían haberlo inventado los chinos. Las competiciones se realizan en primavera, cuando las hormonas de los pájaros y de todo el mundo andan más altas. Antonio fue descubriendo las jaulas con sus pájaros, una tras otra. Eran pajarillos vivaces, nerviosos, súbitamente sacados a la luz; los jilgueros con su cara colorada, su boina negra, el collar blanco y el codo de las alas amarillo, como las «pintadas avecillas» de los poemas bucólicos del Siglo de Oro; los verderones con su plumaje finísimo, de un verde aterciopelado, un verde en sombra, mimético, liso y mate, con una sospecha de amarillo limón, como si el verderón fuera un canario de incógnito. Antonio tenía esperanzas de que alguno de sus pájaros, especialmente los jilgueros, llegara a triunfar en las competiciones de Cornellá. Durante algunas horas al día los sacaba a tomar el sol. Acercaba las jaulas para que aprendieran a desafiarse. Le pregunté si los campeones se vendían y se compraban. Me dijo que un campeón podía alcanzar las cien mil pesetas. Le pregunté cuánto llegaba a vivir un pájaro. Me dijo que podía vivir unos cinco años. Me enteré de que los pájaros de combate siempre había que capturarlos en el campo, eran pájaros de libertad. Si los pájaros que caían en su red no le convenían, o eran hembras, Antonio los soltaba, hasta quedarse con los cinco ejemplares que le autorizaba su carnet para entrenar con vistas a los combates. Lo cierto es que también se quedaba con otros pájaros. Aquel mismo día Lola, su mujer, nos preparó un arroz caldoso con pajaritos. Creí entender que el plato era alegal, o ilegal, o medio legal. Al ver aquellos *ocells* en el arroz pregunté con melancolía si eran jilgueros o verderones vencidos en los combates, o qué clase de pájaros eran. Lola me dijo que eran gorriones y estorninos. El arroz con pajaritos tenía un delicado amargor al paladar. Es plato muy apreciado. El sofrito le daba un color rojizo. Los pajaritos apenas tenían un medio bocado de pechuga fibrosa, oscura, un punto más amarga que el arroz.

## Anatomía de una comarca

La Segarra ocupa en la geografía de Cataluña el lugar que ocupa el hígado o el bazo en el cuerpo humano, es decir, una posición ligeramente asimétrica respecto al centro de gravedad del territorio, desplazada en el equilibrio de la región, igualmente apartada de los pintorescos valles pirenaicos y de las concentraciones industriales, aunque suficientemente irrigada por los ejes de circulación y a pesar de ello suficientemente reservada como para pensar que es un órgano dormido que ya cumplió su función histórica. Los catalanes llaman a la Segarra *terra ferma*, que no tiene el sentido que los habitantes de la laguna de Venecia dan a las tierras del litoral, sino que significa tierra dura o tierra recia, un calificativo que en la Segarra se lleva con un discreto orgullo. Históricamente la Segarra no es la Cataluña Vieja del norte, sino la Cataluña de la primera expansión, a costa de las taifas moras de Lérida y Tortosa. No es el corazón de Cataluña, que los catalanes de la comarca de Osona reclaman para Vic, ni es la Cataluña del Ampurdán, reflexiva, quintaesenciada, que se reconoce y se palpa a sí misma. Las tierras de la Segarra fueron la primera colonización catalana en tierras árabes, una operación militar de envergadura, a escala de la época, que se sitúa en las primicias del año mil. En la comarca se levantan ciento setenta y cuatro torres o castillos, algunos casi intactos, otros resquebrajados por el rayo del tiempo, otros reducidos a sus cimientos, pero en cualquier caso se trata de un número tan considerable en un territorio proporcionalmente reducido que puede decirse que cada pueblo nació como una fortaleza. Ello es debido a que la tierra no presenta defensas naturales, salvo el espolón rocoso que ocupa la capital, Cervera, y algún que otro punto aislado. El único modo de ocupar un territorio en esas condiciones consistía en agrupar a sus pobladores alrededor de un búnker.

En el libro de Albert Turull titulado *Els topònims de la Segarra* se dice que el nombre de Segarra procede del vocablo pre-latino *sagarra*, de raíz euskalduna, que significaría «pomar», o «campo de manzanos», aunque el autor se apresura a añadir que a nadie se le escapa que, actualmente, la Segarra no tiene nada que se parezca a un campo de manzanos y su economía agrícola no es frutal. La Segarra es tierra seca. La Segarra ocupa las lomas y llanos intermedios que se escalonan entre los cerros escarpados de las tierras de Solsona y las vegas generosas, frutícolas, que riega el canal de Urgell. Sus perfiles geográficos son fluidos, labrados por el hombre desde muy antiguo, de modo que resulta inseparable la huella del cultivo en la percepción de las líneas del paisaje. Las formas de la Segarra las ha dictado el hombre. La topografía de secano de la Segarra es obra humana. En tiempos se cultivó mucho el almendro y la vid. La vid fue arrancada a mediados del siglo pasado y no queda más rastro de su presencia que las bodegas y lagares en las casas más ruinosas de los pueblos, oquedades de planta circular, de aspecto primitivo, forradas de grandes baldosas curvas de barro cocido que determinan su circunferencia, sumergidas en una oscuridad donde aún se respira un lejanísimo efluvio de moho fermentado. En algunos rincones pueden verse las tinas de madera en las que se sacaba la uva de los campos en tiempo de vendimia. En algunos jardines esas tinas han sido transformadas en grandes maceteros. Eso es todo lo que ha quedado del vino de la Segarra sin que nadie parezca añorarlo. En cuanto a los almendros, se mantuvieron los árboles que formaban la linde de los campos. En las últimas semanas de enero, con los brotes ateridos, con las ramas prendidas en la niebla, los almendros anunciaban, sin embargo, con una leve y diminuta turgencia que al cabo de quince días estarían en flor. En lugar de la viña y de los campos de almendros, en la comarca se han extendido los cultivos de cereal. Pero la verdadera economía rural de la Segarra, lo que como diría el director de una sucursal bancaria, mueve dinero, es la ganadería estabulada. Hay granjas de terneros, de pollos, de conejos, de gallinas ponedoras, pero eso sí, especialmente hay granjas de cerdos. Los cerdos viajan. En las carreteras de la Segarra abundan los camiones cargados de cerdos. Incluso un amigo mío se encontró un cerdo vivo al borde de la carretera. Son cerdos viajando en todas direcciones, incluso en autostop. Se diría que al cerdo, como al vino de Jerez, le sientan bien los viajes. De Holanda llegan cerditos lechones recién nacidos, que se crían en la Segarra y son devueltos a Holanda ya grandes y maduros, con un culo como dos jamones, con los flancos cargados de chuletas y los lomos cargados de embutidos. El centro de mayor actividad económica de la Segarra es la Cooperativa Agropecuaria de Guissona. Una de sus fábricas de alimento para ganado produce diariamente un millón de kilos de pienso. Por el influjo de misteriosas fuerzas subterráneas, Guissona es el único lugar de la Segarra donde mana agua abundante. Guissona la fundaron los romanos. La villa se da a sí misma el nombre de *doll* de la Segarra, o cántaro de la Segarra. En términos simbólicos el cántaro es la imagen de la fortuna. Ello ofrece una metáfora muy tentadora para relacionar esa inmemorial abundancia de agua con el flujo actual de sangre y riqueza que brota de los mataderos de Guissona y derrama la prosperidad por toda la comarca.

Los paisajes de la Segarra son amplios pero nunca son desmesurados. La mirada abarca siempre la presencia humana y no es raro descubrir tres o cuatro pueblos, cada uno con su castillo respectivo, de una sola ojeada. Llegando de Zaragoza a Lérida el ferrocarril cruza unas estepas salpicadas de encinas, al norte de Fraga, poco antes de bajar suavemente a la vega del Segre. Desde allí se contempla la línea nevada de los Pirineos, a ras del horizonte, sin que ningún obstáculo intermedio interrumpa el panorama. A vuelo de pájaro la vista cubre, según el ángulo, entre cien y doscientos kilómetros. En un día limpio de invierno, la cadena de montañas, lejanísima y al mismo tiempo de una pureza cercana y real, cierra todo el arco norte del horizonte. El punto de vista es único. La personalidad del pequeño altiplano que cruza el ferrocarril es insignificante, apenas unos cerros pedregosos entre dos cuencas casi conectadas, pero se trata del único lugar del norte de la península donde puede apreciarse toda la amplitud de la gran cadena de montañas. Del otro lado del Segre, pasados los llanos intermedios de Urgell donde el terreno cobra algo de altura, los campos de la Segarra presentan suaves ondulaciones que se descargan en terraplenes, o son cortados por barrancos de poca entidad, salpicados de alturas igualmente limitadas, a veces boscosas y otras coronadas con el correspondiente pueblo y castillo. Desde esos altos de la Segarra se ven los Pirineos tras las sierras azuladas de Boumort y de Cadí. A diferencia del esplendor nevado que se puede ver al norte de Fraga, los picos blancos de los Pirineos vistos desde la Segarra se esconden detrás de una cortina de sierras azules, también lejanas, a veces de un azul denso, a veces escarchadas con azúcar. Los Pirineos asoman en dos o tres puntos, en trechos cortos, esquivando su verdadera magnitud, insinuando un paisaje verdaderamente escondido. Eso hace más real el terruño, de modo que la Segarra coincide con las comarcas que ofrecen sus propios límites, que son los que puede recorrer un hombre a caballo en un par de jornadas. Las montañas, lejos de presentar un agobio o una tentación, son apenas un horizonte decoroso de donde se sospecha que vinieron los pobladores del año mil. De allí llegan también las tormentas y el granizo.

Algunos de los castillos de la Segarra están habitados, no más de tres o cuatro. Éste es el caso del castillo del barón de

Albí, en Montsenís, que el barón abre al público. El actual barón de Albí hace el número 32 de ese título, y si no existen rupturas o artimañas en la genealogía, debe de tratarse de uno de los títulos más antiguos de España. ¿Cuánto tiempo vive un barón en activo, es decir, ostentando su título? Seamos prudentes. Pongamos que vive treinta años a partir del momento en que recoge el título de su difunto padre, el barón anterior. Ello nos hace remontar el título de barón de Albí unos novecientos sesenta años atrás, siglo más siglo menos. Eran los tiempos en que el arte románico ni siquiera empezaba a ser una forma de expresión.

El castillo mejor conservado de la Segarra es el de Montfalcó Murallat. En realidad, además de un castillo, Montfalcó es un pueblo diminuto, o viceversa, el pueblo es un castillo. La iglesia ocupa la proa de la fortificación. En los mil años de existencia de Montfalcó ninguna construcción nueva ha escapado del círculo de murallas. Parece que todo el pueblo fue creado de una sola vez. La loma sobre la que se asienta está rodeada de suaves terrazas cultivadas, como planos sucesivos de una pirámide casi ovalada. En las últimas décadas el pueblo estuvo prácticamente abandonado. Los tres últimos habitantes, miembros de una misma familia, murieron de un envenenamiento de setas en una cena navideña. A pesar de esa tragedia gastronómica, en Montfalcó Murallat se ha instalado recientemente un restaurante.

Uno de los castillos invisibles de la Segarra es el castillo del pueblo de Ossó de Sió. Hace mucho tiempo que allá donde estuvo el castillo desaparecieron los muros y las torres. Los sillares se utilizaron para asentar los cultivos, sujetar terraplenes, fijar las hoyas de los caminos y deslindar las fincas. De modo que el castillo de Ossó se encuentra en misión civil, y puede contemplarse melancólicamente esparcido por los campos.

## *Santa Fe de la Segarra*

Desde la casa de la hija de Mercè Segalà, en Santa Fe de la Segarra, se disfruta de un paisaje que puede considerarse característico de la Segarra, a tenor de lo que ya se ha descrito. Las terrazas de la casa están orientadas al mediodía. Los primeros desniveles los ocupa un jardín ornamental, en apariencia abierto y despejado, en realidad un tanto sinuoso, con rincones secretos, o, mejor dicho, con pequeñas curvas o regazos donde siempre hay un *ocell* que por temor al arroz con pajaritos o por temor a convertirse en pájaro de combate levanta el vuelo. Los siguientes escalones hasta la línea del valle son pequeñas fincas plantadas de almendros y olivos, dispuestas como los cajones abiertos de una cómoda. A los pies de los bancales corre el río Sió, apenas un arroyuelo, pero que antiguamente alimentaba molinos que servían para moler el grano de todo el pequeño valle. El gradiente es suave. Es uno de esos valles que apenas aparecen en las cartografías. Los expertos en marchas campestres lo llamarían una vaguada. La ladera opuesta es la que nos interesa, porque representa la perfección del trabajo humano sobre un paisaje. Son líneas fluidas, delicadamente curvas, con la elegancia de las formas deslizantes. Las comarcas sin características acusadas no por eso resultan más difíciles de describir. Cualquiera puede describir el Himalaya. Con el Himalaya se puede hacer reventar la pluma. Es mucho más sutil y mucho más grato a la observación apreciar las sombras que desliza el sol de invierno por los campos, haciendo abstracción de todo el universo que no sea lo que se tiene delante de los ojos. El bosque ha sobrevivido en algunas laderas. Las fincas son amplias y se dibujan con precisión, con un golpe de pincel, perfiladas con una media luna de piedra a hueso que detiene el corrimiento de las tierras. Es una caligrafía de la propiedad rural. Una estética del catastro. Un bosquecillo de robles, sauces y álamos marca la ribera del río. Los amaneceres de Santa Fe son silenciosos. En los amaneceres limpios, cuando los campos aún están anegados de sombra, el cielo recoge algunos reflejos verdes. Es posible que ese matiz tan tenue llegue a la Segarra desde el lejano amanecer sobre el mar. En los amaneceres de niebla todo hace pensar que hasta las doce de la mañana nada romperá el silencio. El amanecer de invierno es un fenómeno delicado que nada tiene que ver con lo que uno sospecha que serán los violentos amaneceres de verano.

El castillo de Santa Fe también está habitado pero no al estilo del castillo del barón de Albí. El solar que ocupa es inmenso, desproporcionado respecto a las casas y a las tortuosas callejuelas del pueblo, y desde luego mucho más grande que el cementerio con aspecto de corralito que se ve al pie de la loma, a la vereda de un camino secundario que el destino quiere que sea un camino principal. El castillo de Santa Fe ha sido utilizado como uno de esos muebles aparatosos que se recuperan para un uso más confortable y modesto. Una parte está en ruinas. A través de las ventanas se ve el cielo. En otra parte hay tres o cuatro viviendas, algunas muy bien mantenidas, viviendas de fin de semana, entre rústicas, medievales y coquetas. Otras son viviendas de payés, con todos los atributos, los emblemas y los olores del trabajo del campo. Esto lo mismo incluye la maquinaria agrícola que los arreos de mulas ya inservibles y que las latas de aceitunas transformadas en tiestos de geranios.

Una tarde, desde el castillo de Santa Fe, Aurelia Campos, de Cal Botet, admiró conmigo un crepúsculo esplendoroso. Era una mujer menuda, con el pelo rizado y corto, de unos cincuenta años de edad, encogida de hombros, que se abrazaba a sí misma con prisa, como las niñas de los pueblos cuando salen de la escuela. «Todos los días es distinto», me dijo refiriéndose al espectáculo del cielo. Era algo más que un comentario banal. La admiración era sincera en boca de quien todos los días ve el crepúsculo delante de su casa. La puerta de su huerto, en lo que había sido el glacis del castillo, era un viejo somier que se abría y cerraba con extraordinaria suavidad, sin un quejido, como la puerta hidráulica más moderna. Acababa de recoger las gallinas. Desde allí se veía el pueblo de Altarriba, en la ladera de un cerro, al igual que Santa Fe, buscando el mediodía. Más lejos aparecía Sant Ramon, un pueblo estirado a lo largo de una sola calle, entre una iglesia con un campanario agudo y un enorme convento que en la Segarra llaman el Escorial. Hacia el norte estaba Sant Guim de Freixenet, un pueblo nuevo, nacido con el ferrocarril. Soplaba un aire violento y frío que obligaba a levantarse el cuello de la cazadora y a Aurelia la obligaba a recogerse los flancos de la bata de flores. Me preguntó de dónde venía. Le dije que de la casa de la hija de Mercè Segalà. Entonces me dijo que su padre había servido a Joan Balcells, el marido de Mercè Segalà. Durante la guerra, cuando habían venido a buscarle, le había ayudado a descolgarse por una ventana trasera. Ella recibía todas las Navidades un regalo de su hija. Nos refugiamos al abrigo de su casa. ¿Cómo se llamaba aquel viento? En la comarca a aquel viento le llamaban el *seré*. Me comentó que aquella semana era la semana del frío, porque estábamos en la semana de los Tres Barbudos. ¿Quiénes eran los Tres Barbudos? Me dijo que eran los santos de la semana más fría del año, san Antonio, san Vicente y san Sebastián. Pensé que san Sebastián era un efebo barbilampiño al que se representa acribillado de flechas. Le dije que en todas partes san Sebastián era un joven sin barba. Ella me dijo que sí, san Sebastián era un joven sin barba, pero en lo referente al frío de la Segarra se le incluía entre los Tres Barbudos.

A la Segarra le llaman la Siberia de Cataluña, me decía el encargado del bar del Círculo Cultural y Recreativo, en Sant Ramon, un muchacho bien alimentado, castaño tirando a rubio, de tez pálida, con los ajos azules y aguados. Por las mañanas preparaba carajillos con ron Pujol, un ron catalán del color del regaliz, y por las tardes preparaba tónicas con ginebra Giró, una ginebra aceptable, y jugaba al ajedrez con algún cliente cuando la sala estaba despejada. Su madre y su hermana sonreían desde otra mesa. El negocio era propiedad municipal, en arriendo. Junto al bar había una sala de baile que se activaba los sábados y los domingos. No era una discoteca. Era una sala de baile. El ayuntamiento la había instalado con ayudas de la Comunidad Económica Europea para fomentar el ocio rural. Entre Altarriba y Santa Fe, decía, hay una hondonada que servía de barómetro para predecir las cosechas. Los años de buena agua la hoya se encharcaba y apenas se podía labrar. Ése era año de buenas cosechas para el resto de los campos y malos para la hondonada. Por el contrario, los años de poca agua, que en la Segarra eran los más, la hondonada era un lugar fresco, que se esponjaba como una madre, conservaba un resto de humedad y rendía cosechas milagrosas cuando los demás campos estaban paupérrimos. Me decía también que la Segarra era una comarca que se expresaba en cuatro palabras con cuatro erres: *rics*, *rocs*, *rucs* y *rectors*, es decir, ricos, rocas, rucios y rectores. El proverbio era antiguo. Me dijo que ricos puede que los hubiera entonces y ahora. Rocas desde luego las había. Los campos eran pedregosos y las rocas estaban a medio metro de profundidad bajo el suelo. Dijo que los rucios, aquellos asnos que eran, junto al *hereu*, el segundo hijo predilecto en las familias de la Segarra, hacía tiempo que habían dejado de existir. En cuanto a los rectores, curas o arciprestes, aparte de la escabechina que se había hecho durante la Guerra Civil, simplemente ya no los había. Su número se limitaba a un cura para cada docena de pueblos y en aquel imponente monasterio que teníamos enfrente y que en las guías llamaban el Escorial de la Segarra solamente había tres frailes.

## Cervera

La capital de la Segarra ocupa el extremo más abrupto de un cerro, el Mont Seré, que, como el famoso fragmento para piano de Erik Satie, podríamos llamar un apéndice rocoso en forma de pera. A la vista de su posición, la antigua ciudad de Cervera fue toda ella una fortaleza fácilmente defendible, crucial en el avance de la Vieja Cataluña pirenaica hacia las tierras del Ebro. Domina la depresión del río Ondara, un curso de agua que apenas merece el nombre de río, y que en la ciudad rival de Tárrega, capital de la comarca de Urgell, que abunda en caudales de agua de mayor importancia, llaman despectivamente *el reguer*. El carácter de ciudad fuerte que tuvo Cervera se ha conservado en el cinturón de sus murallas y en el aspecto de su Plaza Mayor, que aún guarda la traza cerrada y sobria de un patio de armas. El ayuntamiento y la colegiata serían la ciudadela. Los estrechos soportales hacen recordar que hubo un momento en que, siguiendo la evolución de lo militar a lo civil, el patio de armas se transformó en plaza del mercado.

Antiguamente la carretera nacional pasaba directamente por Cervera. Después de la Guerra Civil, hacia el año 1945, un alcalde, sastre de profesión, emprendió la construcción de un túnel que evitaba la subida a la ciudad, ante la indignación de los comerciantes de Cervera, que perdían caja, y de los socios del casino, que desde la terraza se distraían viendo pasar los coches. El tráfico por la carretera nacional a la altura de Cervera se hizo mucho más fluido, pero el acoso que sufrió el alcalde por parte de sus vecinos le obligó a dejar el ayuntamiento y después a cerrar la sastrería. Emigró a Barcelona, donde abrió una nueva sastrería que no prosperó. Aquel hombre, que mejoró la circulación en Cervera en detrimento del comercio local, murió en la ruina y amargado como un poeta. Hoy día el túnel presta inestimables servicios a la circulación de corto recorrido. La carretera nacional transformada en autovía se ha desplazado a varios kilómetros del pueblo y en Cervera ya nadie se acuerda del sastre.

El esplendor de Cervera se afirmó con la llegada a España de la dinastía de los Borbones. Como es bien sabido, durante la guerra de Sucesión, toda Cataluña se proclamó partidaria del archiduque Carlos, el heredero de la casa de Austria, en contra de la nueva dinastía, los Borbones. Toda Cataluña salvo Cervera. Desde el primer momento Cervera apoyó la causa de Felipe V. Con el triunfo del nuevo rey las recompensas y las represalias no se hicieron esperar. Cataluña perdió sus antiguas prerrogativas y sus órganos autónomos de gobierno, mientras que Cervera era recompensada con una espléndida universidad al tiempo que se cerraban el resto de las universidades de Cataluña. Se puede decir que hubo motivos para que Cataluña aborreciera en cierto modo a Cervera lo mismo que aborreció a Felipe V, aunque en la capital de la Segarra había nacido, en el siglo XIV, el primer gobierno autónomo catalán, la Generalitat. En realidad, la Universidad de Cervera fue un prodigio de innovación. Su enseñanza se equiparaba con el mejor pensamiento del Siglo de las Luces. Durante más de cien años de sus aulas salieron nombres que figuran en todos los libros de historia y especialmente de la historia catalana. La disciplina era rigurosa. Las normas de vida, estrictas. Por eso, o por aversión al fundador, los estudiantes, al graduarse, juraban solemnemente no volver a poner los pies en Cervera.

El aborrecimiento a Felipe V en Cataluña siempre fue tenaz y se ha mantenido hasta nuestros días. Hace pocos años, un hombre, natural de Teruel, de apellido Cañete, abrió un bar en la parte nueva de Cervera con el nombre de Felipe V. Todo el mundo piensa que lo hizo con la mejor intención. Aquel hombre vio el magnífico edificio de la antigua universidad, supo el nombre del rey que lo había mandado construir y puso al bar su nombre. El caso es que unas veces se encontraba con el letrero embadurnado de pintura. Otras veces se encontraba con que se lo habían deshecho a pedradas. Cierta noche alguien defecó copiosamente a su puerta. Al fin comprendió el equívoco, o alguien le explicó que en tierras catalanas el nombre de Felipe V no era bienvenido. El propietario del bar se ahorró cambiar de letrero. Quitó el número romano al nombre del establecimiento y el bar Felipe V se llama actualmente bar Felipe. Todas estas informaciones y muchas más se las debo a Ferran Forcat, el guía que la hija de Mercè Segalà puso a mi disposición para que me enseñara Cervera. Era un hombre ágil, escurrido de carnes, de piel curtida, nariz y orejas grandes, el prototipo del griego de mil recursos que a veces se encuentra en Cataluña, con unos ojos pequeños, encovados y oscuros, brillantes de curiosidad e inteligencia. Tenía una chaqueta de bolsillos profundos, donde guardaba media docena de manojos de llaves, de modo que en Cervera no me quedó puerta sin abrir, desde la celda donde estudió el filósofo Balmes hasta la caja fuerte con aspecto de mazmorra donde antiguamente se ponían a buen recaudo los fondos municipales.

En el libro *Els topònims de la Segarra* se dice que el río Ondara vendría a ser, en raíz euskera, el río del arenal. Desde la ventana trasera del bar Felipe se veía la hondonada del río, con las curvas y las cuestas de la antigua carretera, los edificios en ruinas de lo que habían sido unas ventas, una fábrica de harinas y un convento, las viviendas de un pequeño arrabal ni viejo ni nuevo, y a lo lejos la abertura del horizonte hacia las tierras de la Segarra baja y de la Conca de Barberà. El paisaje ofrecía un relieve más acusado que en ningún otro lugar de la Segarra. Los cortes del terreno presentaban un color algo más rosado y arcilloso que en la Segarra superior. La piedra de la

Segarra, me decía Ferran Forcat, es de dos clases. Hay un estrato firme que sirve de cimiento a todas las construcciones, un lecho de roca, una bandeja de piedra sobre la que se ofrece y descansa toda la Segarra. A veces se rompe en la cortadura de los terraplenes como un pastel de hojaldre pero otras veces su materia es dura. En la comarca a ese estrato firme lo llaman *fité*. De esa piedra madre que sirve en mayor o menor grado de base primordial a toda la Segarra se extrae una piedra calcárea, blanca, difícil y brillante, muy apreciada por los canteros, a la que llaman *pedra calar*. Hay otra piedra más suave, entre verdosa y rojiza, piedra arenisca, *saulonosa*, a la que llaman *pedra dolça*. Con ella se fabrican los dinteles, las columnas, los ornamentos, por ser más fácil de trabajar. Viene a ser lo contrario que en otras regiones de España, donde la piedra arenisca es más dura y difícil de labrar que la piedra calcárea. Naturalmente estas distinciones no tienen ninguna vigencia en los tiempos del hormigón, pero si se quiere hacer hablar a las piedras es bueno poderles dar un nombre. A media distancia del pueblo, hacia el lado de levante, se veía un cerro característico. Era una muela de roca desnuda, de buena altura, redondeada por la erosión, con la forma de un puño cerrado. La llamaban el Turó de les Forques, o promontorio de las horcas, porque hasta tiempos relativamente recientes en ese lugar se levantaban los patíbulos. Ferran Forcat me dijo, con una sonrisa, que su apellido en castellano significaba Ahorcado, Fernando Ahorcado, y probablemente tuviera que ver con algún antepasado suyo que murió ajusticiado.

Durante alguna de las guerras carlistas hubo combates en el mismo núcleo urbano de Cervera. De ahí le vino el nombre a la calle del Combate, donde se produjo lo más duro de la refriega. La calle Burgos y la calle Soria corresponden a las calles donde se hallaban apostados los regimientos con ese nombre. Para entonces la universidad se había transformado en un cuartel. Desde el campanario de la vecina iglesia de San Antonio se bombardeaba el patio, de modo que en previsión de futuras revueltas se ordenó abatir el campanario. Para la época de la Guerra Civil, la universidad era un seminario de frailes claretianos. El día 2 de septiembre de 1936, al mes y medio de iniciarse el conflicto, los sesenta y dos frailes que formaban la comunidad fueron fusilados. Una pequeña lápida les recuerda de forma anónima, salvo uno de ellos, el más joven, citado con nombre y apellidos. Sus verdugos le llevaron al burdel para organizar una oscura farsa antes de darle un tiro. Algunos días más tarde pude ver, en la cripta de la catedral de Vic, la lista de doscientos veinte curas y frailes muertos en aquella diócesis. Los jóvenes de mi generación que fuimos antifranquistas siempre habíamos pensado que las historias de asesinatos de curas durante la guerra eran fruto de la propaganda del dictador y nunca llegamos a imaginar que correspondieran a una realidad tan cruda. Ésas son las ignorancias electivas. También la Iglesia quiso ignorar después del conflicto los fusilamientos de tantos hombres y mujeres republicanos que ni siquiera fueron considerados prisioneros de guerra. En las postrimerías de la Guerra Civil, Cervera sufrió algún bombardeo. Mi guía, Ferran Forcat, tenía entonces nueve o diez años. Un obús cayó en la calle donde él vivía, matando a ochenta personas. Él mismo estuvo entre los heridos. Apartó un mechón de pelo canoso para mostrar la cicatriz que dejó en su cabeza la metralla. Su hermano mayor, de dieciocho años, fue movilizado en la última quinta que combatió en el ejército de la República, aquella que llamaron la quinta del biberón, por ser todos tan jóvenes, casi unos niños. Nunca volvieron a tener noticias de él. Suponen que murió en los alrededores de Camprodón, en plena retirada. Su madre sintió tanto dolor que nunca recuperó el buen sentido.

El paraninfo de la universidad es una capilla absolutamente

versallesca en tierras que de suyo fueron austeras. Un hombre de prestigio, el señor Duran i Sanpere, miembro de la Generalitat, lo salvó de las destrucciones de la Guerra Civil tapiándolo con un muro, lo mismo que salvó, como quien esconde un mueble, el extraordinario Cristo románico de San Antonio. El barroco catalán es lo suficientemente raro y alógeno al espíritu de la tierra como para merecer la atención. El barroco versallés transportado a Cataluña es una decoración suntuosa y rítmica, y un tanto fúnebre en su propia solemnidad, como un baile orquestado por Lully. El aborrecido Felipe V, duque de Anjou, criado en Versalles, también dejó en Cervera esa huella. En la gran colegiata de Cervera florece el espíritu gótico de Cataluña, que en casi todos sus edificios, incluso en los más sagrados, siempre es austero y espacioso, como si las iglesias tuvieran algo del espíritu de una lonja. La capilla del Santo Misterio en la colegiata de Cervera también es versallesca, con sus ángeles que inician un paso de ballet insinuando la pierna por encima de la rodilla. El señor Duran i Sanpere salvó la capilla del Santo Misterio prometiendo a los milicianos que, al final de la guerra, el monumento sería sacado a la plaza y transformado en una fuente pública. El argumento convenció a los revolucionarios, que en el fondo utópico de su pensamiento siempre han concebido la paz como un asunto de la administración de parques y jardines.

La mayor parte de los negocios de la Calle Mayor de Cervera han cerrado sus puertas y se han trasladado a la parte nueva, de modo que la calle se ha quedado sola con sus estrechos soportales que cubren comercios ciegos, y con sus casonas de próceres locales, y con el solar donde, como se ha dicho, se proclamó la primera Generalitat de Cataluña, junto al palacio donde Fernando de Aragón firmó sus capitulaciones matrimoniales con Isabel de Castilla. La Calle Mayor no es una calle monumental. Es simplemente una calle melancólica, a la espera de que vuelva el comercio. Es bastante ironía para el nacionalismo catalán que la casa donde se proclamó el primer órgano de gobierno autónomo de Cataluña se encuentre, pared con pared, junto al lugar donde se registró documentalmente el meollo mismo de la unidad de España. Pero la historia del país es complicada y, como si fuera un folletín, parece buscar esas coincidencias. Cervera pasa por ser una ciudad sin espíritu comercial. El espíritu comercial se ha quedado en la ciudad vecina de Tárrega. A cambio, Cervera presume de una vida cultural agitada, con afición por el teatro, con dos auditorios y un conservatorio de música. Un refrán local lo dice así:

*A Tàrrega comerciants,*
*i a Cervera comediants.*

Seguramente fueron los estudiantes de la universidad, en una proporción de dos mil quinientos estudiantes para una población de dos mil almas, los que dieron a Cervera el espíritu comediante. Lo más interesante de la Plaza Mayor son los tres balcones del ayuntamiento o *paeria*. Cada balcón está soportado por cinco ménsulas de buen tamaño. Las del balcón de la izquierda representan los oficios de la justicia, más o menos identificables, el juez, el carcelero, el alguacil, el pregonero, el verdugo. Son figuras grandes, como máscaras de barco o caricaturas de piedra. Otras cinco, las del balcón de la derecha, son algo más misteriosas. Parece que representan los cinco dolores, sin que se sepa muy bien, quitando la migraña y el dolor de muelas, cuáles puedan ser éstos, aunque otros dicen que representan cinco oficios o gentes del mercado. Por último, las del balcón central, son las de significado más claro y representan los cinco sentidos. El tacto es un hombre que se acaricia la barba. El olfato es un hombre que se toca la nariz, y así sucesivamente. Salvo el gusto. El gusto no es un glotón, ni es un hombre con aspecto epicúreo. El gusto es una mujer con aspecto de Celestina que baja la cabeza y abraza su propio cuerpo. El gusto se interpreta como el gusto del bajo vientre, y no es el gusto del paladar, ni siquiera el buen gusto, sino el gusto sensual y sexual de dar gusto al cuerpo. A pesar de todos los genios que salieron de su universidad, ese debió de ser el espíritu y el caldo gordo de los estudiantes de Cervera.

El espíritu comediante de Cervera se manifiesta especialmente en un acontecimiento. Todos los años, por Cuaresma, se pone en escena la Pasión de Cristo y en ella toman parte unos trescientos cincuenta vecinos del pueblo. La tradición se remonta a varios siglos. Antiguamente las representaciones tenían lugar en el interior de la Colegiata. Hace pocos años, y ante el éxito de público, se construyó un teatro especialmente para ello, el Teatro de la Pasión, con un escenario gigante de cuarenta y dos metros de embocadura y un decorado en el que el Calvario está figurado por el Turó de les Forques para que el sabor local se implique en el texto evangélico. Es como si la Pasión se desarrollara sobre el paisaje que se ve desde las ventanas del bar Felipe. La obra se representa durante los diez domingos que preceden a la Semana Santa, alternativamente en catalán y en castellano. Le pregunté a Ferran Forcat quién hacía los principales papeles. O los papeles más turbios. Judas, por ejemplo. Me dijo que Judas antes lo hacía un fabricante de muebles, millonario, y ahora lo hacía un constructor, también millonario. Las clases sociales, en la representación de la Pasión, están muy mezcladas. Los actores lo son por afición. Gestas, el mal ladrón, lo hacía un peón de albañil. Dimas, el buen ladrón, lo representaba el director de la sucursal de un banco, y eso no era ninguna ironía. Le pregunté si él mismo representaba algún papel. Me dijo que sí. Representaba el papel de Malco, el individuo al que san Pedro cortó una oreja durante el Prendimiento, en el huerto de los Olivos. Observé las grandes orejas torneadas de Malco-Ferran. Muchos vecinos hacían de romanos, o de público, es decir, de pueblo de Jerusalén. La Magdalena era una profesora del instituto. Le pregunté por la Verónica, mi personaje preferido de la Pasión, la mujer que limpia el rostro de Cristo y se lleva en el lienzo su retrato. Ferran Forcat no recordaba quién hacía el papel de Verónica. ¿Y Cristo? Ferran Forcat se ensombreció. El personaje de Cristo había dado lugar recientemente a una tragedia. Durante años ese papel lo había hecho un guardia municipal que se había suicidado. ¿El personaje de Cristo se había suicidado? Sí, se había suicidado arrojándose a un camión que circulaba a toda velocidad por la autovía. ¿Se sabían los motivos? Ferran Forcat se apresuró a justificar que no se había suicidado por nada que tuviera que ver con la Pasión. Se había suicidado por problemas personales. Ahora el personaje de Cristo lo hacía un muchacho nuevo, muy voluntarioso, que se desenvolvía bastante bien.

*En los billares*

El Limbo de los Justos en Cervera, el lugar del verdadero reposo, se encuentra en la sala de billares del Casal. Hay cuatro grandes mesas verdes. La luz es potente y tamizada y el ambiente silencioso, como si las comunicaciones necesarias se hicieran por telepatía. Algunos espectadores en la sombra parecen levitar. La sensación general es de equilibrio. De una sola ojeada sobre el fieltro, los jugadores obedecen a una especie de rápida intuición geométrica, y si la carambola es particularmente difícil, se produce una pausa especulativa, y entonces el jugador se entrega a sus cálculos con expresión serena, o con ceño teológico, envuelto en una niebla luminosa como la que envuelve a los actores en un plató. Las posturas del cuerpo no son verdaderamente humanas. Bajo su simplicidad aparente el billar es un juego barroco. El gesto natural de dar tiza al taco se convierte en el único punto de contacto con la realidad positiva. El choque limpio y seco de las bolas de marfil, en cuatro partidas simultáneas, es la música de las esferas. También fue barroca la carrera de Chamillart, aquel ministro de Estado de Luis XIV que debió su entrada en la corte, su elevación y su fortuna a su habilidad en los billares de Versalles, y parece que no fue mal ministro.

*El Aquelarre*

Hay otro momento del año, además de la Cuaresma, en que tiene lugar en Cervera un tipo de representación diferente a la Pasión de Cristo. El último domingo de agosto se celebra el Aquelarre de Cervera, que viene a ser una especie de carnaval. Acuden miles de visitantes de todos los puntos de España. Hasta treinta mil visitantes se habían contabilizado el año anterior. El punto neurálgico del Aquelarre de Cervera es un callejón que llaman el callejón de las Brujas, a media altura entre el camino de ronda de las murallas y la Plaza Mayor. Me dijeron que el Aquelarre, además de desfiles y fiestas de disfraces, con bebida y ritos negros, y de la exhibición del macho cabrío, era en realidad una gran folladera. Ése era el fondo de la cuestión. Una folladera como la que dicen que hubo en París cuando los funerales de Victor Hugo. La juventud se abría la bragueta. El número cabalístico eran seis polvos, con seis desconocidos, en seis lugares diferentes. No anatómicamente diferentes, sino en diferentes lugares de la ciudad. Había más quinceañeras que perdían la virginidad ese día en Cervera que en toda Cataluña el resto del año. Se podía pensar que la Pasión y el Aquelarre de Cervera no eran fenómenos inconexos. Eso significa al menos que en Cervera la mitad del año se prepara la Pasión y la otra mitad del año se prepara el Aquelarre. Yo quería ver en ello un fenómeno compensatorio. Un maniqueísmo que mantiene el mundo en marcha. Una lucha de principios contrarios. Un amigo me dijo que no sacara conclusiones. Le respondí que no sacaba conclusiones, me limitaba a una constatación. Además, ¿cómo se explica sin una *vis satanica* que en la Pasión de Cervera el personaje de Cristo se haya suicidado?

## Algunas horas con un poeta

En Cervera vive Jaume Ferrán, uno de los poetas de aquella generación que empezó a publicar versos a mediados del siglo pasado, compañero de juventud de Gabriel Ferrater, de Carlos Barral, de Jaime Gil de Biedma, de Alfonso Costafreda y de los demás miembros de ese grupo, y quizá el último de ellos que está vivo. El primero en morir fue Gabriel Ferrater. Había asegurado que se suicidaría a los cincuenta años y lo cumplió. Se tomó un puñado de barbitúricos y se anudó una bolsa de plástico alrededor de la cabeza. Dos años después murió Costafreda. Era natural de Tárrega. Contrariamente al suicidio anunciado de Ferrater, el suicidio de Costafreda ha conservado una aureola de discreción, de tragedia y de romanticismo. En la antigua calle principal de Tárrega, antes del lugar donde se estrecha la calzada y empiezan los soportales, hay una lápida en la casa donde nació. Murió en Ginebra, en 1974. La última persona que habló por teléfono con él observó algo raro en su voz. «¿Estás con alguien?», preguntó. Obtuvo una respuesta de melodrama: «Estoy con la poesía». La respuesta alcanza la dimensión de la tragedia cuando interviene la muerte y transforma la frase en un destino.

Jaume Ferrán se fue joven a Estados Unidos. Fue profesor en la Universidad de Syracuse, en el estado de Nueva York. Ha vivido allí prácticamente toda su vida de adulto: cuarenta años. Es el prototipo del poeta expatriado, de los que siempre ha habido algunos nombres en la literatura española. Ahora tiene el aspecto de un viejo profesor, delgado, de piel blanca y sonrosada, canoso, con cabellera regular, con pestañas doradas, vestido con una elegancia entre bohemia y universitaria, que establece una diferencia visible entre la descuidada elegancia de Oxford, algo rancia, y la elegancia americana, verdaderamente atractiva, de la Costa Este. El día que yo le vi vestía un traje de fieltro negro con calidad de terciopelo, generosamente cortado, con esa holgura que favorece a las personas de movimientos amplios. Bajo la chaqueta llevaba un chaleco de punto con botones rosados. La corbata, de nudo grande, irregular, siguiendo la norma de anudar una corbata con negligencia, era de un color verde acuático, salpicada de esas flores de un blanco cremoso con pistilos amarillos que flotan en los manantiales, cruzada de rayas azules como un reflejo. Y con todo ello llevaba un bastón articulado tan práctico como el cigüeñal de un automóvil y calzaba unas zapatillas deportivas blancas.

Su conversación giró en torno a los poetas muertos. Los poetas de su generación. Luego hablamos de otras experiencias. Jaume Ferrán había publicado en 1973 una *Introducción a Ezra Pound* y esa circunstancia despertó mi interés como cuando se alumbra un recuerdo fósil, uno de esos recuerdos de lectura a los que la presión de las profundidades ha transformado en una veta de mineral precioso. La gente de mi edad había llegado a leer a Ezra Pound a través de los poetas americanos de la *beat generation*. Era quizá una moda. Sin saber a ciencia cierta cómo se atribuyen esas cosas, se consideraba a Ezra Pound el padre de todos ellos. Pues bien, Jaume Ferrán había conocido personalmente a Ezra Pound. Fue como si alguien me hubiera anunciado que había conocido al profeta Isaías. Le pregunté cómo había sido el caso. Jaume Ferrán me lo contó. Le había visitado en el hospital psiquiátrico Saint Elizabeth, en Washington D. F., un durísimo establecimiento militar donde el poeta permaneció encerrado durante trece años. Ezra Pound conservaba todo su genio mental. En el hospital le acompañaba su esposa, Dorothy Shakespeare. A Jaume Ferrán le acompañaba el traductor mexicano de Pound al español. Charlaron en un banco del jardín. A Pound le rodeaba una pequeña corte. Hablaron de los *Cantos pisanos*, que Pound hubiera querido traducir al español como *Cantares*. El gran hombre era un experto en el *Cantar de Mio Cid* y preguntó: «¿Siguen cantando todavía los gallos de Medinaceli?». Era una frase de nostalgia, quizá la que mejor evocaba para él un amanecer en España. Luego les mostró su celda. Luego les despidió. El gran hombre era ya un viejo cansado.

Todo esto poco tiene que ver con un viaje a la Segarra, pero el autor se puede permitir algunas divagaciones. Ezra Pound había pasado la Segunda Guerra Mundial en Italia, donde había colaborado en emisiones de propaganda antiamericana por radio con los fascistas de Mussolini. En 1945, al terminar la guerra, ocupada Italia, sus compatriotas le consideraron un traidor. Le capturaron en Pisa. Estuvo seis semanas expuesto a la intemperie en una «jaula de gorila» construida especialmente para él con las planchas perforadas de una pista de aterrizaje de emergencia. Su situación anunciaba las jaulas de macacos de los actuales prisioneros terroristas de Guantánamo, donde, por decirlo de algún modo, las jaulas de gorila se han democratizado. En esas condiciones, con el paisaje de una pista de aviación, de un campo de prisioneros, de la torre inclinada de Pisa y del destello del Arno, Ezra Pound concibió la primera versión de los *Cantos pisanos*. Por la noche un potente reflector caía sobre él. Por el día entabló amistad con un lagarto. Luego llegaron los trece años de reclusión en el hospital psiquiátrico militar. Hay que decir que América siempre ofrece algún rasgo extraordinario y el poeta traidor recibió en 1948 el premio Bollingen de la Biblioteca del Congreso. Eliot, Hemingway y Cummings le consideraron uno de los grandes poetas americanos, sobre el mismo pedestal que Walt Whitman. Robert Graves, por el contrario, le consideraba un farsante y le odiaba. Es difícil saber lo que Ezra Pound representa ahora, y no me refiero a la proyección actual de su estancia en la «jaula del gorila», ni a su encierro en el hospital psiquiátrico, sino al espíritu que baila en las palabras del poeta, como él mismo decía. El recuerdo de haber leído a Pound queda como una experiencia desordenada y admirable para los que fuimos atraídos hacia él cuando teníamos veinte años. Luego no ha pasado nada. Es decir, las experiencias admirables de lectura no conforman el mundo a su imagen y semejanza. Si acaso transforman la pupila del lector y se puede admitir que no es poca consecuencia. Aquí se podría utilizar el verso de uno de sus poetas favoritos: «Mais où sont les neiges d'antan?».[2] Más tarde, cada vez que fui a Venecia, nunca dejé de visitar el cementerio de San Miquele, de tumbas apretadas. Allí descansa Ezra Pound bajo una piedra de enormes dimensiones, una losa rectangular tan ancha que parece cuadrada, con su nombre y dos fechas, aunque como a todos los grandes artistas hubiera bastado con la fecha de su nacimiento. Su tumba es la más holgada del cementerio, como si sus años de cautividad le hubieran valido esa recompensa. Así se lo dije a Jaume Ferrán, que, como poeta vivo, sin duda supo apreciar la lejana devoción que se siente por un poeta muerto. Siguiendo a François Villon, no hay

2. François Villon: «¿Dónde están las nieves de antaño?».

poco mérito en creer que los muertos se convierten en pequeños dioses.[3]

Hizo tanto frío y tan mal tiempo a finales de febrero que cayeron copos de nieve en las caletas de la Costa Brava, algo que no se recordaba desde hacía muchos años y que asombró a las gaviotas más viejas. Nevó con fuerza en Vic y en Olot. Sobre Figueras los montes Alberes se cubrieron de escarcha hasta las cotas más bajas. Desde las calles del centro de Perpiñán se veía el Canigó resplandeciente y nevado hasta la base. Las urbanizaciones han penetrado y consumido los pinares de la Costa Brava como una plaga de orugas. El flujo de los habitantes, como el de las orugas, es estacional. En febrero los chalets estaban desiertos, como si una bomba de neutrones hubiera acabado con la vida humana. Habían empezado a florecer las mimosas, que en el Mediterráneo son árboles impacientes, de flor apresurada. El día 26 de febrero los racimos de flores amarillas estuvieron unas horas cubiertos de copos de nieve como en una acuarela japonesa de efectos pálidos.

Aquellos días de mal tiempo Gerona era una ciudad triste. La ciudad vieja recordaba la concha vacía de un caracol. Pasó la nieve y llegó una lluvia fría, batida por el viento, que entraba en los soportales. Las plazas del Oli, del Vi y de las Castanyes, con su nombre entre agrícola y mercantil, recordaban la estación del otoño, de las cosechas y de la abundancia. El río Oñar, que bajaba crecido, era una especie de calle fluvial. La pasarela metálica de las Peixateries Velles, que une la calle de Santa Clara con la ciudad vieja, es una estructura diseñada por la Casa Eiffel a la que probablemente sobran unas toneladas de hierro. Desde ese lugar, a mitad de la pasarela, Gerona aparece como la inversión arquitectónica de una vis-

3. Testament, LXXX. «Qui bien ce croit, peu ne mérit, / Gens morts être faits petits dieux.»

ta veneciana del Gran Canal. Lo que en Venecia son las fachadas nobles, en Gerona son las letrinas y los cuartos de servicio; lo que en Venecia son palacios, en Gerona son las traseras de las casas de vecindad. Lo asombroso es que la ciudad haya sabido transformar lo más humilde de la condición del vecindario en una vista atractiva, con un lujoso esplendor húmedo de ocres y rojos.

Dicen que la calle de la Força sigue el trazado de la Vía Augusta de los romanos, que entraba en la ciudad por el norte y continuaba por la margen derecha del río para cruzarlo por el lugar donde ahora se halla el puente de Piedra. En tiempos medievales el barrio del Call era la judería. En los patios cuadrados, robustos, estrechos pero con cierta nobleza, corría el agua de lluvia y chorreaban las hiedras. En el umbral de uno de esos patios había una paloma muerta. Al abrigo del arco de la escalera, en otro de los patios, había una gatita joven, mansa, lustrosa, de ojos brillantes y tiernos, pidiendo caricias en el rincón que había buscado para protegerse, en un estado de preñez tan avanzado que parecía un balón de pelo negro. Por la calle de la Força se llega a las escalinatas de la catedral. En la balaustrada había dos gaviotas ateridas, aguantando el mal tiempo, con el cuello encogido entre las alas, descansando sobre un solo pie.

La catedral de Gerona ocupa el espacio que fue la ciudadela de la fortaleza y domina desde una pequeña altura los barrios adyacentes y el torrente Galligants, que corre junto a la peña y se une con el Oñar por un cauce soterrado. Todo el entorno ha sido restaurado con mucho esmero. La iglesia de Sant Pere de Galligants es el modelo perfecto de una estructura románica, con sus tres pequeños ábsides, su claustro diminuto, su espacio oclusivo como un molde de galletas. Cuando Josep Pla la recorría en 1918 le encontraba un aire «cazurro, cobarde, payés, romanicote», lo que en boca de Pla no son forzosamente términos peyorativos, y se hallaba muy lejos del pulcrísimo románico diseñado que se ve ahora. La iglesia ha sido transformada en museo. En el lugar donde se celebraban los misterios cristianos, que es el punto esencial del templo, se puede ver un ara romana procedente de unas excavaciones, como si al hacer de la iglesia un museo arqueológico se hubiera procedido a una restauración de los viejos dioses. Los jardines del entorno, abruptos y románticos, recuerdan el paisaje que rodea a un retrato de Jacint Verdaguer en el que *mossèn* Cinto aparece de cuerpo entero, joven, guapo y melancólico, antes de cumplir veinticinco años, con chaquetilla espesa de franela, chaleco abotonado y una barretina cuyos pliegues le caen sobre la frente, en unos jardines con un sauce llorón y una vegetación variada y abundante como la cubierta de un libro de botánica para niños. Es el paraje de la Font del Desmai en Folgueroles. Pero estos jardines de Gerona junto al torrente Galligants, sin dejar de ser románticos, son mucho más austeros y tienen una aspereza de roca viva, más recia que melancólica, más municipal que poética. A poca distancia de Sant Pere se encuentra la ermita románica de Sant Nicolau. Esos monumentos tan pulcros y restaurados no siempre fueron considerados monumentos. La idea misma de conservación es propia de nuestro tiempo. Hacia 1910, cuando Santiago Rusiñol se paseaba por ese barrio, en la ermita de Sant Nicolau funcionaba un aserradero. La catedral domina los jardines desde lo alto de la peña. Se empezó a construir con una cabecera gótica de piedra porosa y oscura, como ahumada por el humo de los cirios o por el fuego de los volcanes de Olot, y se terminó con una fachada renacentista de suave piedra azulada. El interior es lóbrego, sin la gracia esbelta y desnuda del gótico catalán, ni la sensación de munificencia episcopal que introduce el Renacimiento. En el centro se levanta un armatoste de madera que es el coro. La cabecera gótica es la parte más misteriosa. Parece que hubiera sido arañada en alguna cueva. La parte renacentista, mucho más alta de bóvedas, hace de caja de resonancia, sin ningún efecto acústico por otra parte, simplemente como esos espacios que se construyen porque hay necesidad de albergar a mucha gente. Sin embargo, en ese mismo aspecto incompleto, lóbrego y sin gracia hay una especie de dignidad que siempre acompaña a los grandes espacios vacíos. Puede ser que el efecto de contraste proceda de la cueva gótica, que es la que atrae los pasos, una vez que se consumen rápidamente las posibilidades del ámbito central. Puede ser también que esa gran caja de piedra tenga en sí misma alguna proporción que la hace digna, o al menos tremebunda, como los espacios de los grabados italianos que representan prisiones, o canteras, o talleres sin maquinaria. En una pequeña capilla de la izquierda, en el arranque del espacio gótico, se encuentra la tumba de Ramón Berenguer, el cuarto de su nombre, conde de Barcelona, con una lápida que le dedicó Pedro III de Aragón, reclamándose como su octavo descendiente. En ella se refleja el interés de la dinastía de Aragón por entroncar con la dinastía del Principado, volviendo política y geográficamente la espalda a sus orígenes navarros. A la derecha, en el lado sur, en una capilla similar, hay una tumba más sugestiva. En ella descansa la joven Ermesinda, condesa de Carcasona, muerta en el año mil. En el museo de la catedral se conserva su sello. Es un óvalo de bronce con su nombre en árabe y en latín. La tumba de la joven Ermesinda ilustra los lazos que unían a la aristocracia de ambos lados del Pirineo. Su sello nos da una indicación de cuáles eran las lenguas internacionales de aquella época.

La luz de poniente entra en la catedral por un rosetón a gran altura con una vidriera que representa la Asunción de la Virgen. Parece una vidriera relativamente moderna. La Virgen sube al cielo sobre los rayos del sol en el ocaso, que se abren formando un abanico sumamente decorativo con las barras y los colores de la bandera catalana. Si no fuera por la posición de la vidriera, francamente crepuscular, la alegoría sería completa. Los nacionalismos siempre han afeccionado los símbolos ascensionales, en este caso la Asunción de la Virgen. El nacionalismo vasco celebra su fiesta el domingo de Resurrección. Menos meapilas y más pagano, el nacionalismo alemán celebraba la suya en el solsticio de verano, cuando el sol alcanza su plenitud.

Hacia el norte de Gerona hasta la frontera y hacia el este hasta el mar, el Ampurdán es una tierra transformada. Todos los restos de una civilización agrícola y comercial muy antigua, tan antigua como los pueblos del Mediterráneo, parecen flotar como los maderos de un naufragio. Probablemente el gran cambio se inició en el último tercio del siglo pasado. Quien conoció el Ampurdán hacia 1920 y quien lo conoció hacia 1970 creería hallarse en otra comarca o, mejor dicho, en otra historia. Se intuye la presencia de una civilización rica, y no me refiero a las lejanas culturas que acostaron por el golfo de Rosas, sino a la forma de vida que se formó en esta tierra con sucesivos sedimentos de aquellas culturas, a la manera de un suelo que crea sus propios componentes nutritivos y su propia personalidad. Luego llegó el turismo y la expansión urbana, esa especie de traslado de los suburbios de las ciudades al campo, como si el módulo expansivo de la arquitectura contemporánea, el elemento más vigoroso de la ocupación del paisaje, fuera el pabellón comercial. Ése fue el *raz-de-marée* que produjo el naufragio. La perfección de la idiosincrasia ampurdanesa había alcanzado un punto maduro y frágil. Se destruyó un arte de vida secular como se derrama una carga de sandías en un vertedero. Entre los elementos tradicionales son incontables las masías transformadas en restaurantes, o en hoteles con demasiado encanto, o en residencias secundarias de un gusto exquisito que destruyen aquello mismo que creen salvar, y no debe considerarse esto como una prostitución, ni siquiera si la masía se transforma en burdel, que sólo he visto una, sino como el indicador del cambio, de la misma manera que el pilón de piedra donde bebían los bueyes se llena de flores y los pesebres de la cuadra se utilizan de minibar. Existen rincones del Ampurdán que son limitadas reservas, pero se diría que hay más centros de jardinería que verdaderos huertos. Los servicios de ese género se han multiplicado. Las estatuas de piedra artificial para jardín no representan blancanieves y enanitos sino apolos, neptunos y afroditas, porque para algo estamos en el Mediterráneo. Se arrancan los viejos olivos de los campos y se venden como árbol ornamental. En esa transformación de la función del olivo, de su función productiva a su función decorativa, se resume la esencia de la pérdida cultural, aunque se puede estimar que el olivo gana en representación simbólica cuando se halla en el jardín de un barcelonés, porque entonces ya no es un olivo cualquiera, de los que dan aceitunas, sino el olivo que representa el Ampurdán para su propietario. La inmigración en el Ampurdán es la misma que en otras partes de la península. La inmigración es un elemento unificador de España, aunque sólo sea porque esas gentes no tienen causa nacional.

En Palafrugell nació Josep Pla, el ampurdanés que nos dio a conocer su tierra y muchas otras cosas fuera de ella. En el número 49 del carrer Nou está la casa donde vio la luz. Son dos edificios gemelos de dos plantas, con un jardín trasero que da sobre un campo de fútbol municipal de tierra batida. En tiempos de la infancia de Pla el campo de fútbol era una huerta muy grande, admirablemente cultivada. A nadie se le hubiera ocurrido desperdiciar una tierra tan buena para hacer un campo de deporte. Pla nació en el edificio de la izquierda, que ahora ocupa la Fundación Josep Pla. El ayuntamiento de Palafrugell ha arreglado el entorno. Ha puesto dos farolas y unas jardineras, y entre ambas cosas, entre esas farolas cinerarias y las jardineras, ha contribuido a darle un aspecto de panteón que la casa no tiene, como si fuera la casa en que Pla exhaló el último suspiro. El carrer Nou es una calle estrecha, de poco tráfico. Sin embargo, en el tramo que corre delante de la fachada del número 49 la calzada está alzada al nivel de las aceras y cubierta de baldosas, convertida en un breve tramo peatonal. Cuando llega un automóvil el conductor aminora la marcha y se oye el rumor sordo y agradable de los neumáticos sobre el embaldosado. El detalle municipal es tierno, aunque probablemente involuntario. Antiguamente se extendía paja delante de las casas de las parturientas para amortiguar el ruido de las carretas. Por eso es particularmente delicado que se amortigüe el ruido de los neumáticos cuando se trata de recordar que en aquella casa ha nacido un gran hombre y se quiere honrar el parto. Lo mismo se hacía en las casas de los agonizantes, pero ya hemos dicho que, a pesar de los cirios, Pla no murió allí.

Josep Pla nació en el número 49 del carrer Nou, pero a los cinco o seis años se fue a vivir a otra casa situada dos calles más allá. Aquella donde nació, que ahora ocupa la fundación, era una casa de alquiler. Los negocios de cerveza y arroz de su padre, aunque nunca llegaron a convertirse en un emporio y generar la abundancia económica, le permitieron construir la segunda casa. Desde cierto punto de vista, por ejemplo desde un punto de vista cercano a la astrología, puede ser más importante la casa donde uno ve la luz que la casa donde transcurre la infancia. Donde uno ve la luz actúa el *genius loci* del solar. Donde uno pasa la infancia actúa el genio doméstico. Éstas son cuestiones al mismo tiempo misteriosas y pueriles y no es lugar para abordarlas cuando lo que se pretende con la visita es rendir a Josep Pla un homenaje personal. No lejos de Palafrugell, en Llofriu, está el Mas Pla, donde el autor vivió largos años, hasta el final de su vida, enmascarado bajo la figura de un payés. Decía Josep Pla que desde Palafrugell, en su infancia, podía oírse el mar. Era un ronquido sordo, remoto y disperso, como una especie de mugido, los días de temporal de levante. Ahora también se oye ese rumor de fondo, pero es el rumor de la actividad humana y del tráfico de la carretera.

Vic, la capital de la comarca de Osona, es una de esas ciudades episcopales, como Solsona y La Seo, que son tan características de la personalidad del interior de Cataluña. Un cinturón de ramblas rodea el casco urbano. Eso produce al llegar una sensación espaciosa. La Plaza Mayor es un escenario amplio y vivo. Las pequeñas plazas crean un contrapunto íntimo y poético, como el que se recoge en pequeñas estrofas líricas al claro de luna, aunque aquí como en todas partes el comercio sólo atiende a la musiquilla de la caja registradora. Las mansiones de la burguesía opulenta unas veces recuerdan el modernismo descarado de Barcelona y otras veces recuerdan a esa Italia que se mueve en el ámbito de Romeo y Julieta. En el corazón de la ciudad hay un diminuto templo romano. Se descubrió en el siglo XIX, al derribar el palacio medieval de los Moncada. Cuando se acarreaban los escombros del palacio se vio que el patio eran los fundamentos de un templo. Antes sólo se había visto que era un patio. El descubrimiento causó una conmoción local. No se supo a quién había estado dedicado el templo. Los intelectuales de Vic pensaron que a Minerva, los políticos que al emperador. Un grupo de próceres locales se cotizó para reconstruirlo y dejarlo en el estado impecable en que se ve ahora, es decir, un edificio de características romanas, algo más sobrio que la Cámara de Diputados de París y de dimensiones mucho más modestas. El nombre de aquellos mecenas aparece grabado en las columnas del peristilo como peregrinos del arte. También han quedado un par de arcos de ladrillo del palacio de los Moncada. Lo interesante, sin embargo, es constatar que el gusto neoclásico de la época impuso la restauración del templo romano y no tuvo ningún empacho en derribar un palacio medieval. Todas las épocas sufren algún tipo de daltonismo y es muy probable que nosotros no sepamos cuál es el nuestro, a pesar de ese esfuerzo totalizador que nos caracteriza, que lo mismo nos lleva a proteger como bien cultural un gallinero que un claustro. A veces sucede que en algún lugar remoto que ha escapado a los sabuesos del arte nos encontramos con un claustro convertido en gallinero. Eso no debe tocarse. Eso es la vida misma. Ése es el verdadero bien cultural. Cualquier restauración, a favor del gallinero o a favor del claustro, sería un error fatal. Si no queda más remedio que llevar a los turistas que les enseñen a la vez las gallinas y el claustro. Pero volviendo al templo de Vic, el contenido de ese solar ha sufrido una recombinación curiosa, que juega con dos edificios que se barajan simultáneamente en nuestro inconsciente. El palacio de los Moncada es actualmente un palacio fantasma que ha dado lugar a un espacio vacío y en el espacio del patio de los Moncada, que antes era un templo fantasma, ahora se levanta un edificio neoclásico del siglo XIX.

El entorno de la catedral de Vic es muy diferente. El museo episcopal y el Colegio de Arquitectos son edificios modernos, con una elegancia que no destaca por su personalidad sino por su buen gusto. La catedral de Vic es un caso curioso. Viene a ser un edificio complejo, a la manera de la catedral de Gerona, pero con unos resultados divergentes. Lo que en Gerona es un sólido cajón de piedra, en Vic es un compuesto químico aparentemente inestable. El cuerpo central de la catedral primitiva fue derribado y reconstruido en el siglo XVIII. Se respetó el campanario, una soberbia torre románica con aspecto de observatorio. Esos campanarios de Cataluña, a menudo de planta octogonal como si obedecieran a la vieja cosmogonía indoeuropea, califican con su presencia todo lo que se encuentra a sus pies. Sólo los *campaniles* italianos parecen gozar del mismo poder de irradiación. El claustro es gótico, sobre la base del claustro románico. La cripta es una cueva donde aún se celebran cultos tectónicos. Pero la verdadera sorpresa de la catedral de Vic son las pinturas de Josep Maria Sert. Las opiniones sobre esa decoración han sido muy enconadas y se ha discutido mucho sobre la materia. A Josep Maria Sert no se le considera un gran pintor, ni siquiera un pintor de altura, a pesar del prestigio internacional que le rodeó en vida. Hablando de Sert, Josep Pla decía que había llevado a cabo una carrera esplendorosa en el mundo del dinero, lo cual era una manera discreta de situarle exactamente, es decir, fuera del mundo de la pintura. También se ha dicho sin misericordia que la catedral de Vic fue pintada con mierda y purpurina. En cuanto a lo primero, el mundo de la pintura, tarde o temprano, siempre acaba moviéndose en el mundo del dinero, aunque sólo sea porque el arte es caro. En cuanto a lo segundo, bien es cierto que las grandes pilastras de la catedral de Vic están doradas con una purpurina que quiere imitar al bronce, y que los grandes frescos de Sert, como un caos que se armoniza en el conjunto, en algo recuerdan a las manchas anónimas que se ven en las letrinas muy frecuentadas, pero también es cierto que en la pintura del gran siglo holandés había un color que los pintores llamaban *schÿt-geel*, esto es, amarillo mierda, sin que nadie se ofendiera por ello, y si se acepta esa nomenclatura escatológica del color se puede decir sin oprobio que las pinturas de Sert están pintadas con las heces oscuras del estreñimiento.

En cualquier caso, merecen ser examinadas de cerca. Esto es una manera de hablar. Las pinturas son descomunales, exigen muchas monedas en un voraz aparato de iluminación y están concebidas para reducir al espectador a la condición de un pigmeo. La primera impresión que se recibe es que uno ha entrado en un manicomio. Parece que un pintor enfurecido ha sido encerrado en un espacio suficientemente amplio como para que no se haga daño contra las paredes, teniendo a su disposición todos sus elementos de trabajo. En la catedral de Vic, la Crucifixión está representada con una minuciosidad en la que intervienen todos los oficios necesarios para crucificar a un hombre, lo mismo que si se representaran las obras de un puente de carretera, con la diferencia de que en el Calvario de Sert los personajes parecen definitivamente fuera de sus cabales. La tensión es sobrehumana. A Cristo sólo le falta que un águila le coma el hígado. Del otro lado de la iglesia, al fondo de la nave, aparece la escena del juicio de Pilatos, pero lo espectacular de la realización hace pensar en la caída del Imperio bizantino. La escena de la expulsión de los mercaderes del Templo tiene algún punto en común con el atolladero que se forma a la entrada de la plaza de toros de Pamplona durante los encierros de San Fermín. Todas las pinturas son monocromáticas y producen una impresión de relieve teatralizado por la acentuación de las sombras. Las bóvedas son blancas. Algo dice que la decoración quedó incompleta. En realidad, el proceso de trabajo fue aún más extraordinario. Durante la Guerra Civil la catedral de Vic fue incendiada. Terminada la guerra, Sert pintó los frescos por segunda vez. La primera versión era diferente. Según lo demuestran algunas fotografías, la parafernalia era aún más exagerada. En un ábside había un *Homenaje a Oriente* con elefantes y esclavos moros entre torbellinos de vapor y abismos de rocas.

Cuando se contemplan las pinturas de la catedral de Vic se comprueba que uno se halla ante una rama del arte que no ha prosperado, como esos australopitecos que se detienen a medio camino en la línea de la evolución. Es el fósil de una escuela de pintura. Sert pintó grandes frescos para los poderosos de esta tierra. Le llovían los encargos. Lo mismo decoró el pabellón de caza de los Rothschild en La Versine, cerca de París, que el Lincoln Center de Nueva York. Era una pintura que debía de gustar a los plutócratas y a los regímenes totalitarios, y esto es a lo que se acerca Pla cuando lo relaciona con el mundo del dinero, que sólo es un aspecto del mundo del poder. Si el Tercer Reich hubiera ganado la Segunda Guerra Mundial, la pintura occidental se hubiera parecido más a Sert que a Cézanne. Lo mismo se hubiera podido decir si el proyecto continental de Stalin hubiera triunfado. De hecho, las figuras de los apóstoles de la catedral de Vic podrían servir de modelo a los héroes stajanovistas del trabajo con sólo cambiarles la palma del martirio por un pico de minero o una llave inglesa. Sólo hay un lugar en todo ese despliegue de personajes en el que se puede encontrar una referencia popular y modesta, pero hay que buscarlo como se busca una disonancia. Lo hallamos en la figura de la Muerte, que se encuentra en el crucero, a la izquierda del altar mayor. La Muerte está representada como un peregrino, como un viajero, o como un salteador de caminos, las tres interpretaciones pueden ser válidas. Su figura no remite a los ideólogos del superhombre. Es una reproducción a escala descomunal de las viñetas populares mexicanas. En la Muerte de la catedral de Vic, Josep Maria Sert se lo debe todo al modesto dibujante y grabador que fue Guadalupe Posada. Tratándose de la Muerte, la ironía es casi una moraleja. Al final todos somos iguales. El pintor que decoró el comedor del Waldorf Astoria tuvo que copiar la figura de la Muerte de la estampa de un artista popular.

Josep Maria Sert quiso ser enterrado en el claustro de la catedral de Vic. En el jardín del claustro se encuentra el monumento funerario al filósofo Jaume Balmes, cuya celda de estudio vimos en Cervera. Fue una vida breve. Entre aquella celda y este esplendor póstumo mediaron muy pocos años. La tumba de Sert, en la esquina suroeste, es un sarcófago simple pero de gran tamaño, bajo uno de sus frescos. Josep Maria

Iberia

Sert era bajo de estatura, pero robusto y bien formado de cuerpo, como esas personas cuyo crecimiento natural se ve interrumpido por hacer demasiada gimnasia. La mayor parte de su vida transcurrió en las mallas de una red cosmopolita cuyo centro era París. Era de cuello corto, con la cabeza colocada directamente sobre los hombros como el tapón de un frasco. Tenía esa mirada lúbrica y luciferina que da aspecto de sátiro a ciertos hombres barbudos de principios del siglo XX. Se le puede ver en algunas fotografías, aún más corto de cuerpo, ya encanecido, en su residencia ampurdanesa de Mas Juny, junto a un jovencísimo Dalí tostado por el sol, esbelto, andrógino, delicioso como una gamba, con shorts de moda y alpargatas, sin que entre ellos haya el menor flujo sensual, simplemente como dos figuras en contrapunto. El pintor de Figueras establecía sus primeros contactos con los círculos del dinero y del poder. Las tumbas de los pintores son muy interesantes. Lo primero que se aprecia en la tumba de Sert es que es demasiado grande para un hombre de su estatura. Entonces se sospecha que las pinturas de la catedral de Vic, que fueron la obra final de su vida y junto a las que quiso estar enterrado, reflejan la desmesura que tantas veces fermenta, irradia y apenas se contiene en el carácter de los hombres de poco tamaño. Existe una amortización de la estatura por el carácter. También sucede que en la tumba se produzca una rectificación de la personalidad. El Greco, que fue un hombre pleiteante, se pintó a sí mismo como un manso pastor, lleno de humildad, en el cuadro que quiso para su enterramiento. Rubens, el príncipe de los pintores, que vistió las más lujosas sedas y alcanzó todo lo que el éxito puede proporcionar en este mundo, se retrató como un anciano cubierto de estameña, cargado de años y de gratitud. Sin embargo, entre los superhombres que se atropellan en las paredes de la catedral de Vic no puede verse a ninguno que se parezca a Josep

Maria Sert, a no ser que Josep Maria Sert se viera a sí mismo como uno de ellos.

Salvador Dalí está enterrado en el Museo Dalí de Figueras. Hay quien afirma que el pintor quiso estar enterrado en su castillo de Púbol, junto a su esposa Gala, en unas tumbas preparadas al efecto con un agujero por el que se pudieran dar las manos. Yo no lo creo. Su enterramiento en el Museo Dalí es demasiado perfecto como para pensar que hubiera podido ser otra cosa. Es una tumba que recoge todos los efectos de una vida como si la vida de un hombre fuera la suma imposible, o la integral matemática, de todo lo que, en los sueños o en la vigilia, ha transitado por su cabeza. Es una respuesta al enigma de la personalidad. A la pregunta: ¿quiénes somos?, se responde: somos lo que nuestra paranoia produce. El patio circular lo custodian unos ángeles de oro. Son maniquíes de almacén de moda que alzan los brazos repitiendo las señales de marina que en el alfabeto forman las letras D A L I. En el interior de la torre, sobre la losa que cubre los restos, no hay ninguna inscripción. Se pasa sobre ella como sobre la losa de una cisterna. Lo que podríamos llamar el lienzo funerario, lo que correspondería a los cuadros del Greco y Rubens que hemos citado, es un decorado de teatro que representa un busto gigantesco, como labrado en porciones de roca de la costa del Ampurdán. Viene a ser la figura del Duelo, o de la Pena, como tantas veces la hemos visto en los cementerios más anónimos, pero no hay nada más enorme, ni más triste, ni más sombrío hasta ser inhumano que la figura de la Pena que preside la tumba de Dalí. A la izquierda se ven los cipreses de *La isla de los muertos* de Böcklin. A la derecha se ven los acantilados de Port Lligat. Por una escalera se baja a la cripta. Es un espacio agobiante, tapizado de negro. Allí se lee, sobre el lateral del sarcófago, una inscripción y dos fechas: «Salvador Dalí i Domènech, marqués de Púbol». En pequeñas vitrinas, como en las tumbas de los emperadores, se ven objetos de oro, caduceos o cálices de ágata para el vino de los ritos fúnebres. En realidad, todo el Museo Dalí de Figueras respira la muerte. Miles de visitantes lo recorren cada día sin advertir siquiera que no se trata de un museo sino de un panteón.

## Los volcanes de Olot y la Biblia de Ripoll

Dejando la llanura del Ampurdán hacia la comarca de la Garrotxa se cruzan las tierras volcánicas de Olot, uno de los raros puntos de la península donde se manifiesta un rastro de actividad volcánica. En la monografía de Romero, Quirantes y Martínez de Pisón dedicada a los volcanes, se describen las características del paisaje con la mirada del geólogo. El lenguaje técnico tiene un sabor y una precisión inimitables. Por ejemplo: «[...] magmas de origen profundo dieron lugar a este volcanismo a lo largo del tiempo, al parecer de forma directa, sin evolucionar en cámaras intermedias». O bien: «[...] las erupciones dependieron de una historia tectónica prolongada, que sigue, en sus inicios, las vicisitudes del levantamiento del próximo Pirineo y del relleno sedimentario del área de Olot». Las páginas dedicadas al volcanismo de Olot son breves pero muy interesantes. En 1427, el mismo seísmo que destruyó el monasterio de Ripoll abrió en la comarca del Bas dos bocas de fuego. En el paraje llamado el Bosc de la Tosca los árboles entraron en combustión espontánea. La última actividad conocida se registra en 1887, cuando el pozo de la finca de un payés vomitó un viento huracanado con gases de azufre y vapor de agua. Después el volcanismo de Olot se ha considerado extinguido.

Pasado Sant Jaume de Llierca, entre Figueras y Olot, las obras de la autovía han excavado una trinchera donde aparecen, como en el corte de un pastel de lengua de ternera, las rocas de un frente de lava. Son gruesas escorias conglomeradas y rocas de color rojizo oscuro, muy bellas, en largas pinceladas de matiz uniforme, que se degrada o separa hacia matices cercanos pero diferenciados por una sensible alteración de color, entre el rojo cinabrio de la sangre vieja, compacto y tostado al horno, y el rojo alimonado que traduce una especie de frescor mineral, parecido a las escamas de las alas de algunas mariposas. Éste es el ritmo de visión que impone la naturaleza, desde las coladas de una erupción volcánica a las alas de un lepidóptero. Las tierras de la superficie son grasas, esponjadas por la lluvia reciente. Algo más allá aparecen las canteras de basalto gris. Por el valle del río Fluviá se llega a Castelfollit de la Roca, donde el Fluviá recoge por la derecha las aguas del Turonell, un torrente que los aguaceros han transformado en río.

El pueblo está construido sobre un espolón de basalto que se alza unos cuarenta metros sobre la confluencia de los dos ríos. La roca hace pensar en un bosque petrificado, de columnas superpuestas. La erosión ha hecho surgir esos troncos de piedra como si el basalto escondiera en sus entrañas las formas que ahora presenta a la vista. La caída es vertical. La monografía de Romero, Quirantes y Martínez de Pisón lo describe de este modo: «[...] el escarpe está compuesto por la superposición de varios niveles de distinto aspecto externo, con prismas columnares y lajas que sólo son modos de disyunción diversos de las lavas». Y prosigue con el análisis detenido de su composición. Lo que el curioso ve no alcanza esa precisión técnica. Desde la iglesia se contempla la unión de los dos valles. La tierra es oscura y rica. Las laderas están cubiertas de una vegetación de pino y roble que anuncia la vegetación de montaña. Desde la plaza se domina, como desde un balcón, el curso del Fluviá. Un hombre joven, grueso, de cara ancha y colorada, me explicó lo que se veía desde allí. En las terrazas del río, fuera del límite de las crecidas, se alineaban los huertos, regularmente dispuestos como en un reparto proporcional entre vecinos. El río bajaba turbulento. La crecida había tumbado algunos árboles y había dejado matorrales y gruesos paquetes de cañas estancados en las riberas. Media docena de caballos, hundidos en el barro hasta los corvejones, con las orejas gachas y empapados por la lluvia, pasaban el pescuezo por encima de una cerca. Eran caballos de paseo, de los que se ofrecían en verano para el turismo rural. Pregunté a aquel hombre lo que era un edificio de buenas proporciones, grande como un convento, con la nobleza de las viejas instalaciones industriales, y me dijo que se trataba de una antigua hilatura. Un canal captaba el agua del Fluviá y alimentaba dos turbinas eléctricas. La maquinaria estaba intacta. Las turbinas funcionaban. Se vendía la electricidad. Cuando la manufactura estaba en activo suministraba hilo a una fábrica de lencería. Aguas abajo, otro canal alimentaba una segunda hilatura. Ésta se había desmantelado. Los talleres estaban vacíos. Se utilizaban como sala de fiestas para bodas. La turbina seguía funcionando y también se vendía la electricidad. Más allá, el Fluviá se perdía en un paisaje estrecho y lúgubre, con un cielo tan gris como el basalto. Luego el paisaje se abría con una vaga luminosidad, anunciando las tierras bajas. Se adivinaba un mundo diferente. Era la ruta de los hombres de montaña a los que el instinto siempre lleva a la orilla del mar.

Para subir a Ripoll se puede seguir la carretera que deja a la izquierda la sierra de la Magdalena y del Milany, con alturas considerables, de mil trescientos a mil quinientos metros, franqueando el puerto de los Perros, que domina un valle angosto y arbolado por donde discurre un río secundario de la cuenca del Ter. A la derecha quedan unas sierras menos fuertes pero mucho más tortuosas, que imprimen su carácter a la carretera, recogiéndola unas veces como una cinta entre los dedos de la mano y soltándola después en unos bucles sin fondo. Son las sierras de Sant Miquel, la sierra del Puig d'Estela y la sierra del Pollastre, que apoyándose las unas en las otras como los miembros de un pequeño conjunto orográfico se asoman por las dorsales del norte al valle del río Ter. Por ese valle circulaba hace tiempo el tren del hierro, que llevaba el mineral a las fraguas de Ripoll. Los dos valles comunican entre sí por una mala carretera que salva los mil cincuenta metros del puerto de Santigosa. Se considera que Ripoll es la cuna de Cataluña y la referencia de su sentimiento nacional. También fue un centro productivo en el corazón de la montaña, como esos núcleos antiguos de población en los que el símbolo nunca estuvo reñido con la razón práctica.

En Ripoll se juntan el Ter y el Freser, que baja del Pirineo de Puigmal. Ambos se juntan igualmente en el escudo de la ciudad, donde también figura un gallo alzado sobre sus patas, en la actitud del gallo que canta al amanecer, y hay quien ve en ello un símbolo de los orígenes y un símbolo de la Renaixença. A Ripoll se acude a visitar el pórtico del monasterio de Santa María y la tumba de Wifredo el Velloso, aquel conde de origen franco que desgajó los territorios de la Marca Hispánica de la órbita de poder del Imperio de Carlomagno. El pórtico de Santa María de Ripoll es una pieza extraordinaria de arte románico. Representa un gran número de escenas de la Biblia y por ello se le ha llamado la Biblia de Piedra, un término que Ruskin no hubiera negado. Jacint Verdaguer lo formuló en unos versos que no serán de lo mejor que haya escrito:

*La Biblia al cor de Catalunya impresa,*
*present, passat i esdevenir del món.*[4]

---

4. «La Biblia en el corazón de Cataluña impresa, / presente, pasado y devenir del mundo» (*Cant del Canigó*).

La portada, protegida bajo un porche gótico, cerrado a su vez con paneles de vidrio, se encuentra en bastante mal estado, quizá debido a la mala calidad de la piedra, pero ese deterioro es parte de su fuerza. La parte inferior está labrada en bulto. Las figuras se desprenden de la base con una especie de autonomía de movimientos. Representan una pelea de fieras con la ferocidad de los relieves asirios, a pesar de la amputación de sus elementos. Por encima de ellas, la mirada se dirige a las viñetas bíblicas más características, las que dejaron alguna huella en nuestra imaginación cuando éramos niños: Jonás engullido por la ballena, Daniel en la fosa de los leones, el paso del mar Rojo. Su función es didáctica. El pórtico es una catequesis. El románico es un estilo que remite a experiencias primarias del estudio, de la vida o de la naturaleza. La parte superior está consagrada al mundo espiritual. La disposición en bandas acoge niveles narrativos diferentes y hace pensar en uno de esos arcos triunfales que conmemoran las hazañas de algún emperador. El románico es el único estilo internacional que consigue hacer olvidar su cosmopolitismo y parece arraigar en la tierra donde se encuentra. Hablar del románico gallego, castellano o catalán es hablar de la esencia de regiones muy distintas, que favorecen un mismo estilo y parecen diferenciarlo para hacerlo suyo desde el momento en que se asienta en esas tierras. Es como si el estilo internacional de nuestro tiempo, la arquitectura del vidrio y del acero, diferenciara el alma de Hong-Kong, Berlín o Seattle. El resto del monasterio de Santa María de Ripoll ha sido reconstruido exageradamente y con poco acierto. El pórtico románico es una pieza de museo depositada a la entrada de un garaje. Es un códice valiosísimo en un atril de mal gusto. En el crucero norte de la iglesia se encuentra el monumento fúnebre a Wifredo el Velloso. El sepulcro es moderno, grande y sin gracia, con una inscripción ampulosa que es una declaración política para un mitin de casino. Hubiera podido servir de tumba a Josep Maria Sert. Los restos de su hijo, el conde Rodolfo, se encuentran en un osario del tamaño de una arqueta, suspendido a media altura de la nave central. Wifredo el Velloso ocupa en la historia de Cataluña el mismo lugar que ocupa el conde Fernán González en la historia de Castilla. Ambos fueron señores feudales que se emanciparon del vasallaje a un poder superior vacilante o en descomposición, y en cierto modo transformaron el delito de rebelión o felonía en el nacimiento de una nueva entidad política. A pesar de la cercanía del ciclo épico francés, la literatura catalana no produjo una épica en torno a sus héroes nacionales, salvo la épica postiza de la Renaixença, quizá porque la lengua no estaba lo suficientemente formada, quizá por otras razones.

Canarias

A tres mil kilómetros de distancia de la península y en el mismo paralelo que la Florida, las islas Canarias ofrecen un exotismo de ámbito nacional al alcance de cualquier bolsillo, pero su personalidad no se deja encerrar únicamente en el clima, con ser excelente, ni su carácter tropical se limita a los clichés que inundan las agencias de viajes de toda Europa. Las islas más cercanas a la costa de Mauritania son geográficamente las más duras. Su paisaje no permite evocar el paradigma de los trópicos. Las islas que se adentran en el océano son las más generosas. Corresponden mejor a la imagen de abundancia botánica tropical. Todo el archipiélago tiene un origen volcánico que los especialistas ya citados en algún otro lugar de este libro describen como «un importante conjunto eruptivo situado en el borde centrooriental del océano Atlántico [...] un área de contacto entre la corteza oceánica y la corteza continental africana que permite el ascenso del magma profundo [...] un archipiélago que se dispone siguiendo unas direcciones concretas, marcando unas pautas estructurales [...] de manera que la distribución de las islas en el espacio no es azarosa, pues se agrupan en tres conjuntos alineados». Las primeras informaciones son valiosas. Para el profano la última es fácil de comprobar sobre el mapa, o cuando se sobrevuelan las islas desde un avión. El primer conjunto de islas está formado por las islas de La Palma, Tenerife y Gran Canaria, de orientación noroeste-sureste. El segundo por las islas de Hierro, Gomera y Tenerife, de orientación noreste-suroeste, con el máximo de volcanismo en el cruce de ambos ejes, esto es en Tenerife, la isla más elevada. El tercer conjunto, ligeramente desplazado hacia el noreste, lo forman Fuerteventura, Lanzarote y los arrecifes adyacentes... *señaladamente lineales...* según el eje de fractura al que corresponden. Estos esquemas son muy curiosos, y recuerdan al juego de adivinanzas de los palillos chinos, pero sospecho que debe de ser muy difícil averiguar lo que ocurre en lo profundo de la tierra. La palabra «archipiélago» tiene unas connotaciones especiales. De todo el vocabulario de la geografía la palabra «archipiélago» sugiere ideas particularmente tentadoras para la imaginación. Por poco que nos provoque el ensueño, un archipiélago es una región inexistente. Por eso se agradecen las descripciones técnicas, concisas, que ofrecen a la palabra «archipiélago» el suplemento de realidad que necesita.

Las islas de La Palma y Hierro son los territorios españoles que más se asoman a Occidente, o que contemplan con más melancolía la caída del sol. Son islas puramente oceánicas, en el sentido de que permiten entender el océano como lo entendieron aquellos antepasados para quienes no había otra orilla. Hubo un tiempo en que el meridiano de referencia en las cartas de navegación de la marina española, esto es, el meridiano 0°, era el meridiano de la isla de Hierro, antes de que se adoptara el meridiano 0° de París o el actual meridiano 0° de Greenwich. El desplazamiento del meridiano de referencia indica el auge y caída del dominio de los mares como si fuera un oscilómetro de la historia. Pero hay que decir que el meridiano 0° de la isla de Hierro tenía a su favor un contacto directísimo con la potencia inmediata del océano que el estuario del Támesis nunca podrá igualar.

Las islas de La Palma y de Hierro son las más alejadas en el pequeño rebaño del archipiélago y tienen las características de las tierras situadas en los confines, sometidas a los vientos, frente al vacío absoluto del océano. Es posible que también paguen un tributo a su singularidad. Se dice que la estadística de suicidios en La Palma es la más elevada de las islas Canarias. Unos lo atribuyen al viento. Otros a un carácter especial de los palmeros, sin especificar en qué consiste tal carácter, aunque podemos presumir que se trata del carácter introspectivo, huraño, original y desesperanzado de aquellos que habitan lugares abrumados por su propia geografía. Mientras yo estuve allí, un hombre mató a su mujer y se hizo saltar por los aires con un cinturón de cartuchos de dinamita. Sus tripas salpicaron las fachadas de todo el barrio. Un dedo con una humilde alianza de oro fue a parar a la terraza de un vecino a tres manzanas del lugar. El suceso causó una conmoción local. El dueño de un bar, para conjurar la impresión que aquello podía causar en un forastero, se apresuró a señalarme que aquel hombre y su mujer, aunque eran de La Palma, venían de Lanzarote. El problema real, de tipo práctico, era saber de dónde había sacado los cartuchos de dinamita. Con ello desviaba la conversación hacia el procedimiento, evitando un desasosiego más profundo. En una isla que por su clima y su fertilidad hace pensar en los primeros tiempos de la Creación y en una forma primitiva de la idea de paraíso, aquel suicidio por explosión recordaba el famoso pistoletazo disparado en un concierto. También las papayas caen al suelo y revientan. No sólo hay tristes trópicos, también hay trópicos trágicos.

El alumbrado público de la isla de La Palma es de color anaranjado para evitar la contaminación luminosa que podría afectar al observatorio astrofísico instalado en lo alto de la isla, sobre los labios de la Caldera de Taburiente. A la luz de esas farolas las noches parecen más ajenas y acabarán criando una raza humana con nuevos sistemas de visión. La mayor altura de La Palma es el Roque de los Muchachos, que supera los dos mil cuatrocientos metros. Avanzado el mes de abril aún se veían allí grandes lunas de nieve rojiza, cargada de polvo, a la sombra de los bloques de lava de antiguas erupciones, más moldeada por el viento que por el refugio de la sombra. Si se trazara un diagrama geométrico, la vertical de ese punto sobre el nivel del mar se encontraría a poco más de diez kilómetros de la costa. Ello significa un gradiente de elevación que la convierte en la isla con mayor potencia de encumbramiento del mundo. El mar también alcanza profundidades considerables. Enseguida se hunde en fosas de cuatro mil metros. Todo el archipiélago es una cordillera tan alta como los Andes que emerge del fondo del mar.

La isla de La Palma tiene forma de almendra, o de hacha de piedra, orientada de norte a sur, de forma que la costa oriental recibe la luz de la mañana y atardece temprano, mientras que en la costa occidental los atardeceres son largos, por no decir inmensos. A pesar de su tamaño reducido, es una isla que no produce claustrofobia. Desde cualquier punto se domina el mar, no como un límite que pone en evidencia el perímetro al que nos vemos reducidos, sino como una invitación al vuelo, como una verdadera evasión de la mirada. Ello es debido a que las perspectivas son altas y el mar se contempla desde cumbres y laderas que ofrecen el efecto de vacío y de amplitud que deben de sentir los albatros, que son las aves de más largo vuelo del mundo. La idea claustrofóbica de isla se transforma en la idea de vuelo o navegación. El corazón de La Palma lo forma la Caldera de Taburiente, el viejo y enorme volcán que formó la isla. El espinazo de esa fuerza profunda se prolonga hacia el sur en volcanes de mucha menor envergadura, pero más recientes y más activos. La última erupción tuvo lugar en 1971 y se produjo en el volcán Teneguía, entre el 26 de octubre y el 18 de noviembre de aquel año. En 1949 entró en erupción el volcán San Antonio, a poca distancia del Teneguía, el día 24 de junio, como si fuera un fuego de San Juan. Su actividad se prolongó durante algo más de un mes. Al volcán Teneguía se llega por un camino que arranca de la costa occidental y sube por el pueblo de Las Indias zigzagueando entre escarpaduras casi verticales. El cráter del Teneguía es algo decepcionante para lo que se espera de un volcán. Es un embudo roto de veinte o treinta metros de profundidad que muestra la degolladura por donde corrió la lava. Las fracturas tienen un color amarillo sulfatado, a veces rojizo, a veces verdoso, como de sal de cobre. Los turistas se pasean sobre los campos de ceniza con bastones de esquí. El cráter del San Antonio, que domina al Teneguía como un hermano mayor, es mucho más impresionante y más perfecto. Es exactamente la clase de embudo cónico que en una ficha escolar se llamaría un cráter de volcán. Tiene varios kilómetros de circunferencia. Me pareció mayor que el cráter del Vesubio, menos infernal y más luminoso, como si se tratara no de un sistema dormido de proyección de energía subterránea, sino de un aparato cóncavo de captación de energía solar. En la cacerola de ese gran hoyo crece un bosque de pinos jóvenes, dispersos, de un pálido color amarillento, quizá debido a la abundancia de azufre en el terreno. La colada de escorias y lava de la erupción del Teneguía llegó hasta la costa. Se la puede atravesar entre la punta de Fuencaliente y la punta de Las Suelas, donde formó un nuevo perfil litoral. Unos hombres investigaban el terreno con una máquina de horadar pozos. Habían calado hasta los sesenta y cuatro metros para instalar un aparato de medición de temperatura. El Teneguía es ahora un volcán vigilado. El manto suroeste del San Antonio es gris, majestuoso y pulverulento. El río de escorias creado por el Teneguía es una especie de catarata negra que se precipita hacia el mar y que las olas humedecen con un brillo de betún más elegante y bruñido que el negro poroso de las escorias. A esas tierras hostiles y caóticas los habitantes de las islas Canarias las llaman el *malpaís*. No se hubiera podido imaginar un término más literario. Un *malpaís* es un paisaje donde aún perdura la obra del fuego de los titanes, antes de ser tierra humana, y no hay novelista que hubiera encontrado una palabra mejor. Visitando esos volcanes también pensé en algo muy diferente. Imaginé lo que sentirían las mujeres de la isla que estuvieran de parto en los días en que se produjo la erupción. Tuvo que haber algo más que una relación simbólica. Parir con sudores y esfuerzo mientras un volcán entra en erupción debe de ser algo extraordinario.

La riqueza botánica de la isla es muy grande. La potencia genésica de los trópicos se multiplica con la fertilidad del suelo volcánico. El abanico de especies es muy amplio, desde las plantas salicáceas que colonizan las primeras escorias junto al mar hasta una variedad de aliaga, de tallos sin espinas, como espárragos verdes, que llaman codesos, que soportan los vientos y el frío y monopolizan las alturas de la Caldera de Taburiente por encima de los dos mil doscientos metros. En las cabeceras de los barrancos la vegetación es muy densa. En las partes bajas el arrastre de las aguas descubre las coladas de lava que contribuyeron a levantar la isla. Son famosos los bosques de laureles, o laurisilva, que suelen ilustrar la vegetación de la época terciaria, cuando la genética del hombre aún se estaba fraguando en los cromosomas de alguna especie de ratón. Las cotas de altura establecen los mismos cambios en las especies botánicas que un desplazamiento de latitud, como un viaje lineal desde el trópico a la tundra. Siempre hay algo que sorprende la mirada. Yo he visto plantado en un mismo jardín un acebo y un helecho arborescente, un árbol de las sierras frías y una planta del cálido clima jurásico. Hay grandes bosques de pino canario, que en las islas llaman tea. Su copa es rica, ancha, exuberante. La corteza del tronco es gruesa, surcada en profundidad. Su madera tiene un color rojizo que con las ceras apropiadas imita fácilmente a la caoba. Las agujas alcanzan los veinticinco o treinta centímetros de longitud y forman penachos de aspecto bulboso, en masas compactas, como una especie de musculatura. Sin embargo, el árbol heráldico de las islas Canarias no es la tea sino el drago, *Draco dracaena.* Es un árbol extraño. Parece una yuca o un agave que ha alcanzado un desarrollo desmesurado. Ese aspecto de planta trasladado a la proporción de un árbol altera la percepción de la escala a su alrededor. Cualquier cosa alrededor de un drago parece disminuir de tamaño. Una silla, junto a un drago, es una silla en miniatura. Si una persona se fotografía junto a un drago se transforma inmediatamente en un habitante de Liliput. He observado que lo mismo sucede con algunas variedades de cactus. En la isla de La Palma se puede descubrir al drago en las laderas despejadas, a veces solitario, a veces formando grupos de cuatro o cinco ejemplares, como quien descubre a lo lejos un pequeño rebaño de elefantes, y también se le puede descubrir en los jardines particulares y en los parques municipales como quien se encuentra con un elefante encadenado. Cuando es joven su tronco es rollizo y de piel blanquecina, como un adolescente bien alimentado, cargado de jugos. Cuando es viejo, y puede alcanzar edades varias veces seculares, su tronco es leñoso y se oscurece. A veces me he preguntado por qué el drago tiene nombre de dragón. He podido ver dragos floridos. Su copa se cubre de una nube o aureola de pequeñas flores de un color rojo anaranjado, como la llama, que luego se transforman en bayas de un color más intenso. Esas flores son el aliento del drago. Su savia es roja. Exuda pequeñas perlas de resina de un color rojo oscuro que antiguamente se utilizaban como remedio contra las quemaduras. Como el dragón, el drago se relaciona con el fuego. No es de extrañar que ese árbol sea el símbolo de una tierra que tiene las entrañas incandescentes.

Aunque en los colores de las tierras de La Palma dominen los tonos azufrados y rojizos, el color oculto me parece ser el azul. En el verde intenso de los matorrales hay un azul latente. Incluso los *malpaíses* de escorias negras son de un azul saturado. El mar, por el contrario, esconde el color rojo, que le da reflejos de amatista.

Santa Cruz de la Palma se estira junto al mar en una franja que no supera el trazado de dos calles. El puerto es pequeño. Recibe carga de contenedores y exporta los plátanos que produce la isla. La tercera línea de calles enseguida empieza a escalar los cerros que se pierden en las nubes. Las mañanas en la ciudad son alegres. Las tardes son lóbregas. La sombra cae temprano. El sol se va pronto del otro lado de la isla. La mejor perspectiva de la ciudad se disfruta desde el mirador del Risco, junto a la ermita de la Concepción, sobre el cráter de un volcán que llaman La Caldereta. Se trata de un gran edificio geológico levantado por una erupción submarina, en aguas someras. Del lado del mar la altura del barranco supera los trescientos cincuenta metros, dominando las aguas del puerto. Del lado de tierra se alzan otras laderas y otros lomos rocosos cubiertos de vegetación, a menudo escondidos en la niebla, hacia los altos barrancos que se desprenden desde la Caldera de Taburiente. El cráter de La Caldereta se abre hacia el norte como una construcción que ha visto desplomarse un tercio de su fachada, tanto por la erosión como por la misma fuerza eruptiva que contribuyó a formarla. En el gran hoyo del cráter, con tierras de un color rojizo oscuro, casi morado, como el hábito de los nazarenos, se ha instalado una urbanización de chalets. Ese barrio de Santa Cruz duerme sobre el ojo de un volcán. Encender el gas de la cocina debe de ser como encender una vela al diablo. En los acantilados anidan las cornejas, que se han convertido en el pájaro emblemático de La Palma. En la aparición y en el vuelo de las cornejas juega un papel importante el silencio. Es un silencio especial, a menudo sostenido por el rumor del viento en los cantiles donde esos pájaros anidan. Sólo después se oyen algunos graznidos dispersos. La aparición de las cornejas indefectiblemente evoca una composición de Messiaen. *Les Oiseaux*. El fragmento dedicado a las cornejas.

Toda la población de la isla de La Palma no llega a los ochenta mil habitantes, una densidad demográfica que, sin ser la mayor del archipiélago, algunos consideran excesiva o al límite del equilibrio, teniendo en cuenta lo abrupto del terreno y lo escaso de los lugares que ofrecen verdaderas facilidades de asentamiento. Cuando los españoles ocuparon La Palma a finales del siglo XV, las primeras crónicas hablan de una isla prácticamente deshabitada. Su población se calculó en unas ochocientas almas. Otros han pensado que lo mismo podrían ser ocho mil, dado lo inexacto de las estimaciones. Como sucedió en el resto de las islas Canarias, aquellas almas fueron prácticamente remitidas al otro mundo, o integradas en el núcleo humano de los ocupantes, o reducidas a la esclavitud y enviadas con sus cuerpos respectivos a trabajar a la península. Aquellos habitantes eran los guanches, un pueblo que ha dado lugar a elucubraciones misteriosas. Su lengua se ha perdido. Su cultura era la de un neolítico avanzado, sin conocimiento de la metalurgia, ni tampoco de la cerámica de torno, pero con una organización social y unos ritos religiosos bien establecidos.

El primer contacto nunca deja de ser extraordinario. La Palma se terminó de ocupar hacia 1496, es decir, cuatro años después del descubrimiento de América. La carabela capitana de Colón, la *Santa María*, ya había acostado anteriormente en la isla. Aquellos individuos, italianos, españoles y portugueses, que formaban parte de las primeras expediciones a América, se encontraron con un pueblo hermoso. Los guanches eran altos, fuertes, bien formados. Todas las referencias contemporáneas dan cuenta de su robustez y de su buena salud. Quitando la parte que corresponde a la utopía del paraíso y al mito del buen salvaje, algo de cierto debe de haber en ello. Hay quien defiende que una parte del tipo guanche aún se halla entre los canarios actuales, como una gota de elixir en un caldero de agua. Vestían anchas capas de cuero. Pastoreaban rebaños de cabras y ovejas. Las ovejas pertenecían a una extraña raza que no tenía lana y se extinguieron al mismo tiempo que los guanches. Hubo quienes afirmaron que descendían de la tribu perdida de Israel. Otros creyeron haber hallado a los supervivientes del naufragio de la Atlántida. Se pensó que eran parte de un pueblo que había olvidado el desarrollo cultural del que procedían, reducidos a la condición de robinsones. En los centenares de calaveras que se conservan en los diferentes museos de las islas los antropólogos distinguen dos tipos humanos: un tipo dolicocéfalo, de cráneo alargado, y un tipo braquicéfalo, de cráneo ancho y redondo, de órbitas oculares bajas, que corresponden respectivamente al tipo cromañón mediterráneo y al tipo bereber. Del mismo modo se piensa que hubo una parte de la población que era de piel más clara y otra de piel más oscura. De ahí se ha deducido que pudo haber un primer flujo de ocupación de origen libio fenicio, y una segunda oleada de emigración procedente del litoral mauritano. Se cree que la lengua guanche era del tronco bereber. El prefijo que se inicia en *T'*, tan abundante en los topónimos del archipiélago, parece que corresponde a esas lenguas. Las vitrinas de los museos cargadas de calaveras de guanches pueden estimarse por su valor antropológico, y lo cierto es que resulta interesantísimo poder escribir estas líneas, pero también pueden considerarse como trofeos tardíos del conquistador, como las pirámides de calaveras que levantaba Gengis Kan, salvo que nosotros contemplamos esas calaveras redimidos de toda crueldad, con el hábito que proporcionan el ocio y la ciencia. También se exhiben momias, realizadas con unas técnicas de conservación muy precarias. Hay hallazgos asombrosos. En Santa Cruz de Tenerife pude ver la momia de un feto abortado de cinco meses. Debía de tratarse de un heredero muy deseado, al que se tributaron honores fúnebres. El pequeño bulto andrajoso contenía un átomo de espiritualidad. Momificar un feto de cinco meses implica un concepto seminal del alma.

En los alrededores de Santa Cruz de la Palma el hábitat es disperso. Es un medio rural humanizado, de casas, huertos y pequeñas parcelas, con una tendencia general a disponer de jardín propio. En todas las aglomeraciones de la isla abundan los bares, lo que siempre agrada. Se observan refinamientos que han desaparecido en otros lugares. A veces, junto a la puerta de los bares, se instalan unos biombos de rejilla o celosía que dejan pasar las corrientes de aire y aseguran al mismo tiempo un mínimo de privacidad. Se sirve el café en pequeños vasos de cristal, sobre un platillo. No sé por qué razón esta costumbre me parece un lujo. Debe de venir de los tiempos en que las vajillas de Duralex fueron una novedad tan sorprendente que desplazaron en muchos hogares a las vajillas de loza. Pero el mayor refinamiento se observa en el servicio del café cortado y del café con leche. El café se corta con leche condensada. Esto puede parecer un refinamiento muy limitado, pero a mí me pasa con la leche condensada lo mismo que con los vasos de Duralex. El lujo humilde tiene unas características que no tiene el otro lujo. Naturalmente, también se puede pedir un café cortado con leche natural. Algunos sibaritas lo piden cortado *con leche y leche*, según la expresión local, es decir con ambas leches. Si a un café cortado con leche condensada se le añaden unas gotas de Licor 43 se transforma automáticamente en un *barraquito*. El hecho mismo de que existan expertos en paladear el café cortado con leches distintas indica que nos hallamos ante un refinamiento esencial. Por refinamiento esencial entiendo aquellos refinamientos que operan sobre situaciones básicas. Luego viene la gastronomía, que suele ser el lujo de los nuevos ricos y a menudo implica cierta pedantería del paladar. Sobre esto habría bastante que decir. Un gran chef vale menos que un buen carnicero. Me gusta comer bien, como a todo el mundo, y los médicos aconsejan preferir el vino bueno al vino malo, pero, en la jerarquía de los sentidos, el gusto se pone a la cola.

La carretera que sale de Santa Cruz de la Palma por San José de Breña Baja hacia la punta de Fuencaliente, en el sur de la isla, va dominando el mar de continuo, sobre una altura regular entre los trescientos y los cuatrocientos metros que ofrece un paisaje amplio, venteado y breñoso. Llegar al litoral resulta prácticamente imposible. Los barrancos son demasiado abruptos. La línea de la costa es el *malpaís*, un territorio oscuro, caótico y virgen, en el sentido de la virginidad más puramente geológica. Entre esas rocas y escorias que exigen muchas horas de marcha y un recorrido fatigoso se pueden descubrir abejas, que liban flores, que obtienen miel. Nadie hubiera sospechado que en unos terrenos tan hostiles se hubiera iniciado una actividad productiva. La botánica del *malpaís* es escasísima y se limita a un par de especies de plantas con una población muy dispersa. Encontré también dos clases de saltamontes. Unos pequeños y grises, como briznas de madera seca. Otros más grandes, del tamaño de un dedo de hombre, de color gris rosado, con dos grandes lóbulos oscuros en la cabeza, que encierran el aparato óptico como la cabina de un helicóptero. El primero se desplazaba como un simple saltamontes brincador. El segundo aguardaba largo rato inmóvil, confiando en su mimetismo. Su vuelo era más sofisticado, con giros y rotaciones, y emitía una especie de zumbido motorizado. Se trataba de una variedad de langosta. Era extraordinario encontrar insectos sobre una materia que parecía recién formada. Más arriba, en los niveles ocupados por el hombre aparecen viñas plantadas sobre la misma escoria. Son plantas rastreras, que apenas se alzan un palmo del suelo para evitar los efectos devastadores del viento, protegidas con pequeños muros de basalto. El suelo volcánico transmite al vino un regusto de azufre. En los niveles intermedios, por encima de la cota de la carretera, aparece el bosque de tea y se produce una verdadera explosión de fecundidad. El laurel de Indias es un árbol doméstico que alcanza dimensiones patriarcales. En la curva del Morro del Fraile, a la entrada de un camino privado, existe un ejemplar de doce ramas que cubre una circunferencia de treinta o cuarenta metros. En las islas Canarias el laurel de Indias, el tulipero de Gabón, el jacarandá y el flamboyant son los árboles de los parques y de las alamedas, pero la energía del suelo, que en los tres últimos se descarga en lo vistoso de las flores, en el laurel de Indias se concentra en lo robusto del porte, que supera con mucho a los demás y forma verdaderas catedrales de sombra. Los laureles más grandes de La Palma, casi monstruosos, los pude ver en Los Llanos de Aridane, en una plaza o alameda que llaman la Acera Ancha.

Algo más allá del pueblo de El Calvario, antes de llegar a Tiguerorte, se pasa por la cueva de Belmaco, un lugar que ha estado habitado de forma ininterrumpida desde hace diez mil años. Esa ocupación humana abarca desde el neolítico hasta nuestros días y ha dejado unos grabados rupestres y un horno de secar higos contemporáneo. La presencia actual del hombre se manifiesta en la caseta donde se venden postales y se cobra la entrada. La cueva está situada en un lugar estratégico. Domina el mar y controla un paisaje de breñas y pastos. Dispone de un punto de agua que nunca se agota. El horno de secar higos es una especie de pequeño horno de panadero con abertura frontal y una cúpula del tamaño de un sombrero. Se alimentaba con breñas que ardían sin echar llama. Proporcionaba una atmósfera aséptica, seca y enrarecida y una temperatura constante, larga, no muy elevada. Naturalmente, lo que interesa a los visitantes son los grabados rupestres mucho más que el horno de secar higos, pero el horno de secar higos, con ser de nuestro tiempo, no es menos curioso. Los grabados se encuentran en tres o cuatro bloques basálticos a la entrada de la gruta. Probablemente se desprendieron de la bóveda en tiempos remotos. Son grabados geométricos, toscos y exactos a la vez. La capacidad de abstracción de aquellos hombres debía de ser notable. Suponen una concepción previa de la figura y una mano con poco margen para la improvisación. Algunos son vermiformes. Los más raros representan la proyección plana de una curva helicoidal. Otros muestran círculos concéntricos o trazados en laberinto. Los expertos aseguran que pertenecen a un culto mágico del agua, o del ciclo de las estaciones, o de la trashumancia del ganado. Quién sabe. A falta de otra certeza, tan sólo demuestran que la geometría es una temprana obsesión del hombre. En la cueva de Belmaco abundan unos lagartos de piel lisa, de color gris con brillos de escamas, de unos treinta centímetros de longitud. Hay también otros lagartos mayores, algo más rojizos, con los carrillos azules, de un azul brillante y sólido de turquesa. A veces los lagartos permanecen inmóviles sobre los signos grabados en las rocas como camaleones en el dibujo de una alfombra.

## *La barbería de la calle O'Daly*

No me fue posible averiguar quién fue el O'Daly que dio nombre a la calle principal de Santa Cruz de la Palma. Junto al Teatro Chico Municipal está la calle Pérez Volcán, que fue un benefactor local con un apellido muy apropiado para la isla. Detrás del mismo teatro está la calle Díaz Pimienta, que fue un almirante celebrado por su ingenio, natural de La Palma. Ambas calles se reúnen en una encrucijada con un nombre de revista cómica: Volcán y Pimienta. Allí están las taquillas del Teatro Chico.

Algunos dicen que O'Daly fue un respetable hombre de negocios irlandés que hizo fortuna en la exportación de plátanos. No sé si tuvo algo que ver con otro O'Daly, Peter O'Daly, un oficial de marina al servicio de los españoles durante la guerra peninsular. Este O'Daly se mantuvo y se hizo fuerte en las islas Medas, al sur del golfo de Rosas, a un tiro de fusil del litoral del Ampurdán, mientras las tropas francesas ocupaban la costa. No cedió las islas durante toda la campaña, al amparo de la escuadra inglesa. Dicen que más tarde se encontró en Abukir y en Trafalgar. Josep Pla especuló con la idea de que fuera un antepasado del pintor Salvador Dalí, pero a pesar de lo atractivo de esa conjetura tuvo que abandonarla por falta de pruebas. La vida del otro O'Daly, el de los plátanos, debió de ser más opulenta y oscura. Opulenta porque alcanzó a dar nombre a la calle principal. Oscura porque nadie recuerda quién era. En caso de que los dos O'Daly fueran la misma persona, ignoro las peripecias que pudieron llevar al O'Daly oficial de marina de las islas Medas a convertirse en el O'Daly comerciante de plátanos de la isla de La Palma. Sería curioso averiguarlo. Detrás se esconde una historia. No sería el primer aventurero que deja las armas por las letras, en este caso por las letras de cambio.

A la calle O'Daly mucha gente la sigue llamando la calle Real. En sus dos extremos se encontraban la puerta norte y la puerta sur de la ciudad de las que no ha quedado el menor rastro. Se sabe que en la puerta sur había tres escudos: el escudo del rey, el escudo de la ciudad y el escudo de un particular que no ha sido identificado. La calle actual es un muestrario de las rocas volcánicas de la isla que fueron utilizadas para labrar portales en las casas acomodadas. El número 42, donde ahora hay una óptica, fue la casa de un comerciante portugués. La fachada es pequeña, rica, teatral, con celosías de convento, labrada en una piedra de un color rojo ardiente, áspera como la lengua de los gatos, con grandes alvéolos esponjosos. Es una piedra que se hubiera podido utilizar en una composición fáustica. En el número 11 se encuentra la farmacia Belloso. La piedra es de un color verde de hierba seca, también porosa, pero de una porosidad microscópica, mate, suave al tacto, lo contrario de la suavidad femenina del mármol. La fachada tiene cinco balcones. La casa debió de alojar en otro tiempo un comercio importante. Los sillares que han sido utilizados para los dinteles están recorridos por lenguas de fuego. En la agencia de viajes Pamir, en el número 8, la piedra es gris azulada, menos recia que la piedra de la óptica y más elegante que la piedra de la farmacia. Es una piedra como un traje de media tarde. Las maderas del balcón y las ventanas, pintadas de verde y azul pastel, hacen surgir el tono azulado de los sillares. El nombre de la agencia de viajes no viene de la alta meseta de Asia central, como se hubiera podido suponer, sino de la fragata *Pamir*, de bandera alemana, que permaneció amarrada en Santa Cruz de la Palma durante cinco años, desde 1914 hasta que terminó la Primera Guerra Mundial, sin atreverse a hacerse a la mar por miedo a los ingleses. Estas cosas se aprenden en el museo local donde existe una maqueta de la fragata construida por un aficionado cuyas ventanas daban al puerto. El ayuntamiento de Santa Cruz es de piedra de color de miel sobre tostadas. Es un edificio de proporciones chatas y de espíritu exuberante. Tiene unos soportales lujosos y achaparrados, con un esplendor que no acaba de realizarse. Parece un palacio medieval construido por un arquitecto renacentista. Me dijeron que esa piedra no era del terreno sino que había sido traída de la isla de Gomera. Además, hay una piedra áspera de color grafito que se utilizaba para labrar piedras de molino. La llamaban piedra molinera, y también, no sé por qué razón, piedra cochinera. La piedra de la torre de El Salvador es prácticamente negra, como si los sillares hubieran sido labrados en escoria. En una de las ventanas del ayuntamiento hay un lema en latín que dice así: «Vencerás a los envidiosos con la virtud». Los autores clásicos siempre han afirmado que la envidia es el defecto nacional de los españoles, pero lo que más sorprende en esa frase es el optimismo incorregible de los virtuosos.

La calle Real se prolonga en la calle Pérez de Brito. Por allí se llega al convento de San Francisco, transformado en museo. Es un edificio de interiores amplios, penumbrosos, reposados, donde la tarima cruje con nobleza. La plaza está plantada de tulíperos. Los patios están rodeados de soportales con postes de tea. En el museo se exhiben las colecciones de las dos sociedades ilustradas de la isla: La Cosmológica y La Investigadora. Esto me hizo pensar en la llegada del progreso y en una lápida que se encuentra en Los Llanos de Aridane, en la casa «donde se hizo la primera demostración de luz eléctrica el 1 de abril de 1920 en presencia de la Virgen de los Remedios». En España, el sentido laico de aquellas sociedades ilustradas era tan frágil que necesitaba en los momentos culminantes el aval del cura. En el mejor de los casos la Virgen podía ser un catalizador que garantizara el éxito del experimento. En el peor de los casos el cura podía considerar a los señores socios como ateos y darwinistas.

La barbería de la calle O'Daly se encuentra junto al estanco, en el primer tercio de la calle. No tiene rótulo. Es un local de dos sillones, con un equipo modesto de barbería curtido por los años, es decir, curtido el cuero de los sillones, tamizado el brillo de los espejos, desportillado el esmalte de los lavabos, con grifos de voz profunda. Había tres sillas y una percha. Recibía la prensa local. El maestro barbero era un hombre que pasaba de los cincuenta años, con unas melenas grises y revueltas, como si nunca se hubiera arreglado el pelo a sí mismo. Aquella tarde estaba acicalando la barba a un turista inglés. El oficial barbero, que me afeitaba a mí, había venido de Cuba. Era un muchacho fuerte, de rostro campesino, hábil de manos, que al afeitar acercaba su cara a la mejilla y ponía una expresión de veterinario. La mujer del inglés esperaba sentada en una silla. Parecía uno de esos pájaros inteligentes que nunca llegan a aprender a hablar pero siguen con la mirada cualquier movimiento. Me preguntaron de dónde era yo. Dije que había nacido en Burgos y vivía en Madrid. Entendí que ya lo suponían. Por el acento habían notado que, o bien era extranjero, de alguna tripulación, o bien era de algún lugar remoto de la península. Entonces el maestro barbero me dijo que él no era de Santa Cruz. Había nacido en Los Llanos de Aridane. Era una ciudad con más espacio físico que Santa Cruz. No estaba atrapada, como Santa Cruz, entre los riscos de los volcanes y la costa. Le pregunté, por dar conversación, si al jubilarse volvería a Los Llanos. No volvería a Los Llanos, no le gustaba para vivir. Había demasiada agitación. Había demasiado dinero. Si tuviera que irse a vivir a algún lugar se iría a vivir a Garafía. Se apartó de la cara del inglés con el peine y las tijerillas en el aire y se volvió hacia mí. Me preguntó si sabía dónde estaba Garafía. Le dije que no. Me dijo que estaba en el norte de la isla, mirando ya a poniente, con la vista más espléndida del mar, en el lugar más tranquilo de la costa. No podía dejar de ir a visitarlo. Volvió sobre la barba del inglés mientras explicaba su ilusión bucólica. Se iría a vivir a Garafía y tendría una casa con huerta, para poder mear en la huerta, y para poder cagar en la huerta, y limpiarse con las hojas de una mata. En ese momento me alegré de que estuviera afeitando al inglés y no a mí. Comprendí que era uno de esos hombres que necesitan el aire libre. El retrete de aquella barbería no podía ser más que un tabuco. Luego hablamos de otras cosas. En las islas Canarias se produce buen tabaco. Tiene fama especialmente el tabaco de la isla de La Palma. Yo había visto un estanco donde liaban cigarros puros, junto al Teatro Chico. También había visto a un hombre liar puros sobre una especie de pupitre en la famosa tabaquería Vargas, en la avenida Marítima. Había otros lugares donde se hacían puros de forma artesanal pero el maestro barbero dijo que en La Palma ya casi no se cultivaba tabaco. Los puros se elaboraban con tabaco que venía de Brasil y de Sumatra, pero eso no quería decir que no fueran buenos puros. Se hacían buenos puros, pero el tabaco no era de La Palma. ¿Lo lamentaba? Sí, lo lamentaba, todavía recordaba los tiempos en que su padre criaba su propio tabaco. La culpa era de los plátanos. Los plátanos se vendían bien. La gente dejaba de fumar pero seguía comiendo plátanos. Se exportaban plátanos a toda Europa, y a la vez, en todas partes, aparecían carteles de «Se prohíbe fumar». El muchacho cubano que me afeitaba a mí nos habló entonces de los puros de Cuba. También su padre, en Cuba, criaba su propio tabaco. Hacía los puros para su propio consumo. Se fumaba dos puros diarios. Secaba las hojas de tabaco y lo curaba con una receta personal. Empapaba las hojas de tabaco en una perola llena de ron. En el ron había macerado una flor azul que crecía en los arroyos y que llamaban oro azul. Luego dejaba fermentar las hojas de tabaco hasta que estuvieran a punto para elaborar los cigarros. Le dije que me parecía un procedimiento exquisito. Me dijo que sí, resultaban muy buenos puros. Recordaba haber ido con su padre a recoger las flores de oro azul a la orilla del río. Pensé en un amigo mío que decía que los cubanos eran el pueblo más inteligente del mundo. Había que añadir que eran un pueblo refinado. El maestro barbero intervino entonces para decir que su padre curaba las hojas de tabaco de otra manera. Las ponía a secar y después de haberlas recogido del secadero las ponía a fermentar en la cuadra, sobre el estiércol de las vacas. Era un proceso de fermentación especial. No habló del aroma. Asumió que a mucha gente le gusta el aroma de los establos de las vacas. Aseguró que eran muy buenos puros. Su padre nunca fumó otros puros. Terminó de arreglar la barba del inglés y un poco más tarde el muchacho cubano terminó de afeitarme a mí. El muchacho no discutió lo bueno ni lo malo de hacer fermentar las hojas de tabaco sobre el estiércol de las vacas, pero el maestro se sintió obligado a explicar que entre las hojas de tabaco y el estiércol de las vacas su padre ponía una tela de plástico. Yo no podía tomar partido. Yo sólo era fumador de puros ocasional. Un primo mío me había regalado una caja de puros canarios, tinerfeños, de bahía del Duque. Los había encontrado excelentes. Pero la conversación no era sobre cigarros sino sobre procedimientos. El muchacho cubano volvió a repetir lo de las hojas de tabaco fermentadas en ron donde se habían hecho macerar flores de oro azul, y recordó con cierto lirismo aquello de ir a recoger flores al río, y el maestro insistió en el procedimiento del estiércol de las vacas. Comprendí que había un placer cósmico en defecar al aire libre y un placer hondo en fumar tabaco fermentado sobre estiércol. El muchacho cubano tampoco llevó más allá la discusión, porque él era un empleado y el maestro era el dueño de la barbería.

El barranco de las Nieves cruza los barrios del norte de Santa Cruz, a la salida de la ciudad. Es un cauce seco de unos doce a quince metros de anchura, sembrado de gruesas piedras grises, que se precipita desde los lomos más cercanos a la costa y entra en el mar bajo un puente que barren las olas. En su parte alta es mucho más angosto, profundo y prácticamente inaccesible. Las faldas del volcán son pronunciadísimas y están cargadas de bosque. En tiempos de tormenta el barranco se llena con un caudal de barro y agua. Recibe las corrientes y el material de erosión de todo un sistema de barrancos adyacentes que empieza a formarse en los mismos labios de La Caldera. Es difícil imaginar una topografía más violenta y lujuriante al mismo tiempo. A unos trescientos metros de altura, y en un recodo del barranco, se encuentra el santuario de la Virgen de las Nieves, la patrona de Santa Cruz. La Virgen de las Nieves baja a la ciudad una vez cada cinco años, los años que terminan en cero y en cinco. Umbroso, bien cuidado, protegido por los riscos, albergando algunos grandes árboles, el santuario es un pequeño núcleo de población en torno a una plazuela, como si fuera el embrión de una ciudad colonial. A la Virgen se la viste de rojo, de verde, de blanco, siguiendo los colores de la liturgia. Raras veces se la viste de morado, y en este caso sólo por unos días, porque se cree que entonces provoca incendios en la isla. La iglesia está decorada con buena madera de tea. Tiene una bóveda pintada y un viacrucis crepuscular.

Cuando la Virgen de las Nieves baja a Santa Cruz se produce una ceremonia curiosa. Recibe el homenaje de una cofradía que desfila en procesión. Luego, después de pasar por una caseta que se levanta al efecto, los miembros de la cofradía salen por el otro lado transformados inmediatamente en enanos. No he podido averiguar con certeza cuántos enanos son. Creo que son tantos como apóstoles, doce enanos. Parece ser que el misterio de la ceremonia está en lo súbito de la transformación. En las fotografías he podido ver que llevan grandes bicornios, al estilo napoleónico. Van vestidos cada uno de forma diferente, con trajes cortesanos, con muchas bandas y condecoraciones, como la aristocracia en los tiempos de Goya. Ejecutan una danza entrelazando los pies de forma extraña, como se piensa que bailan los enanos. Es algo que me hubiera gustado ver. No son los enanos grotescos de otras fiestas de España. En la imaginación de los cuentos, los enanos de la Virgen de las Nieves son obviamente los enanos de Blancanieves. En la imaginación de los mitos, y en una isla volcánica, los enanos de la Virgen de las Nieves son los Nibelungos.

## En la gallera

El sábado a las tres y media de la tarde se anunciaban «Grandes riñas de gallos» en la gallera del pabellón deportivo de la urbanización Benahoare, un barrio del norte de la ciudad, junto a la carretera de las Nieves. Las peleas, puntuables para el campeonato, porque existe una liga de riñas de gallos como existe una liga de fútbol, tenían lugar entre gallos de la Gallera Guerra, que era la gallera local, y gallos de la Nueva Gallera, que era la gallera visitante. Se anunciaban los resultados de la semana anterior con ventaja de tres riñas para la Gallera Guerra. El pabellón estaba previsto para otras actividades. Era un círculo de arena para campeonatos de una modalidad de lucha humana que llaman lucha canaria. Yo había visto lucha canaria hacía algunos años, en el pueblo de La Viña, en Gran Canaria. Luchaban muchachos de diecisiete o dieciocho años de edad, con pesos que llegaban a los ciento veinte kilos. Recuerdo una noche cálida. Era un espectáculo lleno de nobleza. Los muchachos se agarraban con fuerza, se enardecían mutuamente, resoplaban como terneros. El reglamento era muy sencillo. Consistía en derribar al adversario o arrojarle fuera del círculo. El vencedor daba la vuelta al ruedo en una actitud a la vez modesta y orgullosa, con la cabeza humillada y el brazo levantado, y recogía las propinas que el público arrojaba a la arena.

En el pabellón deportivo de Benahoare, el ring para las riñas de gallos se había instalado en el centro del ruedo destinado a los campeonatos de lucha. Era una plataforma circular con una valla parecida a los corralitos donde juegan los niños. El público se había sentado en las gradas. Algunos habían acercado sillas al ring para seguir de cerca las peleas. En total había menos de cien personas. Apenas se cruzaban apuestas y, si alguno lo hacía, aquello no pasaba de los veinte euros porque, como dijo mi vecino, «las riñas se hacen más por el deporte que por el vicio de la apuesta».

Muchos de los gallos tenían nombre propio. Peleaban el *Sombrita*, el *Corbata*, el *Ronco*, el *Bicicleta*... La mitad al menos iba a morir. En total eran siete peleas. En el mundo de las peleas de gallos, como en las corridas de toros, existen adjetivos muy precisos para definir el color de los animales. Un gallo *melado* es un gallo gris y canela. Un gallo *giro* es un gallo amarillo y negro. Se habla de gallos *colorados*, *gallinos* y *retintos*. Mientras les llegaba el turno de pelear, los gallos aguardaban en los vestuarios encerrados en pequeñas jaulas de caña. Naturalmente, los unos ocupaban el vestuario del equipo local y los otros el vestuario del equipo visitante. En el momento de subir al ring se les pesaba utilizando un pequeño arnés. El peso se daba en libras y onzas. Venían a arrojar en la báscula entre tres libras y diez onzas el más pequeño, y cuatro libras y cinco onzas el mayor. Las peleas se ajustan entre contrincantes del mismo peso con un margen de diferencia de media onza.

Después de pesados, el juez sujeta un par de cuchillas de acero en los espolones de los gallos. Luego limpia las cuchillas ensartándolas en medio limón, a la manera que yo había visto hacer en México, se dice que para desinfectarlas, o para evitar que un contrincante maquiavélico haya mojado las cuchillas de su gallo con veneno, aunque nunca me he explicado de qué puede servir el rito del limón cuando la mayoría de las veces los gallos van a caer muertos a la primera cuchillada. Los gallos tienen la cresta amputada, lo mismo que los papos, para no presentar lugares tiernos al contrincante. Son animales enjutos, altos de patas, de aspecto deportivo, algo desplumados, más atléticos que vistosos. Acuclillados en la jaula, tienen la pupila de los ojos del color característico de los gallos, rojo anaranjado de terciopelo, que antiguamente daba su nombre, ojo-de-gallo, a una tonalidad de vino clarete. Las plumas de la cola son escasas, porque se las han arrancado, dejando un par de plumas finas y ondulantes, que tienen la función de hacer fintas al adversario.

La mirada de los gallos es una mirada esquizofrénica. Se dice que pelean de una manera automática, como pelearían contra un espejo. Los entrenadores los presentan frente a frente en el ring y los mecen con un vaivén, de manera que los dos pares de ojos se hipnotizan mutuamente. Luego, antes de soltarlos para que se acuchillen, los sujetan unos segundos por la cola. Entonces los gallos estiran el cuello desplumado con el ansia de reñir. Los entrenadores abandonan el ring y dejan solos a los gallos. A partir de ese momento no hay perdón. Las riñas son confusas, mortales y femeninas. El gallo es uno de los símbolos de la virilidad, pero la lucha hace pensar en una de esas peleas de mujeres que se arañan el rostro y esconden una navaja en la liga. El desenlace es rápido. Aquella tarde las peleas más largas no llegaron a los diez minutos. Algunas no pasaron de los quince segundos, como si el gallo vencido hubiera caído fulminado por el rayo. A veces, en un movimiento de última defensa, el gallo vencido hundía la cuchilla en la pechuga del gallo que parecía vencedor. La agitación en los vestuarios era máxima. Allí se curaba a los gallos heridos. En el mismo patio estaban las letrinas y el bar. Se escupía en el suelo. Había una palangana con agua que la sangre había teñido como vino tinto. Desde allí se oía el alboroto de la gallera, las voces y los silbidos del público animando a sus gallos favoritos. Los gallos agonizantes llegaban del ring con estertores. Gotas de sangre salpicaban los azulejos. No era la abundante sangre oscura del desolladero de una plaza de toros. Era sangre modesta, era la sangre de una pollería. Los gallos campeones tiritaban envueltos en toallas, como nuevas promesas del boxeo. Se disponía de los gallos muertos sin la menor ternura, como se dispone de un autómata inservible del que ni siquiera se pueden recuperar las piezas. Dicen que no es así, que los dueños de las galleras se encariñan con algunos de sus gallos lo mismo que los mayorales de las dehesas se encariñan con algunos de sus toros. Pregunté lo que se hacía con los gallos muertos. La respuesta fue digna y tenía algo que ver con el cariño: «El que quiere comérselos se los come, y el que no, no».

Los plátanos de La Palma sustituyeron a la producción de tabaco y contribuyen a más del sesenta por ciento de la economía de la isla. Se cultivan principalmente en la costa norte, entre los pueblos de San Andrés, Los Sauces y Barlovento. Los huertos escalonados se ciñen como dibujos topográficos a los relieves del terreno. Se protegen de los vientos con celosías de ladrillo y pantallas de lienzo o tela. También hay platanares en la costa occidental. Aprovechan las escorias del *malpaís* sobre las que se ha extendido una capa de tierra fértil procedente del interior. Se dice que los plátanos del norte son más dulces y maduran antes. A pesar de su envergadura, la mata de plátano es una planta anual. Es como una brizna de hierba que alcanza proporciones gigantescas. Cada mata engendra un solo racimo de plátanos, raras veces dos, que llaman *piña*. Cada racimo o *piña* varía entre los cuarenta y ochenta kilos. Una vez en la cooperativa, la *piña* se desguaza en mazos de dos o tres kilos que llaman *manillas*, utilizando un pequeño cuchillo curvo, la *podona*, parecido a los antiguos cuchillos de vendimiar. Luego pasan por un estanque de agua donde se desinfectan. Se rechazan los plátanos que tienen una especie de pulgón blanco, ligero como lana, microscópico, que deja entre los dedos un jugo anaranjado. También se rechazan los plátanos que tienen la corteza afeada por un pequeño reptil que llaman la *lagarta*, aunque la carne del plátano no queda afectada por el mordisco de la *lagarta*, al contrario. Igual que las cerezas que han probado los pinzones, los plátanos que prueba la *lagarta* son los mejores. Después de pasar por el estanque los plátanos se secan con unas pistolas de aire a presión parecidas a las que se utilizan para hinchar neumáticos. Las *manillas* de plátanos comercializables se embalan en cajas de cartón, dispuestas a ser embarcadas en contenedores hacia la península. Los plátanos rechazados se cargan en una cinta transportadora que los vuelca en un vertedero. Más tarde servirán de alimento para cerdos y vacas. Me pregunto si la leche de la vaca será más rica y la carne del cerdo será más mantecosa al haber sido alimentados con plátanos.

Desde Santa Cruz de La Palma hay dos maneras de llegar a Santo Domingo de Garafía. La primera es subir hasta el volcán por los barrancos de la ladera oriental, rozar la nieve, asomarse a La Caldera de Taburiente y bajar suspendido sobre los espléndidos panoramas de la vertiente contraria. Otra manera es seguir la carretera de la costa hasta Barlovento, y desde allí a Garafía. Hace veinte años la comunicación entre Barlovento y Garafía sólo era posible por barco. La carretera actual dobla los interminables lomos que dominan el mar, penetrando alternativamente en las entrañas de los barrancos y asomándose al océano sin perder cota de altura. Luego se baja a Garafía desde los seiscientos a los trescientos metros prácticamente sin saberlo, como en un descenso en globo aerostático. Esa parte de la isla fue poblada por judíos portugueses que pronto olvidaron sus orígenes. Recibieron tierras a cambio de que entregaran el quinto de su producto al rey. No parece una proporción excesiva teniendo en cuenta lo que hoy se paga a la Hacienda de un Estado moderno en forma de impuestos directos e indirectos. El litoral de Garafía sólo es accesible a pie. Garafía es un pueblo pequeño con un paisaje inmenso. Tiene fonda donde se come razonablemente bien. La tierra produce vino y queso. Hay un par de bares con terraza. Tiene algunas tiendas y un bazar. Tiene viejas calles empedradas y una iglesia de juguete, de piedra roja. El cura atiende cuatro pueblos. Cualquiera de las huertas de Garafía haría las delicias defecatorias del barbero de la calle O'Daly. Todo parece tan bello, tan humano, tan antiguo y tan frágil que no es posible que dure. Hay cierta neurastenia metafísica. Desde Garafía se contemplan los crepúsculos más tardíos de España. Podría ser el pueblo para hacer un paréntesis entre la vida y la muerte, antes de que se acabe la vida, como aconsejaba el caballero de La Trappe y como tiene pensado hacer el barbero de la calle O'Daly cuando se jubile.

## Visión del Teide

Recuerdo haber leído hace unos años, en un libro de relatos de marina, los fragmentos del diario de a bordo del capitán de un superpetrolero que se dirigía a doblar el cabo de Buena Esperanza con rumbo al golfo Pérsico. Eran los tiempos en que permanecía cerrado el canal de Suez. Aquel barco gigantesco se desplazaba en la noche a lo largo de las islas Canarias. Había luna llena. En el lenguaje escueto de las incidencias del cuarto de guardia el capitán dejó anotada una visión esplendorosa. A lo lejos, bajo la luz de la luna, muy por encima de la línea del horizonte, aparecía una silueta. La cumbre del Teide se manifestaba ante sus ojos como una gran masa lívida. Desde alta mar, aquella aparición suspendía el aliento. El Teide cautivó la mirada del capitán. No había otras incidencias que anotar. El resto de la página quedó en blanco. El barco siguió su recorrido. Por fin el capitán volvió sus ojos a la proa. Navegaba con un barco del tamaño de un campo de fútbol. En el ritmo de las noches de un hombre acostumbrado a los mares aquellas dos frases que dieron cuenta de la visión del Teide en el cuaderno de bitácora fueron un relámpago de embriaguez poética.

Algo parecido sucede desde La Palma. Desde algunos lugares de la costa oriental se ven las islas vecinas de Gomera y Tenerife. Muchas tardes, desde la avenida Marítima de Santa Cruz se ve aparecer el Teide. Supera la barrera de las nubes que cierra el horizonte y recoge el resplandor del sol cuando toda la costa oriental de la isla de La Palma hace muchas horas que está sumergida en sombra. A veces se ve la isla de Gomera. Otras veces se ve el perfil entero de Tenerife. Pero no hay espectáculo que iguale a la cumbre del Teide cuando flota en el espacio como un gigantesco objeto virtual de un delicioso color anaranjado, a veces rosa como los helados de fresa, a veces malva como un perfume. Su potencia es lo mismo que su delicadeza, como esos fenómenos naturales que pueden asolar una comarca en medio de las más sutiles manifestaciones de luz. La avenida Marítima de Santa Cruz de la Palma está orientada de manera que recoge una fuerte corriente de mar. A la altura de los cuatro muros negros de la antigua fortaleza de la villa, frente al bar Cosmos, las olas saltan por encima del parapeto. Es un paseo saludable. La visión del Teide entre el surtidor de las olas provoca el mismo sentimiento poético inmediato que tuvo aquel capitán.

Algunos días se forma una bruma finísima sobre los lomos que dominan el santuario de Las Nieves. Es una lluvia tibia, prácticamente vaporizada, que se desgarra como algodón entre los árboles. Esa bruma impide ver el Teide, del otro lado del brazo de mar, pero se sabe que el volcán está allí, flotando sobre las nubes. Hay un haiku japonés que insinúa la presencia de esas grandes montañas en días de niebla. Son volcanes de la buena suerte.

> *Niebla meona.*
> *Es un día feliz,*
> *aunque el monte Fuji no se vea.*

El adjetivo de la niebla es popular. La versión inglesa del haiku es más elegante: *misty rain.* El término apropiado en español sería la «garúa», pero es palabra antigua, de la lengua de los marineros. Además, en un poema nunca estorba una pizca de sal.

El Popocatépelt, como el Teide y como el monte Fuji, es otro de esos volcanes de rostro piramidal, pero sólo raras veces se le puede ver desde el Zócalo de la ciudad de México. Lo impide la contaminación urbana. Se diría que no hay días felices en esa ciudad. Yo pude ver el Popocatépelt desde el Zócalo una mañana de enero de 1980, en un día especialmente despejado.

## Tenerife

Hasta el siglo XVIII se creía que el Teide era la montaña más alta del mundo, porque así debieron de pensarlo todos los marinos que pudieron contemplarlo desde alta mar. Los vulcanólogos estiman que la isla tardó en formarse un millón de años. Sin embargo, el pitón más alto se alzó en épocas relativamente cercanas y con ello la montaña se encumbró hasta los tres mil setecientos metros de altura, doscientos metros más sobre su cota anterior, en una especie de *work in progress* que, por encima del calendario en el que se mueve la especie humana, parece no haber concluido. Hacia el suroeste, la cumbre del Pico Viejo supera los tres mil metros. El cinturón vegetal, que en la zona intermedia llega a ser muy espeso, se enrarece por encima de los dos mil metros. Los últimos bosques de coníferas crecen sobre campos de escorias rojizas, como si la tierra se hubiera abrasado. Hay quien opina que la erupción que levantó el pitón actual sobre el cráter cimero del Teide fue la misma que vio Cristóbal Colón en su primer viaje a América y que quedó registrada en unas famosas líneas de su diario de a bordo: «[...] y pasó aquella noche cerca de Tenerife, de cuya montaña se veían salir grandísimas llamas, de lo que maravillóse su gente».

Era la noche del 9 al 10 de agosto de 1492. Las anotaciones del almirante, transmitidas hasta nosotros en tercera persona, sugieren un interés científico en ciernes, aunque sólo sea porque en ningún momento interpretó la visión como un presagio, por mucho que la tripulación se maravillara. Puede decirse que Colón fue un navegante con suerte. Todos los marinos del Viejo Mundo habían admirado aquella cumbre que surgía en medio del mar, sobre un lecho de nubes. Pero sólo cuando Cristóbal Colón se dirige a descubrir un continente el volcán entra en erupción. Puede que todo sea una invención retórica, pero me gusta imaginar que las circunstancias estuvieron a la altura del personaje.

Trescientos años después, en 1798, tuvo lugar una erupción que se conoce como la erupción de las Narices del Teide, en el flanco suroeste del volcán, bajo la cumbre del Pico Viejo. La isla había estado estremeciéndose durante dos años seguidos.

La actividad se inició el 9 de junio de ese año y se prolongó hasta el 16 de septiembre. Un texto anónimo describe aquel acontecimiento con un vocabulario mucho más efectista que la tersa anotación del almirante: «[...] los vómitos de tan monstruoso vientre estaban acompañados de un terrible estruendo [...] el bramido de las rocas era tan desaforado que el monte parecía querer abrirse enteramente».

La erupción de las Narices del Teide dejó unos impresionantes derrames de lava negra y unos campos de escorias y cenizas que cubrieron casi enteramente el llano de Ucanca, en el paraje de Las Cañadas. Antes y después de aquello se conocieron en la isla algunas erupciones intermedias. La erupción del volcán Garachico, en la ladera nororiental del Teide, tuvo lugar en 1706. Duró algo más de mes y medio y llegó hasta el mar. La última erupción se produjo en 1909, en el volcán Chinyero, cercano al anterior. Estas erupciones laterales se producen a la manera de fugas por el punto de menor resistencia de la chimenea que alimenta el edificio central de la isla. El recorrido por el Teide es una de las cosas más admirables que se puedan ver. Las cenizas cubren laderas enteras y las bolsas de roca enfriada parecen haber sido sorprendidas en un estado cercano a la ebullición, como burbujas de un puré muy espeso. Los vertidos de lava y basalto hacen jugar simultáneamente dos conceptos opuestos: lo sólido y lo maleable, la dureza y la plasticidad. El paisaje tiene la grandeza del desierto. La erosión trabaja sobre materiales recientes. Poco importan los turistas. Basta tener ojos para la montaña. Se comprende la fascinación que en todos los tiempos ha ejercido el volcán, no sólo sobre aquellos marinos que al divisarlo desde el mar lo consideraban la montaña más alta del mundo, sino sobre los científicos del siglo XIX que llegaban a Tenerife atraídos por la geología y la botánica. En 1816 Humboldt dedicó a la isla una descripción que creó toda una escuela de estilo entre los naturalistas. Adalbert von Chamisso dejó la literatura por la botánica y fue discípulo suyo. Una noche, navegando sobre un mar fosforescente a bordo del *Rurik*, el autor de *Peter Schlemihl* descubrió el Teide desde una distancia de más de cien millas, en un ángulo que le pareció relativamente cercano. Se hallaba recogiendo minúsculos invertebrados flotantes y luminosos, alzó la vista y descubrió el volcán. También aquí se puede introducir un haiku:

> *Recogiendo setas,*
> *alcé la mirada*
> *y descubrí la montaña sobre el bosque.*

Chamisso señala que Tenerife había sido visitada y descrita por los sabios como ningún otro lugar del mundo. Treinta años después, Darwin lamentó con amargura haber pasado a lo largo de Tenerife sin tocar tierra, cuando el *Beagle* regresaba a Inglaterra después de un periplo alrededor del mundo de casi cinco años. Se ventilaba entonces la cuestión de si la tierra firme era obra de Plutón o de Neptuno, si los continentes se habían levantado del lecho marino o si los había construido la energía del fuego subterráneo. Hoy los científicos aseguran que las figuras de los viejos dioses trabajan a la par. Todos los fenómenos relacionados con la formación de la corteza terrestre son un poco misteriosos, cualquiera que sea la opinión de los científicos. No lo son en el sentido místico de las noches estrelladas y de los insondables enigmas del universo. Son misteriosos en un sentido más carnal, más cerca de nosotros como materia. El Parque Nacional del Teide puede ser considerado como un gigantesco parque de atracciones, con teleférico, hoteles, restaurantes y aparcamientos. Pero hay una belleza intrínseca en esos lugares. Despiertan una admiración que no conoce límites. La presencia humana sirve de elemento para una comparación a escala en cuatro dimensiones, porque a la abrumadora presencia física del volcán, que aparece con toda su crudeza, y como al desnudo, se suma la magnitud que la propia obra hace jugar al Tiempo.

## Los Gigantes

Muy distinta es la impresión de otros puntos de la isla. La costa sur de Tenerife ha sido entregada al turismo más necio y a la especulación más destructora. Es uno de esos lugares del planeta donde se comprende que el hombre, lejos de ser el rey de la Creación, es una plaga. Hay una verdad geológica y una verdad humana. El conjunto de acantilados que llaman Los Gigantes, donde el litoral remonta en dirección noroeste, se precipita en vertical sobre un mar profundo, de un azul intenso, como si Los Gigantes avanzaran en el mar con el agua hasta las rodillas. Son potentes, de una potencia estática, hasta cortar la respiración. Cada vez que una gaviota se lanza desde lo alto de los acantilados parece que se suicida. Los Gigantes proyectan sobre el mar un reflejo vinoso, filtrado por la calima. Sus siluetas se recortan como en la primera línea de un desfile. Junto a ellos, la triste miseria humana del turismo ha apolillado el litoral como una plaga de orugas procesionarias.

## La Orotava

En la costa norte de la isla se encuentra el famoso valle de La Orotava, que junto al Teide atrajo durante un siglo a naturalistas de toda Europa. La densidad de población de la isla es grande, pero esa aglomeración angustiosa que ha creado el turismo en la costa sur, en el norte se reduce a un hábitat nutrido pero disperso, como si, vistas de lejos, las casas estuvieran salpicadas en un gran jardín. Ése es el caso del valle de La Orotava. En el Puerto de la Cruz, donde la línea central del valle alcanza el mar, se encuentra la mayor aglomeración urbana. La formación de La Orotava se interpretó de diversas maneras. Se ha descrito como una tecla de piano que se hunde entre dos lomas, la de Tigaiga, al oeste, y la de Santa Úrsula, al este. La inclinación del valle es muy acentuada. No corresponde a lo que se entiende por un valle de erosión, en el sentido clásico y fluvial. Se pensó que su formación se debía a alguna especie de hundimiento tectónico, o que grandes cantidades de materia se habían deslizado desde la cara norte del Teide entre las dos laderas que sirven de canal. La tercera explicación, actualmente admitida, es que la depresión correspondería a un esfuerzo de menor potencialidad eruptiva entre dos sectores de mayor actividad volcánica, perpendiculares a la dorsal de la isla. De ese modo se levantaron las dos laderas que ahora abrazan el valle. Alexander von Humboldt describió La Orotava en términos apasionados: «[...] después de haber recorrido las orillas del Orinoco, las cordilleras del Perú y los hermosos valles de México, proclamo no haber visto en parte alguna un conjunto más variado, más sugestivo y más armonioso».

El autor del *Viaje a las regiones equinocciales* fue una especie de profeta de la isla de Tenerife. Cerca del Puerto de la Cruz se encuentra el jardín botánico que lleva su nombre. Probablemente La Orotava ha perdido buena parte del esplendor que tuvo a los ojos de los científicos europeos para los que Tenerife representaba la primera puerta hacia el exotismo de las regiones tropicales. Aun así, a los ojos actuales, el valle se manifiesta como una realidad generosa, amplia, con cierta lentitud en el desarrollo de sus formas, desde aquellas brumas que suelen ocultar los riscos donde se inicia, hasta la línea en que parece hundirse en el mar sin perder el ángulo regular de inclinación, sólo quebrantado por los bancales de los cultivos y por la plataforma costera. En la carretera vieja, en el lugar que llaman la Cuesta de la Villa, se halla el mirador de Humboldt, donde se supone que el naturalista contempló por primera vez el valle de La Orotava y halló la inspiración para las líneas que hemos citado. No lejos de allí está el mirador del Pinito, junto al restaurante Casa Cristo y Moisés. El mirador de Humboldt tiene el prestigio del gran hombre. El mirador del Pinito tiene el capricho del nombre del restaurante y yo cedí a esta segunda curiosidad.

## Santa Cruz de Tenerife

La capital de la isla son tres ciudades imbricadas, reunidas sin solución de continuidad. Hay la ciudad portuaria, cuya vida se estira a lo largo de la Alameda y por las dársenas de un puerto dilatadísimo, de fuertes corrientes laterales y aguas profundas, que por esa misma razón limita sus espigones a una distancia mínima del litoral. Los puntos clave de ese entorno son el bar Atlántico y el British Bar, puerta con puerta. Yo había visitado Santa Cruz de Tenerife diez o doce años antes. Era agradable constatar que los bares no habían cambiado. El resto de la ciudad había ido a mejor. Las calles comerciales habían sido peatonalizadas. Los árboles parecían más exuberantes. La vida era ahora más fácil y el centro de la ciudad respiraba con mayor holgura. La actividad original de ese núcleo es el puerto, antes de serlo el comercio local, aunque insensiblemente diferenciados. Algo más arriba está la ciudad residencial, un área relativamente extensa de chalets y pequeños hotelitos. Es un urbanismo entre cursi y elegante, entre victoriano y tropical, siempre al límite del pastel de bodas o de la tarta de frutos exóticos, en torno a un verdadero jardín botánico que es el parque Sanabria. Es un barrio para pasear de noche, después de la cena. No hay ninguna razón particular para ello, salvo que siempre es grato pasear en la oscuridad entre jardines. Por fin, la tercera ciudad, la más reciente, se encarama por los cerros en una especie de explosión demográfica que ha colonizado territorios hostiles que antes se hubieran considerado prácticamente inaccesibles. Hacia el oeste sale la autovía que rodea la isla por la costa sur. Hacia el norte sube la larga rampa que lleva a La Laguna. Al alcanzar la vertiente opuesta por terreno suave, la autovía deja a un lado los viñedos de Tacoronte, donde se produce el famoso vino Cráter, para unirse al litoral a la altura de La Victoria y La Matanza, dos nombres ominosos que los españoles fueron sembrando por todas sus tierras de conquista.

En la plaza del general Weyler se encuentra la comandancia militar donde el 16 de julio de 1936 el general Franco inició el pronunciamiento contra la República que encendería la Guerra Civil. Es un edificio blanco, con esquinas y dinteles de piedra gris. Probablemente tuvo cierta dureza cuartelera que ahora ha perdido, en parte porque la plaza es bulliciosa y acogedora, bien sembrada de árboles, en parte porque la presencia militar, que siempre fue importante en Canarias, se ha difuminado o desvanecido, y los edificios que ocupaba han recobrado la placidez de los grandes caserones coloniales. La historia quiso que en esa plaza tropical se iniciara la tragedia que iba a inundar de sangre campos de batalla que desde aquí parecen muy lejanos. Del llamamiento a la sublevación del general Franco en Tenerife al encarnizamiento de la guerra en las parameras de Aragón hay mucho trecho. Calle con calle se encontraba el parque de artillería, que ahora es farmacia militar. Por encima de las tapias blancas asoman las ramas de grandes árboles.

Hasta tiempos relativamente recientes, las colonias españolas en África exigían la presencia en Canarias de lo que venía a ser una base rezagada, o logística, o incluso de asueto, respecto a las tropas acantonadas en el Sahara español. Además, la seguridad militar de las islas siempre ha sido una prioridad estratégica desde el punto de vista peninsular, aunque una vez perdida Cuba a finales del siglo XIX, y cedidos los territorios africanos a mediados del siglo XX, su destino más tentador, el que la burguesía local hubiera aceptado con entusiasmo, hubiera sido el de convertirse en un paraíso fiscal. Así se explican ciertos brotes de nacionalismo canario que sólo resulta congruente con el nacionalismo de las islas Caimán o de las islas Vírgenes. Muchos aspectos del funcionamiento de las islas estuvieron antaño bajo el área de control del ejército. El mejor hotel de Santa Cruz de Tenerife fue construido por iniciativa militar. El capitán general del archipiélago era al mismo tiempo jefe del Mando Económico. Se disfrutaba de las franquicias aduaneras, pero el ejército velaba, al menos nominalmente, sobre el funcionamiento económico. El mercado central de Santa Cruz lo construyó el mando militar. Es un edificio agradable, bien ventilado, con dos patios espaciosos, el Patio de Naciente y el Patio de Poniente, morisco en algunos aspectos, como un zoco de opereta con dos escenarios, que pronto se transformará, por la inercia misma del lugar, en un mercado turístico. No lejos de allí se está construyendo el IODACC, unas siglas aparentemente farmacéuticas que en realidad esconden un proyecto ambicioso, el Instituto Óscar Domínguez de Arte y Cultura Contemporáneos, en honor al pintor tinerfeño que el año cincuenta y ocho se voló la tapa de los sesos en París. El mercado central se llama Mercado de Nuestra Señora de África. El nombre revela la devoción de aquellos militares africanistas. Al mismo tiempo hace vibrar una cuerda personal dormida. Me hace recordar el nombre de algunas muchachas de la época de mis quince años, hijas de militar, que se llamaban África con absoluta naturalidad, como si no supieran que llevaban el nombre de todo un continente. En el imaginario de la seducción prohibida mi Lolita se llama África. África y los quince años alumbraban el deseo.

En Santa Cruz de Tenerife tuvo lugar un acontecimiento de mucha menor relevancia histórica para España que la sublevación del general Franco, pero de cierta importancia simbólica para Inglaterra. El 25 de julio de 1798, en un asalto a la ciudad, el almirante Horacio Nelson perdió el brazo derecho. En la vida de Nelson la batalla de Tenerife fue una situación menor, salvo en sus consecuencias anatómicas. Hay que decir que anteriormente ya había perdido un ojo. La batalla de Tenerife no fue una batalla naval, sino un duelo entre la artillería y la marina en un intento de desembarco. Aún quedan en Santa Cruz algunos vestigios de las defensas de que disponía la ciudad, aunque el elemento principal del dispositivo de protección, que era el fuerte de San Cristóbal, fue destruido al modernizar el centro urbano. Al sur está el castillo de San Juan. El fuerte de Almeyda ha sido transformado en museo militar. Al norte, y en los riscos, quedan algunas otras defensas. A diferencia de tantas robustas ciudades marítimas que aún exhiben presidios y fortificaciones de costa, Santa Cruz de Tenerife apenas revela la importancia que en su momento tuvo la defensa del puerto. Hay muchos más árboles exóticos que piedras históricas. Lo más interesante es el fuerte de Almeyda, de edificación relativamente reciente, levantado en un terreno que las escrituras catastrales de la época llaman la Huerta de los Melones. Esto lo menciono aquí para subrayar las transformaciones que sufren los terrenos, que pueden pasar de huerta de melones a castillo como en los encantamientos del Quijote. En el museo del fuerte de Almeyda se encuentra el cañón que dicen que dejó manco a Nelson. Es una pieza de bronce fundida en Sevilla aquel mismo año de 1798, de 160 milímetros de calibre y aproximadamente tres metros de longitud, sobre cureña de madera. Cerca de la boca, dos dragoncillos o delfines monstruosos sirven para izarlo. Lleva un relieve con las armas de los Borbones y el nombre del fundidor. Los cañones, como los gallos de pelea, tienen un nombre y ese cañón se llama *El Tigre*. En realidad, es muy poco probable que la metralla de *El Tigre* dejara manco a Nelson. Los eruditos militares son tan prolijos en sus cosas que han llegado a estudiar el emplazamiento del cañón y han deducido que es imposible que alcanzara al almirante. Nelson se presentó ante Santa Cruz de Tenerife la víspera de Santiago al mando de una flotilla de nueve navíos: tres barcos de línea, de lo que ahora se llamarían destructores, el *Culloden*, el *Zealous* y el *Theseus*, en el que viajaba Nelson; cuatro fragatas, la *Emerald*, *Tepsichore*, *Leander* y *Seahorse*; un cúter, el *Fox*, que resultó hundido, y un barco artillado con morteros, el *Terror*. Nelson había logrado convencer al Almirantazgo de que se le permitiera abandonar el bloqueo de la bahía de Cádiz para dirigirse a Tenerife con la esperanza de capturar el barco español que transportaba el tesoro anual de América. Sus espías le habían informado que se hallaba fondeado en Santa Cruz. La operación era puramente económica. El Almirantazgo quiso saber de qué se estaba hablando, es decir, a cuánto ascendía el tesoro. Nelson lo estimó entre cuatro y seis millones de libras esterlinas, una cifra probablemente exagerada para cebar a sus superiores. El Almirantazgo lo juzgó suficiente. Además, en caso de que Nelson lo creyera necesario, le autorizaba a ocupar la villa e imponer un rescate a sus habitantes. En realidad, cuando Nelson se presentó frente al puerto de Santa Cruz el barco del tesoro no estaba allí, ya fuera porque no había llegado o porque había seguido otra ruta, por lo que decidió aplicar el plan de complemento y tomar la ciudad. Los ingleses contaban con tres mil setecientos hombres más la marinería. Los defensores eran alrededor de mil seiscientos y disponían de noventa y un cañones. Fracasó un primer intento de rodear las defensas por tierra debido a lo abrupto del terreno. Al segundo y tercer intento por el frente de mar los ingleses llegaron a entrar en la ciudad, donde los conventos y edificios principales habían sido fortificados. Nelson dirigía personalmente una de las lanchas de desembarco. En el momento de ir a saltar a tierra, sable en alto, recibió una bala de mosquete o un impacto de metralla por encima del codo del brazo derecho que le seccionó la arteria humeral. Normalmente, en las condiciones de la época, hubiera sido una herida mortal. Nelson no perdió el conocimiento. Un oficial le aplicó un torniquete. Se le quiso conducir al barco más cercano. Pidió que le llevaran al *Theseus*, donde inmediatamente empezó la amputación para evitar que muriera desangrado. Eran las dos de la madrugada. La situación de los ingleses en tierra era precaria. El oficial que había quedado al mando de la fuerza de desembarco obtuvo un alto el fuego. Un pacto entre caballeros con el gobernador español permitió a los ingleses recoger a sus muertos y replegarse con sus heridos. Al día siguiente Nelson agradeció aquel gesto y ordenó a la flotilla levar anclas. Paradójicamente, a partir de aquella derrota, por las circunstancias mismas de la acción, el prestigio de Nelson fue en aumento, hasta llegar a convertirse en uno de esos grandes hombres que sólo Inglaterra parece haber sabido producir. Su monumento en la columna de Trafalgar Square, en Londres, le muestra erguido, apoyado en un cordaje, con un ojo vacío, con la manga del brazo derecho plegada por encima del codo. En Trafalgar recibió una bala en el espinazo que acabó con su vida en pocas horas, antes de que finalizara la batalla, pero no sin saber que había conseguido la victoria. Su cuerpo fue repatriado a Inglaterra en un barril de aguardiente alcanforado. El sentimiento ambiguo de los españoles se expresó en uno de los peores versos de Quintana:

*Inglés te aborrecí, héroe te admiro.*

Nelson descansa ahora en la cripta de la catedral de San Pablo, en una especie de ataúd de bronce sobre un pedestal de granito, no lejos de la tumba de Wellington. En realidad el cadáver no se encuentra en el ataúd, que es meramente ornamental, sino en una especie de sarcófago practicado en el mismo pedestal. No sé lo que pasaría con su brazo. Siempre hay algo que excita la imaginación en la suerte que hayan podido correr los miembros amputados. El general mexicano Santa Anna mandó enterrar y rendir honores militares a su pierna. Eso forma parte del barroquismo hispano. En la pastelería López Echeto de Santa Cruz se vende un pastel que llaman Brazo de Nelson. Es probable que el verdadero brazo de Horacio Nelson fuera arrojado a los peces en las mismas aguas del puerto.

Se puede decir que no hay nada más descansado que visitar los museos militares. El público es escaso. A menudo las salas están desiertas. Habitualmente la ordenación es torpe; las indicaciones, sumarias. Las colecciones suelen ser aleatorias o incompletas. Pero dejando aparte el terreno museístico, los museos militares suelen ser tan interesantes como un almacén de objetos perdidos y tan aburridos como una sacristía. Se respira ese vago interés que emana de todo aquello que no depende del arte sino de técnicas obsoletas. La tranquilidad, el aire detenido, los pasos del centinela, son sus principales atractivos. El museo del fuerte de Almeyda dispone de dos salas semicirculares que miran hacia un patio de armas con soportales. Además de *El Tigre*, el famoso cañón, el museo del fuerte de Almeyda exhibe algunos otros recuerdos de la batalla de Tenerife. Se conservan seis fragmentos de un proyectil inglés que alcanzó la capilla del Santo Cristo, en lo que entonces era el convento de Santo Domingo, sin causar ningún daño. El suceso se tuvo por milagroso. Abundan los casos de proyectiles que caen en lugares sagrados y a los que la mano de la Providencia impide estallar, o si estallan, lo hacen provocando daños mínimos. Ése es el caso de las tres bombas que cayeron en la basílica del Pilar de Zaragoza durante la Guerra Civil. En otros lugares se han registrado milagros parecidos, que podríamos llamar milagros bélicos. Sin embargo, yo tengo por verdadero milagro de esta clase un milagro contrario. Sucedió en París, durante la Primera Guerra Mundial. La capital francesa se encontraba al alcance de las piezas de gran calibre de la artillería alemana, emplazadas a más de treinta kilómetros de distancia. El 29 de marzo de 1918, día de Viernes Santo, un obús alcanzó la iglesia de Saint-Gervais, donde se estaban celebrando los oficios. El proyectil destrozó la bóveda y mató a gran número de fieles en el preciso momento en que el cura recitaba las palabras de Cristo al Buen Ladrón: «En verdad, en verdad te digo que hoy mismo estarás conmigo en el Paraíso». Al instante aquellos fieles fueron arrebatados al cielo.

## Noche de San Juan en la isla de Hierro

Sobre el mapa, la isla de Hierro tiene la forma de un bumerán sin pulir o de una vértebra carcomida. Algo apartada de las demás islas del archipiélago, su tamaño, su aislamiento, su nombre mismo, la convierten en una isla particular, sobre la cual se asienta el imaginario de los territorios extremos. Se dice que el nombre de Hierro le viene del color ocre tostado ferruginoso de la línea de la costa. Otros dicen que resulta de una deformación del nombre de *Orreih* que le dieron los geógrafos árabes. En ciertos puntos las escolleras de lava, peligrosas y prácticamente inaccesibles desde tierra y desde el mar, pueden ser del color rojo del óxido de hierro. En otros puntos son de un color negro, áspero y poroso. En las líneas más suaves, y también más escasas de la parte de El Golfo, domina el gris pálido, ligeramente verdoso, del basalto. La isla de Hierro es un conjunto volcánico que se precipita desde los mil cuatrocientos metros de altura a las aguas profundas del Atlántico. La refrescan los vientos alisios, que dejan en las cumbres un permanente sudario de nieblas y nubes rápidas y aturbonadas. Salvo en la línea occidental, el litoral es un *malpaís* inhóspito. Hasta los trescientos o cuatrocientos metros se extiende una vegetación pobre pero compacta, ocupando los primeros espacios que la botánica puede colonizar. Por encima de esa altura, y hasta la línea de las cumbres, la vegetación va en aumento, en riqueza y en variedad, de modo que en poco trecho se pasa de los cactus y las chumberas a las coníferas, los laureles y los castaños. En las alturas occidentales crece la sabina, un junípero habitual en la península, más tupido de copa y más atormentado de tronco que los ejemplares de la meseta castellana. Al abrigo de algunos barrancos hay bosques de un gran ciprés de aspecto majestuoso, que en la isla llaman cedro. En pocas frases se resume un largo recorrido botánico. Hay un viaje vertical desde los higos chumbos puestos a secar en las terrazas hasta las nieblas que se desgarran en los bosques de laurel.

La población total de la isla no llega a los nueve mil habitantes. La capital de Hierro es la Villa de Valverde. Se encuentra a seiscientos metros de altura y ocupa los escalones superiores de un barranco, donde las nubes arrastradas por los alisios empiezan a dejar su carga húmeda. Sin duda su situación vino determinada por la necesidad de agua. Desde las balaustradas de Valverde se domina el mar como desde la cestilla de un globo aerostático. El espectador parece suspendido sobre un panorama inmenso, expuesto al balanceo de las nubes que a menudo corren bajo sus pies, con las espaldas húmedas, cuajadas de niebla, protegido por el lomo de la montaña, al abrigo de una iglesia de piedra volcánica que viene a ser una pieza de arquitectura arrebatada al suelo y concedida a las alturas como en la palma de la mano de san Agustín.

Como en todos los territorios extremos, los nombres de Hierro tienden a ser genéricos. La curva del litoral occidental se llama El Golfo. La línea de la costa situada a sotavento se llama La Bonanza. Un sector de mar encalminado, entre La Restinga y el faro de Orchilla, recibe el bello nombre lunar de Mar de las Calmas. La isla está dividida en dos municipios. El punto de contacto entre ambas administraciones se llama La Frontera. Algunas tiendas de alimentación tienen un letrero donde se lee: «Víveres». Con el aislamiento geográfico parece ir aparejado un proceso de abstracción, como en los relatos de Edgar Allan Poe, que tiende a disolver un paisaje en lo universal de los significados. Pero entrando en conocimiento del terreno pronto se desciende a una nomenclatura más precisa, que suele ser el verdadero bautismo del entorno inmediato. Entonces la isla se siente habitada y una punta de escollera se llama el Roque de Gutiérrez y una bonita playa de guijarros como huevos de codorniz se llama la playa de las Almorranas.

Las comunicaciones en el interior de la isla son difíciles, por lo escarpado del relieve. Desde cualquier punto, inesperadamente, las perspectivas pueden ser vertiginosas, después de haberse recogido en lo más tupido de los bosques. El faro de Orchilla se encuentra en la extremidad occidental. Por allí pasaba el meridiano 0° de los antiguos atlas geográficos y de hecho constituye el punto más occidental del territorio español. Para llegar a Orchilla la carretera se aparta del gigantesco desplome que conduce a la hondonada de El Golfo y sigue el camino de las cumbres, a través del bosque, a resguardo de la línea de máxima altura, pero sin perder la cota de los mil metros. Cerca del pueblo de San Andrés, a pocos kilómetros de la Villa de Valverde, se produce un fenómeno curioso. Un barranco orientado al noroeste recoge las nieblas del Atlántico y las condensa en un punto preciso, de manera que se registra una producción de agua, no exactamente de lluvia, pero sí agua del cielo, conocida desde tiempos ancestrales. Por una pista de tierra que cambia de color según cambian las cenizas del suelo volcánico se llega al último recodo de la ladera, donde la niebla impregna de agua los matorrales. Probablemente, al abrigo de la roca, existe una mínima diferencia de temperatura que favorece la condensación. A ese fenómeno lo llaman la lluvia horizontal. La población primitiva de la isla excavó en el basalto media docena de aljibes donde se recoge el agua que rezuma de la vegetación. Una especie de gran pozo abierto por uno de los segmentos albergaba antiguamente un árbol sagrado, único en la isla de su especie, al que llamaban Árbol de Garoé y al que se atribuía aquel don del agua. Existen testimonios de ese árbol hasta el siglo XVII en que fue destruido por un temporal. En la actualidad es un árbol de una especie que en la isla llaman *til* aunque no parece ser de la familia de los tilos, sino cercano al laurel.

Hacia occidente la carretera sigue las alturas y deja descubrir el litoral del Mar de las Calmas, desierto, inhóspito, lejano, inalcanzable, como una sucesión continua de campos de lava. El balcón que ocupa el espectador es prodigioso. Se trata de un bosque de pinos centenarios, de troncos rectos, prietos, altos, como un bosque de mástiles de barco. Las laderas se precipitan hacia el mar en un plano de cincuenta a sesenta grados de inclinación, sin otros accidentes intermedios que el arrastre de las rocas en la propia desintegración de la montaña. Las rompientes, lejanísimas, son apenas un hilo de espuma. El océano es un gigante silencioso. Poco antes de llegar al santuario de la Virgen de los Reyes se descubre a vista de águila el faro de Orchilla, mil metros más abajo, al pie de un cono volcánico que lleva su nombre, rodeado de no menos de media docena de volcanes, la Montañita Negra, Montaña Negra, Montaña Colorada, Montaña Quemada... Llegar al faro es una larga caída por una geografía espectacular, siguiendo un camino tortuoso, por un terreno cuya dureza se vuelve obsesionante. Al dejar la altura el pinar deja paso a la botánica del desierto. Más tarde la cubierta vegetal desaparece y se descubre el mineral desnudo, a la manera de un tapiz que muestra la trama. El paisaje se llena de cenizas y escorias. El borde del mar es un *malpaís* quebrado, impracticable para el hombre, donde las formaciones de lava conservan las huellas de su plasticidad.

El faro es una construcción de piedra del año 1933 con dos edificios adyacentes y un patio cerrado por una reja que evoca la idea de un lugar de castigo. Los acantilados, de veinte a treinta metros de altura, de un color negro y esponjado, tienen el aspecto de un bizcocho que alguien se ha olvidado en el horno. El batir de las olas produce un rumor áspero. Sobre la caída al mar hay una cruz de madera de la Semana Geográfica Internacional de 1975 y, junto a ella, una pequeña cruz de mármol blanco, como un merengue sobre las piedras del infierno, dedicada a Carmelo Heredia Olmos, primer farero de Orchilla. El sentimiento de soledad es opresivo. Es uno de esos puntos donde el mar invita a volverse loco. En el paisaje inmediato de lavas y escorias no existe vegetación. Se llega a sentir la necesidad de otra presencia humana y se leen con agradecimiento los grafitis que cubren los muros del faro. Entre el caos impracticable del *malpaís* descubrí los excrementos de un conejo que sin duda se alimenta de los restos que dejan los excursionistas.

## La noche de San Juan

Supe que habría hogueras en la noche de San Juan en la playa de Tijimiraque, cerca del puerto de la Estaca, y también en El Tamaduste, un lugar situado en la vertical de Valverde, algo más allá del aeropuerto. Por la mañana fui a El Tamaduste. El mar forma una especie de alberca natural del tamaño de una plaza de toros, profunda, con una boca de unos diez metros de anchura que comunica con el mar abierto y que en la marea baja se reduce a un canal de tres metros. El agua es extraordinariamente limpia. El entorno es de roca volcánica, negra y porosa. Con la marea alta entran los peces grandes. Con la marea baja se ven peces diminutos, de unos cuatro centímetros de longitud, verdosos, probablemente fosforescentes en la noche. Había un pez mayor, de unos quince a veinte centímetros de longitud, grueso, feo y oscuro, con rostro de sapo. Una línea de un azul eléctrico le dibujaba la aleta dorsal y le remataba la aleta caudal. Me dijeron que se llamaba *fula* y era muy bueno de comer. Había bancos de pececillos plateados con un punto negro en la cola que imitaba el punto negro del rostro. Se movían con esos anhelos súbitos que tienen los bancos de pescado, como obedeciendo a golpes de inspiración. El agua me pareció algo menos salada que la del mar Cantábrico y desde luego menos salada que la del Mediterráneo.

El Tamaduste es un conjunto de pequeñas construcciones en torno a la alberca, algunas muy modestas, otras con un desarrollo más confortable, sin perder una sensación de familiaridad que aún no había cedido nada al incipiente alquiler de

apartamentos. De muy arriba caía la ladera de un volcán rojizo que llaman El Picacho. La iglesia de San Juan estaba a la
entrada del pueblo, junto a la carretera del aeropuerto. En
realidad era poco más que un oratorio. Tenía un jardincillo de
escorias rojizas, con un laurel y unos geranios. A la puerta
había dos bancos de madera. La puerta y las ventanas estaban
pintadas de verde. El tejado era una especie de sombrero con
tejas cuadradas y planas. En el campanario había dos campanas, una como una esquila, la otra como las campanas de los
camiones de bomberos. En el interior debían de caber no más
de seis personas de pie. Estaba recién encalada. Tenía la pul-
critud de las cosas pequeñas, con los puntos vivísimos de las
flores de los geranios, y el verde robusto del laurel, domado
por el viento. La hoguera de San Juan se haría en las afueras
del pueblo, lejos de la ermita. Había troncos, colchones destripados, sillas desvencijadas, puertas viejas, marcos de ventana, botellas de plástico, incluso hierros viejos. Había tizones
del año anterior. En realidad parecía un vertedero. Antes de
encender la hoguera iba a tener lugar una fiesta junto a la alberca.

Sobre las ocho y media de la tarde, cuando ya caía la sombra, actuó el conjunto folclórico de la isla. Eran diez o doce
personas, hombres y mujeres, ellas vestidas con faldas largas de
paño, ellos con chaleco y faja. El coro se acompañaba con un
grupo de *pulso y púa* formado por dos bandurrias, un laúd y
dos guitarras. Cantaron «La bella Lola»:

*Después de un año de no ver tierra,*
*porque la guerra me lo impidió…*

Se había levantado una brisa de mar y el viento se llevaba
las voces hacia la oscuridad de la montaña. La canción era tan
conocida que todo el mundo la tarareaba con gusto. Éramos

unas treinta personas. Luego el grupo cantó otras habaneras y canciones canarias. Dedicaron una canción a la República de Venezuela, «la octava isla del archipiélago». Era un corrido llanero muy trotón que decía así:

*Amalia, Amalia Rosa* [...]
*ésa es la que yo más quiero*
*porque es la más bella rosa.*

Terminaron con una canción propia de la fiesta:

*Noche de San Juan bendito...*

Después del grupo folclórico actuó la banda de música del Cabildo Insular. Eran quince personas. La banda de música llevaba el uniforme habitual de las bandas, traje azul con bocamangas de oro, gorra de plato con cordoncillo de oro, camisa blanca con corbata negra. El viento arreciaba y hubo que sujetar las partituras con pinzas de tender la ropa. Se tocaron pasodobles y también dos viejas canciones de los Beatles. Una era «Ticket to ride», con el compás bien marcado, un punto tropical. Otra era «Michelle», conducida a un ritmo solemne, oscuro, muy lento. Era una marcha fúnebre. Recordé mi adolescencia. Donde la letra de la canción decía en francés aquello de «très bien ensemble» parecía que «Michelle» se había muerto y se había llevado nuestro corazón. Al escuchar este tipo de canciones siempre se produce el mismo fenómeno. Se tiene la impresión absolutamente justificada de que hace muchos años que le hemos retorcido el pescuezo a nuestra juventud. Se disfrutaba con la música porque sabíamos que en cuanto la banda terminara de tocar habría una paella. Para entonces eran cerca de las diez. La hoguera estaba prevista que se encendiera a las doce.

A mi lado había una mujer rubia, guapa, de pómulos achatados, muy clara de tez, de más de cincuenta años de edad pero de cuerpo fino y rostro juvenil. Uno de sus hijos tocaba en la banda de música. Era el muchacho moreno de ojos claros que tocaba el saxofón. Cuando el grupo folclórico dedicó una canción a Venezuela, me dijo que ella era venezolana. Por mi acento había notado que yo era peninsular. Me dijo que se llamaba Lisi. De los nueve mil habitantes de Hierro al menos tres mil eran venezolanos. Su marido era herreño y había emigrado a Venezuela en los años cincuenta. Habían regresado hacía seis años, por la crisis. Los que regresaban de Venezuela a menudo usaban gorras de visera, como las gorras de béisbol. Le pregunté si vivían en El Tamaduste. Me dijo que vivían en Timijiraque, en la primera casa de la playa. Quizá había visto la casa si había pasado por Timijiraque. Se llamaba Quinta Lisi. Como Lisi era tan rubia y tan clara de piel, le pregunté si no sería originaria de la Guayana Holandesa. Me dijo que no. Su padre era alemán, de Munich. Su madre era austríaca, del Tirol. Habían emigrado a Venezuela a principios del siglo pasado: Me contó que en aquellas emigraciones había alemanes que se embarcaban en Hamburgo con rumbo a San Francisco, California, y las compañías navieras les dejaban en San Francisco do Sul (Brasil). A sus padres les habían dejado en Venezuela. Ella había nacido, pues, en Venezuela y era verdaderamente venezolana. A los diecinueve años sus padres la habían mandado a casa de una tía, en Austria, para que no se casara con el herreño, pero de regreso a Venezuela seguía enamorada. Llevaba casada cuarenta años. Se notaba que era una mujer feliz. Pregunté a Lisi si hablaba alemán. Me dijo que sí, pero sus hijos no lo hablaban, y ahora que habían regresado a la isla y querían trabajar en el turismo lo lamentaban. Me dijo que había otra mujer alemana casada con un herreño, pero era una pareja reciente que se había conocido durante unas vacaciones de ella en Tenerife. Tenían una hija. Era la chiquilla menuda que estaba en la banda tocando el clarinete.

Para entonces había anochecido totalmente y el viento había amainado. Muy arriba se veían unos puntos de luz que debían de ser las farolas de Valverde. La alberca se había ido llenando al subir la marea. Si se prestaba el oído podía escucharse el rumor de la pleamar. En aquel momento la banda de música terminó su programa y llegó la paella. Venía en una gran bandeja rectangular, como de horno de panadero, en la parte trasera de una furgoneta, cubierta con unos papeles de estraza. Dos hombres la descargaron para ponerla sobre unos caballetes. También traían neveras portátiles con cerveza y refrescos. Se distribuyeron unas docenas de platos y cubiertos de plástico y se sacó una cesta con barras de pan. Las mujeres empezaron a servir. Junto a la bandeja de paella se formó una cola. Me sirvieron un plato y conseguí una cerveza. Me hice a un lado. La paella estaba buenísima. Aquélla era la compañía humana que se necesitaba después de haber visitado el faro de Orchilla.

Al cabo de un rato Lisi volvió con su hijo, el muchacho de los ojos verdes, que llevaba debajo del brazo un estuche negro donde había guardado el saxofón. Ellos no se quedaban a ver la hoguera de El Tamaduste. Se iban a la hoguera de Tijimiraque. Me preguntaron si les quería acompañar. No me pareció mal y acepté. Tijimiraque estaba algo más allá del puerto de la Estaca y era un lugar con una veintena de casas esparcidas junto al mar, ocupando un espacio amplio y desordenado, de la misma manera que las plantas colonizan en orden disperso un territorio estéril. La hoguera estaba preparada al lado de la carretera, frente a la playa, en un terreno abierto por unas excavadoras. Cerca de Tijimiraque se explotaban canteras de basalto y se fabricaba el hormigón para la ampliación del puerto. Eso había dado gran vida al lugar. Una casa de Tijimiraque era el bar Bahía. Algo más allá estaba el bar Guayana. Otra casa era el bar Tijimiraque. Había una escuela nueva. Tijimiraque era un poblado de colonización frágil, de espacios abiertos, de urbanismo inexistente, de casas esparcidas entre los descampados. Los tres bares formaban una red de cohesión vecinal. Mucha gente en Tijimiraque trabajaba en las obras del puerto o en la cantera de basalto. Los camiones formaban grandes bultos en la sombra. Las mujeres habían preparado una cena. Había dos o tres clases de empanadas, sardinillas fritas, croquetas, tortillas, pasteles de pescado con aspecto de flan, tentáculos de pulpo troceados con salsa vinagreta, pequeñas patatas de las islas cocidas con la piel. Se servía sangría y cerveza. Las mesas estaban dispuestas debajo de un farol. Yo era un desconocido en aquella reunión, pero varias personas me invitaron a servirme. Un muchacho me ofreció lo más apetecible que había en la mesa. No había música. Todo era conversación. Allí estaban todos los habitantes de Tijimiraque, hombres, mujeres y niños, en total unas sesenta personas. Había perros que se enredaban entre las piernas. Un hombre que me había visto el día anterior en el bar Guayana me trajo un plato con empanada que había hecho su mujer. Le pregunté si las obras del puerto de la Estaca estaban dejando mucho dinero en Tijimiraque. Me dijo que estaban dando trabajo y por lo tanto estaban dejando dinero. El puerto de la Estaca debió de ser un fondeadero con una estaca, luego había sido un puerto con un pequeño malecón, ahora se estaba ampliando para atraer a los cruceros y al turismo. Las bandejas de comida aún estaban medio llenas cuando sacaron los postres. Las mujeres habían hecho flanes, rosquillas, bizcochos, tartas de fruta, torrijas, tartas de chocolate, pasteles de queso y huevo y dulces de yema. Había una tarta de aspecto alemán que enseguida le atribuí a Lisi. Nadie podía dejar de servirse. Alguien me preguntó si había probado las Auténticas Quesadillas de Adrián Gutiérrez e Hijas, de Valverde. Dije que había visto la fábrica paseando por Valverde. Me dijo que eso no bastaba, que las debía probar, y me puso en la palma de la mano una quesadilla redonda como un reloj. Todo aquello y lo anterior, las sardinillas fritas, las empanadas, el pastel de pescado, las croquetas, los tentáculos de pulpo y al fin la quesadilla, se había ido acumulando en el estómago sobre un sedimento de paella. Era demasiado tarde para ser prudente. Me aparté con las personas que se iban alejando de las mesas y fuimos hacia el lugar donde se debía encender la hoguera. Del otro lado de la carretera la playa estaba a oscuras. Se distinguía el ribete de las olas con un resplandor azulado, muy tenue. Se oía un rumor de guijarros arrastrados y el golpe sordo de las rompientes, donde las olas estallaban con una especie de fulgor. Más allá de esa línea se abría una enorme oscuridad. El viento era amplio, templado, majestuoso. Se comentó que algunos años, por la noche de San Juan, si la noche era clara, se llegaban a distinguir los fuegos de la isla de la Gomera. Era una observación melancólica, propia de náufragos.

Pasadas las doce de la noche se encendió la hoguera. Era una pila de leña de un par de metros de altura, con algunas maderas residuales y algunos desperdicios. Sobre la hoguera se había levantado un muñeco. Era un espantapájaros con los brazos extendidos, vestido con un mono azul, cubierto con un casco de las obras. El fuego prendió de inmediato. Cuando las llamas alcanzaron ciertas dimensiones el círculo de gente se fue abriendo, despejando un espacio por donde de vez en cuando cruzaba un perro. El entorno no tenía ninguna magia ni encanto especial. Era el terreno que habían abierto las palas excavadoras, que aún estaban allí, algo apartadas, con su aspecto de artrópodos gigantes, con sus largos brazos dormidos apoyados en el suelo. Todo el sentido cósmico de la noche de San Juan se desplazaba detrás, al cuerpo invisible de la montaña, o del lado de la playa, al ancho espacio del mar. Las llamas alcanzaron pronto cuatro o cinco metros de altura. El viento arrancaba grandes lenguas de fuego que se desvanecían en la oscuridad, dejando un centelleo de moscas luminosas. Lo primero que se consumió fue el muñeco. El casco de plástico goteaba gruesas lágrimas azules. El cuerpo se abrasó súbitamente, como si el fuego le hubiera devorado por el interior. Lo último en arder, dibujada con llamas, fue la cruz de los brazos. Cuando el fuego entró en el corazón de la hoguera hubo que alejarse unos metros más. Del lado de la montaña se llegaban a distinguir los primeros relieves, los campos de escoria, los hombros rugosos del barranco, una casa con las luces encendidas, las chumberas inmóviles junto a las piedras negras. Del lado del mar, el resplandor había llenado la playa. Los lomos del mar recibían una larga caricia luminosa sobre la piel de tinta china. El frente de las olas era de un color de espuma de afeitar con resplandores rojizos. En lo más intenso del fuego el viento descubría el esqueleto de la hoguera. Era un interior incandescente, de gruesos troncos irreales, transmutados en su esencia. Sobre la una de la madrugada esa arquitectura interior empezó a desplomarse. Las llamas se volvieron más compactas, más serenas, algún perro volvió a cruzar el círculo de luz. Un desconocido me ofreció una cerveza. Sobre las dos de la madrugada la hoguera era un brasero de llamas cortas, potentes, sin despilfarro. El público había empezado a dispersarse. Se volvieron a sacar las bandejas con los restos de la cena. Hubo gente joven que bajó a la playa. Algunos se echaron a nadar. Nadie se preocupó de si se habían visto o no los fuegos de la Gomera.

País Vasco

Hay una forma de llegar al País Vasco por el norte, siguiendo el río Bidasoa, que merece la atención. El Bidasoa nace en lo alto del valle del Baztán, en Navarra, a pocos kilómetros de la frontera francesa. Los habitantes del valle le llaman el río Baztán y más arriba aún el río Maia. En Oronoz-Mugairi, crecido con las aguas del Ibur y los arroyos que bajan de Velate, recibe su nombre de río adulto. En su curso alto tiene las aguas claras de los ríos de montaña. Entre los montes de Sunbilla y el puente de Enterlaza su lámina se remansa en un espejo negro, sofocado por el bosque de la ribera, con curvas ceñidas al terreno donde en muy cortos trechos descubre su lecho de guijarros en las orillas y recupera su aspecto torrencial. Todavía es un río navarro. Tres o cuatro centrales eléctricas de poca envergadura, de los tiempos en que una sola turbina suministraba potencia a media docena de pueblos, recogen su caudal en largos escalones de agua, antes de liberar la corriente hacia su tramo final en el estuario del Txingudi, en Fuenterrabía. El Bidasoa sirve de camino de unión entre el País Vasco y el norte de Navarra que, humana y geográficamente, responden a una misma identidad. Pasado Vera de Bidasoa, que para los lectores de mi generación es el espacio habitado por la memoria de Pío Baroja, el río entra en Guipúzcoa. Después del puente

de Enterlaza su curso marca la línea de la frontera hispano-
francesa. Del lado español pueden verse las antiguas casetas de
los carabineros, medio devoradas por la vegetación. Del lado
francés se ven los bosques y los maizales. Hay poco más de
veinte metros entre ambos países y ambas orillas. Cerca ya del
mar y del flujo de las mareas, en un cañaveral de la línea divisoria que llaman la isla de los Faisanes, se fraguó el compromiso matrimonial de Luis XIV con una infanta española de la casa
de Austria, de donde por azares que entonces nadie sospecha-
ba nos vinieron a nosotros los Borbones. La boda se celebró
en la iglesia de San Juan de Luz, pero el aspecto poco firme del
cañaveral presagiaba la crónica inestabilidad de la monarquía
española. Se ha resumido así un recorrido fluvial que conclu-
ye en una frontera que no puede ser más dispar, ni más cargada de lecciones de la historia de los dos países, cuando en realidad se tiene la impresión de haber surgido del corazón del
País Vasco por una de sus arterias centrales y no siguiendo el
curso de un río internacional. El relieve de ambas costas es
opuesto. Del lado español, la gran mole escarpada del monte
Jaizkíbel abriga en su sombra el promontorio de Fuenterrabía.
Del lado francés, suave y sin perfiles, se extiende una colonia
de chalets con más de un siglo de historia de veraneo frente al
largo arenal de Hendaya. Los barquitos que cruzan el Txingudi unen esos mundos diferentes. Fuenterrabía no puede negar
que fue una plaza fuerte. Hendaya no puede negar que tuvo
Gran Hotel y Casino. En Fuenterrabía hay una lonja de pescado. En Hendaya hay un centro de talasoterapia. En el lado
español abundan los bares. En el lado francés hay varias cafe-
terías. En el imaginario euskaldún el Bidasoa es un río vasco,
aunque en el derecho internacional y en la mutua contemplación de Fuenterrabía y Hendaya sea un río hispanofrancés. Un
trazo de unión se produce en el cielo. Impersonal y sin alma
como todo lo que atañe a la técnica, el avión que despega del

aeropuerto de Fuenterrabía cruza con estruendo sobre Hendaya para ganar altura. La verdadera síntesis no posee identidad y hay que buscarla en el puente internacional de Behobia. El nudo de tráfico crea la tensión característica de los pasos de frontera. Centenares de camiones se agrupan en las áreas de estacionamiento. Antes de morir en el estuario del Txingudi, con sus dos ambientes, con sus dos mundos en las dos orillas, el Bidasoa cruza uno de esos centros neurálgicos donde el volumen de mercancía parece anular, con su valor cuantitativo y en el lenguaje internacional de los motores, aquello que sería la verdadera esencia o identidad del río.

La última semana de julio tuvo lugar en San Sebastián el Festival Internacional de Jazz. San Sebastián es una de esas ciudades que contienen un paisaje. El promontorio de Igueldo, la isla de Santa Clara y el monte Urgull, que cierran la playa de la Concha, son una estampa incorporada al ámbito visual de los donostiarras al mismo título que las calles y los paseos. Durante mucho años San Sebastián fue uno de los lugares de veraneo más elegantes de España, aunque el autor, siendo joven, confiesa haberse bañado en la playa de la Concha en calzoncillos.

Los conciertos del Festival de Jazz tienen lugar en el edificio del Kursaal y en la plaza de la Trinidad. El Kursaal fue un edificio discutido por su emplazamiento, indiscutible por su arquitectura. La fachada de cristal rugoso imita al mar y refleja la atmósfera cambiante del golfo de Vizcaya. En cualquiera de sus ángulos, la geometría elemental, de líneas rectas, suavemente desequilibradas, introduce la lógica matemática frente al caos en continuo movimiento del mar y el cielo, del mismo modo que la razón aristotélica se erige en la medida de las formas del universo. Pocas veces se puede admirar una arquitectura con implicaciones tan inteligentes. Hay muchas maneras de dominar el entorno. El Kursaal es tan ajeno al suyo como un bloque de hielo caído del espacio que, sin embargo, entra en resonancia con los elementos primarios del paisaje. Su contacto con el mar y el cielo deja de ser un reflejo para convertirse en una apropiación.

La plaza de la Trinidad se encuentra en el casco viejo. Es un espacio perdido, como un patio atrapado en un perímetro irregular, entre las traseras de la antigua iglesia de San Telmo, el lateral de Santa María y los parapetos a pie de ladera del monte Urgull. Del lado de San Telmo estaba instalado el escenario. Del lado de Santa María estaban los bancos dispuestos en grada. En el centro estaban las sillas. En los parapetos de Urgull, entre los matorrales, se arracimaba el público que asistía a los conciertos sin pagar, como los antiguos espectadores que se subían a los tejados de las corralas. El día 26 de julio actuaba Steve Turre y sus Caracolas Santificadas (*Sanctified Shells*).

La asistencia era numerosa aunque no desbordaba la plaza. Steve Turre salió al escenario vestido con una túnica de tipo oriental, color crema, con brillos de seda a la luz de los focos. Era un hombre mestizo claro, de aspecto hispano. Llevaba una fina barbita de chivo y coleta larga, anudada al estilo mandarín, que le colgaba hasta los riñones. La banda estaba compuesta por diez músicos. Los de la derecha, que tocaban percusión y cuerdas, llevaban túnicas parecidas a la del jefe, pero manchadas de colores jamaicanos, verde, amarillo y rojo, salpicadas al estilo de Jackson Pollock. Los de la izquierda, que tocaban los cobres, llevaban túnicas de color morado y rosa. Steve Turre tenía delante de sí una pequeña mesa con un lote de caracolas santificadas. El personaje principal, después de Steve Turre, era un joven percusionista senegalés, un muchacho de brazos largos como una araña, cuyo instrumento principal era un pequeño tamboril que sujetaba bajo el sobaco. La obertura fue una marcha solemne, largamente acompañada por los cobres. Steve Turre se llevó a los labios una pequeña concha marina de la que extrajo un sonido como de lechuza. La segunda canción fue un «Steve Blues». La tercera tenía un título literario: se llamaba «Cuerpos y almas». La cuarta era una nana. En realidad, todo el mundo esperaba la gran interpretación de caracolas santificadas, que se fue introduciendo a medida que avanzaba la noche. Nadie sabía muy bien por qué las caracolas estaban santificadas en vez de ser caracolas naturales, o caracolas laicas. Se trataba de caracolas marinas utilizadas como instrumento ritual en algunos pueblos de la costa africana. Se podía pensar que Steve Turre era un músico atento a nuevas posibilidades sonoras y sin duda lo era. La moda actual es étnica y también se podía pensar que Steve Turre era un músico oportunista que incorporaba al jazz instrumentos étnicos lo mismo que hubiera incorporado sirenas de barco si la moda hubiera sido náutica. El programa seguía y Steve Turre fue cambiando de caracolas. Para modular el sonido introducía los dedos en los grandes labios nacarados de las caracolas, a veces la mano entera, del mismo modo que hacen los trompetistas de jazz con su instrumento, pero en el caso de las caracolas ese gesto resultaba obsceno. Los sonidos eran pobres pero sugestivos. Algunas caracolas eran del tamaño de un puño. Otras eran del tamaño de una caja de zapatos y sonaban como si Steve Turre soplara dentro de una caja de zapatos. Una de ellas era tan grande como una regadera de jardín y emitía el sonido largo y lúgubre de una regadera vacía. Al final Steve Turre repartió caracolas entre algunos miembros de su banda. Los músicos dejaron las trompetas y los trombones de varas en el suelo y aplicaron sus sofisticados labios a las caracolas. Hubo una apoteosis de buenos profesionales soplando en caracolas. Todos ellos se pusieron a soplar y a fornicar simultáneamente con los dedos en las caracolas. El público, algo cansado, aplaudió moderadamente. Steve Turre parecía muy satisfecho. Su barbita, sus ojillos astutos y su coleta china le daban un aspecto mercantil. Mostraba delante de sí aquellas fabulosas caracolas como si estuviera dispuesto a subastarlas entre el público o a venderlas a un museo de historia natural.

El día 28 actuaba una mujer cuya participación en el festival se había hecho esperar desde hacía algunos años. Se trataba de Cassandra Wilson, la joven lady del jazz, cuyo primer encanto está en su nombre. La unión de un personaje trágico de la mitología griega con un apellido americano común tiene la modernidad un poco marchitada de esas representaciones de Antígona en que los actores visten la ropa cotidiana de la calle. Una hora antes de que empezara el recital la cola de público rodeaba varias manzanas junto a la plaza de la Trinidad. La plaza misma estaba rebosante. Las gradas del fondo crujían. El patio de sillas había sido reducido a unas pocas filas para ampliar el espacio al público de pie. Un grupo exhibía camisetas del festival de jazz de Tarrasa. Nombres como Lluís Palomares han hecho famosos los viejos círculos de jazz de Tarrasa. Lluís Palomares poseía una foto dedicada del mítico batería de Chicago Gene Krupa y había tenido el honor de escuchar a Erroll Garner en 1965 interpretando «Misty» al piano en el club Village Gate de Nueva York. Allí en la plaza de la Trinidad, el público agreste, es decir, el público de entrada gratuita que se encaramaba a los parapetos y se arracimaba entre los matorrales de la ladera de Urgull, era más numeroso que nunca. En las paredes se proyectaba la imagen de la marca de cerveza que patrocinaba el festival. El pincel de un láser dibujó la palabra «Heineken» que quedó flotando en el aire como si fuera la palabra «Abracadabra». En la ventana de un viejo edificio había ropa tendida. Las estrellas verdes de la marca pasaron sobre la ventana. Una mujer asomó los brazos desnudos, recogió la ropa de las cuerdas, se apoyó en el pretil y se dispuso a escuchar el concierto sumergida en aquella atmósfera fluorescente. Después de una pequeña introducción Cassandra apareció en el escenario. Empezaba a anochecer y su primera canción se titulaba: «Children of the night». Ella era rubia dorada como un retablo, con larga melena de rizos diminutos a la moda africana de alta peluquería. Su piel parecía más bien clara, del color de un helado de café, dorada también bajo los focos. Era una negra pálida de Mississippi transformada en un icono de pan de oro, joven todavía, de poco más de treinta años, que aún guardaba algo de los dieciocho, cuando su nombre empezó a circular en los ambientes del jazz, casi adolescente, como una nueva futura gran dama. Hacia 1990 una cinta suya había llegado a mis manos. Allí la tenía ahora en carne y hueso y apenas parecía real. Pequeña de estatura, bien formada de cuerpo, brazos largos desprovistos de articulaciones, pies desnudos, caderas marcadas. En la distancia de las gradas al escenario su presencia era menos concreta bajo los focos que el oscuro monstruo de mil cabezas que la contemplaba. Vestía una camisa de lentejuelas con reflejos púrpura que dejaba los hombros al descubierto, pantalones negros, algo sueltos, más juvenil que adulta. A menudo se alzaba sobre la punta de los pies desnudos y cuando la interpretación alcanzaba un instante particular de sentimiento se llevaba ambas manos al vientre en un suave gesto característico, desprovisto de erotismo, un gesto de maternidad, como si su erotismo fuera más profundo y enigmático que el erotismo del sexo. Su voz era rica, sorda, densa, capaz de recoger las más extraordinarias modulaciones sin salir de un registro inconfundible. A su voz los instrumentos eran suyos. La armónica, la guitarra, la percusión, cada uno en su momento se reunían con ella. Al alcance de la mano, en una mesita cubierta con un paño negro, tenía un vaso de agua y un vaso con una bebida oscura, quizá jarabe, quizá otra cosa. En la noche donostiarra y en la plaza de la Trinidad su voz provocaba entusiasmo. Todo era íntimo y poderoso a la vez. En el perímetro modesto de aquella plaza cristalizaba una situación privilegiada y cuando el recital llegó a su fin, al cabo de cerca de dos horas, el público salió del trance a sabiendas de que algo importante había ocurrido. Cassandra Wilson avanzó unos pasos y golpeó con la palma de la mano el suelo del escenario para que todos despertaran y volvieran a la vida real. Con su hermosa voz, prometió volver a Donostia. Luego una muchacha salió a ofrecerle un ramo de flores. Era uno de esos ramos enormes, envuelto en celofán, con cintas rojas, lleno de flores como berzas, que la muchacha agarraba con ambos brazos. El ramo produjo un efecto devastador. Era como si a Cassandra le hubieran presentado un ternero muerto o una tortilla de patatas.

## El mercado de Ordizia

Todos los miércoles del año hay mercado en Ordizia, pero el segundo miércoles de septiembre, cuando empieza la cosecha de manzanas, se celebra el gran mercado anual. Ordizia se encuentra en el corazón de la comarca del Goierri, entre Beasain y Tolosa, en la cuenca industrial del río Oria, bajando el puerto de Etxegarate, que comunica Álava con Guipúzcoa por el rincón navarro de Alsasua. Se dejan atrás los llanos de Salvatierra y las sierras calcáreas de Álava para entrar en una masa forestal espesa, jugosa, cargada de energía vegetal, en valles y colinas de difícil orientación, como una selva donde en épocas pasadas y sólo a fuerza de hacha y con el esfuerzo de muchas generaciones se lograron abrir prados para el ganado y campas para plantar las huertas y levantar los caseríos. Las dos cintas separadas de la nueva autovía que cruza Etxegarate han sustituido a la vieja y prestigiosa carretera nacional número uno, que comunicaba Madrid y el corazón de España con la frontera de Irún, y que en los veraneos de todo un siglo conducía a Biarritz, a San Juan de Luz o a San Sebastián. La autovía ha transformado el paso al valle del Oria en un extraño y cómodo laberinto en cierto modo ajeno al paisaje. En la vertiente meridional algunas canteras de mármol han devorado colinas enteras. Hace algunos años el río Oria era un río muerto que bajaba blanco de espuma y negro de residuos industriales. Se habían olvidado los tiempos en que allí se pescaban salmones. Hoy las aguas se ven relativamente limpias. Aseguran que hay peces y en cualquier caso se ven algunos patos, sin que nadie se atreva a soñar que alguna vez volverán los salmones. Ordizia tiene una tradición de ferias y mercados. Su nombre castellano es Villafranca de Oria, por la franquicia que la villa obtuvo para celebrar ferias. Como sucede en la mayoría del País Vasco, la importancia industrial del valle es mayor que el peso de la economía rural. Sin embargo, el segundo miércoles de septiembre parece que la generosidad de la comarca del Goierri derrama todo cuanto produce por las calles de Ordizia, como una especie de cuerno de la abundancia, en una imagen barroca de prosperidad, si no fuera porque el entorno refleja otras tensiones. En Ordizia se exhiben los mejores productos de las huertas y las primicias de las frutas que da el otoño, las mejores manzanas, los mejores puerros, los mejores pimientos, las mejores alubias, que en euskera reciben el bonito nombre de *babarrunas*. Hay concurso de ganado, concurso de gallinas, concurso de hortalizas y concurso de quesos. Durante toda la mañana del segundo miércoles de septiembre la villa entera es un mercado.

Dos días antes habían llegado las primeras lluvias de otoño después de un verano bochornoso. La mañana había amanecido con un rebozo de niebla que se había despejado en media hora como quien levanta un velo.

Mi amiga María Eugenia, hija del difunto Josetxo Ayerbe, que tuvo bar en Ordizia y una tienda de calzado deportivo, me esperaba en el bar Olano. Tres de los seis hermanos Ayerbe fueron buenos futbolistas en su juventud. Uno de ellos jugó en el Alavés. Otro fue un jugador notable en todas las ligas regionales de aficionados. Quien más alto estuvo a punto de llegar fue Josetxo, que hubiera fichado por la Real Sociedad de San Sebastián de no haber sido por un soplo en el corazón que se puso en evidencia en el último reconocimiento médico, una de esas ínfimas circunstancias, como una pluma en la balanza del destino, que a veces impiden realizar las grandes ilusiones. Josetxo era un hombre afable, buen guía, mejor huésped. Su buen carácter y su buena reputación le hacían estar a buenas con todos los clientes, y por no defraudar a las distintas solicitaciones había pertenecido a tres sociedades gastronómicas.

En la plaza Nagusia o Mayor, en el viejo espacio civil y central de la villa, se levanta un aparatoso templo griego que hace pensar en el templo de Sansón y es en realidad el mercado cubierto. Allí tenía lugar el concurso de ganado vacuno de raza pirenaica. Eran vacas paridas de tres y cuatro años, astifinas, de hocico rojo y carnoso, de pelo rubio claro, casi blanco en la panza y la entrepierna, algo más rojizo en ocasiones a lo largo del espinazo. Tenían los ojos grandes, lechosos, de gruesas pupilas negras con reflejos de ámbar y largas pestañas pelirrojas, bordeados de un ribete rojizo y oxidado que en esas vacas es signo de raza y no de conjuntivitis. Eran vacas fuertes, carnosas pero no obesas. Los propietarios que sacaban las vacas a concurso las paseaban delante de un jurado de tres veterinarios. Obligaban al animal a levantar la cabeza para mostrar su mejor estampa. El suelo estaba cubierto de serrín.

El primer premio era de sesenta mil pesetas. El segundo de treinta y cinco mil. Las vacas defecaban sobre el serrín con gruesas bostas de un color verdoso, fermentado y humeante, y en el mismo acto de defecar, como una señal de riqueza desbordante o de orgullo incontenible, se veía la corona rosada y tierna del ano dilatado. El jurado apartó dos vacas. Cambió una. Se alejó para deliberar. Examinó de nuevo a las cuatro o cinco vacas restantes de la misma categoría. Detrás de unas vallas metálicas el público seguía todos los movimientos con atención. Ganó la vaca de Pedro Katarain, del caserío Aritz Eder Baserria, o Caserío del Roble Hermoso, hija del toro semental Jaberri, el Amo Nuevo del harén, y de la vaca número 30078443, vaca sin nombre, porque muchos de esos animales, incluida la vaca ganadora, ya no llevan nombre, como era costumbre en el campo, sino un dígito registrado en una ficha magnética miniaturizada que se injerta bajo la piel detrás de la oreja. Todo el centro de la plaza lo ocupa el mercado. De un lado, haciendo esquina, mucho más pequeño que las enormes columnas de Sansón, está el ayuntamiento. Del lado opuesto hay unos soportales. De la fachada de una casa colgaba una pancarta cubriendo cuatro balcones: «Ongi etorri etxera, Eugenio».

Era la bienvenida a un antiguo terrorista, condenado a noventa años de prisión por asesinato, que había vuelto a casa después de haber estado preso veintitrés. En unos pasquines de enhorabuena pegados a las pilastras de los soportales se veía su fotografía: entre cuarenta y cincuenta años, casi calvo, con una mata aislada de pelo bien peinado, ojos tristes, escépticos, bigote limpio y suelto, con una barbita afilada en el mentón que era un detalle de elegancia carcelaria. Se podía pensar que ninguno de sus familiares le hubiera reconocido, después de todos aquellos años, de haberle encontrado tomando una copa, silencioso y solitario, en el extremo de la barra de un bar.

Justo debajo de la pancarta, entre los soportales y el lugar donde se hallaban las vacas, se celebraba el concurso de gallos y gallinas. Entre la multitud que llenaba el mercado pocos prestaban atención a la pancarta y a los pasquines que celebraban la libertad de un hijo del pueblo, más atentos al movimiento de las vacas y al alboroto de las gallinas que a las implicaciones de aquel acontecimiento, grato quizá para los más justos, porque suponía la libertad de un hombre que había pagado por sus crímenes, escandaloso para los familiares de las víctimas, para quienes el regreso al pueblo de un ex convicto, no arrepentido, no podía ser motivo de alegría, pero más grato especialmente para sus correligionarios, que podían ver en ello una triste victoria y una etapa en la continuación de la lucha.

En la plaza Garagarza, algo más arriba de la Plaza Mayor, bajo una carpa de vela de barco tendida sobre postes de metal, estaba el mercado de hortalizas. En la calle Urdaneta, que se junta con las últimas calles de Beasain, estaba el mercado de artesanía. En realidad, el concurso de productos de la huerta se celebraba en la plaza de José Miguel Barandiarán. Allí pude contar más de treinta variedades de manzana. Cada concursante debe aportar al menos cuatro kilos del producto presentado a concurso, ya sean manzanas, alubias, pimientos, puerros o cualquier clase de hortaliza admitida por el jurado, garantizando que procede de su propio cultivo y no ha sido comprado, ni producto de importación, entendiendo por importación aquello que desborda los límites comarcales. Sobre un pequeño tablado se hacían números de baile y música. En aquellos momentos actuaba la orquestina Jexuxen Jazpena, o Banda de Jazz de Jexuxen, de Zaldivia. Eran tres instrumentos. Un hombre sentado tocaba el acordeón a un ritmo veloz. Otro hombre, casi un anciano, también sentado, tocaba la pandereta al mismo ritmo endiablado, rozando apenas el cuero con los dedos. El tercer hombre, Jexuxen, de pie, tocaba el instrumento principal: la batería. Era un instrumento extraordinario. Se componía de un tambor militar, platillo, campana, esquila de ganado, un cilindro de madera semihueco, dos pedazos de madera gemelos como hormas de zapato y un pedazo de madera más. Parecía un eslabón perdido entre los instrumentos ancestrales y la batería de una orquesta. Todo ello cabía y encajaba en una especie de maleta fácilmente transportable, como esos maletines de los prestidigitadores que contienen un universo. El ritmo del universo de Jexuxen era complejo, rápido, moderno y bailable. No hacía pensar en danzas folclóricas sino en bailes de pueblo de principios de siglo, cuando llegó el fox-trot pero no la electricidad. Los tres hombres vestían camisas a cuadros. La de Jexuxen era de pequeños cuadros azules y rojos, la del anciano de la pandereta era de pálidos cuadros blancos y amarillos, la del hombre del acordeón era de cuadros escoceses. Esto queda dicho aquí, por si algo restara de las distintas formas de vestir en la península, para señalar la importancia que tienen las camisas a cuadros en los hombres de Euskadi, donde más que en cualquier otra región de España, ya sea en franela y a cuadros tradicionales o en popelín y modernos, sin llegar nunca a la fantasía, las camisas a cuadros son especialmente apreciadas.

Ordizia es uno de esos lugares que por las razones que sea, quizá por la conciencia de la propia historia de la villa, tiene abundancia de lápidas conmemorativas, algunas municipales, otras culturales, otras históricas o políticas, a veces en referencia a personajes o acontecimientos que casi han caído en el olvido. En la Plaza Mayor hay una lápida a la memoria de Carlos VII, el pretendiente a la Corona de España por la línea hereditaria masculina de los Borbones. El Pretendiente, como lo escriben las historias, con mayúscula, subrayando su frustrada pretensión, juró en aquel mismo lugar y en día de mercado respetar los fueros de Guipúzcoa para ganarse los apoyos de las provincias vascongadas. En una calle cercana hay una placa en honor a un erudito folclorista y otra en el lugar de nacimiento de Rezola, que fue *lehendakari*, o jefe del gobierno vasco, en el exilio después de la Guerra Civil. El monumento más importante es el dedicado a fray Andrés de Urdaneta, hijo del pueblo, explorador y misionero en Filipinas.

Pero en Ordizia hay lápidas que son el archivo de una historia ambigua. En una casa de la Calle Mayor puede verse una placa a la memoria de Pérez de Viñaspre, Txintxo, un terrorista muerto en Pamplona en un encuentro a tiros con la policía en 1978. Cerca de la sociedad Pelotazale hay una placa en la casa donde nació Juan Ramón Aramburu, Juanra, muerto en deportación en 1989 en la isla de Cabo Verde. En el caso de la placa de Viñaspre sólo aquellos que conocen las circunstancias de su muerte conocen el sentido del homenaje. En el caso de Aramburu la inscripción especifica su pertenencia a la organización armada con una fórmula breve, «ETA ko kidea», como un título honroso y clandestino que tras la muerte del titular sale a la luz, lo mismo que en las lápidas militares se dice soldado de infantería. Mucho más perdurables que la pancarta y los pasquines que celebraban aquel mismo día la libertad de Eugenio, en la medida en que el mármol sobrevive a cualquier cartel, esas dos lápidas en memoria a los terroristas muertos debían de provocar sentimientos encontrados entre quienes veían en ellas una ignominia para el pueblo y quienes, por el contrario, apoyaban su lucha e impusieron la colocación de las placas con la amenaza de represalias a quienes las impugnaran. Dicen que muchos miembros y algunos fundadores de la organización terrorista han salido de la comarca del Goierri. El mármol dignifica. Es casi su función ontogénica desde el momento en que se extrae de la cantera. Las cruces que preceden a la fecha de la muerte, especialmente en el caso de muertes lejanas o violentas, parecen redimir los actos de aquellos a quienes honran, aunque no los rediman en la memoria de quienes sufrieron sus consecuencias. En las tensiones del momento, con crímenes cercanos, con crímenes previsibles en un inmediato futuro que se podía contar por días, aquellas lápidas de mármol parecían alejarse de la ardiente situación a la que pertenecían para formar parte de un repertorio que algún día caería en el olvido, felizmente quizá, porque el olvido podría ser su mejor destino. Paradójicamente, su significado real comenzó a desvanecerse desde el mismo momento en que títulos y nombres fueron inscritos en el mármol, como la placa del juramento del Pretendiente, que hoy a pocos habla y menos aún refleja una intrincada situación dinástica que ensangrentó media España, o como tantas lápidas que de algún modo han quedado fuera de la historia y ni siquiera se justifican con la indiscutible afirmación que adorna el pedestal de Urdaneta: cosmógrafo sin par.

En el paseo de los Fueros, debajo de la arboleda, estaban instaladas las casetas de vino. En la plaza Lekuona estaban los dulces, bizcochos y pasteles. También bajo la arboleda del paseo y junto al frontón estaban los puestos de queso. Del lado de las casetas de vino estaban los quesos corrientes, esto es, aquellos que en los concursos de queso de años anteriores no habían sido premiados, lo cual no era obstáculo para su calidad pero sí para su prestigio. Del otro lado del paseo, junto al frontón, con algo más de espacio, estaban los quesos premiados en años anteriores, no más de seis casetas, remontándose a los concursos de seis años atrás. La anchura del paseo separaba unos quesos de otros quesos como se separa al vulgo de los pares de Francia. En el mundo de los quesos de Idiazábal los quesos premiados en Ordizia representan una categoría especial y renovable. Cada queso premiado en años anteriores lleva en la corteza una inscripción grabada al hierro que dice: «Txapeldun Ordizia», campeón en Ordizia, con el año del concurso en que resultó premiado. Al cabo de seis años se devuelve el hierro, y el queso pasa al común de los quesos en el lado plebeyo del paseo, de no ser que el pastor haya vuelto a ganar el concurso y sus quesos, con una nueva fecha, renueven el privilegio, cosa rarísima que no sé si se ha llegado a producir. Ello indica que no hay pastor elaborador de quesos que pueda dormirse en sus laureles y alardear indefinidamente del año en que ganó el concurso, algo así como si los pares de Francia hubieran de demostrar cada cierto tiempo sus servicios al rey y su pureza de sangre.

En realidad, aquella mañana, lo importante no estaba en los puestos de quesos del paseo, sino en el interior del frontón. Durante toda la mañana se celebraba el concurso de quesos. Se habían presentado del orden de cincuenta y tantos quesos. Cada concursante debe ser pastor, es decir, propietario de al menos cien ovejas de raza *latxa* que le dan leche para sus quesos. En la primera vuelta se habían seleccionado treinta quesos. En la segunda vuelta quedaban catorce y en ese momento estábamos. La organización era extremadamente minuciosa. El jurado estaba instalado en siete mesas de tres jurados cada una, junto a la pared larga del frontón. Había nombres prestigiosos de grandes cocineros. Allí estaban Arzak, Subijana, Berasategui, José Juan Castillo, Arguiñano y otros grandes nombres más. Desde los bancos de los espectadores el público miraba a aquellos hombres con respeto. Los padres se los señalaban a sus hijos con un susurro: aquél es Arzak, aquel de los bigotes es Subijana, aquél es Arguiñano, el de la televisión. Unas adolescentes vestidas con traje gris de aldeana y delantal blanco atendían las mesas y pasaban los quesos siguiendo un protocolo muy estricto que respetaba el orden de las catas, el orden de la selección y el anonimato de los quesos. Los organizadores vestían el kaiku folclórico negro. El ambiente era al mismo tiempo atareado y solemne, como si se estuvieran tomando grandes decisiones y el planeta de los quesos encontrara en aquel frontón su centro gravitacional. El ritual era escrupuloso. En aquel momento se hubiera pensado que no había otro queso en el mundo. Desde 1962, en que se instauró el concurso, no se sabe que haya habido favoritismo o trampa, salvo en una ocasión, en que un pastor presentó un queso que se demostró que era comprado y no suyo. Observando a los jurados me pareció que el procedimiento de catar los quesos tenía tres tiempos. Cada miembro recibía sobre la mesa un queso que sus compañeros ya habían seleccionado. Cortaba una lámina. La olía de plano con la boca cerrada. Respiraba profundamente. La partía con los dedos. La olía de canto con la boca entreabierta. Volvía a respirar. Sólo en el tercer tiempo la probaba. Normalmente, entre queso y queso, bebían un traguito de agua. Me dijeron que algunos acompañaban la cata con sidra pero no lo pude comprobar. Sobre cada una de las mesas había una colección de botellas sin abrir, agua, sidra, vino y cerveza, que no estaban allí para ayudar a los jurados en la cata sino como marcas publicitarias. Todos los jurados cataban todos los quesos. Por vía matemática, eliminando quesos y volviendo a quesos ya catados, cada jurado realizaba cerca de doscientas catas. El público entraba y salía del frontón y se renovaba en los bancos, siempre con los mismos susurros: aquél es Arzak, aquél es Castillo, aquel que parece un niño es Berasategui. Pero quizá lo más importante no eran los cocineros. Entre los miembros del jurado había una mujer americana, asesora en quesos de los mejores restaurantes de Nueva York, curiosa profesión. También estaba el director de una importante revista gastronómica italiana y un representante del Ministerio de Agricultura francés, de quien se decía que era hombre muy influyente en la toma de decisiones relacionadas con los quesos en la Comunidad Europea. En realidad no sólo se trataba de seleccionar el mejor queso de Idiazábal, sino de promocionar aquellos quesos siguiendo una ambición que reunía la calidad con los negocios, y en ello, aunque se tratara de quesos, se resume el espíritu de iniciativa de toda la economía vasca. Más tarde, como todos los años, la mitad del queso ganador sería subastada. La otra mitad se enviaría para ser analizada a los servicios de Sanidad y para que merendaran una cuadrilla de funcionarios. La mitad del queso subastado alcanzaba todos los años precios exorbitantes. El resultado de la subasta se entregaba a la casa de la Misericordia de Ordizia.

Sobre las doce y media de la mañana se formó una larga procesión en el paseo de los Fueros que subió por la Calle Mayor y fue cruzando las plazas abriéndose paso entre la multitud. Eran amigos y familiares de terroristas presos, entre cuarenta y cincuenta personas. Llevaban una enorme pancarta de cuarenta metros de longitud, formada por uno de esos rollos continuos de papel según salen de las fábricas papeleras. En la pancarta estaban estampadas las fotografías de todos los terroristas presos, en total unos ochocientos cincuenta, algo menos que el número de víctimas desde que se fundó la organización armada. El público se apartaba en silencio. Era como una larga serpiente que recorría las calles del pueblo lo mismo que un parásito recorre el sistema intestinal, insertado en él, formando parte de él, y al mismo tiempo drenando parte de su sustancia, como si ambos organismos, la multitud que llenaba el mercado y los familiares de los presos, constituyeran una simbiosis obligatoria y no aceptada por ninguna de las partes, pero admitida por la dura fuerza de las circunstancias, y sólo se diferenciaran en su relación con la larga serie de fotografías. Nadie aplaudía, nadie silbaba. En realidad nadie prestaba atención. Se hubiera dicho que la procesión era invisible. Las conversaciones apenas se detenían, o bajaban la voz, mientras la procesión seguía su camino. Aquellos que sentían simpatía por la causa la disimulaban, porque esa simpatía les resultaba incómoda, y aquellos que creían que la prisión era el precio que los terroristas pagaban a la justicia fingían indiferencia por temor. La larga fila que llevaba la pancarta se rozaba materialmente con la multitud. Desde luego, a juzgar por la actitud colectiva, inspiraban menos interés que el concurso de vacas y menos devoción que los cocineros. Pero no había que engañarse sobre su peso específico en la vida del pueblo. En aquel día de fiesta, ellos eran la plomada cuya función consiste en mantener la tensión de una línea. Aquellos muchachos de las fotografías, algunos condenados a largas penas de cárcel, no veían la feria desde sus retratos, y ése era el dolor de sus familias, lo mismo que las víctimas no estaban en la feria sino en los cementerios, alimentando otros dolores sin remedio. Todos conocían lo que se ventilaba. No hubiera habido riesgo para los aplausos pero sí para los silbidos. La situación se resumía en una pared donde una mano anónima había escrito con tiza: «Luis M. kontuz ibili!». El destinatario de la amenaza, quienquiera que fuera, ya sabía a qué atenerse: «Luis M., ¡anda con cuidado!». El sentimiento de peligro, de propósitos medidos y conductas vigiladas, se hacía más dramático con aquella simple escritura de tiza. El aumento en el número de víctimas no hacía a los terroristas más temibles, ni tampoco más culpables, como si el error estratégico de su organización convirtiera la lucha en un solo y sangriento delito continuado.

*La comida en la sociedad*

Sobre las dos y media fuimos a comer a la sociedad gastronómica Itxaropena, la Esperanza, instalada en un semisótano cerca de la estación. Poco antes de esa hora, alrededor de las dos, había sido proclamado el ganador del concurso de quesos y había tenido lugar la subasta. El año anterior la subasta se la había llevado un restaurante de Barcelona que había pagado por el medio queso algo más de seiscientas mil pesetas. Este año se lo habían llevado dos bares de Ordizia, el bar Pottoka y el bar Martínez, que habían subido la puja hasta ochocientas cincuenta mil pesetas, casi mil euros más que el año anterior. Eso es lo que se comentaba en la sociedad antes de sentarnos a la mesa. El año anterior, el pastor del queso ganador había hecho una declaración que debería inscribirse en el umbral de todas las queserías: «Es difícil hacer quesos buenos, pero el mío es perfecto».

El ganador de ese año, recién proclamado, Pascual López de Uralde Ruiz de Azúa, vecino del pueblo de Larrea, aún no había tenido tiempo de mejorar esa declaración.

En la sociedad había seis mesas largas, todas ellas reservadas para ese día. La mayoría de los grupos habían llegado. Uno de ellos lo presidía un cura con dos mujeres, una a cada lado, y diez o doce personas de Tolosa invitadas por un miembro de la sociedad. En otra de las mesas estaba Agustín Ayerbe, hermano del difunto Josetxo, con gente de su cuadrilla. Todos los años comían en la sociedad el miércoles de la feria. También comían en la sociedad sin falta, desde hacía más de treinta años, los segundos viernes de cada mes. Esos viernes celebraban la ocasión en que un amigo cazador había traído una extraordinaria caza de palomas que habían pelado, que habían guisado y que se habían comido entre los amigos, quedando esa comida como acto fundacional de la comida de los segundos viernes. En otra mesa había una familia. Otra de las mesas, aunque estaba reservada, se había quedado vacía. El socio había muerto inesperadamente. Durante toda la comida aquella mesa parecía extrañamente despoblada.

El local era bajo de techo. A la derecha estaban los fogones y la cocina. Era más pequeña que la cocina de un orfanato pero mucho más grande que una cocina particular. Las paredes del comedor estaban forradas de madera. Se veía un mapa de Guipúzcoa en perspectiva, algunos cuadros y caricaturas de socios y una cabeza de jabalí. En una vitrina había trofeos. Se conservaba el recibo más antiguo conocido de la sociedad, con fecha de 1942, perteneciente a Fernando Goenaga, padre del socio que organizaba la comida en la mesa del cura. En nuestra mesa nos sentamos diez o doce personas, en un extremo las mujeres y en otro los hombres, según el protocolo que dice «los chicos con los chicos y las chicas con las chicas». Los chicos éramos Rafael Letamendi, el socio que invitaba, su padre Serafín Letamendi, tres cosecheros de Villabuena, en la Rioja alavesa, con caseta en la arboleda, el consuegro de Serafín y el autor. Las chicas eran mujeres o parientes de los chicos. El menú era clásico: tomates y pepinos, pochas, chipirones en su tinta, chuletón de buey con pimientos y bizcocho de nata. Parte venía en sus cazuelas, hecho de las casas, y se finalizaba en la cocina de la sociedad. El consumo de aceite, sal, vinagre, cervezas, aperitivos y licores, y el uso de servilletas y manteles, de tela o de papel, se apuntaba en la tarjeta de gastos de la despensa común de la sociedad, con la fecha y el número del socio, y se abonaba por separado. Le pregunté a Serafín si a fin de año cuadraban las cuentas y me respondió que nunca había sucedido que no cuadraran, al contrario, siempre había un ligero superávit porque el uso era redondear al alza. Los encargados de llevar las cuentas y de que no faltara de nada en la despensa era una junta que se elegía y se renovaba periódicamente en la asamblea de socios.

Serafín Letamendi había trabajado en la fábrica CAF de material ferroviario de Beasain hasta hacía pocos años. Su familia procedía de Astpuru, en Álava, del otro lado de la sierra de Urquilla. Lo mismo que otros emigraban a México o a Argentina, ellos habían emigrado al Goierri. Sus apellidos completos eran Letamendi Mendiguren Mendívil Arana. El primero significaba Monte de Pinos; el segundo quería decir Nuestro Monte; el tercero, por la raíz *mendi*, también tenía algo que ver con los montes, de modo que salvo el último apellido, Arana, que significaba Ciruela, todos los demás apellidos hacían pensar en una estirpe de leñadores o gente de monte. La esposa de Serafín Letamendi, María Jesús, era la que había preparado los chipirones. Era una mujer pequeña y alegre que en aquel momento rehogaba suavemente la negra cazuela de los chipirones en la cocina. Hasta tiempos muy recientes las sociedades eran exclusivamente masculinas. En los últimos años las mujeres habían sido invitadas a las mesas y a los fogones.

Pregunté a Serafín cuántas sociedades gastronómicas había en Ordizia. Me dijo que creía que alrededor de veinte. La más antigua era la sociedad Pelotazale. En principio cada sociedad tenía una finalidad deportiva; algunas, como la Pelotazale, era el juego de pelota, otras el boxeo, o la bicicleta, o la pesca, o el atletismo y las excursiones como era el caso de la sociedad Itxaropena en la que estábamos. Una sociedad, la Txapelgorri, o Boina Roja, se llamaba así porque había sido fundada como club político carlista, o gastronómico carlista, antes de la guerra. Sus socios o militantes llevaban la boina roja de los monárquicos que habían permanecido fieles a la línea dinástica del Pretendiente, cada vez más difuminado en la memoria histórica. Entonces le pregunté si en las sociedades se hablaba de política, o si se definían por alguna orientación política. Me dijo que no. Naturalmente cada uno tenía sus opiniones y podía suceder que la gente se juntara por opiniones comunes.

A propósito de política me contó que en el Goierri siempre había habido dos bandos, los carlistas y los nacionalistas. También había habido socialistas y comunistas entre la gente de la emigración, en grupos minoritarios. Me hablaba de antes de la guerra. Carlistas y nacionalistas eran enemigos feroces. Había tiroteos en los mítines. Cuando se produjo el levantamiento militar el Goierri quedó en manos de los nacionalistas. Los carlistas se escondieron o huyeron a Navarra. Volvieron con las fuerzas de voluntarios navarros unas pocas semanas después. Su lema era «Dios, Patria, Fueros y Rey». Un tal Lasa, carlista de Ordizia, propietario de un taller, regresó incorporado a la dotación de una pieza de artillería. Pasado Etxegárate, tomado Beasain y a la vista de Ordizia no pudo resistir a la tentación, por despecho, de lanzar dos obuses sobre su propio pueblo. Fueron los dos únicos proyectiles que cayeron sobre Ordizia y los dos cayeron sobre el taller de Lasa. O Lasa apuntó mal o Dios apuntó bien.

El abuelo materno de Serafín, el abuelo Mendiguren, era de Itxasondo. Su abuela materna tenía dieciséis años cuando el abuelo se casó con ella. Aún jugaba a las canicas, como una chavala, estando preñada de su primer hijo, que fue el primogénito de una larga serie de dieciséis. En Itxasondo, antes de la guerra, el cuerpo electoral lo componían menos de treinta personas. Cuando los ocho hijos mayores del abuelo Mendiguren estuvieron en edad de votar tenían en sus manos casi un tercio del voto local. El abuelo les obligaba a cada uno a votar por un partido político diferente, uno carlista, uno nacionalista, uno republicano, uno monárquico alfonsino, uno socialista, etcétera, de manera que al dispersarse el voto de los ocho electores de la casa Mendiguren no influían decisivamente en el resultado electoral de Itxasondo y eso hablaba en favor de la ecuanimidad del abuelo, que con los ocho hijos votantes hubiera podido inclinar la balanza a su conveniencia. Le pregunté a Serafín si él hablaba euskera. Me dijo que no. Su madre lo hablaba. De niño la oía hablar euskera con las vecinas. Pero el abuelo le asignaba a ella el voto carlista, de manera que se sentía obligada a hablar a sus hijos en castellano, mientras que una tía suya, que tenía asignado el voto nacionalista, les hablaba en euskera para ganar a los sobrinos a su partido, y lo poco que de esa tía había aprendido era lo que le había quedado. Luego llegó la época de la dictadura. Serafín recordaba los tiempos en que al barbero del pueblo se le había ocurrido poner el rótulo de la barbería en euskera: *bizarteguia*. Vinieron las fuerzas del orden, porque entonces a aquello le llamaban las fuerzas del orden. Apalearon al barbero, le destrozaron el establecimiento y le quemaron el cartel.

Se habló de los precios que ese año habían alcanzado las legumbres. Los calores de aquel verano habían sofocado las huertas. Aquellas pochas que estábamos comiendo se habían puesto por las nubes. Las pochas son alubias tiernas, tempranas, cremosas, recogidas con su vaina y desgranadas, muy apreciadas en el País Vasco, en Navarra, en La Rioja y en la provincia de Burgos. Aún conservan el sabor fino de la legumbre verde y ya tienen la personalidad gastronómica de la verdadera alubia. Su producción apenas dura dos semanas, antes de que la alubia se transforme en alubia seca. Las pochas son en el mundo de las legumbres lo que las cocochas en la merluza. Los tres riojanos hablaban un castellano muy puro, de expresiones certeras, con giros procedentes de los viejos sedimentos del idioma, con frases completas y precisas. Uno de ellos manifestó que aquellas pochas que estábamos comiendo «estaban de usía». Aquella vieja expresión, que daba a las pochas el tratamiento de excelencia, hacía recordar que La Rioja, a ambos lados del Ebro, es una especie de conservatorio del idioma. El hombre aplastaba las pochas con el tenedor. Aseguró que así le daban menos pedorrera. La cuestión de los gases y la digestión de las pochas se planteaba llanamente, como una cuestión médica, sin intención de romper las conveniencias, como si alguien hablara de los síntomas clínicos de la apendicitis. Contó que en cierta ocasión había cenado tres platos de pochas. Durante la noche el vientre se le había llenado de aire. No podía dormir. Le oprimían los vientos. Al fin se levantó y fue al cuarto de baño. Con mucho esfuerzo soltó un mocordo como un puño. Luego soltó de golpe tal cantidad de viento que el agua de la taza le había salpicado las posaderas.

No comía chipirones y los hizo pasar. De joven había tenido una indigestión de chipirones y los había aburrido. Le dije que a un amigo mío le había pasado lo mismo con los caracoles. De joven había tenido una indigestión de caracoles y no los había vuelto a probar. Me dijo que a él los caracoles le gustaban mucho y que los mejores caracoles de Álava eran los que se recogen en las tapias del cementerio de Amurrio. El vino que bebíamos era de la bodega de su cuñado, que estaba con nosotros en la mesa, aunque los tres riojanos tuvieron la elegancia de no hablar de vinos. Algo se habló, sin embargo, de la elaboración del vino y de las viejas técnicas y de las nuevas técnicas, y lo que lo viejo tenía de imprevisible y lo nuevo de programado. Con el postre, el café y los licores salió una caja de puros. Alguien puso un cenicero sobre la mesa. Era un hermoso cenicero de bronce de la casa Bombas Azcue, una fábrica de maquinaria hidráulica implantada desde hacía mucho tiempo en la comarca. En el fondo del cenicero estaba grabado su emblema publicitario. Era una ballena heráldica que arrojaba por el lomo un potente chorro de agua sobre un mar de cuatro barras ondulantes. La conversación era errática y entonces se habló de ballenas. Evidentemente, la ballena del cenicero era una metáfora de las bombas hidráulicas Azcue, de su potencia y de sus buenos rendimientos, pero también se dijo, aunque se discutió, que la casa Azcue había grabado el cenicero para conmemorar el aniversario de la última ballena que se había capturado en aguas del golfo de Vizcaya.

Esto había sido a finales del siglo XIX o a principios del siglo XX, frente a la ría de Orio, por un barco de la flotilla de Orio. María Eugenia comentó que en su familia era tradición que su bisabuelo iba en ese barco. Otros dijeron que aquella última ballena la había capturado un barco de Guetaria frente a la costa de Guetaria. No hubo acuerdo. Pero como entre la punta de Guetaria y la boca de la ría de Orio hay poco más de cinco millas marinas se podía asegurar que la última ballena fue capturada en ese sector de costa y sólo quedaba por aclarar la matrícula del barco.

Sobre las seis de la tarde, acabados de comer y acabada la sobremesa, cada uno se despidió a la puerta de la sociedad, dejando dentro a los que habían decidido seguir la tarde jugando al mus. Como a veces sucede cuando el cielo tiene los caprichos de un director de escena irritable, que no se decide sobre los elementos a su disposición, y cambia las luces, y pone y quita nubes sobre nuestras cabezas, y sólo mantiene constante su voluntad soberana de dominar el escenario, la mañana luminosa de antes del almuerzo se había convertido en tarde de borrasca. Los puestos del mercado habían sido levantados. Sólo quedaban las estructuras vacías, alineadas en las calles, con las lonas recogidas. Entre la mañana radiante y la tarde destemplada mediaba la distancia simbólica, representada por la meteorología, entre la alegría de la feria y el fin de fiesta. Aún quedaban en el programa algunos juegos. En la plaza Barandiarán, las casetas donde se habían expuesto las frutas y hortalizas presentadas a concurso parecían el decorado de un mercado rústico donde los personajes habían desaparecido. Junto a una farola, en el centro de la plaza, había un pequeño caballete de madera, como el doble panel del anuncio de un menú, cargado de ramos de flores. Era el lugar exacto donde, tal día como aquél, muchos años atrás, un 10 de septiembre de 1986, había sido asesinada Dolores Katarain, Yoyes, que había sido dirigente de la organización terrorista y había vuelto al pueblo con el ánimo de rehacer su vida. Un pacto con la justicia, no publicitado, no convertido en banderín de entrega de las armas y desmovilización, aunque sí con la esperanza de que a medio plazo cundiera su ejemplo, había permitido el olvido de sus responsabilidades penales. Tampoco se le exigió ninguna delación. Sin embargo, sus compañeros de causa no creyeron que la lucha debiera resolverse con acuerdos particulares que apelaran a una supuesta generosidad del enemigo, ni se arriesgaron a que su ejemplo marcara otras conductas, al contrario, estimaron necesario un escarmiento a lo que internamente se consideraba un delito de deserción. Elevado al nivel de referencia histórica que para algunos aún sustenta, debería convertirse en sí mismo en un ejemplo sobre cuáles eran los deberes hacia la organización y en ese sentido dejar claro cómo estaban las cosas. En una reunión al máximo nivel, en circunstancias en que la propia estrategia armada de la organización estaba en entredicho, y como si esa debilidad ideológica justificara una decisión brutal lo mismo que ante el titubeo se impone la fuerza de una acción irreparable, decidieron por votación eliminarla, en un escrutinio apretado, al parecer por un solo voto de diferencia en el recuento, poniendo en manos de uno de los presentes su ejecución. La operación quedó determinada, mientras aquel siniestro cónclave se disolvía una vez tomada la resolución que figuraba como único punto en el orden del día. El escarmiento debía ser notorio y de la mayor resonancia posible, y el hombre designado eligió un miércoles de feria. Siguió los movimientos de su víctima durante toda la mañana. Pasó a la acción sobre la media tarde. La plaza aún estaba concurrida. Yoyes se encontraba con su hijo, un niño de cuatro o cinco años. El asesino se le acercó y disparó sobre ella a menos de un metro de distancia. Luego se abrió paso entre el público y se perdió por las calles. Un segundo hombre se hallaba apostado al otro lado de la plaza para crear una diversión en caso de peligro, pero ni siquiera fue necesaria su intervención. Hoy día, en el pequeño monumento portátil que cada año marca el lugar donde Dolores Katarain fue ejecutada se puede ver su fotografía entre las flores. Parece uno de esos retratos favorecidos que se envían al novio. Era una mujer bonita, sonriente, de unos veintiocho años, de rostro delgado, labios finos, párpados rasgados, con una expresión inquieta. Llevaba el pelo en melena, partido en dos sobre la frente, a la moda juvenil de aquellos años. Por mucho que se quisieran escudriñar sus características y examinar su rostro, no aparecía el conflicto peligroso que se había encarnado en su persona, ni los años de fuego y sombra en los que había entregado su juventud, ni los meses cruciales del abandono de las armas que sólo ella supo si era fatiga de la guerra, amor a su hijo o arrepentimiento. Lo mismo que se recogían las casetas, alguien vendría aquella tarde a plegar los paneles de madera de aquel monumento insignificante y a recoger las flores. A las siete y media de la tarde estaban anunciadas en la plaza una serie de exhibiciones de deporte rural vasco. En el momento del concurso de arrastre, cuando los bueyes hicieran rechinar los bloques de piedra sobre los adoquines, se estaría reproduciendo una estampa simbólica. Es posible que al cabo de los años esa escena, sobre el suelo donde cayó muerta Yoyes, corresponda a la imagen del arado que labra los campos de batalla a no ser que sea un intento de borrar su sangre.

Bajando sobre Vizcaya desde las tierras altas de Burgos el horizonte se desploma súbitamente en un escalón de sierras que marca el límite de la meseta con el País Vasco de forma espectacular, en una frontera natural que divide el paisaje, las aguas y las estaciones. El puerto de Orduña deja a un lado la sierra de la Salvada. Más al este, en la misma línea de fortificaciones naturales, el tremendo barranco de Peña Angulo, por el que se baja a Arciniega y a la comarca de Las Encartaciones, cae desde el balcón de la meseta por una ruta que durante muchos siglos debió de ser impracticable y que reúne dos países tan distintos como aquellos que flotan en el aire y aquellos que llevan al mar, aquellos de las patatas y aquellos de los jardines con magnolios. Orduña es un enclave vizcaíno en tierras de Álava. Es un valle casi circular, como una bandeja que se levanta sobre el curso medio del Nervión, dominado por los acantilados que forman el zócalo burgalés. El pueblo es grande y fue rico. Allí se cobraban los impuestos y peajes sobre las mercancías que pasaban de Castilla a Vizcaya o de Vizcaya a Castilla. En los primeros días de noviembre, cuando en los robledales castellanos ya se ha instalado el invierno, el otoño aún se demora en la vertiente vizcaína. Desde lo alto de esa enorme perspectiva se descubre el color púrpura y dorado de los hayedos, el color vinoso de los arces plantados y el brillante color limón de las riberas de álamos, pero basta con volver la mirada hacia Castilla para encontrar la vegetación parda del invierno rampante, bosques de roble que conservan sus hojas muertas, rocas desnudas de color ceniza, tierras oscuras donde se crían las mejores patatas de Europa y donde sobrevive una raza de caballos de poca alzada descendientes de aquellos que pintaba el hombre de las cavernas. El valle burgalés de Losa, con sus patatas de sementera y sus caballos losinos, tierra de emigración hacia Bilbao y los grandes pueblos vizcaínos, es un mundo duro, primitivo, esencialmente cautivador, como esos paisajes en los que se percibe no ya el ciclo de las estaciones y el puño helado del invierno, sino una concepción más intelectual del tiempo, aquello que no es meteorología y que detiene los relojes, el tiempo triste de los páramos que acostumbra la percepción de los sentidos a la idea misma de la intemporalidad. No hay geografía más conceptual que la de esas tierras frías y duras. Una bandada de gorriones se dispone a afrontar el invierno a lo largo de las cunetas. Un águila en la niebla es casi un signo de poder. Un espino cargado de frutos rojos atrae la mirada como la firma demasiado vistosa de un pintor que ha trabajado la rica gama sorda de los verdes herrumbrosos y pardos. Por el lado de Peña Angulo un arroyo se precipita desde lo alto de una cascada de cuarenta metros y corre despeñándose por los barrancos para unirse a los ríos de riberas frondosas de Las Encartaciones, como si la divisoria de las aguas no fuera trazada por el perfil de los farallones, sino por una oculta línea interior que simultáneamente nutre y separa los manantiales que se dirigen al océano de los manantiales que van al Ebro y al lejano Mediterráneo, como una madre que alimenta a los hijos que separará el destino.

Al pie de los montes de Orduña nace el Nervión, el río de Bilbao. Una misma secuencia conduce sin transición del páramo a los prados. Pero nadie toma ya la vieja carretera de Orduña. Desde la llanada de Vitoria y desde Miranda de Ebro se llega a Bilbao por la autovía que baja la larga rampa de Altube. En la antigua carretera queda Amurrio, pueblo grande y próspero, luego Llodio, más grande y más próspero que Amurrio, como un pequeño Bilbao, suponiendo que esta observación no resulte ofensiva ni para los de Amurrio ni para los de Bilbao, y que al menos resulte grata a los de Llodio. En Llodio nació Ibarretxe, el actual *lehendakari* del País Vasco. Mi tío Luis, burgalés, ejerció de médico en Llodio durante más de treinta años y trató las anginas y el sarampión del futuro *lehendakari* en unos tiempos en que el nacionalismo vasco todavía no se planteaba abandonar la caja única de la Seguridad Social. Pasado Llodio, en poco más de diez kilómetros se entra en Bilbao. Con la autovía se hizo famoso el bacalao al pil-pil del restaurante de la gasolinera de Altube. Se decía que lo preparaba una mujer del pueblo. Se decía también que aquella mujer lograba el lento vaivén de cazuela que la preparación al pil-pil necesita dejando la cazuela sobre su vieja lavadora en marcha. Luego se han inventado costosos artilugios de cocina para imitar la insuperable vibración de aquella lavadora descalzada.

El puerto de Orduña, que los niños burgaleses recordamos como la carretera de Bilbao, es ahora una ruta de excursionistas y para el autor una ruta de la memoria. Como suele suceder en estos casos, en los que la memoria recrea escenarios de curvas vertiginosas y abismos sobre un mar de niebla, conviene introducir una de esas imágenes trágicas y extravagantes que cruzan a menudo los recuerdos infantiles y que habiendo sido reales y ciertas nunca logran afirmarse como tales y pasan a engrosar el limbo de lo prodigioso. En lo alto de Orduña hay una lápida que recuerda un accidente fatal. El día 24 de julio de 1962, en la primera curva que se asoma al valle, sobre un desnivel de más de doscientos metros, se despeñó el autobús en el que viajaba la Orquesta Compostela, que hubiera debido actuar al día siguiente, fiesta de Santiago, en el Hogar Gallego de Bilbao. Cuatro músicos resultaron muertos. Otros muchos resultaron heridos. Se perdieron todos los instrumentos. Los periódicos registraron el suceso con mucha mayor emoción que la escueta lápida de piedra que aún puede verse en el lugar del accidente. Yo no quiero decir que aquel chófer llevara tres copas de más, pero eran los tiempos en que se cantaba aquello de:

*Para ser conductor de primera,*
*de primera, de primera,*
*hace falta ser buen bebedor.*
*Con el vino se engrasan las bielas,*
*ay, las bielas, ay, las bielas,*
*y se suben las cuestas mejor.*

Sin embargo, la imaginación del niño, y éste es el punto de estas líneas, no quedó sobrecogida por aquella tragedia local, sino por la visión casi onírica y mucho más poderosa de un autobús cargado con una orquesta saliendo lentamente despedido por los aires en medio de una constelación giratoria de instrumentos de música, en la curva más majestuosa del puerto de Orduña.

La ría del Nervión es a Bilbao lo que para Egipto es el Nilo. Menos espectacular que el puerto de Mahón, menos amplia y grandiosa que el estuario del Támesis, la ría del Nervión ha significado la prosperidad de Bilbao sin perder un carácter cercano y familiar que el crecimiento de la ciudad no ha eliminado, ni tampoco parece importar a los bilbaínos que su ría no sea tan espectacular como el puerto de Mahón ni tan grandiosa como el Támesis. Aquí resulta obligado citar dos canciones. Una es la que dice: «Desde Santurce a Bilbao vengo por toda la orilla». Otra es la que dice: «No hay en el mundo, leré, leré, puente colgante, leré, leré». La ría ha proporcionado canciones de cuadrilla y canciones para niños. La primera la han cantado todos los españoles al final de alguna boda. La segunda la hemos oído cantar a las niñas que saltaban a la soga. Ambas pertenecen a la topografía de Bilbao en la manera simple y directa en que lo asimilan las canciones. Desde el parque de La Sardinera en Santurce se ven batir las olas en el derrumbadero de Punta Galea. El puente colgante de Portugalete marca el segmento central de la ría. Las mareas suben hasta algo más arriba del puente de la Merced, donde verdaderamente se puede decir que acaba el Nervión y empieza la ría. La marea baja descubre los fondos negros, las viejas estacas de madera fosilizada, las cavernas de cemento y hormigón bajo el andén de los muelles. La marea alta casi desborda sobre los parapetos. El bilbaíno no percibe ese doble ritmo diario, acostumbrado al pulso de la ría lo mismo que el individuo se acostumbra al pulso de su propio corazón. Las largas ondulaciones de la pleamar son achocolatadas, hermosísimas en la noche, a la luz de las farolas. Las aguas de la marea baja son verdes y oleaginosas, cargadas de sedimentos como secretos mal guardados. El antiguo Bilbao, el de las Siete Calles, debía su existencia y su prosperidad a ese ritmo que permitía a los barcos llegar hasta la intimidad de los montes. Los fondeaderos y las instalaciones portuarias fueron bajando la ría a medida que aumentaba el calado de los buques. El puerto actual, que la característica megalomanía local no duda en calificar de superpuerto, se encuentra en el Abra o boca de la ría, a unos diez kilómetros ría abajo de lo que fue aquel puerto primitivo del que aún quedan las pilastras de madera fosilizada.

Las dos orillas de la ría han creado una imagen sociológica de Bilbao que parece conforme a lo que se hubiera aceptado en un cuadro *naif* de las clases sociales. La margen derecha de la ría es la margen soleada, la margen rica, la margen donde se asientan las grandes fortunas, las fortunas menos grandes y las fortunas acomodadas. En algunos cuadros que se exhiben en el Museo de Bellas Artes se pueden ver las primeras mansiones que se construyeron en Algorta, los primeros palacetes de veraneo que se levantaron en Guecho. La margen izquierda es la margen proletaria, la margen sombría, la margen que se asoma a los muelles donde se cargaba y descargaba mineral de hierro y donde se encontraban los altos hornos de Sestao. Había en Sestao hasta hace pocos años un bar llamado El Infierno que hubiera podido jugar un papel en nuestra representación. Se entraba a cierta altura por el lado de la calle. Los balcones de la parte trasera daban sobre las instalaciones de los altos hornos que se extendían sobre una decena de hectáreas, junto a las aguas herrumbrosas de la ría. En la noche se podía admirar aquella industria de titanes, luminosa y diabólica, cuya actividad nunca cesaba. El bar El Infierno cerró cuando se desmantelaron los altos hornos, y para quienes lo hemos conocido se ha perdido de ese modo una metáfora. Desde la margen izquierda se contempla durante el día la espléndida vista de la margen derecha. Nunca llega a ser una contemplación rencorosa, como si la lucha de clases se limitara a la contemplación. Una amiga de la margen izquierda me decía: «Ellos tienen el dinero pero nosotros tenemos las vistas». Cada tarde, el crepúsculo cubre metafóricamente de oro la margen derecha de la ría como si fueran las rentas del sudor transformadas en rentas del capital, mientras la burguesía acaudalada de Guecho contempla el viejo Bilbao industrial que ha madrugado con el primer sol de la mañana a fin de generar aquellas rentas.

El Euskalduna Jauregia o palacio Euskalduna de Congresos se levantó en los solares que ocupaban los Astilleros Euskalduna, en una zona de actividades industriales que ha cambiado radicalmente su función urbana para convertirse en el corazón de la ciudad. Algo más allá, en terrenos que fueron de uso ferroviario, se construyó el Museo Guggenheim, que ha resultado ser uno de los edificios más fotogénicos del mundo. Existen las épocas y los ciclos. Del mismo modo que el cambio del siglo XIX al XX se vio dominado por la soberbia irrupción de la pintura, el siglo que comienza se entrega a la pasión de construir edificios singulares. En el País Vasco hay cuatro. Existe el Kursaal de San Sebastián, el Museo Guggenheim de Bilbao, el aeropuerto de Sondica y el palacio Euskalduna. Los arquitectos son los filósofos de una civilización dominada por la técnica. Al mismo tiempo que construyen edificios elaboran ideas.

El edificio Guggenheim aparece al fondo de la calle Iparraguirre en su perspectiva más reveladora, más seductora y más íntima, como una flor metálica que se insinúa en la conciencia colectiva de los bilbaínos. Se tiene la impresión de que es el primer edificio que ha sido concebido por un ordenador, en la libertad fosforescente y sin condiciones de una pequeña pantalla. Sus repercusiones inconscientes son grandes. Apenas se bromea cuando se dice que provoca incontinencia nocturna, lo que se dice mearse de gusto, porque es un edificio que invita a soñar con formas. El aeropuerto de Sondica responde a una categoría diferente. Su gracia es fácil. Su elegancia es inmediata. La suave y blanca arquitectura de Sondica pertenece al mundo estético del cisne y de la gaviota. Del palacio del Kursaal de San Sebastián ya hemos dicho lo que tiene de aristotélico. En cuanto al palacio Euskalduna, su fuerza está en ser el más complejo de los cuatro. Es un edificio sin rostro, o, mejor dicho, es el edificio de dos rostros, como Jano. Tiene una cara luminosa, maquillada, de un modernismo decorativo, que se levanta en la noche sobre una espuma de farolas. Ésa es la fachada menos interesante. Pero tiene otro rostro brutal, no poco siniestro, *kolossal* en el sentido de la arquitectura imperial alemana, que en lugar de adoptar los mitos wagnerianos adopta las referencias industriales de nuestro tiempo. El espíritu de los antiguos astilleros está presente en el óxido de la fachada posterior, que evoca las cuadernas de un barco en construcción. Los volúmenes que miran a la ría tienen el aspecto inhumano de las grandes instalaciones de trabajo. Junto al palacio se ha conservado una grúa portuaria, que en el mundo de las grúas es lo que la mantis religiosa en el mundo de los insectos. Junto al muelle hay un viejo barco de draga, que en el mundo de los barcos es el más extraño objeto flotante. Parte de esa fachada es un muro vidriera que deja ver las entrañas del edificio. La grúa y la draga son reliquias y su significado se completa cuando se recuerda que los viejos astilleros Euskalduna fueron a su modo una catedral industrial, porque la relación entre los astilleros y las catedrales está implícita en el lenguaje, y los arquitectos que levantan catedrales hablan de construir la nave.

Por aquellas semanas de noviembre los bosques aparecían cargados de colores y los pueblos erizados de banderas. Se vivían momentos muy tensos en la relación institucional. Algo más de la mitad de la población del País Vasco es nacionalista. La otra mitad no lo es y la profusión de banderas sirve para amedrentarlos. Es una ironía pensar que si los vascos hubieran sido nacionalistas en tiempos de Augusto hubieran sido exterminados, como lo fueron los cántabros de monte Vindio, como lo fueron los celtíberos del Alto Duero en Numancia, lo que demuestra que la supervivencia de un pueblo no la garantizan los patriotas. Ser un pueblo es una esencia más profunda que la necesidad de constituir un Estado y se diría que hay en ello una pérdida de sustancia. Las plazas estaban tapizadas de carteles y pancartas. Algunas pedían la paz, «bakea behar dugu», pero el nacionalismo es una bicicleta en la que el ciclista no puede dejar de dar pedales. Empapadas por las borrascas del noroeste las *ikurriñas* colgaban como banderas de plomo. Un miércoles en Vergara, en el comedor del *baztoki* nacionalista se respiraba el ambiente de un buen restaurante popular, de mesas corridas, con manteles de papel, con clientes en la pausa del trabajo y un menú del día que ofrecía patatas con bacalao con la perola sobre la mesa, anchoas al ajillo o filete, flan de la casa y café, con vino común a esgalla, todo ello por siete euros y por un euro más con un buen vino de Ábalos. La sala, de techos bajos con grandes vigas de hormigón pintadas de ese color marrón que se atribuye a la madera, estaba presidida por el retrato oficial del *lehendakari* en actitud muy compuesta, sonriente pero estirado, terno azul, corbata clara, la *ikurriña* a sus espaldas. Funcionaba la televisión con las noticias de una cadena española a la que nadie prestaba atención como tampoco se la hubieran prestado a la cadena vasca. Los ceniceros eran de una marca de café con el dibujo de un aldeano fumando en pipa. Los clientes hablaban de cosas del trabajo, en castellano y en euskera. En ese ambiente acogedor y modesto, apenas político, de almuerzos en día laborable en el *batzoki* de Vergara, resultaba difícil aplicar la célebre frase del doctor Johnson según la cual el nacionalismo es el último refugio de los granujas. Esta famosa opinión corresponde al tiempo en que Inglaterra sofocaba las últimas manifestaciones del nacionalismo escocés y en los mástiles se izaba la Union Jack. Es curioso que los ideólogos de Euskadi copiaran la *ikurriña*, su bandera, sobre aquella bandera que precisamente representó la sumisión de los nacionalismos a la idea política de la Gran Bretaña. Tampoco hay que olvidar que la frase del doctor Johnson debe encerrar alguna verdad, o de lo contrario no hubiera pasado a la historia, y en cualquier caso la historia ha demostrado en numerosas ocasiones lo bien que se vive en los tiempos y lugares en que no proliferan las banderas. El nacionalismo vasco suele confesarse católico. Paul Claudel opinaba que el nacionalismo es el egoísmo de los pueblos. Esa opinión fue doctrina de la Iglesia aunque el nacionalismo prefiere no contemplarla.

En Bilbao el vendaval azotaba los árboles del parque de Doña Casilda y se engolfaba por la Gran Vía aprovechando la excelente orientación que tiene esa avenida para canalizar el viento y volver los paraguas del revés. Esas borrascas suelen durar menos de cuarenta y ocho horas. En el norte los cielos son rápidos. En el casco viejo, al pie del monumento a Miguel de Unamuno, unos mendigos se protegían de la lluvia con unos capotes de plástico fabricados con bolsas de la basura. La cabeza de don Miguel se levantaba sobre su columna de bronce como en lo alto de una pica. El bronce se oscurecía con el agua. La cabeza del gran bilbaíno aguantaba los remolinos del vendaval en el mismo corazón de su querido *bocho*. Se distinguían sus rasgos fuertes, su nariz de águila, sus ojos al mismo tiempo potentes y ciegos. La plaza que le está dedicada no es un rincón noble ni monumental pero el entorno está vivo y es humano. Quizá Unamuno hubiera merecido en su ciudad natal un monumento de mucha mayor importancia, pero esa plaza desigual, al pie de las calzadas de Mallona, con un caserón dedicado a museo, con un par de bares, con una ferretería y una tienda de bacalao, con medio lado reconstruido y una larga escalera que sube a lo que eran los montes y hacia el camino del Polvorín, esa plaza que ahora no lleva otro nombre que el suyo, es un lugar que el filósofo hubiera deseado, cerca de lo que era su sensibilidad más humana, a escala propia, alzado sobre el flujo de la vida, sobre los mendigos refugiados bajo capotes de plástico que lloran la lluvia y maldicen la nueva música de los muchachos. Las farolas se encendían temprano. Había algo en Unamuno y en la lluvia y en la triste tarde de noviembre que hacía pensar en Nietzsche abrazándose al pescuezo de un caballo. La misma cabeza de Unamuno se encuentra en el Museo de Bellas Artes de la ciudad y esta vez no es la cabeza de un filósofo exhibida en lo alto de una pica, sino la cabeza de un filósofo degollado exhibida sobre un pedestal. Se la puede contemplar en sus detalles anatómicos como se examina la cabeza de san Juan Bautista en una bandeja. Es una cabeza grande, tiene los ojos abultados, escépticos, cargados de ojeras y de párpados, la barbilla prominente, los pómulos marcados, la nariz fuerte y angulosa, como uno de esos rostros que pertenecen sin dudarlo al tipo ornitológico. El pelo forma dos alas a ambos lados del cráneo, como las alas del casco de Mercurio, y una mata de pelo le cubre la parte superior, como esas aves que pueden levantar una cresta de plumas y suelen ser el símbolo de un mito solar. Es un retrato que le hizo su amigo, el escultor palentino Victorio Macho. Cuatro arrugas le surcan la frente sobre las cejas enarcadas. El bigote le oculta el labio superior. La expresión es un prodigio de matiz, entre la afirmación personal, la perplejidad y el escepticismo. Esa doble cabeza de Unamuno, la de la pica y la del plato, la de la plaza y la del museo, multiplican su presencia más allá de la duplicación simple. Hay ciudades que tienen un genio tutelar. El visitante que recuerda a Unamuno en una tarde de borrasca en Bilbao espera encontrarle bajo el toldo empapado de un escaparate sin luz, o en el puente del Arenal batido por el viento, o en el paseo junto a la ría acribillado por la lluvia, como esos espíritus inquietos a los que el sentimiento trágico de la vida anima a pasearse con mal tiempo.

### San Juan de Gaztelugatxe, Mundaca y Guernica

La cabeza degollada de san Juan Bautista se veneraba desde tiempos muy remotos en el santuario de San Juan de Gaztelugatxe, un promontorio que avanza en el mar entre el cabo Machichaco y el cabo Villano, dominado desde una altura considerable por el macizo de la costa en el punto más escarpado del litoral vizcaíno. La cabeza de san Juan Bautista que allí se conservaba era una efigie pintada en un plato de loza azul. La imagen se perdió en uno de los múltiples saqueos que sufrió el santuario y sólo ha quedado su recuerdo en las estampas. Unos dicen que Gaztelugatxe procede de *gaztelu-gatx*, que en euskera significa «castillo difícil». Otros dicen que procede de *gaztelu-aitz*, o «peña del castillo». En ambos casos queda la idea de que Gaztelugatxe fue una fortaleza antes de ser un santuario y pertenece a esos puntos geográficos excepcionales que saben captar la atención lo mismo de los piratas que de los ermitaños. La iglesia está orientada al contrario que todas las iglesias occidentales, es decir, con la cabecera dirigida hacia el oeste, como si los fieles, al asistir a los misterios, dirigieran su mirada hacia Santiago de Compostela y dieran la espalda a Jerusalén. Quizá se cambió su orientación cuando fue reconstruida y la cabecera actual ocupó el lugar del coro, aunque esto es improbable. Quizá responde a otras razones y refleja otras costumbres, como esas tumbas primitivas en las que el difunto navega hacia el sol poniente. La cabecera, como la proa de una nave, se enfrenta a las galernas dominantes de noroeste.

Los barcos de Bermeo acuden frente a la punta de Gaztelugatxe para ser bautizados. El párroco salpica de agua bendita la cubierta, las bodegas, los aparejos, las máquinas y la cabina del patrón, mientras el barco describe tres círculos a la vista del santuario y en una sartén se fríen unas hierbas que luego se arrojan por la borda con la misma sartén. Además de esos rituales de la mar se acude a la ermita de San Juan de Gaztelugatxe para solicitar la gracia de bien dormir con una preciosa invocación que resume en dos versos todo el deseo humano del reposo:

*Aleja de mí los malos sueños*
*y pacifica mi noche.*

Y mientras el temporal se lleva los tres tañidos rituales de la campana, el hombre que sufre pesadillas puede hacerse la ilusión de que en adelante se despejarán sus sueños, lo mismo que si hubiera visitado a un psicoanalista.

La peña donde se levanta la ermita apenas queda unida al litoral por un estrecho camino empedrado que carga sobre sus lomos algo más de doscientos cincuenta peldaños. Un bosque de helechos y madroños se derrama hasta el punto donde alcanzan a batir las olas. Los estratos de roca se hunden en el mar con una inclinación muy pronunciada, a veces cercana a los noventa grados, con plegamientos, nudos y torsiones que hablan de un esfuerzo geológico acentuado y ofrecen a la vista el aspecto orgánico, carbonoso y friable de la naturaleza sometida a un proceso violento de erosión, alternando el negro del carbón con el óxido de la pizarra ferruginosa como en un pastel de hojaldre que se va desmenuzando. Sólo el nivel del agua, en el límite de las mareas, suaviza la piel y la textura de las rocas. La bajamar descubre una lengua de arena gris y un campo de guijarros. El promontorio de San Juan es un territorio dominado por los vientos. De un lado se ve la torre del faro Machichaco cubriendo la entrada al puerto de Bermeo. Hacia el oeste se distingue el corte profundo y peligroso de la cala de Baquio. Más allá se recorta, como en una perspectiva desplegable, la línea de un litoral sin cobijo, grandioso en la tormenta, teñido de color azul como el de unos pantalones muy oscuros. San Juan de Gaztelugatxe es un lugar muy frecuentado en verano, y frecuentado también en invierno por aquellos que buscan en los días de galerna una exaltación que no sólo pertenece al alma, como es la contemplación desatada de los elementos, sino que encuentra en el mar y en el rugido continuo del viento y en la atmósfera cargada de electricidad una exaltación corporal, cuando el viento estira los rasgos de la cara y se eriza el vello del cuerpo y las narices se llenan de salitre y se siente cada golpe de mar como la amenaza de un animal vivo, una exaltación como aquella que dicen sentir los capitanes en los días de tormenta y que los hombres del interior habitualmente sólo experimentamos en el recuerdo de lo que hemos leído en las novelas. Era un día atroz, con luz de tarde a la hora del mediodía. Se podía sentir el viento y el mar alimentando la presión de los oídos. El único refugio era el porche de la iglesia, desde donde se hacía tañir la campana. Por una tronera se veía el interior en penumbra. De la techumbre colgaba una flotilla de barcos inmóviles, indiferentes al temporal exterior, cargados de polvo y telarañas, modelos reducidos de barcos con nombre y matrícula salvados para siempre de los naufragios. El retablo del altar era una quilla que soportaba una cruz. Alguien había ofrecido como exvoto el remo de una trainera. Y en el lugar más sagrado, sobre la mesa del altar, donde se guarda el cáliz y el copón, se veía un resplandor de oro. Era una hélice de bronce de tres palas que representaba a su modo el motor que mantiene el universo en marcha y el misterio de la Santísima Trinidad.

En el puerto de Bermeo el agua hervía de peces. Cientos o miles de mugres, grandes como salmones, acudían a alimentarse al desagüe de las alcantarillas. Grises, chatos y glotones, lubricados de agua sucia, parecían multiplicarse como gusanos en una herida y ni siquiera servían de alimento a otros peces ni de espectáculo a nadie. De Bermeo se llega a Mundaca por la ribera de la ría de Mundaca después de rodear una altura que corresponde al macizo del Sollube, que robustece y aísla esa parte del litoral y sirve de labio occidental a la boca de la ría. En mar abierto, pero muy cerca de la costa, en la línea mediana de la desembocadura de la ría se alza el peñón de Izaro. Es un islote de cierta envergadura, gris en la lluvia, extendido sobre una filigrana de arrecifes que quedan al descubierto con la marea baja. En Izaro hubo en otros tiempos un monasterio franciscano, pero ni los recursos del islote ni la enojosa comunicación con el litoral debido a las corrientes marinas han permitido que prosperara allí ningún asentamiento, ni tampoco resulta difícil imaginar que el verdadero control de la navegación y el comercio por la ría nunca tuvo por eje el islote, sino los dos o tres puntos estratégicos de su orilla. Se sabe que en Mundaca y en Forua hubo establecimientos romanos. Sin duda también hubo presencia romana en Bermeo. La ría de Mundaca era la vía de comunicación con los recursos del interior.

Hay quien piensa que Mundaca es el pueblo más bonito de la costa vizcaína. En pocos días el temporal había desnudado los árboles. Las casas de veraneo parecían abandonadas, pero el encanto del pueblo, con su puerto diminuto, angosto como un pozo, su iglesia grande y gris junto a la ría, su bello paisaje marino en grises, verdes y azules otoñales, tenía una calidad que no se veía alterada por la lluvia, que empezaba a arreciar, ni por el aspecto desolado de los jardines. Un grupo de niños jugaba en los soportales del ayuntamiento. Salían de la escuela. Era la hora de comer. Desde el restaurante de la sociedad La Fraternidad Mundaquesa se podía contemplar el panorama de la ría mientras el viento arrojaba puñados de agua a los cristales. Al local de La Fraternidad Mundaquesa se le llama habitualmente el Casino, pero me gusta la fe en el género humano que tiene su nombre oficial. Los radiadores estaban tibios. De la cocina llegaba ruido de perolas. No faltaba nada en aquella situación, ni las condiciones del momento, ni la disposición de ánimo. Se podía rendir un homenaje a la calidad y al precio del menú: de primero una sopa de pescado, espesa, humeante, roja como un ladrillo, con tropezones de chirlas, gambas y cola de rape; de segundo anchoas al ajillo, para acabar la temporada de la anchoa; de postre, fruta; de sobremesa café, copa y farias. Y por aumentar la sensación de bienestar, al pedir el segundo café la casa me ofreció la segunda copa.

Sin ánimo de melancolía, pero concediendo cierto margen a la añoranza, el autor podía entregarse a los recuerdos. Yo había estado en Mundaca siendo un niño de siete años, en el verano de 1956. Se trataba de una colonia de vacaciones instalada en un edificio del pueblo que llamaban el hospital, aunque no éramos niños enfermos, ni siquiera verdaderamente desgraciados. Desde entonces no había vuelto a Mundaca. El pueblo me había parecido más limpio, más pintoresco y pulido de lo que yo recordaba. También más próspero, como suele suceder en todos los lugares de España. Los grandes árboles del parque frente a la iglesia todavía no habían sido plantados, o al menos yo no los recordaba, pero su envergadura actual podía dar una idea del tiempo transcurrido. En casi medio siglo sólo había conservado retazos de memoria de aquel mismo panorama que ahora podía contemplar desde la galería acristalada de La Fraternidad Mundaquesa. No era un paisaje enteramente olvidado, pero tampoco se entregaba fácilmente a un proceso de recuperación. Como una componente estructural, a la memoria del paisaje se incorporaba el movimiento de las mareas. Hay que saber que las mareas de la ría de Mundaca son muy potentes y ponen al descubierto grandes extensiones de arenal. Las rápidas corrientes reducen la anchura del brazo de mar a un canal de poco más de veinte metros. En realidad no era el paisaje de la ría lo que más me interesaba, sino un recuerdo mucho más intenso, cristalizado como un símbolo, reducido como un fósil a sus formas esenciales, transformado por el paso del tiempo en un acontecimiento interior. En cierta ocasión, aquel verano, la marea de la ría tuvo algo que ver directamente conmigo. Se produjo una relación personal entre el niño y la marea. El suceso es fácil de resumir. Una tarde, la resaca de la bajamar arrastró al niño que yo era hasta los brazos de unos pescadores en barca, de tal modo que, sin su intervención, el autor de estas líneas estaría ahora escribiendo para los peces. El sentimiento de peligro es subjetivo y sólo puede calcularse con la medida del pánico del momento. Dicen los adultos de Mundaca, como si fuera una costumbre local, que los niños de Mundaca siempre han sentido el tirón del agua y todos han sido salvados por algún pescador. Eso ni consuela ni reduce la angustia retrospectiva, ni apacigua el terror de sentirse arrastrado como un corcho por una fuerza profunda que la metáfora más simple o más poderosa no llegaría a expresar. Era como nadar en una bañera arrastrada por un tren de mercancías. El entorno inmediato no resultaba amenazador. Hay memorias del peligro que forman un nudo en las tripas lo mismo que hay otras que producen un ataque de asma. La memoria de haber sido arrastrado por el mar se convirtió en una memoria de la mirada. La orilla se iba alejando, o, mejor dicho, parecía desfilar unas decenas de metros, veinte o treinta metros, luego cincuenta, quizá no más de cien, lo que era el infinito, hasta que el niño se encontró izado por los sobacos en el fondo de una barca. Creo recordar a un padre jesuita en sotana agitando los brazos desde la playa, pero puede tratarse de una imagen añadida por una elaboración posterior. Es imposible saber si una vez pasado el pánico el niño vivió aquellas circunstancias como se vive la entrada en el mundo de los adultos, abandonando las ilusiones del mundo infantil como quien guarda el caballo de cartón y se pone por primera vez los pantalones largos. Algo así debió de ocurrir aquella tarde, porque ahora me gusta pensar que el mar me ofreció en Mundaca un verdadero rito de iniciación.

Tuve curiosidad por saber lo que había sido de aquel edificio donde estaba instalada la colonia de vacaciones. No me costó dar con él. Se encontraba en las afueras del pueblo, junto a la playa de Laidatxu, un arenal estrecho y corto que en la marea alta se llena como una piscina. Allí estaba el puente en curva de la carretera vieja, negro y chato. La arena casi había cegado los arcos. Detrás se levantaba el puente del ferrocarril, como un pequeño acueducto. Entre ambos había surgido un puente de hormigón, liso como un tablero, por donde ahora pasaba la carretera nueva. Habían talado los árboles de la salida del pueblo. Donde yo recordaba vagamente una huerta habían construido un bloque de apartamentos. Pero el edificio del hospital todavía estaba allí, en dos niveles, suspendido entre el jardín y la playa. Tenía un nuevo porche. Le habían restaurado la fachada. Inmediatamente recordé el interior, las camas de hierro de los dormitorios, las tarimas anchas, blancas, fregadas con lejía, las largas mesas del comedor, los lavabos donde el agua dejaba un rastro de óxido. Recordé los desayunos de leche y achicoria en grandes tazones blancos que no se podían abarcar con ambas manos. Creo que también había una capilla. La colonia de vacaciones la organizaban los jesuitas. Uno de ellos, quizá el mismo que despedía mi niñez agitando los brazos desde la playa, nos enseñó una canción en euskera de la que aún puedo recordar los dos primeros versos:

*Pipa hartuta txoratzen naiz*
*ardoa edanda mozkortzen naiz...*[1]

Y también el himno de la Compañía:

*Inazio...*
*[...] Jesusen Konpania...*

Eso es todo, o poco más, lo que pude aprender en el idioma más venerable de Europa. A todos esos recuerdos se suma

---

1. «Cuando fumo en pipa me mareo. / Cuando bebo vino me emborracho...»

una alegoría de la vida breve. El edificio había sido transformado en una residencia para ancianos y parecía que los veinte o treinta niños que veraneábamos allí hubiéramos envejecido juntos.

Poco antes de llegar a Guernica, a la altura de Forua, cuando se ha dejado atrás el paisaje marino y el cauce de la ría se convierte en un ancho cañaveral, se abre a lo lejos una perspectiva de montañas que ocupa hacia el sureste, como un abanico o una mano de naipes, el único punto de fuga que se ofrece a la mirada. Es un lienzo vigoroso y complejo, más sugestivo en su fondo que en su despliegue, que promete un relieve aún más intrincado entre los montes del interior. La primera línea de cumbres, si así puede llamarse esa bella y complicada orografía, se asoma de lejos a los arenales de la ría en bultos desordenados y sin holgura, que aunque no superan los cuatrocientos metros de altura en sus vértices más afilados producen a distancia, viniendo del mar, una impresión de verdadero país de montaña. En el espacio de pocos kilómetros y sin transición aparente se pasa del país de la pesca al país de los leñadores, de la merluza al ganado, de las lonjas de pescado a los polígonos industriales. En el transcurso de los siglos el lecho de la ría se ha ido llenando de sedimentos. Hasta bien entrada la época medieval se llegaba en barca hasta Forua y lo que ahora es el cauce del río Oca era todavía un canal navegable. Bajando la ladera desde el viejo ayuntamiento de Lumo la villa de Guernica nació y prosperó extendiéndose a lo largo de ese cauce.

Guernica ocupa un nudo de carreteras que pone en comunicación todo un sector de la costa vizcaína que ya no es la costa, pero que todavía no son los valles. Algunas son carreteras muy pintorescas. Otras no esconden un pasado reciente de pistas forestales. El eje central, que cruza Guernica y corre parejo a la línea del ferrocarril, lleva de Bilbao a Bermeo por Amorebieta y corresponde aproximadamente al trazado de la «ruta juradera» que los reyes castellanos debían recorrer al ser proclamados señores de Vizcaya jurando en cada etapa respetar los fueros vizcaínos. En Guernica la jura tenía lugar en la iglesia de Santa María, no lejos del emplazamiento del viejo roble, hijo de robles aún más antiguos, a cuya sombra se dice que se reunían las primitivas Juntas de Vizcaya. Todo el entorno tiene un gran valor simbólico en la historia del País Vasco. El viejo roble, ya seco, se encuentra en el interior de un pequeño templo circular de gusto neoclásico, aunque no en mármol sino en piedra arenisca del país. Cerca de ese templo está la Casa de Juntas, en cuyo jardín crece el roble actual, hijo a su vez del anterior, joven de tronco todavía aunque ya bastante enfermo y deteriorado, y si en un asunto tan grave se me permite dar mi opinión, quizá sea a causa del tratamiento de herbicidas que se da al césped y que afecta a las raíces del árbol. El conjunto ocupa una colina con algún convento, casonas, quintas y jardines. Curiosamente, si no fuera por los cielos nublados y el verde lustroso de la hierba haría pensar en una colina romana. En todo ello no es fácil separar lo mítico, lo anecdótico y lo sentimental, como suele suceder en los modelos románticos de la historia. Pero ello es así, y la colina de Guernica representa en el País Vasco actual lo que el Capitolio en el corazón de los romanos.

Sin embargo, Guernica no hubiera pasado a la historia por todas esas cosas, con ser interesantes. Guernica pasó a la historia por el bombardeo aéreo que sufrió durante la Guerra Civil y por el cuadro que para denunciar esa destrucción pintó Picasso. Conviene recordar las circunstancias de la tragedia, ahora que esas circunstancias ya se van alejando en el tiempo y abandonan su memoria a la obra de arte. La operación tuvo lugar el segundo año de la guerra, el 26 de abril de 1937, un lunes, día de mercado en Guernica. Los aparatos de la Legión Cóndor, un cuerpo alemán de aviación destacado en España para apoyar la sublevación militar, despegaron del aeropuerto de Vitoria, enfilaron hacia la línea de la costa, rebasaron el litoral y dieron media vuelta para iniciar, de norte a sur, el bombardeo de la ciudad. El ataque comenzó poco después de las cuatro de la tarde y se había de prolongar durante más de tres horas, siguiendo el mismo esquema de vuelo, hasta pasadas las siete. No se sabe con certeza el número de aparatos que participaron en la operación. El coronel Martínez Bande, en su monografía sobre la Guerra Civil en Vizcaya, habla de entre quince y veinte aparatos, Heinkel-111 y Junker-52 de bombardeo y Heinkel-51 de caza y ametrallamiento. Algunos historiadores hablan de veinticinco aparatos, un número alto para las dimensiones del conflicto. El mariscal Goering, ministro del Aire del Tercer Reich, habla en sus memorias de nueve aparatos, organizados en tres escuadrillas, que quizá corresponden a los modelos citados por Martínez Bande. Las primeras oleadas arrojaron bombas rompedoras. Luego siguieron racimos de pequeñas bombas incendiarias y ataques de personal al descubierto. Ya se ha dicho reiteradamente que la operación sobre Guernica fue el primer experimento de bombardeo aéreo masivo de una población civil. No es de extrañar que el grotesco mariscal se hiciera eco de aquel experimento cuyas dimensiones militares no dejan ahora de resultar insignificantes a la vista de lo que la guerra moderna deparaba a la humanidad. Como en un ejercicio de terror, las aldeas circundantes también fueron ametralladas. La población de Guernica quedó destruida en un setenta por ciento. El número de víctimas ha sido muy discutido. Las cifras varían entre dos mil y doscientos muertos, aunque la primera cifra se ha estimado exagerada y un mismo autor inglés ha ido descontando el número de muertos en las sucesivas ediciones de sus libros como en una subasta a la baja, hasta acercarse a los doscientos. En realidad poco importa la apreciación cuantitativa, puesto que se trataba de una operación simbólica. Otras ciudades habían sufrido destrucciones similares. Por aquellas mismas fechas la vecina Durango era un montón de escombros. Pero Guernica era Guernica, con su roble primordial y su Casa de Juntas, que por cierto resultaron intactos. El bombardeo de Guernica provocó un clamor universal. Ello habla en favor de cierta inocencia del mundo que había de perderse para siempre en Hiroshima. Queda el cuadro de Picasso, que poco a poco, a medida que se debilita o se altera la memoria, recibe la transferencia de lo que aquello significó como el precipitado químico de un material precioso. Ya no se trata de bombardeos tácticos, ya no se trata de experimentos. Como tantas veces ocurre, en el *Guernica* de Picasso la historia alcanza una dimensión que sólo conceden las obras de arte. Nadie sabe lo que ocurrió en la rendición de Breda, pero cualquiera puede contemplar el gesto amable del vencedor hacia el vencido en el cuadro de *Las lanzas*. Del mismo modo, algún día nadie sabrá a ciencia cierta lo que ocurrió en Guernica pero el cuadro de Picasso conservará lo esencial de aquellas tres horas de infamia.

Mi tía Cheli estaba en Guernica el lunes del bombardeo. Como Fabricio en Waterloo, el testigo nunca sabe que asiste a un acontecimiento histórico mientras vive ese acontecimiento. Lo mismo que el personaje de Stendhal, mi tía Cheli sólo guardó un recuerdo fragmentario y anecdótico, pero extraordinariamente vivo, de lo que allí sucedió, de forma que lo que iba a convertirse en un suceso internacional adquirió en su memoria un carácter puramente personal, sujeto a interpretaciones según los valores de la experiencia directa. Ella era entonces una joven que no había cumplido veinte años, aún soltera, guapa y animosa. En Bilbao escaseaban los suministros y con otras mujeres aprovechó un camión de milicianos para acercarse al mercado de Guernica y tratar de hacerse con algunos alimentos. Cuando se inició el bombardeo había logrado conseguir una cesta de huevos. Ella estaba en un prado, junto al río, con las otras mujeres, esperando algún camión para regresar. Cuando se oyeron las primeras explosiones les gritaron que se arrojaran a las cunetas de la carretera. Como el bombardeo se prolongaba fueron a refugiarse bajo el puente. Recordaba haber visto a un aldeano inmóvil junto a un árbol, paralizado de terror, sujetando una losa de piedra sobre su cabeza como si obedeciera a un instinto mágico de protección, mientras su perro brincaba alrededor ladrando a los aviones. Alguien les dijo que seguramente el puente sería bombardeado, pero las mujeres no salieron de allí, el puente no fue alcanzado y mi tía Cheli salvó la vida y su cesta de huevos. Aquella misma noche la evacuaron a Bilbao. Aún pudo ver los primeros cadáveres rescatados de los escombros alineados en la carretera. En casa le reprocharon que llegara tan tarde. Ella dijo que habían arrasado Guernica y que Guernica apenas existía, pero no la creyeron. El acontecimiento universal que había presenciado sin saberlo se redujo entonces a una dimensión doméstica. Su madre se imaginó que se había entretenido con algún novio pero no le hizo más reproches al ver que llegaba con una cesta de huevos. Mi tía Cheli murió hace pocos años. El puente que une Guernica con el barrio de Errentería, hacia Marquina y Lequeitio, es hoy una vía urbana sobre un cauce de hormigón por donde corre agua turbia entre pabellones industriales. El prado es una plaza. La dialéctica entre la percepción del pasado y del presente parece romper la línea de continuidad que simboliza el roble de la colina. El viejo lema del nacionalismo vasco cita a Dios y a las Leyes Viejas («Jaungoikoa eta Lege Zaharra»). La iglesia de San Juan

411

donde mi tía oyó misa aquel día quedó totalmente destruida en el bombardeo, pero la transformación y el cambio no han afectado a las leyes viejas del comercio y el mercado de Guernica sigue teniendo lugar los lunes.

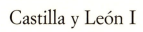

Castilla y León I

La comunidad de Castilla y León, con ser la más extensa de España, pertenece prácticamente en su totalidad a la cuenca de un solo río, el Duero, que la recorre de este a oeste siguiendo el fácil declive de la meseta, desde el humilde manantial donde nace, en los picos de Urbión, a dos mil doscientos metros de altura, hasta la raya de Portugal, donde hace de frontera con un desnivel de unos cuatrocientos metros sobre el mar, antes de internarse en las sierras del país vecino. El Duero viene a ser el cauce central de un sistema de irrigación no demasiado caudaloso, pero tampoco escaso en aguas, salvo en estío. Sus afluentes configuran un diseño regular, vascularizado, a la manera de un tejido vegetal, en hoja de árbol, algo más ramificado y rico al norte de la cuenca. Sólo una pequeña parte del territorio castellanoleonés escapa al drenaje del Duero. En las tierras altas y frías del norte de Burgos, el río Cadagua se va al Cantábrico por el valle de Mena, mientras las hoces del Ebro abren unos tajos espectaculares en la roca sedimentaria de los páramos para llevar sus aguas al Mediterráneo, desde allí tan imposible. La pequeña cuenca de Ponferrada, en León, vierte en el Sil hacia Galicia y el Miño. Un pequeño rincón, en el sur de la provincia de Salamanca, no mayor que un pañuelo, se inclina hacia un afluente del Tajo.

Éstas son las excepciones a un territorio geográficamente cohesionado por el Duero. La importancia de los ríos sobre la actividad humana es históricamente decreciente, pero es bueno tener ante los ojos la estructura fluvial de una región para entender el sentido vital, profundo, orgánico, casi metafórico, que los ríos imprimen al paisaje. En este sentido, me refiero al sentido metafórico, la influencia de los ríos en la vida cotidiana se ha espiritualizado. Desde las turbinas de las centrales hidroeléctricas su presencia se manifiesta en el instante en que encendemos la luz.

La comunidad de Castilla y León es la menos poblada de toda España, con algunas comarcas totalmente solitarias, sin cultivos y casi sin ganados, y otras cuya densidad demográfica no supera los veinticinco habitantes por kilómetro cuadrado, cercano a lo que las estadísticas consideran ya como un desierto. Siendo yo un muchacho muchas veces nos íbamos a recorrer el monte y a dormir al raso, envueltos en una manta. En varias ocasiones subí a las fuentes del Duero, bajo el pico más alto de la sierra de Urbión. Era una caminata agotadora, desde Regumiel a Duruelo, cruzando los pinares. Esos bosques de pino negro, a caballo entre las provincias de Burgos y Soria, son la mancha forestal más importante de Europa. Más allá de Duruelo se tomaba una pista que se utilizaba para la explotación de la madera. Aún me parece oír el crujido de las botas sobre la grava de la pista. El bosque era tan denso que si se daba una voz se producía una resonancia en los troncos de los árboles. Terminada la pista se seguía una senda apenas dibujada. Era una subida recia, de pastor, de las que rompen los pulmones y doblan las rodillas. La guía eran las peñas. A partir de los mil quinientos metros el pinar se hace escaso. Sometidos a condiciones extremas, los árboles ralean y se deforman. Finalmente el bosque desaparece y da paso a la vegetación de altura, luego a la roca viva. El manantial del Duero es un chorrillo nervioso que brota de un pequeño socavón, no mayor que un cedazo, en el lugar preciso en que la montaña despliega su último abanico. El agua es fría, insípida, producto de la filtración de las nieves. Un 28 de diciembre, en pleno invierno de 1965, subimos tres amigos al pico de Urbión sin más equipo que unas botas gruesas, jerséis de lana y una cuerda. Las referencias de las excursiones de verano habían cambiado. Aquello era una extensión desoladora de hielo. Pudimos haber dejado la vida.

En el pico más alto, que llaman la Muela de Urbión, hubo siempre una cruz. Desde allí se contempla la diagonal noreste que va desde los Picos de Europa al Moncayo. Al norte se ven las sierras de Cameros, casi al pie, los montes de Ujué, del otro lado de la depresión del Ebro, y a lo lejos el Pirineo de Navarra. Al sur se divisan los altos de Somosierra, que separan Castilla la Vieja de Madrid. Hacia poniente el paisaje se dilata en las llanadas de Roa con las lomas achicadas de los terrenos de Peñafiel y los llanos, aún más lejanos y esclarecidos, de los campos góticos. Es una interminable línea azul por donde el Duero se dirige a su destino. El panorama abarca, en redondo, unos cuatrocientos kilómetros de vuelo, cabe decir media península.

En su recorrido, el Duero sólo pasa por dos capitales de provincia. Cuando todavía es joven da romanticismo a Soria. Cuando ya es río crecido, da carácter y hace fuerte a Zamora. Entre medias, en los recursos que permiten las tierras estériles y los trigos, las riberas del Duero producen algunos de los mejores vinos de España. Al llegar a la frontera de Portugal, el Duero abandona su orientación regular este-oeste y sufre una declinación hacia el sur. Ésos son los «arribes» del Duero, una voz de la topografía local para describir un largo valle de laderas abruptas, pizarrosas, de difícil acceso, donde el río parece sepultado. Por espacio de unos ochenta kilómetros, entre el embalse de Castro y el salto de Saucelle, el Duero discurre encajonado entre los dos países. Es un paisaje duro, agreste y solitario. En los hondones se crían el olivo y las chumberas. En las terrazas se plantan viñas y en los altos se extiende un panorama interminable de pastos y encinares. Ya en Portugal, el Duero vuelve a recuperar su orientación dominante. En el rincón de Salamanca, cercano a las dehesas de Ciudad Rodrigo, el Duero recibe por la izquierda el aporte del Águeda, su último afluente español. Dicen que el nombre Duero tiene su origen en la raíz celta *dur*, que en aquellas lenguas significaba agua. El nombre de Urbión es de raíz euskalduna y significa «dos aguas», lo que indica un conocimiento ancestral muy preciso de la divisoria de las cuencas. Si me he extendido en contar el río Duero, desde las excursiones a Urbión de mi adolescencia hasta estos últimos días en Ciudad Rodrigo, no sólo ha sido por vertebrar la región, sino por atender a mi gusto particular por el Duero. Los picos de Urbión se asoman a La Rioja. Ciudad Rodrigo limita con Extremadura y Portugal. Son los puntos más alejados de Castilla y León. Entre mis recuerdos de los picos de Urbión y estas líneas de la edad madura han pasado cuarenta años. Hay también una distancia de la memoria.

A su paso por Ciudad Rodrigo el río Águeda presenta un cauce ancho, a veces remansado, a veces torrencial, sembrado de islas cubiertas de vegetación, donde a veces asoma la cabeza de un hombre con gorrilla pescando con caña, indiferente a los mosquitos. El curso del Águeda es buen terreno para las aves acuáticas y para las cigüeñas. Una presa retiene la corriente aguas arriba de la ciudad, alimentando una fábrica de harinas fuera de uso. Es una tabla de agua sombreada por buenas choperas. Corriente abajo hay unos sotos frescos que llaman

El Paraje. En la ciudad, del otro lado del Puente Viejo, está el Arrabal del Río, poblado mayormente por gitanos. Se dice que son gitanos que trapichean droga con Portugal. Una tarde celebraron un cumpleaños. Había media docena de furgonetas y varios coches de buen aspecto. La casa era nueva. Aún tenía la fachada por revocar. Los hombres se apoyaban en el pretil del río. Algunos llevaban los dedos cargados de anillos de oro. Las abuelas buscaban la sombra de la casa en una especie de mimetismo oscuro. Los chicos levantaban polvo. Se servían botes de refrescos y cerveza. Se ofrecían cacahuetes, pipas de girasol, caramelos envueltos en papel de celofán, bolsas de patatas fritas. El suelo estaba sembrado de desperdicios de fiesta. Las mujeres jóvenes llevaban faldas hasta los tobillos, zapatos abiertos con un poco de tacón o chancletas. Eran más generosas en el busto que en las piernas, aunque la tradicional sensualidad de las gitanas se seguía expresando en las nalgas, que suelen llevar marcadas, aunque la caída del vestido sea pudorosa. Los muchachos daban voces, se quitaban la camisa, hacían grandes gestos, se paseaban a pecho descubierto. Hay una forma antigua de manifestar la alegría que consiste en quitarse violentamente la camisa.

## Los barbos del río Águeda

Temprano por la mañana en el Puente Viejo un hombre me hizo señas. Quería que viera un gran barbo junto a una de las pilastras del puente. Sin decir una palabra me agarró por el hombro y me señaló el pez. Estaba en el remanso que se formaba junto al puente, donde empezaba a dar el sol. Era un barbo del tamaño de un bonito grande. Puede que pesara diez kilos. Le seguían dos barbos menores, cada uno como un bonito de buen tamaño. El gran barbo tenía una silueta achatada. Era de un color azul grisáceo, glauco, blanquecino, con un fino ribete brillante, entre rosa y plateado, en el lado donde recibía el sol. Se mantenía inmóvil, estabilizado en su posición con las aletas horizontales abiertas y extendidas, como las manos de un hombre con los dedos abiertos. Un barrendero que subía a trabajar se acercó al pretil. El gran barbo debió de apreciar el movimiento y se desplazó a la sombra, junto al zócalo de piedra. Allí estuvo unos minutos, más oscuro y verdoso de aspecto, como si al cambiar de lugar hubiera cambiado las escamas. Luego, sin que apenas nos diéramos cuenta, se hundió en la poza y desapareció. Los dos barbos menores volvieron al agua soleada y empezaron a remover los guijarros del lecho del río a golpes de hocico. Aquel gran barbo podía llevar viviendo allí, en el entorno del puente, entre veinticinco y treinta años. El hombre que primero lo vio dijo que era el barbo más grande que había visto en su vida. El barrendero y yo estuvimos de acuerdo con él. Entre ellos se habló algo más de barbos. Me enteré de que en Ciudad Rodrigo hubo hasta fecha reciente tres familias que vivían de la pesca del barbo. Se coincidió en que era un pez de poca reputación, pero que resultaba muy bueno escabechado. Se lamentó que el río se hubiera repoblado con lucios. Ahora había menos pesca, salvo lucios, porque los lucios se comían la pesca. Se pensó que aquel gran barbo debía de ser un barbo muy prudente para haber vivido tantos años. Luego, después de echar una última ojeada por encima del puente, el barrendero empujó el carrito, el otro hombre fue para su lado y se disolvió la reunión.

Hay una hora, al atardecer, en que el río se hace más vivo, los brillos del agua se mueven con rapidez. Debe de ser un efecto de la luz oblicua. Después, cuando el sol se ha puesto, hay un momento solemne, en que el agua parece estancada, con un reflejo denso, de mercurio. La oscuridad aumenta. Las sombras se unen. Más tarde, cuando ya ha caído la noche, el agua se agita de nuevo. El río se estremece con el reflejo de las farolas, con los escalofríos de la luna, con los destellos de los automóviles que cruzan el puente.

El núcleo antiguo de Ciudad Rodrigo es una plaza fuerte que jugó papeles importantes en algunos momentos de la historia española. Para quien controla o domina Portugal, Ciudad Rodrigo es una de las llaves hacia el interior de la península. Su valor estratégico se ha manifestado en las dos ocasiones en que España se ha visto implicada en un conflicto internacional. Así sucedió durante la guerra de Sucesión, que trajo a España a la dinastía de los Borbones al extinguirse la rama española de la Casa de Austria. Aquel conflicto, que había de prolongarse durante siete años, y que en mayor o menor medida parece haberse borrado de la memoria colectiva de los españoles, tuvo como escenario los principales campos de batalla europeos. Para entonces Ciudad Rodrigo era una fortaleza impresionante. Las viejas murallas medievales se habían triplicado de espesor para permitir el emplazamiento de la artillería y resistir la potencia multiplicada de la artillería de campaña del enemigo. Se construyeron los baluartes según las técnicas de la ingeniería bélica del siglo XVIII. Fue una época en que la arquitectura militar llegó a un momento clásico, como si esas estructuras complejas, creadas por los intereses de la guerra, alcanzaran en ese siglo una especie particular de perfección. La traslación de lo funcional a lo estético, de lo estrictamente militar a lo puramente formal, se verifica con el paso del tiempo, cuando lo militar pierde sus funciones y el baluarte se transforma en *belvedere*. La fortaleza de Ciudad Rodrigo es ahora un conjunto monumental. Viene a ser el mismo proceso que transformaría un modelo obsoleto de carro blindado en una fuente pública o en el tobogán de un parque infantil.

Curiosamente, la guerra de Sucesión no la resolvió la ingeniería militar, ni sirvieron para nada las fortalezas sembradas por toda Europa siguiendo el modelo de Vauban. Todo aquello fue completamente inútil. La guerra de Sucesión la decidió la viruela, que en el espacio de pocos meses se llevó por delante al emperador de Austria, al Gran Delfín de Francia y a su primogénito el Delfín. En aquella Europa de equilibrios dinásticos el choque psicológico debió de ser tremendo. La viruela precipitó la sucesión al trono de Austria y dejó la sucesión al trono de Francia pendiente de un bisnieto de cinco años, que sería el futuro Luis XV. Las fortalezas del siglo XVIII son una realización militar impresionante, pero el juego hereditario lo resolvió un virus para el que ni siquiera se había inventado el microscopio. El archiduque Carlos de Habsburgo, pretendiente a la Corona española, ocupó el trono de Viena que dejó vacante su hermano y el duque de Anjou se sentó con el nombre de Felipe V en el trono de Madrid.

Cerca de Ciudad Rodrigo, en el lado portugués, está la fortaleza de Almeida. Toda la pequeña ciudad está encerrada en el perímetro de los baluartes. Las casas son diminutas, como casas de muñecas, para no ofrecer alturas al fuego. En lo que fue la ciudadela, que saltó por los aires en el curso de un asedio, está el cementerio antiguo. Allí se alza un campanario con una cúpula en forma de cebolla, junto a la torre del depósito de aguas municipal. En los fosos pastan los burros. En la panadería del pueblo se cuecen hogazas de dos kilos. La fortaleza del Almeida fue una pieza fundamental en las estrategias de aproximación a Ciudad Rodrigo.

Del lado español está la fortaleza de Aldea del Obispo. La frontera es un arroyo con un puentecillo de pretiles blancos que cruza una carretera comarcal. A un kilómetro del pueblo, por un camino que sale entre huertas, está el Real Fuerte de la Concepción, que desaparece o se incrusta en el bulto mismo de la colina. La visión es amplia. Los pájaros se dejan llevar por el viento. La hierba crece hasta la altura de los muslos. Las ruinas hacen pensar en las grandes construcciones romanas. Las fortalezas abandonadas son una *vanitas* de la guerra como las calaveras son una *vanitas* de la vida humana. El fuerte principal parece haber sido habitado por una guarnición que se extinguió en el aburrimiento. Dispone de un patio de armas con una entrada churrigueresca donde anidan los vencejos. Su geometría es un polígono cuadrado inscrito en un perímetro de ocho baluartes. El segundo fuerte de apoyo controla el punto medio en la línea cimera de la colina. Disponía de siete emplazamientos de artillería que batían la ladera sur, con una segunda planta, ahora hundida, donde se abrían las troneras de los fusileros. En el tercer fuerte, o bastión de San José, se hallaba la cisterna. Sus cañoneras se dirigían al sector oriental. Las bóvedas se han desplomado. En un rincón han encendido hogueras los pastores. Sobre uno de los portalones, como reconociendo la inutilidad de todo aquella ingeniería defensiva, hay un rótulo de madera que dice: «Se vende».

En lo que los españoles creemos saber sobre nosotros mismos está mucho más presente la guerra de la Independencia que la guerra de la Sucesión, quizá porque las connotaciones de heroísmo popular que tuvo la lucha contra la invasión francesa resultan halagadoras, olvidando otras connotaciones más ambiguas que obligatoriamente hubo, o quizá porque la guerra de la Independencia fue una guerra total, en el atroz sentido moderno de la guerra, que ha dejado un testimonio de primera magnitud en la obra de Goya y ha impregnado la memoria colectiva con una enorme carga de sufrimiento. Ciudad Rodrigo jugó un papel crucial en aquel conflicto que los ingleses llaman las guerras peninsulares. La plaza se encontraba en la línea de operaciones del avance francés hacia Portugal, frente al cuerpo central de los ejércitos de Wellington en ese país.

Del lado napoleónico, el mariscal Masséna había asumido el mando en la península. Masséna era un militar engreído, avaricioso, vindicativo, de mal carácter, odiado por sus compañeros de armas, que se presentó a tomar posesión en el Estado Mayor francés acompañado de su joven amante vestida con uniforme de dragón. Masséna era alto, fuerte, tuerto del ojo izquierdo pero no tuerto de guerra. Había recibido unos perdigones en el ojo durante una cacería con el emperador. De joven había sido contrabandista y de ahí se le atribuyen algunas de sus buenas y sus malas cualidades, su astucia como estratega y su afición al dinero. Las rapiñas del ejército francés fueron muchas. Las rapiñas particulares de Masséna fueron descaradas. Las operaciones de asedio a Ciudad Rodrigo empezaron en junio de 1810, a la vista de las avanzadillas de la famosa División Ligera de Wellington. La plaza la defendía Andrés de Herrasti, un oficial de artillería de origen alavés. Amenazando las líneas de comunicaciones de Masséna, el campo lo recorrían las partidas de Julián Sánchez el Charro, un guerrillero que había conseguido levantar una fuerza de caballería considerable a la que bautizó, algo pomposamente, como regimiento de Lanceros de Castilla. Wellington decidió replegarse a Portugal sin intervenir. La retirada de Wellington obedecía a motivos estratégicos y respondía a la tradicional cautela del gran general británico, lo que no impidió que Herrasti le acusara abiertamente de traición. En aquellas instancias, los españoles trataban a los británicos de herejes y a los franceses de impíos. Masséna disponía de la artillería más moderna de la época. En las semanas que duró el asedio cayeron sobre la plaza de Ciudad Rodrigo veintisiete mil proyectiles. Aún pueden verse las huellas de la metralla en la torre de la catedral. Ciudad Rodrigo permaneció en manos de los franceses durante cerca de dos años, el tiempo de que se verificara la derrota de la desastrosa expedición de Masséna a Portugal.

No hay nada más terrible que los horrores que puede cometer un ejército derrotado y ése fue el caso del ejército francés en su retirada. Las atrocidades parecieron no tener límite ni término. De lo macabro grotesco a lo abominablemente sádico, todo el abanico de la maldad humana parece haberse ilustrado en aquella campaña de 1812 que marcó el comienzo del fin de la hegemonía napoleónica en la península. Ciudad Rodrigo fue el nudo de los movimientos de repliegue. Wellington recuperó la plaza en enero de 1812. El asedio fue relativamente breve. El asalto se produjo el día 19 de ese mes. La artillería de Wellington logró abrir dos brechas en el sistema defensivo de la ciudad, una al pie de la catedral, en su parte trasera, que resultó estar minada, y otra brecha de menor importancia a poca distancia de la anterior, en el mismo baluarte. Antes de que amaneciera se lanzaron hacia esta segunda brecha los voluntarios de las unidades de asalto, *the forlorn hope*, con escasas posibilidades de sobrevivir. Les dirigía uno de los ayudantes de campo de Wellington, que había solicitado ese honor. Pocos recuerdos han quedado de ese día. En el jardín trasero de la catedral, en lo que debió de ser un cementerio, puede verse una inscripción a la memoria del general Robert Craufurd, uno de los hombres más competentes de que disponía Wellington, que cayó en aquel lugar. La lápida le fue dedicada en 1993 por los hombres del actual regimiento Royal Green Jackets, heredero de la famosa División Ligera que constituyó la fuerza de choque de Wellington durante toda la guerra peninsular. Los ingleses son un pueblo con una memoria admirable. Hay que decir que la lápida también está firmada por el ayuntamiento de Ciudad Rodrigo, que ha preferido olvidar el saqueo que sufrió la ciudad a manos de sus liberadores. Andrés de Herrasti, que había defendido la plaza dos años antes, tiene un pequeño monumento con aspecto de templo masónico en el jardín que lleva su nombre, delante de la

catedral. De los demás protagonistas de aquellas acciones Wellington disfruta de la primera dirección de Londres y de un
medallón con retrato en la Plaza Mayor de Salamanca. Masséna tiene estación de metro y un bulevar en París, en un barrio
no tan elegante como hubiera deseado. Julián Sánchez el Charro tiene medallón en Salamanca y calle en Ciudad Rodrigo. La
guerra de la Independencia fue un conflicto con un nivel elevadísimo de actividad. En cinco años se produjeron veintidós
batallas en toda regla y aproximadamente el mismo número de
asedios, sin contar las operaciones menores. Para el pueblo
llano, que sufrió los horrores de la guerra, están los grabados
de Goya y con ello no han resultado los menos honrados.

## Celedonio

Había un hombre en Ciudad Rodrigo que pedía dinero cada
vez que alguien cruzaba la plaza. No era un mendigo, ni un
débil mental. Aparentaba algo menos de cuarenta años. Tenía
el pelo moreno, el rostro aún joven pero con los rasgos caídos, el cuerpo relativamente corpulento. Andaba bien vestido
pero desarreglado, es decir, con el cinturón suelto y la bragueta
desabrochada. Pedía dinero, especialmente a los que él veía
que eran forasteros, porque los conocidos ya le conocían y a
veces le daban una moneda pero normalmente no le hacían
caso. En la Peluquería Hermanos Rodríguez, en la calle del
Correo Viejo, pregunté quién era ese hombre. El Primer Hermano Rodríguez, que me afeitaba, estaba operado de laringectomía y me respondió con un ronquido cartilaginoso: «Se llama Celedonio». El Segundo Hermano Rodríguez, mucho más
hablador por razones técnicas, estaba desocupado en aquel
momento. Yo era el único cliente. Al no haber testigos del
pueblo me explicó la vida de Celedonio. De muchachos ha

bían sido de la misma cuadrilla. Desde hacía unos años Celedonio se había convertido en un gorrón profesional. La familia tenía un patrimonio importante, que por supuesto Celedonio no administraba. Una de sus hermanas era maestra y vivía en Ciudad Rodrigo. Otra hermana, «más bien que guapa, atractiva», a la que probablemente aquel Hermano Rodríguez había pretendido como novia, también había hecho carrera y vivía en Madrid. Otro hermano era abogado o ingeniero. Se decía que el padre, al morir, había dejado una fortuna de trescientos millones de pesetas. Celedonio recibía diariamente tres euros de su madre. Inmediatamente los depositaba en una máquina tragaperras. No se sabe cómo, porque en su vida había trabajado, conseguía cobrar el subsidio de paro, que le duraba dos días. No era tonto. Tenía conciencia de su situación. Una vez Celedonio le había dicho al peluquero: «Con lo que llevo gastado en dos años en las máquinas tragaperras, me hubiera comprado dos pisos y viviría de las rentas». El Hermano Rodríguez le había respondido: «Por eso las llaman tragaperras, Celedonio, porque se tragan las perras. Eres un inútil, Celedonio. Búscate una novia. Hazte un hombre. ¿Cómo puedes seguir viviendo así?». Celedonio llevaba diez años de gorrón. Los gastos de la vida, el comer, el vestir, el dormir y el venir a la peluquería, los tenía pagados. Su oficio verdadero era la gorronería. Celedonio hablaba con voz atropellada y repetía las cosas tres veces. Por ejemplo: «[...] Oye, majo, ¿no tienes algo para un café, no tienes algo para un café, no tienes algo para un café?». O bien: «[...] ¿me das para unos pitillos, me das para unos pitillos, me das para unos pitillos?». El Segundo Hermano Rodríguez concluyó que lo mejor era no hacerle caso. El Primer Hermano Rodríguez asintió con un ronquido. Al salir de la peluquería, nada más doblar la esquina, Celedonio cruzó la plaza como un rayo y me pidió una moneda: «[...] para tomarse un vermú, para tomarse un ver-

mú, para tomarse un vermú». Mientras hurgaba en los bolsillos para cumplir como un buen forastero le pregunté si no le
daba vergüenza a su edad gorronear de ese modo. Celedonio
tuvo una expresión melancólica: «Es verdad, ya nos vamos haciendo mayores, ya nos vamos haciendo mayores, ya nos vamos
haciendo mayores». Era un ternerazo pero el tiempo se le estaba echando encima.

A la salida de Ciudad Rodrigo hay un burdel de carretera que
lleva este nombre: club Plutón. La entrada imita la boca del
infierno y en lugar de sugerir gozos indescriptibles hace pensar en el túnel del terror en un parque de atracciones. En numerosos puntos de este libro se han descrito algunos de los
muchos burdeles que prosperan como flores de cuneta en las
carreteras de España. Aquí hay que decir que cerca de Peña-
randa de Bracamonte hay una especie de gallinero industrial
al que ha bastado añadir un pórtico de templo griego para
transformarlo en una casa de putas.

Max Aub escribió un elogio de los burdeles de antes de la
Guerra Civil. Josep Pla, por el contrario, escribió unas líneas
tristes sobre las señoritas del burdel de Palafrugell, de piernas
como cañas, o de piernas como jamones, con las medias sueltas, o con las medias rotas. Durante la dictadura se suprimie-
ron oficialmente los burdeles. Yo recuerdo un bar de provincias, de los de vino tinto y aceitunas, donde una mujer de
piernas como jamones recibía en la trastienda del bar, en una
habitación sin ventanas, mientras su marido, que se hacía cargo
del dinero, entornaba los párpados gruesos y atendía la barra.

Tengo entendido que muchas de las mujeres de los burdeles de carretera vienen de Colombia, de Nigeria, o de otros
países. Muy pocas son nacionales. También dicen que viven su
profesión por voluntad propia. Muchas no. Los romanos te-

nían derecho a comprar esclavas, a menudo exóticas, para ofrecerlas a la prostitución. El propietario las derrengaba a fuerza de echarles hombres pero sacaba un rendimiento extraordinario al capital invertido. Luego, pasada la buena edad, la esclava prostituta aún servía para divertimentos extraños.

El caso de prostitución más trágico que conozco es el de la princesa Mafalda, mujer del príncipe de Hesse, funcionario de la embajada alemana en Roma durante la Segunda Guerra Mundial. Mafalda tenía veinticinco años. La Gestapo detectó que Hesse estaba implicado en un complot contra el régimen nazi y le hicieron regresar a Berlín con su mujer. El príncipe fue estrangulado. La princesa Mafalda fue enviada al burdel de oficiales de un campo de concentración, donde por su título fue muy apetecida. Unos meses después pasó al burdel de suboficiales, que se apresuraron a hacer el amor con una princesa. Luego pasó al burdel de los guardianes ucranianos, ya muy rota, pero con el aliciente de cierto oscuro prestigio. Murió durante un bombardeo, poco antes de la liberación del campo por los rusos.

## Toros

A través de un amigo aficionado a los toros quise conocer una ganadería de toros de lidia, de las que hay en Salamanca. Me dirigió a la ganadería de Sánchez-Arjona, a unos treinta kilómetros de Ciudad Rodrigo, en el término de San Martín de Yeltes, entre Sancti Spiritu y San Martín. La finca se llamaba El Collado. El ganadero era un hombre que pasaba de los cuarenta años, no muy alto, membrudo, de brazos largos. Vestía camisa y pantalones de ciudad, pero llevaba la gorrilla típica del campo salmantino. Había llegado esa misma mañana de Madrid. La casa de la finca estaba en obras. Era una construcción de una sola planta, armoniosa, sin ninguna clase de ostentación. Se abría en forma de H, con un patio trasero empedrado con guijarros y losas de granito y un jardín delantero medianamente abandonado, que dominaba los prados y el curso del río. Por la fachada corría una parra. Junto a la puerta crecían dos bignonias que habían empezado a romper las macetas con sus raíces. La casa disponía de una capilla que estaba fuera de uso. Allí había una imagen de san Antón con su cerdito, varios muebles desplazados de las habitaciones en obras y una vieja mesa de ping-pong. Le dije al ganadero que había visto muchas veces su apellido paseando por Ciudad Rodrigo. Calle Sánchez-Arjona. Plaza Sánchez-Arjona. Jardines y fuente pública Sánchez-Arjona. Me dijo sin ningún empacho que su padre y su abuelo habían sido caciques de Ciudad Rodrigo. Muy cerca de la casa había un apeadero de ferrocarril. La línea se había trazado alrededor de 1880, en tiempos de su abuelo, que naturalmente se hizo construir un apeadero en cada una de sus fincas. Ahora el ferrocarril era un estorbo. Nadie podía saber si volvería a ser una ventaja, pero partía la finca en dos. Le pregunté qué extensión tenía la finca. Me dijo que setecientas ochenta hectáreas. Le dije que eso debía de considerarse una finca grande. Me respondió que los toros bravos necesitan mucho espacio. Le pregunté si criar toros de lidia era un negocio. Me dijo que criar toros llegaba a ser rentable si se disponía de una finca, pero no era rentable adquirir una finca para criar toros de lidia, aunque había gente que lo hacía por gusto, gente que se había enriquecido en otros negocios, en la Bolsa, o en la construcción.

Su padre había fundado la ganadería en 1947 con una punta de vacas de Santa Coloma. La genealogía de los toros era muy importante, como ya me lo haría ver. De entonces tenía el hierro de la procedencia de Santa Coloma, que representaba un óvalo o coquilla con una barra atravesada. Eran toros grandes, sumamente inteligentes, de mucho trapío, con fama de peligrosos. Santa Coloma era una de las procedencias más importantes de España. Cuando él se hizo cargo de la ganadería, después de su padre, en 1983, hizo entrar toros de la sangre Domecq. Las figuras del toreo no querían torear aquellos otros toros. Los Domecq eran toros más formales, más equilibrados, más adecuados al toreo moderno. Las dos castas de sus toros eran buenas castas andaluzas. El hierro de Sánchez-Arjona, con la sangre de Santa Coloma y Domecq, dibujaba una S formando cursiva sobre el palo izquierdo de una A. Todas esas especificaciones quedaban registradas en el libro oficial de los criadores de toros de lidia. Me preguntó si yo era aficionado a los toros. Le dije que lo había sido durante muchos años. Luego había perdido la afición, de repente, como san Pablo cuando se convirtió al cristianismo. Me preguntó si había conocido a algún torero o ganadero. Le dije que había tenido cierta amistad con Antonio Ordóñez. El torero favorito de Hemingway, dijo él. Eso es, el torero favorito de Hemingway, pero cuando yo le conocí ya se había retirado de los ruedos.

Detrás de la casa estaban las cuadras de caballos con pesebres y argollas para cinco o seis animales. A la puerta había un caballo ensillado, jadeante, sudoroso, con el pescuezo caído entre las patas, con los ollares blancos de la sal del sudor. Había corrido el campo al galope. El vaquero había estado recogiendo a una novilla que se había saltado una cerca. Por entre los árboles venía otro vaquero con su caballo al paso, apartando una piara de cerdos negrillos. Era un muchacho de unos veinticinco años. Montaba muy erguido, sujetando la brida con la mano izquierda. Llevaba la garrocha al hombro y el brazo derecho cargado sobre el extremo de la garrocha. Su caballo venía más descansado que el primero. La garrocha para conducir ganado bravo es un palo grueso, de unos tres metros dc longitud y cerca de veinte kilos de peso. Suele ser de fresno. El primer vaquero, en lugar de garrocha, usaba un palo corto, también de fresno, con un pesado tocón en el extremo del palo, cortado en la misma masa del árbol. Me dijo que hacía voltear ese palo en el aire y lo lanzaba a los animales desmandados. El toro, al ver volar el palo, ya sabía por dónde tenía que ir.

Pasado el mediodía salimos al campo en un Land-Rover. Los vaqueros, que habían estado atendiendo a los toros desde la mañana temprano, se fueron a almorzar. En primer lugar subimos a uno de los puntos más altos de la finca, un cerro donde en otro tiempo había habido una cantera de granito. Íbamos campo a través. La primavera había sido lluviosa. La hierba estaba crecida, hasta la altura del radiador del Land-Rover. Desde el cerro se dominaba la vega del Yeltes, con un ancho bosque de ribera. Muy a lo lejos, en un prado, se veía una manada de unas veinte vacas. Estaban con un semental. Las vacas por cubrir se repartían en lugares diferentes, sin contacto entre las distintas manadas, cada una con su propio semental, de manera que se pudiera saber escrupulosamente quién era la madre y quién era el padre de los terneros. Un toro puede cubrir vacas siendo todavía novillo, a partir de los dos años. En total había unos catorce sementales. El semental más viejo de la finca se llamaba *Palabrero* y tenía diecisiete años. Ya no servía para reproducción. Las vacas que eran buenas madres podían criar hasta los diez o doce años. Había vacas que parían con diecisiete y dieciocho años, pero no era lo normal. Luego iríamos a ver vacas con becerros.

El paisaje se extendía en ondulaciones suaves hasta las cercanías de Ciudad Rodrigo. Del otro lado, la carretera comarcal se desviaba hacia el pueblo de Retortillo y se alejaba por las fincas de El Pito y Santidad, donde también se criaban toros de lidia. Era un panorama de encinares y pastos, en aquellas fechas jugosos y muy floridos. Era el paisaje característico de las dehesas salmantinas. Los encinares, apretados o dispersos, no llegaban a formar verdaderamente un bosque. A medida que el vehículo entraba entre los árboles se descubrían ejemplares soberbios, varias veces centenarios. Algunas encinas estaban floreciendo. La flor de la encina cubre el árbol de pequeños racimos de color bronce dorado. En árboles tan duros es una cosa tierna verles en flor.

Pregunté al ganadero si en la finca había caza. Me dijo que no la había. Podía haber zorros y tejones. También era muy rica en aves rapaces y toda clase de pájaros; hubiera podido ser una finca para estudiar ornitología, pero no había corzos ni ciervos, porque en general una finca de ganado bravo no puede aguantar la caza. En un hondo, cerca de una charca, había unos toros dispersos. Entre ellos se paseaban las cigüeñas. Era hermoso ver cigüeñas y toros. Podían haber sido figuras de un capitel románico. Hay situaciones en que la naturaleza provoca instantáneamente los símbolos. Fuimos del lado donde había una manada de vacas con becerros de tres meses. Estaban esparcidas a la sombra de los árboles. Al acercarse el Land-Rover se levantaron sin perder la cara al vehículo. Los becerros eran animales tiernos, poco mayores que un perro grande. Muchos eran de pelo colorado. El pelo colorado les venía de la sangre Domecq. Las vacas eran enjutas, negras, no de mucha talla, astifinas, de pitones bien formados. En las más viejas los pitones se curvaban y casi se juntaban en la frente. Los pitones de los becerros apenas eran dos meloncillos oscuros. Los becerros tampoco perdían la cara. Su primer instinto no era la huida. A pesar de ser animales tan tiernos, su disposición era distinta a la del ternero manso. Su mirada era más recelosa. No era el ojo asombrado del ganado manso. Era un ojo más oscuro, una mirada más densa, un aplomo distinto. Al cabo de un rato las vacas se alejaron, cada una con su becerro.

Luego emprendieron un trote por una vaguada. El recorrido por la finca era complejo. Había que abrir y cerrar infinidad de cercas. En dos momentos cruzamos las cercas de la carretera y en un momento cruzamos el ferrocarril. Había una leyenda sobre la bravura de los toros, en los tiempos en que el ferrocarril comenzó a cruzar las dehesas. Se decía que los toros de lidia no huían al oír el silbido de la locomotora sino que hacían por embestir al tren.

Unos toros ya vendidos aguardaban en una cerca para ser embarcados. Rumiaban a la sombra de las encinas. El Land-Rover podía acercarse a ellos hasta casi alcanzarles el lomo asomando el brazo por la ventanilla. De ningún modo debían ver un hombre a pie. Uno de los toros tenía el labio desgarrado. Se había herido peleando con un compañero. Iban a ser toreados en Francia, cerca de Mont-Marsan. También había una corrida vendida para la feria de San Juan, en Alicante, y otra para Iscar, un pueblo de Valladolid. Para curar a los toros heridos se les dormía con un fusil cargado con un proyectil anestésico. Si las curas eran complicadas, o largas, o repetidas, se les pasaba de corral a corral, hasta encerrarlos en un artilugio que llaman cajón de curas, donde se les mantenía con un yugo en la cerviz, otro en las ancas y los flancos sujetos entre tablones. Recorrer la finca era hacer un safari buscando toros bajo las encinas. El viejo semental, *Palabrero*, surgió de entre unos matorrales espesos. Era grande, tenía reumas, cojeaba de los cuartos traseros. Se había quedado tuerto del ojo derecho. Caminaba con dificultad. El ganadero se resistía a sacrificarlo. Le pregunté cuál era el toro que le había dado mayor satisfacción taurina. Me dijo que tenía un toro, de nombre *Ordenado*, que había sido indultado por nobleza en una corrida celebrada en Linares el año anterior. Lo destinaba a semental. Había habido que curarlo. Primero le habían arrancado los arpones de las banderillas en la propia plaza. Luego, una vez en la finca, había habido que curarle los desgarrones que había sufrido en el morrillo durante la suerte de varas. Había sido largo y complicado. Era el mes de agosto. Las heridas se infectaban con el calor. ¿Cuál podía ser la psicología de ese animal después del trance que había vivido en el ruedo? ¿Cuál sería su representación del mundo, fuera de aquellos encinares? El ganadero me dijo que *Ordenado* parecía agradecer las curas. Al cabo de unos días, él mismo se dirigía al cajón de curas con sólo ver que le abrían la puerta de los corrales. Le pregunté si los toros de lidia llegan a conocer a sus vaqueros, como sucede con los animales domésticos. Me dijo que había quien lo pensaba pero él no lo creía. Llegaban a conocer la voz.

Hablamos de los colores de los toros y de las muchas palabras precisas que se emplean para describir esos colores. En realidad, un ganadero nunca dirá colores. Ése es un término pictórico. Un hombre del mundo de los toros dirá pelo o capa, que son términos de morfología. Le pregunté si los toros tenían enfermedades específicas. Me dijo que podían tener tuberculosis bovina. Era una enfermedad endémica, de riesgo más o menos alto, que ahora se controlaba con mayor severidad. En aquellas extensiones por las que íbamos entrando en el Land-Rover íbamos descubriendo grupos de animales, pequeñas manadas, algunos cerca de las charcas, otros a la sombra de los árboles. Había vacas jóvenes que habría que tentar en primavera. Otros eran novillos en grupos de tres o cuatro ejemplares, a veces solitarios. Cada toro y cada vaca llevaban marcados el hierro de la ganadería y el año de su nacimiento. De uno a cuatro años, según su edad, los nombres que recibe el ganado bravo son: becerro, añojo, eral, novillo y cuatreño. Cuatreño es el toro adulto que ha comido hierba de cinco primaveras. La plaza o tentadero estaba junto a la carretera. Allí se seleccionaban entre febrero y marzo las vacas que se pensaba que serían buenas para criar. De ese modo se fragua o se mantiene lo que es la casta de una ganadería. Se atiende a la bravura, a la estampa, a la embestida. El ganadero dijo que la cría de toros implicaba prestar una atención muy minuciosa a la genética, desde mucho antes de que la genética fuera siquiera una ciencia. Le pregunté si se servía de asesores para seleccionar a las vacas y aparearlas con tal o cual semental. Me dijo que la profesión de ganadero consistía precisamente en saberlo hacer uno mismo, sin servirse de asesores.

Las sacudidas del Land-Rover eran continuas. La hierba era tan alta que caíamos en los hoyos. Fuimos hacia un alto donde había unas viejas majadas para cerdos, que estaban abandonadas. Se criaban cerdos entre los encinares, separados de los toros, cerdo negro ibérico, el de tanta reputación. También había una parte de la finca dedicada a criar ganado manso, de carne, de la raza salmantina que llaman morucha, quizá con una gota de sangre brava. Nos topamos con un semental de aquella raza, enorme, huesudo, cárdeno, es decir, de un hermoso pelo gris pimienta. Había también un semental charolés. Era costumbre que los vaqueros tuvieran algo de ganado propio entre el ganado de carne de la finca. Allí había terneros de los vaqueros y terneros del propietario.

Habíamos recorrido la finca durante algo más de tres horas cuando volvimos a la casa. Yo notaba el cuerpo magullado. Tres horas de campo a través en un Land-Rover lleva a un agotamiento grande. Antes de regresar hicimos por encontrar a *Ordenado*, por la curiosidad de ver a un toro indultado como quien visita a un superviviente, pero no dimos con él. Algunos grupos de toros disponían de cien hectáreas para sus movimientos. Una vez en la casa el ganadero me enseñó los trofeos y los libros de la ganadería. En el libro genealógico se mostraba la estirpe de cada una de las vacas hasta sus ocho bisabuelos. Se registraban las veces que cada vaca había parido, quién había sido el semental, día y hora del parto, nombre impuesto al becerro, día y lugar en que el animal había sido toreado y resultado que había dado en la lidia. El registro se remontaba a la fundación de la ganadería en 1947. Había buenas madres parideras, que habían enviado diez o doce hijos a los ruedos. Estaban, además, los certificados de lidia. Cada toro iba a la plaza acompañado de un documento donde se especificaban sus características. Uno de los toros que habían de ser lidiados en la temporada llevaba esta descripción:

Nombre: *Taponero.*
Pelo: *Castaño salpicado bragado meano corrido coletero.*

Habíamos visto a ese toro media hora antes. Nadie hubiera podido pintar a *Taponero* más finamente. Al pie del documento había un trámite que decía: «Diligencia para hacer constar que el ejemplar al que corresponde el presente certificado ha sido lidiado y muerto en la plaza de toros de [...] fecha de [...].

Ése sería el certificado de defunción de *Taponero*. En muchas ganaderías los libros genealógicos han sido informatizados. Aquellos papeles disponían de un código de barras. El mundo taurino cultiva por naturaleza el arcaísmo. Ese código de barras introducía la modernidad. En el interior de la casa, con las contraventanas entornadas, la luz era incierta. Los muebles estaban arrumbados a causa de las obras. El suelo del salón principal era un damero de losas blancas y negras. Los trofeos de la ganadería, como los trofeos del mus o los trofeos del billar, parecían cargados con la melancolía de las fiestas acabadas. En el jardín había restos de comida para unos gatos que no se dejaban ver. Pasadas las cuatro de la tarde nos fuimos a comer a un restaurante de carretera, en el cruce de La Fuente de San Esteban, a pocos kilómetros de San Martín de Yeltes. Habían cerrado las cocinas pero tuvieron la amabilidad de prepararnos una ensalada y unos filetes troceados de carne de vaca con patatas fritas.

Salamanca es una ciudad de tanto prestigio que ha dado refranes y frases célebres a la lengua española. Hay un dicho que dice: «Lo que Natura no da, Salamanca no lo presta». Es un reconocimiento de la predestinación en materia educativa. Existe la versión que sustituye «Natura» por «Deo», pero se trata de un artificio semántico. Todos entendemos que el refrán tiene razón y en ocasiones eso nos permite despreciar al prójimo. Siempre hubo quien dividió a la humanidad, no entre los hijos de la Verdad y los hijos del Error, ni entre los liberales y los conservadores, ni entre la derecha y los progresistas, sino entre los inteligentes y los idiotas, entre las buenas personas y los granujas, que es una distinción más honda. La Iglesia dominó Salamanca de un modo espeluznante y en ese aspecto resulta un espejo de España. Ciertas órdenes religiosas se exhiben con todo su poderío. La Universidad Pontificia de los jesuitas y el convento de San Esteban de los dominicos hacen pensar en viejas sedes bancarias, en grandes multinacionales del pensamiento, y sin duda lo fueron. Hay una desmesura romana por parte de los jesuitas y una ostentación aristocrática por parte de los dominicos. El primer edificio lleva las armas del papado; el segundo, las armas de un cardenal de Alba. ¿Cuál era la ciencia que se enseñaba en Salamanca en aquel tiempo? Entonces a la ciencia se la llamaba filosofía natural, el nombre más hermoso que ha tenido nunca. Probablemente se trataba de un pensamiento anquilosado, más entendido en cubrirse de las sospechas de la Inquisición que en valorar el verdadero conocimiento.

La Plaza Mayor es un salón urbano. Es un espacio civil convenientemente apartado de la gran mole de la catedral, que se levanta como un artefacto en expansión, cargado de fe y de medios económicos. Un siglo más de prosperidad eclesiástica y la catedral de Salamanca hubiera reventado. Junto a la catedral nueva está la catedral vieja, románica, discreta, concentrada, adherida al flanco de la catedral nueva como la célula de un tejido sano al costado de un tejido de desarrollo monstruoso. El románico siempre conduce a visiones primordiales. Se produce un contraste arrasador entre la iglesia concebida como cueva y la iglesia concebida como palacio. La catedral románica tiene una densidad gravitacional. La catedral nueva es un proceso expansivo. El espacio más elegante de Salamanca es sin duda el patio de las Escuelas Menores, tan reputado entre todos los que visitan la ciudad. Es un lugar extraordinario para un cóctel. Las curvas más sensuales de la arquitectura de claustros se dan en los arcos de ese patio. Son arcos carnosos, equilibrados, sugestivos, suaves. En el lado sur hay instalado un pequeño museo. Allí pueden verse los restos de la bóveda que decoraba la biblioteca de la universidad. Representa un cielo astronómico, con las figuras emblemáticas de las constelaciones, con la enigmática profundidad que los más modernos telescopios justifican, como si la ciencia tuviera su límite en los símbolos. La bóveda completa debió de ser grandiosa. Se conserva una tercera parte. Ese rincón astrológico hace pensar en Torres Villarroel, astrólogo, autor de almanaques, profesor de la universidad, que asentó toda su reputación sobre la profecía de la muerte de un infante de España. Se ha dicho que la autobiografía de Torres Villarroel no sólo es la última novela picaresca sino que representa la aperreada vida de los intelectuales de su tiempo.

Además del refrán citado, la Universidad de Salamanca ha contribuido a la sabiduría nacional con dos frases que constituyen una lección de comportamiento. La primera es una lección relativamente optimista. Puede visitarse el aula donde fray

Luis de León reinició sus lecciones con la expresión: «Decíamos ayer…», después de haber pasado cuatro años en la cárcel de la Inquisición de Valladolid. El riesgo no había sido poco. Dos de sus compañeros no tuvieron la misma suerte y se pudrieron en la cárcel. Los conflictos se ventilaban de un modo terrible. Fray Luis de León era agustino. Las diferencias teológicas a menudo enmascaraban rivalidades entre órdenes o rivalidades entre cátedras. El aula de fray Luis de León es un aula grande, fresca, algo lóbrega, con un púlpito desde el que se dictaba la lección. Los bancos y pupitres de los estudiantes son largos maderos apenas desbastados que recuerdan el refectorio de un hospicio. Fueron pocos los grandes hombres que no pasaron por las celdas de la Inquisición, cuando no por sus tormentos. Si eso sucedió con los individuos destacados podemos imaginar cuál fue el proceso de desertización intelectual que propició la Iglesia en los niveles intermedios y en el pueblo llano. Hay quien sostiene que aún se miden las consecuencias. Junto al aula de fray Luis de León está el Paraninfo. Allí se produjo, en 1936, a las pocas semanas de haber estallado la Guerra Civil, una lección de coraje. Tenía lugar un acto académico en el que estaba en juego la adhesión universitaria a la rebelión militar. Se dice que el general Millán Astray finalizó una arenga al grito de «Muera la inteligencia». Es obvio que al general Astray Salamanca no podía prestarle nada. Miguel de Unamuno, rector de la universidad, formuló entonces el discurso más sereno de su vida. Era ya un hombre mayor. Había de morir pocos meses después. De su intervención de aquella tarde la tradición ha retenido una frase dirigida a las fuerzas representadas por el general: «Venceréis pero no convenceréis». A diferencia del aula de fray Luis de León, el Paraninfo de la universidad, pared con pared, está amueblado con un lujo rancio, de vieja notaría. Tiene un estrado con un dosel, retratos, tapices y sillones de terciopelo. Algunos contemporáneos de Unamuno le atribuyen cierta tendencia a la palabrería. Si eso es cierto, redimió toda su obra con este último discurso. El texto es casi un testamento al que cualquiera puede acudir en momentos de debilidad propia. La indiferencia de fray Luis de León por los años pasados en la cárcel es una actitud mucho más difícil de imitar.

En Alba de Tormes, en la iglesia del convento de la Anunciación que ella fundó, se encuentra la tumba de santa Teresa. Está situada detrás de una reja, sobre el altar mayor, a media altura del retablo. Es un sarcófago negro con adornos de bronce dorado. Sobre el bronce hay tres angelitos de alabastro. Uno sostiene una pluma de ganso, otro sostiene una corona y el tercero abre los brazos como un niño jugando al éxtasis. Sería ridículo decir que recuerda a la tumba de Nelson, porque no la recuerda en nada, pero sí la recuerda en algo, sabiendo que al cuerpo de la santa, como a Nelson, le falta el brazo derecho. Ignoro las circunstancias en que fue arrancado el brazo al cadáver para satisfacer la voracidad de reliquias. El catolicismo español es una religión cargada de supersticiones. El brazo incorrupto o embalsamado de santa Teresa se encuentra en un estuche de plata en un convento de Madrid. Alcanzó cierto protagonismo en el otoño de 1975, durante la agonía del general Franco. Los familiares del dictador pidieron a las monjas el brazo de la santa para colocarlo sobre el pecho del agonizante. Muchos españoles temieron que le devolviera la salud y se prolongara la dictadura.

Por un pasillo, al fondo de la iglesia, se llega a la celda donde la santa murió. Es un camerino que puede contemplarse desde detrás de un cristal. Sería una capilla en un juego de muñecas. Es un espacio reducido, sofocante, relativamente lujoso, con pinturas sombrías, un altar de azulejos y una bóveda aplastada decorada con cuarterones de escayola. La puesta en escena es teatral. Hay un maniquí vestido de monja que agoniza en el catre. Hay un eccehomo muy llagado. Hay Niños vestidos de príncipes en unas hornacinas, un Niño casi bebé, innumerables figuras y estampas. Santa Teresa se sintió enferma en Valladolid y vino a morir a Alba de Tormes. Puede parecer una blasfemia y no es ésa mi intención, pero ese espacio cargado de representaciones hace pensar en una logia vudú o en un gabinete de prácticas prohibidas. A la vista del eccehomo se sospecha que la imaginería católica es en sí misma una neurosis.

En una vitrina se exhiben su cuchara de madera, la camisa con la que murió y otros objetos personales. También se muestra un sillón de brazos en el que san Juan de la Cruz tuvo una levitación. Es un sillón algo mustio, de desván. Los visitantes más devotos dudan por un instante de su fe y lo miran perplejos. Es más fácil aceptar la levitación de un santo que encontrarse en la práctica delante del sillón levitante. En otra vitrina hay unos manuscritos de la santa. Su escritura es redonda, clara, femenina, regular, llenando la página, apretada pero amplia. Se observa un proceso decidido de trabajo, sin alteraciones significativas. Es la escritura de una cabeza bien ordenada. En la misma vitrina hay un facsímil del manuscrito de la *Vida*. El manuscrito original se lo llevó Felipe II a su biblioteca.

Santa Teresa escribió el *Libro de la vida* por orden de su confesor. Para el creyente es una obra religiosa, para el agnóstico es una obra literaria. Su estilo es admirable por el propio flujo de la escritura, que no parece necesitar intermediarios entre el pensamiento y el papel, entre la idea y su formulación, entre la vivencia que resucita la memoria y el trazo de tinta que va dejando la pluma de ganso. La narración parece brotar de un manantial. No se sabe lo que puede tener de espontaneidad real o fingida. La santa duda sobre su capacidad de expresión, pero no hay titubeos en la entrega de la persona. Se detiene el tiempo de descansar en un remanso profundo. Prosigue con el mismo flujo irresistible por un territorio nada fácil, quizá el más complejo por el que se ha adentrado la literatura española. Hay una tensión que se transmite al lector. Bajo su aparente soltura la autora no puede dar un paso en falso. Nieta de un judío que había paseado el sambenito por Toledo, su experiencia mística podía terminar en los calabozos de la Inquisición. El idioma de santa Teresa es un castellano vivo, maduro, flexible, bien formado, más rico y libre en sintaxis que en vocabulario. La propia concepción del texto elimina la retórica. Ella se dice ruin pero no es ingenua. Fue culta, muy leída, sin duda mucho más de lo que reconoce. «Nunca buen letrado me engañó», dice de sus confesores. Es una frase digna de ser divulgada por la Universidad de Salamanca. Su visión más espléndida es la del ángel con un dardo de oro «que me llegaba a las entrañas». El demonio es «un negrillo muy abominable».

En las afueras de Medina del Campo, por un camino que se dirige hacia la depuradora de aguas, se encuentra una villa palladiana que gobierna una finca de tres o cuatro hectáreas de cereal. Tiene un parque frondoso. La distribución de ventanas es sobria. El tejado a cuatro aguas lo remata una linterna con un palomar. El edificio es algo más macizo, o menos grácil, que las villas que Palladio construyó a las orillas del Brenta pero conserva, en medio de la Tierra de Campos, la elegancia y el buen gusto de las villas de recreo venecianas. No parece que nadie la habite, pero es obvio que alguien la mantiene. Por otra parte, en Nistal de la Vega, entre La Bañeza y Astorga, se puede admirar un campo de patatas con una extraordinaria casa de labrador, de ladrillo y adobe, pero hermosa y bien aparejada. Sus proporciones son simples. El tiempo ha tostado el adobe y los paramentos de ladrillo son de un rojo apagado. La sombra que proyecta el alero del tejado es como una de esas cintas que las mujeres se ponían antiguamente en la frente. Es graciosa sin dejar de ser clásica. Las circunstancias de la vida han convertido ese capricho de labrador en un almacén de trastos, pero su arquitectura procede directamente de una quinta de la Toscana, no sé por qué influencias ni por qué vías.

El prestigio de Italia es ahora el prestigio de América. Dentro de doscientos años alguien se asombrará al descubrir en los chalets que ahora son de nueva planta la inspiración de las series de televisión californianas.

*De Toro a Zamora*

Entre Toro y Zamora el Duero forma una vega ancha y bien definida regada por dos canales que toman sus aguas en el embalse de Castronuño, aguas arriba de Toro. Las orillas del río son frondosas. En ocasiones forma largas islas afiladas cargadas de vegetación. Aunque el río describe amplios meandros, la depresión de la vega es uniforme, como un corredor fértil entre las dos ciudades. En la vega se cultiva principalmente el maíz. Se dice que hace cien o ciento cincuenta años la vega de Toro disfrutaba de la renta agrícola más elevada de España. Actualmente la mayor renta de Toro procede seguramente de las bodegas de vino. Las viñas están plantadas en las llanuras de secano, sobre las alturas que dominan la vega. En Toro y en Zamora existe cierta afición por las mañanas al chocolate con churros. En Toro se encuentra la fábrica de chocolate a la piedra La Superlativa. Hace algunos años el área de influencia de las fábricas de chocolate y de las fábricas de gaseosa determinaba el mosaico de las comarcas en toda España. En Zamora, al mediodía, el aperitivo característico son las perdices: se trata de una sardina con una cucharadita de tomate frito envuelta en una crujiente cáscara rebozada.

En el pórtico de la Majestad, en la colegiata de Toro, se puede ver una figura del profeta Isaías leyendo un libro con expresión maravillada, como si le interesara profundamente lo que lee. En sus labios se dibuja la misteriosa sonrisa de gozo interior que ha cruzado de un lado a otro toda la evolución del arte medieval. ¿Por qué esa sonrisa sólo se encuentra en las piezas de escultura y no en la pintura? En la pintura sólo se sonríe, y con harta dificultad, a partir del Renacimiento. La capacidad de abstracción de la figura de Isaías en el pórtico de Toro es muy grande. No se trata de Isaías leyendo un libro sino de una representación de la Lectura. El profeta aparece cubierto con una boina abultada al estilo de las que usaban las mujeres modernas en París hacia 1950. Se trata de una pieza extraordinariamente bella en un conjunto extraordinario. El pórtico de la Majestad se encuentra en el interior de un atrio de construcción posterior, lo que ha permitido que las figuras llegaran hasta nosotros en muy buen estado de conservación. Hace pocos años el pórtico se limpió con la ayuda económica de una fundación americana. El resultado fue maravilloso. El conjunto pareció iluminarse con los colores que habían estado dormidos bajo el polvo durante siglos. Sin embargo, el efecto ha sido tan breve como un acto de prestidigitación. Ahora se están haciendo unas obras en el suelo del atrio y el polvo vuelve a depositarse sobre las figuras. El profeta Isaías se ha cubierto los hombros con un manto gris. A cualquiera se le hubiera ocurrido que podría haberse protegido el pórtico recién limpiado. Hay una placa de agradecimiento por el dinero recibido de aquella fundación, pero se puede ser agradecido y negligente al mismo tiempo.

## Las cigüeñas de Zamora

La cigüeña es el animal emblemático de Alsacia, pero en Alsacia no quedan más cigüeñas que las cigüeñas de piedra de la catedral de Estrasburgo. En Zamora hay gran cantidad de cigüeñas, muy reales, a veces en grupos de veinte o treinta cigüeñas, especialmente a la hora del crepúsculo, cuando se las ve regresar de las orillas del río. Algunas parejas tienen nido en las chimeneas o en los campanarios. Muchas otras cigüeñas desparejadas se conforman con los tejados, donde se sostienen sobre una sola pata con un aspecto triste y desolado, como jóvenes sin recursos económicos. Las afortunadas parejas con nido se saludan al atardecer con un repiqueteo peculiar, parecido a los golpes de un mortero de madera. Es difícil admitir que ese sonido primitivo sea el canto de las cigüeñas. En los pueblos de Castilla, cuando yo era niño, se decía que la cigüeña «majaba el ajo» para la sopa de la cena. La cigüeña es un ave que sufre unas transformaciones asombrosas. No basta con observar que se trata de un pingüino estilizado. Cuando la cigüeña se pasea por las charcas y estira su línea elegante hace pensar en las «moçitas de cuello albillo» del *Libro de buen amor*. Cuando se encoge y descansa en un tejado o en una chimenea se transforma en un mendigo jorobado. Las cigüeñas de Zamora pasaban la noche en los caballetes de los tejados, vueltas hacia la luz de las farolas, con la cabeza encogida entre los hombros, alineadas en filas regulares como en una crestería gótica. Todo el perfil de la ciudad se convertía en un monumento.

Una tarde, un fuerte chaparrón derribó a una cigüeña sobre la Plaza Mayor mientras el público se refugiaba en los soportales. El pájaro sacudió las alas, alzó el pescuezo y recuperó cierta prestancia. Tenía las plumas empapadas. Mientras duró la lluvia se paseó por la plaza con un aire entre desafiante y desconfiado, como un mal actor engreído al que hubieran arrojado un caldero de agua.

Otra tarde, con un fuerte viento de nordeste, las cigüeñas parecían suspendidas en el aire, en estratos diferentes, inmóviles, a contraviento, con leves oscilaciones y cambios de nivel, en alturas y distancias de una distribución compleja, como en una escultura de Calder. El cielo estaba muy limpio. Aterrizar en un tejado con aquel vendaval era una maniobra peligrosa. Las cigüeñas la ejecutaban con movimientos hábiles, a veces acrobáticos, arriesgando mucho, acelerando bruscamente la caída, y volviendo a su posición inicial en la figura, al pairo del vendaval, a preparar una segunda tentativa si la maniobra había fallado. En los atardeceres de paz las cigüeñas volvían a la ciudad en grupos mansos como rebaños. Entonces se percibía el carácter arcaico de las cigüeñas. Había algo en esos bandos de pájaros que se proyectaba a épocas muy remotas de la evolución. Viendo regresar a las cigüeñas de Zamora parecía que veíamos volar sobre un cielo azul y rojo a los últimos pterodáctilos.


Todas las mañanas había un pájaro que venía a comerse los insectos que se habían ahogado por la noche en la piscina del hotel. Lo hacía muy temprano, antes de que saliera el sol, cuando el agua aún tenía una densidad nocturna, como si fuera un líquido más denso y pesado que el agua del mediodía. Era una piscina moderna, de esas en que la lámina de agua rebosa al nivel del brocal. El pájaro debía de tener su nido en el jardín. Era un colirrojo tizón, un macho adulto, poco mayor que un gorrión, pero con un aspecto gallardo y un comportamiento territorial que nunca tienen los gorriones. No hay pájaro que lleve mejor su nombre que el colirrojo tizón. El macho adulto tiene el cuerpo negro, mate, aterciopelado, como un tizón frío, a medio consumir, con algunas plumas grises, como ceniza vieja. Cuando el pájaro se agacha con un movimiento característico se produce un descubrimiento. El colirrojo tizón muestra entonces las plumas rojizas de la cola y parece que en el tizón hubiera quedado un resto de brasa. Probablemente se trata de un atractivo sexual. Se diría que tiene *le feu au cul.*

Cerca de la Plaza Mayor había una zapatería llamada Calzados Seisdedos. Era un establecimiento que en otra época debía de haber sido próspero, en una calle principal, con más de cinco metros de escaparate, pero que obviamente había entrado en decadencia. El muestrario de zapatos no tenía ninguna coquetería. No se pretendía seguir la moda. Se tenía intención de vender «pares sueltos y restos de serie». El interior estaba amueblado con sofás de skai de color crema. Un cartel descolorido decía: «Por favor, no descolocar». Otro cartel decía: «Los pares sueltos no se descambian». Además de zapatos se vendían plantillas de corcho y piel, cremas antihumedad y plantillas de termopiel para aislar las zapatillas de invierno sobre suelos fríos de baldosa. Me intrigaba el nombre de la zapatería: Calzados Seisdedos. Hace muchos años, en Asturias, en la encrucijada de Arriondas, había una venta o sidrería que se llamaba Seisdedos. El patrón se apellidaba efectivamente así y tenía seis dedos en la mano izquierda, lo que le permitía servir la sidra sujetando cuatro vasos con toda facilidad. Era un rasgo hereditario. Su padre y su abuelo también habían tenido seis dedos. Ese dedo suplementario había dado origen al apellido. Pensé que el propietario de Calzados Seisdedos podía ser un caso parecido, es decir, que un rasgo genético mantenido en varias generaciones había pasado a definir el apellido. Pregunté a unos taxistas en la Plaza Mayor. Conocían la zapatería Calzados Seisdedos de toda la vida. Me dijeron que el dueño era un hombre relativamente joven, hijo del anterior propietario y nieto del anterior. En lo que ellos sabían, el actual dueño tenía cinco dedos, al menos en las manos. Uno de los taxistas se acordaba del padre y podía asegurar que también tenía cinco dedos. Del abuelo no sabían nada. Yo me había asomado al interior de la zapatería pero no había podido ver las manos del propietario. En cualquier caso, los taxistas convenían en que era un nombre original para una zapatería, especialmente si el sexto dedo estaba en los pies. Hablamos de apellidos curiosos. Uno de los taxistas, que había sido camionero, había visto en un lugar una Carnicería Piernavieja. También conocía una tienda de embutidos cuyo dueño se llamaba Rafael Sardina. En Peñafiel había una Frutería Ojosnegros y la llevaba una mujer de buen ver con unos grandes ojos oscuros.

La ciudad vieja de Zamora se asienta sobre una roca que el Duero rodea por el lado sur, donde antiguamente sus aguas movían media docena de molinos. Desde el puente de piedra de quince ojos que cruza el río se disfruta de la mejor perspectiva de la catedral. La extraña cúpula cubierta de escamas que hace su reputación tiene un aspecto oriental, como el casco de un guerrero mongol. El campanario es una torre fuerte, corta, desmochada. A la vista de la torre y de la cúpula parece que se tratara de ciudades distintas, de Oriente y de Occidente. Sobre un cielo nublado aparecen las esencias del gris, más pálido y polvoriento en la cúpula, ligerísimamente terroso en el campanario. Zamora conserva parte de su castillo, apenas un reducto, en lo que sería la proa de la roca. En la parte norte de las murallas está el portillo por el que dicen que se refugió en Zamora el traidor Bellido Dolfos después de asesinar al rey don Sancho, que asediaba la ciudad. Es un pequeño arco ojival, con una verja de hierro, cubierto de hiedra. Como diría el doctor Johnson, aquí estamos pisando suelo clásico. El Romancero General conserva una serie de poemas inspirados por un suceso que debió de conmover los ánimos de su entorno histórico como el asesinato de Kennedy conmovió el nuestro. Su eco tardó largo tiempo en extinguirse y cautivó la imaginación popular. Los romances del ciclo zamorano figuraban en los libros de bachillerato de mi adolescencia y ahora forman una lejana memoria escolar, como el recuerdo de la Salve o de la tabla de multiplicar.

> *Rey don Sancho, rey don Sancho,*
> *no digas que no te aviso,*
> *que del cerco de Zamora*
> *un alevoso ha salido,*
> *llámase Bellido Dolfos,*
> *hijo de Dolfos Bellido,*
> *si gran traidor fue su padre*
> *mayor traidor es el hijo,*
> *cuatro traiciones ha hecho*
> *y con ésta serán cinco...*

En esos versos se aprecia que existían generaciones de traidores como existían generaciones de sastres o de carpinteros. Dolfos es la forma germanizada de Adolfo, que en el poema figura como una lejana influencia visigoda. Resulta convincente esa voz que se oye profetizando al rey su asesinato. Es la voz de las tragedias griegas, la voz del mendigo que avisó a Julio César, la voz que aconsejó a Kennedy que no fuera a Dallas. En algún lugar del romance se dice que el Cid maldijo a sus espuelas por no haber podido alcanzar al traidor antes de que llegara al portillo. Zamora recibió una de las maldiciones más terribles que aparecen en el *Romancero*:

*Mal os haya, zamoranos,*
*traidores y fementidos...*

El hermano de don Sancho, Alfonso, recibió la corona después de jurar, no sin temor, que nada había tenido que ver con la muerte de su hermano mayor:

*Las juras eran tan recias*
*que al buen rey ponen espanto...*

La fórmula del juramento que tuvo que prestar Alfonso era tan terrible como la maldición:

*Villanos te maten, rey,*
*villanos que non fidalgos,*
*mátente por las aradas,*
*non en villas ni en poblados,*
*cabalguen en sendas burras,*
*non en mulas ni en caballos,*
*con cuchillos cachicuernos*
*no con puñales dorados*
*[...]*
*y sáquente el corazón*
*por el siniestro costado*
*si no dijeres verdad*
*a lo que te es preguntado.*

De aquella jura y de sus consecuencias parte el exilio que está en el origen del *Cantar de Mio Cid*. El rey Alfonso VI unificó los reinos del noroeste de la península que su padre había repartido. Zamora y Toro se encontraban en manos de su hermana doña Urraca. Si la historia de España hubiera discurrido como la de los principados alemanes, Zamora y Toro hubieran disfrutado de un estatuto parecido al de la ciudad libre de Frankfurt. La dinastía del Cid hubiera gobernado Valencia como la dinastía de los electores de Sajonia. Los recuerdos escolares tienen una ventaja que no se puede negar. Vienen a la memoria como un flujo de información retrospectiva, ligeramente cargados de tedio, pero al mismo tiempo parecen haber adquirido en la perspectiva oscura de los años el centelleo de un vuelo de luciérnagas.

En un bar de Villardeciervos, en los altos de la sierra de la Culebra, pasando de la sierra de Aliste al valle del río Tera, el menú del día ofrecía patatas con crestas de gallo. No sé por qué razón aquello me recordó los tacos de ubre de vaca que hace muchos años comí en México. Quizá sea debido a que entre la cresta de los gallos y la ubre de las vacas existe una relación de excrecencias blandas y recortadas.

*Astorga*

Una noche, paseando por Astorga con unos amigos, una lechuza cruzó sobre nuestras cabezas desde la esquina de la catedral hasta la calle donde nació el poeta Leopoldo Panero. Al tiempo que pasaba sobre nosotros, la lechuza lanzó un graznido que recordaba el chirrido de una puerta con las bisagras mal aceitadas. Cuando yo era niño se decía que las lechuzas se bebían el aceite de las despensas. Es posible que aquello tenga algo que ver con ese graznido oxidado que nadie diría que es el canto de un pájaro. Fue un vuelo largo y lento. Se vio su cuerpo blanquecino y sus alas redondas y extendidas, planeando sin apenas un golpe de ala, como si se deslizara por un cable, iluminada desde abajo sobre un cielo negro por la luz de las farolas. Cruzó la plaza de nuestra mano derecha a nuestra izquierda. Eso antes se hubiera tenido por un mal presagio. En el pequeño museo romano de Astorga se conserva la lápida de un tal Lucio Valerio, de profesión adivino. Era un cargo oficial. En la lápida figura como «Inspector del vuelo de las aves».

A la entrada de la calle Leopoldo Panero hay una placa con unos versos del poeta que aluden a lo triste y sombrío de la calle. Lo cierto es que se trata de una calle triste y sombría, estrecha, con menos de una hora de sol, sometida por un extremo al poderío de la catedral y con una acera ciega, dominada por el muro de un convento de monjas franciscanas. La casa donde nació Panero está prácticamente en ruinas. Las tapias del jardín se vencen y al jardín se lo come la maleza. Las flores se han hecho silvestres y se han subido a los canalones del tejado. Las ventanas las abre y las cierra el viento. Tiene un mirador burgués al que le faltan media docena de cristales. Hay un pequeño estanque con un surtidor seco y torcido. Junto a los peldaños de la puerta hay una estatua del poeta absolutamente desproporcionada. Hubiera estado mejor en una plaza de la villa. Leopoldo Panero procedía de una familia de panaderos acomodados. La profesión les había dado el apellido. Al otro extremo de la calle hay una placa con unos versos que dicen:

> *Nací en Astorga el novecientos nueve*
> *y allí quiero dormir en mi remanso*
> *familiar a dos metros de la nieve.*

Leopoldo Panero descansa en el cementerio de Astorga a dos metros de profundidad. Ese anhelo de la nieve de todos los inviernos es tan tierno que compensa lo triste de la calle y lo ruinoso de la casa.

Astorga fue fundada por los romanos en tiempos del emperador Augusto, que le dio su nombre de Asturica Augusta. Fue una ciudad militar que sirvió de base estratégica en aquella guerra de exterminio que el propio Augusto condujo contra los cántabros y astures. En Astorga confluían tres calzadas. La primera seguía lo que más tarde fue el camino de Santiago. La segunda venía de Zaragoza, por Numancia y Clunia, corriendo por el valle del Duero. La tercera subía desde Mérida. Eran vías militares y vías de interés económico. Las tres calzadas se unificaban en Astorga y seguían hacia el oro del Sil. El perímetro fortificado de Astorga tiene el trazado simple de un campamento de legionarios. Se levanta sobre un cerro de poca altura que domina el entorno. Hacia el norte está la vega del río Tuerto, que corre por la comarca de la Cepeda. De los altos de la Cepeda se obtenía carbón de encina. La vega es ancha, con un espeso bosque de ribera. Aparece plantada de maizales, hortalizas y remolacha, y también se ven algunas extrañas huertas, como jardines suspendidos de una pérgola de postes de telégrafo, que son huertas de lúpulo para cerveza. Hacia el noroeste corren los montes de León. Son un fuerte brazo sombrío que se desgaja de las sierras asturianas. Al sur se extienden los páramos leoneses. En realidad, el verdadero paisaje de Astorga, el que forma parte de la configuración personal de la ciudad, es la sierra del Teleno, de perfil alto y suave, orientada de oeste a este, que en su origen se junta y se articula como una escuadra con los montes de León, en el vértice de la Cabeza de la Yegua. La cumbre del Teleno, que da nombre a la sierra, se acerca a los dos mil doscientos metros de altura. Al atardecer, desde el paseo de las murallas, los astorganos contemplan la sierra del Teleno como si fuera el oráculo del tiempo, observando si tiene nieve o no tiene nieve, si está despejada o no está despejada, si tiene niebla o no tiene niebla, o estimando la turbia ambigüedad del tiempo inestable. Luego, cuando anochece, se dirigen a verificar el pronóstico en la televisión. En verano los horizontes suelen ser claros. En invierno son vivísimos. El ojo experto afina mucho. Los cambios de higronometría en el aire vienen dados por distintos matices de azul.

En la época de la invasión napoleónica Astorga jugó un papel importante como paso de tropas y llave de las comunicaciones con el noroeste de la península. En enero de 1809 el propio Napoleón entró en Astorga. Existe un cuadro de Hippolyte Lecomte, un pintor de batallas francés, que representa al emperador, montado sobre un caballo blanco, rodeado de su Estado Mayor y de los veteranos de la Guardia, en el acto de recibir la entrega de la ciudad por parte de dos generales españoles, vestidos con casaca azul, uno de ellos envuelto en una capa. Probablemente se trata del general Santocildes. Detrás aparecen tres oficiales ingleses de rubios cabellos rizados, con sus casacas rojas, uno de ellos malherido. Descubriéndose los sombreros, aunque sin perder la dignidad, todos dan muestras de asombro al hallarse en presencia del mismísimo Napoleón. El cuadro no dejaría de ser una estampa convencional a la gloria del emperador de no ser por el paisaje que les rodea, cargado de dramatismo. En el telón de fondo se aprecia la ciudad de Astorga pintada con la minuciosidad de un paisaje flamenco. Las torres y pináculos se recortan sobre un cielo de tormenta. Un convoy de suministros inicia la subida al cerro. Unos soldados descargan una carreta de heridos. Sobre esas figuras insignificantes, que son trigo en las muelas de la historia, el cielo cobra un enorme protagonismo. La tormenta comienza a despejarse, como una metáfora de la batalla concluida, y un rayo de sol ilumina la ciudad. Hippolyte debió de tener buena información sobre el perfil de la ciudad de Astorga, que se recorta con una precisión que aún hoy es verificable, y también debió de tener alguna información, aunque imprecisa, sobre las montañas que se levantan en las cercanías. La batalla de Astorga no fue una batalla de envergadura. No fue Austerlitz ni Wagram, y ni siquiera destaca por un hecho de armas famoso, como la carga de la caballería polaca en Somosierra. Fue una simple capitulación y la atmósfera del cuadro de Hippolyte Lecomte sugiere una oferta magnánima de paz y no una etapa más en la guerra. En realidad, los horrores de la guerra no hacían más que empezar. Napoleón estuvo poco más de dos meses en la península, desde noviembre de 1808 hasta enero de 1809. Por Astorga había pasado, hurtando el cuerpo a la amenaza que se le venía encima, el ejército de sir John Moore en su famosa retirada hacia La Coruña, que resultó tan devastadora para la población civil como lo fue la ofensiva de los franceses. Sir Arthur Wellesley aún no había ganado en Talavera su título de lord Wellington. El ardor y la ferocidad de las tropas napoleónicas que en ese momento entraron en España fue muy grande. Se dice que los soldados iban al fuego precedidos por un muchacho que batía el tambor. Le seguían los oficiales de la unidad, que animaban a sus hombres agitando el sombrero en la punta del sable, dando saltos, bailando como dementes, lanzando vivas al emperador. El norte de la región castellanoleonesa sufrió mucho en el vaivén de la guerra. El mariscal Bessières derrotó a las fuerzas regulares españolas en Medina de Rioseco, a cuarenta kilómetros de Valladolid y a cincuenta de Palencia. La ciudad fue saqueada, como era habitual en esos casos. Terminado el pillaje, las monjas de todos los conventos de Medina fueron reunidas en la plaza. Se despreció a las más viejas. Las monjas jóvenes y las novicias fueron encerradas en la iglesia mayor. Durante varios días fueron entregadas a centenares de soldados en uno de los mayores casos de violación colectiva de que se tiene noticia. Aquello se conoció pudorosamente como el atropello de Medina. Naturalmente la guerra se predicó desde los púlpitos. No es de extrañar que el odio colectivo a los invasores llegara a extremos de delirio religioso. Se habló del milagro de una gallina que había puesto un huevo donde podía leerse grabado en relieve: «Muerte a los franceses».

## La Maragatería

Desde Astorga hacia la sierra del Teleno se encuentra la comarca que llaman la Maragatería, sobre unos cuatrocientos kilómetros cuadrados de extensión. Antes de que se conociera como la Maragatería, la comarca se llamaba la Somoza, de *sub montis*, un nombre que aún se conserva en muchos de los pueblos dispersados a la sombra del Teleno. Es un altiplano accidentado, con lomas de alguna envergadura, siempre con la sierra a un lado, donde a veces, desde una perspectiva a la vez cercana y alta, se pueden ver despuntar las torres de la catedral de Astorga. La tierra ofrece parameras, campos de cereal, bosques de encina, terrenos yermos, algunos de ellos comprados o arrendados por el ejército para los ejercicios de tiro del arma de artillería de la guarnición de Astorga. La Maragatería la forman cuarenta y cuatro pueblos distribuidos en siete u ocho municipios. Al pie de la sierra del Teleno corre el hermoso río Duerna, paralelo a la orientación de los montes. Por el centro de la comarca, en cotas más bajas y con aguas menos vivas, corre el Turienzo. Con ser interesante, la Maragatería no gozaría de una personalidad especialmente acusada de no ser por la tradición que envuelve a sus habitantes. Los maragatos como grupo humano han despertado mucha curiosidad. Se atribuye a sus orígenes un misterio que no se ha desvelado, quizá porque la característica principal de los orígenes consiste precisamente en permanecer envueltos en la niebla, quizá porque se puede llegar a la conclusión de que no hay tal misterio, o de que no es un misterio mayor que el de otros grupos humanos que deben su cohesión al apego a la comarca de la que proceden, a la profesión y a la indumentaria, como sucede con los afiladores de Orense o con los mandiles rayados de negro y verde que usan los carniceros. Los maragatos fueron arrieros y comerciantes. Llegaron a controlar el transporte de mercancías de todo el noroeste de la península hasta Madrid, con extensiones hacia La Mancha, Extremadura y Andalucía. Tenían fama de ser gente emprendedora. Además, y lo que era más importante en su profesión, su palabra era ley y las mercancías confiadas a los arrieros maragatos eran cosa asegurada. Los viajeros costumbristas que recorrieron España se encontraron a los maragatos por los caminos y los describieron como uno de los tipos españoles característicos. Gustavo Doré, el famoso ilustrador romántico, les dedicó un par de grabados en su viaje por España. Los maragatos gozaban de algunos privilegios, como el de no pagar ciertas tasas y portazgos a la entrada de las ciudades. No constituían una casta inferior, como los agotes de Navarra o los vaqueiros de alzada asturianos; al contrario, se les tenía en gran estima. Astorga, que no es ciudad maragata, tiene a una pareja de maragatos golpeando la campana del reloj en la plaza del ayuntamiento y la figura de un maragato se levanta en uno de los pináculos de la catedral. Del carácter de los maragatos se dice que eran silenciosos, inteligentes, taciturnos, tenaces en su oficio y en su vida. Vestían calzas negras atadas por encima de las rodillas, sombrero negro de ala ancha, con cordoncillos de cardenal, chaquetilla negra con un cinturón de cuero muy vistoso, donde a menudo aparecía grabada con remaches de latón una frase del estilo: «Soy maragato» o «Viva la Maragatería». Muchos maragatos llegaron a ser ricos y entraron en política sin dejar de sentirse maragatos. Hacia 1850, un diputado maragato, el diputado señor Cordero, un hombre acaudalado, mecenas de su región, acudía a las sesiones del Congreso vestido de maragato. Esto quizá sea una invención, porque yo he podido ver un retrato del señor Cordero vestido como todos los hombres ricos de su tiempo. De ser arrieros, o sin dejar de serlo, los maragatos pasaron a ser comerciantes. Ocuparon los gremios que tenían algo que ver con las rutas del noroeste de España. Tuvieron negocios de paños y muchas de las pescaderías de Madrid les pertenecían. Se dice que los arrieros maragatos desaparecieron con la llegada del ferrocarril, que concentró en pocas manos el transporte de mercancías. El invento del motor de explosión atomizó de nuevo el transporte. Si el camión se hubiera inventado antes que el ferrocarril, las compañías de transporte estarían actualmente en manos de los maragatos.

De los orígenes de los maragatos se dicen muchas cosas. La etimología de su nombre ha dado lugar a especulaciones delirantes. Los maragatos serían:

Descendientes de Mauregato, un rey asturiano.

*Mauri capti*: un grupo de cautivos berberiscos. Un antropólogo midió ochenta cráneos de maragatos y comprobó que coincidían con las medidas de los cráneos de los bereberes.

*Maurogothos*: un clan o tribu goda.

*Marc-kaat*: del celta *marc*, «caballo», y *kaat*, «cabalgar»: hombres que cabalgan. Hubo un tiempo en que cualquier hipótesis celta, por peregrina que fuese, era recibida con entusiasmo.

*Mercatoris* o *mericatoris*: «mercaderes». Se tiene como la etimología más probable.

Otras teorías les relacionan con hebreos o con fenicios, sin que se haya encontrado el menor rastro de ello en fuentes romanas. En realidad, alguien cayó en la cuenta de que el término «maragato» es más moderno que el grupo humano al que denomina, de modo que para remontar a los orígenes hubo que recurrir a otros factores más fiables que la etimología. Los maragatos son endogámicos, incluso muy cohesionados actualmente. Los matrimonios entre primos o parientes cercanos eran habituales. Parece que los antropólogos se han decidido por la tesis de que los maragatos descienden de algún grupo asturleonés, especialmente conservador, a quien la proximidad con las calzadas de Astorga hizo entrar en el negocio de la arriería.

La piedra de la Maragatería es una pizarra más o menos rojiza y ferruginosa que a medida que se acerca a la sierra del Teleno se transforma y adquiere tonos verdosos, oscuros y azulados que delimitan dos calidades en la arquitectura de la región. Hay una arquitectura característica de los pueblos maragatos cercanos a la calzada, como son Castrillo de los Polvazares, Santiago Millas o Val de San Lorenzo. Son pueblos anchos, esparcidos. Las casas de los maragatos arrieros poseen puertas que permitían el paso de las carretas, con un patio interior para las caballerías. Tienen escasas ventanas, y las que hay son pequeñas, pero a cambio se abren al patio principal, grande como un teatro, con galerías altas y bien aireadas. Formando parte de la casa se encuentran las cuadras y almacenes. Son pueblos esencialmente rojizos. Las cubiertas son de teja romana. Los sillares labrados en pizarra que sirven de dintel suelen ser muy bellos y escogidos, con minúsculas salpicaduras de color sangre sobre una superficie chispeante de matices dorados. En Castrillo de los Polvazares y en Luyego hay unas peculiares construcciones de techos bajos, con soportales de madera que albergan bancos y mesas corridas para fiestas y celebraciones colectivas. Es el ámbito donde se manifiesta la cohesión del grupo. En la de Luyego hay una explanada donde tenía lugar el ritual de las bodas. En la de Castrillo de los Polvazares hay un letrero que dice: «Por recuerdo a nuestros antepasados conservar este local con el cariño que lo hicieron ellos para su distracción y hoy día nuestra».

Éstos son los pueblos que corresponden a la imagen tradicional de la Maragatería. En Val de San Lorenzo hay una casa con una inscripción de 1803 que ilustra la tenacidad de los maragatos y su orgullo: «Mucha sangre me ha costado, lo doy por bien empleado. Hidalgo notorio».

Sin embargo, en los pueblos de la Maragatería más alejados de la calzada, aquellos que se encuentran al pie de la sierra del Teleno, la arquitectura es muy diferente. Se diría que pertenecen a otro tipo de población. Obviamente, los maragatos de esos pueblos no son los maragatos de la arriería. En primer lugar son pueblos de sierra, de caserío apiñado. Escasean las construcciones que han sido concebidas para albergar simultáneamente a sus moradores, a las caballerías y a las carretas. A partir de Lucillo desaparece la teja de las cubiertas y aparecen los tejados de pizarras azules o verdosas. A menudo las losas de pizarra se cruzan en el caballete, dibujando una curiosísima crestería, como la espina dorsal de un dragón. El pueblo de Chana se halla sobre un otero que domina el valle del Duerna. En Filiel, donde el valle se ensancha, los sillares de pizarra de la iglesia son de un verde delicado, ligeramente granuloso, que a la sombra es de un verde de agua y al sol produce el efecto de las vainas aterciopeladas de las almendras. En el mismo Filiel, en la iglesia de arriba, esos sillares verdes sólo han sido desbastados por la cara vista, y forman largos bloques, como quillas o huesos, ajustados en la mampostería. Aguas arriba del Duerna, hacia las fuentes del río, se encuentra Molinaferrera, que es poco más que una aldea en torno a un molino. Las primeras lomas del Teleno, muy cercanas, se alzan como un manto. Luego viene Pobladura de la Sierra, donde el valle se angosta y muere la carretera. Pobladura es un pueblo recogido, fresco, arrimado al sobaco de la montaña, dominado por el nudo que forma la sierra del Teleno con los montes de León. Tiene un caserío intacto, que serviría para una lección de arquitectura rural por su traza y por sus materiales, sin que en el pueblo haya entrado ningún elemento de transformación mayor, ni haya sido restaurado, que viene a ser lo mismo. Como suele suceder en los pueblos serranos es un pueblo de buenas manzanas. En las fachadas crecen rosales antiguos. Hay nogales hermosos y bancales de patatas. Pregunté a un hombre de dónde venían los manantiales del Duerna. Me dijo que el Duerna baja de tres arroyos, uno que viene de la Cabeza de la Yegua, otro del Morredero y otro del monte solano. Añadió, sin que yo le preguntara, que el Duerna había sido un río truchero pero que ya no había tantas truchas como había habido antes. Después hablamos de los caballos que antes se criaban en Pobladura, de un caballo que él tenía y de los cultivos de Pobladura. Hubo un silencio. Al cabo el hombre manifestó que, contra lo que algunos creían, en el Duerna había muy pocas truchas. Hubo una pausa. Hablamos de los buenos nogales y de las buenas manzanas y de los vecinos que tenía Pobladura, que antes subían a ciento cincuenta familias de las que ahora sólo quedaban diez. Hubo un silencio maragato. Pasó una mujer con una carretilla cargada de hojas de berza. Después el hombre dejó caer que en el Duerna no quedaba una sola trucha. Entonces comprendí que la conversación sobre nogales y caballos escondía otra intención. Aquel hombre había pensado que yo era un pescador y efectuaba maniobras disuasorias.

La actual vía de comunicaciones entre los páramos leoneses y las tierras del noroeste de la península pasa por el puerto del Manzanal, que el ferrocarril evita en un recorrido de muchos vericuetos, pero el antiguo camino de Santiago y la vía tradicional de León a Galicia pasa por la cruz de *ferro* del puerto de Fuencebadón. Del otro lado de los montes de León se encuentra la comarca de El Bierzo, que constituye en sí misma una pequeña región. Su capital es Ponferrada. Su cuenca fluvial pertenece al río Sil. El castellano que se habla en El Bierzo está influido por la suave prosodia galaica. Sometido a las borrascas del noroeste, el régimen de lluvias de El Bierzo es superior al de la vertiente oriental de los montes y ello hace que aparezcan los bosques de castaños, los robles de hoja ancha, los arces silvestres y en algunos montes el abedul. El Bierzo es una depresión orográfica fértil. Encerrada entre montañas, la comarca cuenta con la amplitud suficiente para percibir su propia identidad, y conserva al mismo tiempo las dimensiones exactas para no convertirse en provincia y subrayar su carácter esencial geográfico y no administrativo. El carbón que se explota en la cuenca de Bembibre y el oro que los romanos explotaron en las Médulas habla de la energía del subsuelo. La tierra es rica en vino, fruta y pastos. Con esos rasgos parece haberse descrito una comarca ideal.

Los peregrinos que van a Santiago escogen el puerto de Foncebadón, que sube de forma espectacular cuando se abandonan los últimos pueblos de la Maragatería. Es un paisaje agreste, de una belleza enigmática. Quien lo ha visto en un día de borrasca puede considerarse un hombre afortunado. El cielo es violento. Las montañas descubren valles inalcanzables y sus laderas encubren o disfrazan un perfil por el que se averiguan nuevos valles. Las nubes proyectan sombras rápidas que alteran la percepción geográfica y transforman el paisaje en una serie de secuencias animadas por el movimiento de luz. Allí se juntan los montes de León, las estribaciones occidentales de la sierra del Teleno y los montes Aquilinos. No hay nada más diferente entre sí que la personalidad de los montes. Se diría que les habita un carácter tan propio como la perso-

nalidad humana. Los montes de León son robustos y sombríos, preñados de carbón, vinculados a las fuerzas del trabajo. Los montes del Teleno tienen la presencia etérea de los
lugares idealizados. Los montes Aquilinos, que se descubren
al rebasar la cota de la cruz de *ferro*, se muestran encrespados,
amplios pero secretos, bucólicos pero abruptos, triunfantes en
su rostro pero complicados en sus entrañas, como si ofrecie-
ran un paisaje para la virtud y otro para las tentaciones. Esas
tres formaciones montañosas se anudan en un relieve cargado
de dramatismo. La complicada orientación de las laderas mantiene una tensión de perfiles poderosos, de volúmenes amplios,
verdeantes, mullidos y muy labrados, que guardan una delicada calidad de terciopelo en las umbrías y un brillante frescor
vegetal en las vertientes por donde corre el sol. El viento suele ser recio. La vertiente occidental del puerto se precipita en
caídas pronunciadas que permiten despejar la crisis o el conflicto de los montes en tres o cuatro cambios de perspectiva. Al perder altura se suaviza el carácter. Se deja atrás alguna majada herida por el rayo y aparece algún chalet. En Molinaseca se llega a un valle de aguas abundantes, a pesar de
su nombre. Después del genio que anima la violencia del puerto, Molinaseca ofrece el reposo de los sanatorios y de los bal-
nearios.

El Camino de Santiago está frecuentado por multitud de
peregrinos, a pie o en bicicleta, solitarios o en pareja, en grupos de cuatro o cinco personas o en grupos de veinte o treinta. La animación es tan grande que hace pensar en una especie de parque lineal, muy concurrido, donde todo el mundo
caminara en la misma dirección, con cierto carácter obsesivo,
en medio de las soledades del paisaje. Vistas desde lo alto, esas
hileras de gentes harían pensar en una emigración colectiva.
No sé cuál será la ilusión que se hace la Iglesia católica, pero
el significado religioso del Camino de Santiago es prácticamen-

te nulo. La peregrinación es un acto deportivo, como una larga excursión. O bien, allí por donde pasa, el Camino de Santiago es un producto típico, como el queso, o un producto natural, como las nueces. La etapa desde Astorga a Ponferrada por Fuencebadón es dura, quizá una de las más duras del recorrido. A fin de cuentas, esa multitud que se desgrana como un rosario, subiendo el puerto y bajando el puerto, aguantando la borrasca que les azota de flanco, debería representar algo más que la realización de un ejercicio físico que dudosamente se acompaña de la admiración de los montes, lo mismo que el que boga en una regata de traineras tiene escasa disposición para admirar lo majestuoso del mar, pero si algún significado espiritual hay que buscar a ese esfuerzo quizá consista en la exaltación del ánimo que siempre queda como un residuo del deporte.

El día 25 de julio, domingo, fiesta de Santiago, la reina anduvo con sus escoltas cinco kilómetros del Camino por un tramo que había sido previamente despejado, cerca de Compostela. El grupo no era homogéneo ni podía serlo. El elemento común era el bastón de peregrino, pero participaban en juegos distintos. En la portada del *Diario de León* la reina aparecía con un atuendo veraniego de campo, de color caqui, como una reina en un safari. Los escoltas llevaban chándal blanco y azul que les daba aspecto de entrenadores de fútbol.

En el restaurante La Fonda de Ponferrada almorzaban algunos peregrinos que iban a Santiago en bicicleta. El comedor ocupaba el primer piso de la casa. Desde los balcones se veía la Plaza Mayor. Había una luz natural blanca y la temperatura que entraba por los balcones abiertos era agradable. El menú consistía en ensaladilla rusa o alubias pintas con chipirones, que resultaron muy ricas, con alguna hoja de acelga. De segundo, conejo guisado, lomo de cerdo con patatas o congrio al ajoarriero. Dudé con el congrio pero pedí el conejo. Para beber, vino de la zona y agua con gas. De postre, flan de la casa, arroz con leche o fruta de El Bierzo, especialmente unas cerezas coloradotas, carnosas, sabrosísimas, con un reflejo pálido dorado en la parte más esférica de la cereza. En una mesa almorzaban dos ciclistas guipuzcoanos de la sociedad deportiva Txirringua. En otra mesa almorzaban tres ciclistas aragoneses. Los guipuzcoanos habían iniciado el Camino de Santiago en Roncesvalles. Los aragoneses en Jaca. Vestían el atuendo de ciclista, los guipuzcoanos con camisetas rojas con el nombre de su peña, los aragoneses con camisetas azules publicitarias donde se leía: «Deportes Aragón». Tenían los cascos de ciclista en el suelo, junto a las sillas. Habían dejado las bicicletas en el portal. Eran jóvenes de unos veintiocho o treinta años de edad, de cuerpo enjuto, enfundados en maillots que se ceñían al cuerpo como envoltorios de chicle. Tenían rostros como bocetos de escultor, a la vez duros y finos, de mejillas hundidas y pómulos marcados, como esos rostros que se ven en las fotografías de los españoles hacia 1950. El ciclismo es un deporte que hace brotar los rasgos arcaicos por razones que no están bien definidas. Nos encontrábamos en mesas vecinas y entablamos conversación. Hasta bajar el puerto, la etapa había sido mala y fría por culpa de la lluvia y de las rachas de viento. Los guipuzcoanos seguirían por la tarde para llegar a Villafranca del Bierzo. Los aragoneses se quedaban a pernoctar en Ponferrada. Se compararon esfuerzos, sin rivalidad. A los postres se desplegaron sobre la mesa los mapas del recorrido. Eran planos muy especializados, de una cartografía minuciosa, con libretas y anexos, con estudios de perfil, con proyecciones en un eje de coordenadas, cálculos de pendiente en las cotas y tablas que combinaban la dificultad, la distancia y el tiempo. A la vista de aquellos documentos, se entendía que la peregrinación era una técnica. Los guipuzcoanos habían salido de Roncesvalles cuatro días antes. Los aragoneses habían empleado, desde Jaca, un día y medio más. Cuatro días de Roncesvalles a Ponferrada era un éxito, y los guipuzcoanos se mostraban satisfechos. Cinco días y medio de Jaca a Ponferrada también era un éxito, y los aragoneses se congratulaban. Unos y otros se felicitaban con modestia, porque el ciclismo es un deporte que parece segregar cierto pudor. Me preguntaron si yo iba a Santiago. Les dije que no. Les dije que viajaba por la región. Los de la sociedad Txirringua me dijeron que me animara a ir a Santiago. Los de Deportes Aragón también. Les pregunté cuál era la relación entre el viaje a pie y el viaje en bicicleta. Me dijeron que el rendimiento venía a ser de cuatro a uno, cuatro días a pie equivalían a un día en bicicleta. Un guipuzcoano me dijo que su suegro había hecho el trayecto de Roncesvalles a Ponferrada, a pie, en quince días, ganando un día a los dieciséis que le hubieran correspondido comparando lo que ellos habían tardado en bicicleta. Era un buen andarín. Yo dije que no estaba para carreras contra el tiempo. Nos despedimos en el portal, después de tomar café. Los guipuzcoanos cogieron sus bicicletas para seguir la etapa y los aragoneses, que concluían la etapa en Ponferrada, se fueron a buscar un albergue.

A partir de las seis de la tarde los peregrinos que van a Santiago cambian de actitud. Parecen abandonar la obsesión deportiva que les consume y aceptar formas más relajadas de vida. Se distinguen por la forma en que se pasean por la ciudad. Muchos tienen los pies doloridos. Han dejado la mochila y el bastón de peregrino, que en realidad es un estorbo. Se han descalzado las botas y se han quitado los gruesos calcetines sudados. Han dejado la ropa de caminar. Han lavado la ropa interior en el albergue y la han puesto a secar. Llevan una camiseta holgada y unos calzones sueltos. Entonces se pasean por la ciudad en chancletas, con negligencia, como si salieran de la ducha, o saliendo verdaderamente de la ducha, visitando monumentos o sin ganas de visitar ningún monumento. Se les ve deambular, algo aburridos. Para ellos es tiempo muerto. En el parque del Plantío, en Ponferrada, dos muchachas se daban masajes en los pies sentadas en el césped. Las botas les habían marcado un relieve en la piel. Tenían los pies finamente labrados hasta la altura de los tobillos con el dibujo de los calcetines. Eran cuatro pies como cuatro capiteles románicos.

# Castilla y León II

El viejo camino medieval de Castilla la Nueva a Castilla la Vieja seguía la vía de Alcalá de Henares a Segovia sin pasar por Madrid, que entonces debía de ser un lugar sin importancia. Es también una ruta literaria en la extraña peregrinación del Arcipreste de Hita por los vericuetos de la sierra de Guadarrama. El difícil trance de cruzar la sierra comenzaba en el alto valle del Lozoya:

*Pasada de Loçoya fui camino prender.*

Llegado al término de Rascafría se iniciaba la subida al collado de Malangosto por lo que hoy es un camino de excursionistas. Los cerros más altos, que se acercan a los dos mil metros, tienen un color verdoso, de cobre oxidado, que muestra la piedra desnuda, apenas pintada por los líquenes, erosionada por los hielos del invierno como si hubieran pasado un abrasivo por la cresta de la montaña. Del otro lado del puerto, más allá del amplio manto de pinares que se derrama hasta el pie de la sierra, aparece la llanura segoviana con un deslumbrante esplendor que se crece al salir de lo oscuro de los bosques. Es un paisaje dilatado y pobre que obtiene de la luz toda su nobleza. El río Eresma y el río Clamores corren a juntarse en Segovia por el verde espeso de los barrancos. Al pie de Guadarrama y de cara al cierzo, el pueblo de Sotosalbos conserva una iglesia románica que conoció el Arcipreste. Las serranas, aquellas mujeres monstruosas que guardaban los pasos de la sierra, han hecho de Guadarrama un lugar tempranamente mítico.

La influencia de Madrid y su tremenda presión demográfica han colonizado la sierra desde los años en que Manuel Azaña dejaba al atardecer su despacho del Ministerio de la Guerra y se iba a pasear en automóvil a las ruinas de El Paular. «Cielos cadavéricos, de morados y oro…» En el dramatismo de los crepúsculos el futuro presidente de la República veía una premonición de la catástrofe que se avecinaba. Los cielos de Guadarrama siguen siendo desgarradores, pero la vida ha ido introduciendo cambios absolutos, mucho menos trágicos. Hacia el noreste, siguiendo el arco bien trazado de la línea de cumbres, están los puertos de Navafría y Somosierra. Al suroeste corren los puertos de Cotos y de Navacerrada, el paso de la Fuenfría y el Alto de los Leones, que el Arcipreste llama de La Tablada, donde se produjo un hecho de armas heroico durante la Guerra Civil.

Vistos desde Segovia, los lomos negros de la sierra de Guadarrama abarcan el cuadrante completo, y en la línea de fuga, donde el horizonte parece adelgazarse, las cumbres se prolongan y disminuyen como la perspectiva de un tren de montañas, en sucesivos golpes de efecto que alcanzan su mayor transparencia con la puesta de sol. Franquear la sierra de Guadarrama desde Alcalá de Henares a Segovia es un acto de iniciación banalizado. Se puede decir que la frontera geográfica entre las dos Castillas es un lienzo de una admirable continuidad, donde no faltan las pistas de esquí, ni las residencias secundarias, ni los riscos cargados de montañeros multicolores, pero donde tampoco faltan los bosques espesos ni las vacas sueltas. El libro del Arcipreste da a entender que un viaje a la sierra es siempre un recorrido enigmático, aunque sólo sea porque la realidad física queda impregnada por el recuerdo de las lecturas, como uno de aquellos dioramas de papel aceitoso que iluminados por la luz de una vela hacían aparecer paisajes y figuras.

Las aguas de la vertiente norte de la sierra alimentan las fuentes del palacio que Felipe V se hizo construir en La Granja, a pocos kilómetros de Segovia. Rara vez funcionan las fuentes. Yo nunca las he visto funcionar. Se supone que forman una cascada que prolonga de forma artística y civilizada las cascadas de la montaña, como una alegoría de la naturaleza sometida por el ingenio, o como una demostración de la ciega imposibilidad de comprensión que manifestaba toda la cultura cortesana del siglo XVIII en lo referente a la naturaleza. El palacio, sin embargo, es discreto, con un aire montaraz, saludable, bueno para los pulmones. Durante su viaje como embajador extraordinario ante la corte de España el duque de Saint-Simon pudo verlo a medio construir. Fue un privilegio extraordinario. Salvo un reducido grupo de servicio, Felipe V no consentía que nadie le acompañara en sus viajes de inspección a las obras. Cuando Saint-Simon lo visitó la estructura del edificio estaba acabada, distribuida y cubierta y los albañiles habían empezado a trabajar en el interior. La capilla apenas empezaba a emerger del suelo. Los jardines estaban siendo plantados con árboles ya crecidos que el duque admiró, así como la disposición de los estanques, que estaban siendo excavados a pólvora y cincel en la roca viva. Sin embargo, a Saint-Simon no le gustó el lugar. Admitió el «horrible encanto» de la sierra con un criterio que se podría calificar de prerromántico, pero en lo referente al emplazamiento del palacio pensó que «sería difícil encontrar una situación más ingrata, ni haber logrado hacerla más triste». Al parecer, también la reina estaba espantada y temía la reclusión y la soledad a que el rey la conducía. El «más allá» de los puertos de la sierra debía parecer remoto respecto a la corte de Madrid y la reina exigió que los pabellones de servicio estuvieran cerca del palacio «para poder escuchar el ruido y ver el ir y venir de las gentes». Quizá intuía que aquélla sería su tumba, como así sucedió. Los sucesores de Felipe V no frecuentaron el palacio con demasiada asiduidad. Sin embargo, a la caída de Isabel II, el general Serrano, en su calidad de regente, no dudó un minuto en ir a veranear a La Granja. El presidente de la Segunda República, don Niceto Alcalá-Zamora, también eligió La Granja como lugar de veraneo. Le gustaba sacar una mesa a los jardines y jugar al tresillo con su jefe de escolta y con el sargento de la guardia. Por la misma época algunos pabellones sirvieron de colonia de vacaciones para niños necesitados. En general, la idea de un patrimonio nacional aplicada a los palacios reales tardó en cuajar en España. Ahora vuelven a crujir las tarimas y se exhiben muebles, relojes y porcelanas que es lo que se suele exhibir en los palacios. En el patio de carruajes crecen unos árboles espléndidos, entre ellos un cedro del Líbano que surge del suelo ahorquillado en varios troncos, cada uno de los cuales sería de por sí un gran árbol. Felipe V se hizo enterrar en la capilla de su palacio de La Granja desdeñando el panteón de El Escorial. Siendo el primer Borbón, no quiso estar rodeado de los cadáveres de los Austrias. La capilla es pequeña y rica, con buenos frescos de Maella. El panteón es un simple cuarto inmediato, estrecho y con luz alta, con aspecto de sacristía. Los restos de Felipe V descansan junto a los de Isabel Farnesio en un sarcófago de piedra roja situado a cierta altura del suelo, que obliga a alzar la mirada hacia el doble medallón de un hombre taciturno y priápico que desvariaba y el de su inseparable esposa. Se asegura que esto último era cierto en su sentido estricto. Jamás llegaron a alejarse uno de otro más allá de unos metros. En vida tuvieron lado a lado su *chaise percée*[1] y ni una sola noche dejaron de compartir el mismo lecho como ahora comparten el mismo sarcófago. La capilla es el único lugar del palacio que hace pensar en Versalles, donde el pequeño Felipe, duque de Anjou, había pasado su infancia. En cuanto a Isabel, quizá los desvanes de La Granja despertaron en ella los malos recuerdos de aquella buhardilla del palacio de Parma donde su madre la mantuvo encerrada hasta casarla.

Es posible que el decoro, la gracia y el encanto del palacio de La Granja vengan de su situación en pendiente, adaptándose a la suave inclinación de la ladera. Esa pendiente y ese ángulo bastan para expresar una ventajosa situación sin alardes. Sobre un plano horizontal hubiera sido un *schloss* cualquiera. Detrás del palacio, el enorme telón de fondo de la sierra se levanta bruscamente. El monte empieza en el momento mismo en que se espesan los jardines. Las figuras de las fuentes más alejadas se pierden en el bosque. Hacia la llanura se divisa Segovia. Es curioso que a pesar de su vecindad la ciudad haya permanecido absolutamente ajena al espíritu arquitectónico del palacio.

Desde el cerro de La Lastrilla el perfil de Segovia es tan característico y tan dramático como el perfil de Toledo. Algo tiene la estampa de esas ciudades que llega a enturbiar el ánimo, como si en ellas se condensaran las viejas obsesiones españolas. El turismo ha desmontado buena parte de ese mecanismo que ensombrecía las mejores voluntades, porque el turismo desgasta insensiblemente lo que utiliza hasta vaciarle el alma. Sobre uno de esos cielos crepusculares que sobrecogían a Manuel Azaña, la vieja ciudad se recorta con una minuciosidad pequeña y sombría. El barranco se hace más oscuro,

1. Letrina personal.

como si el verde de los álamos fuera de tinta china, y entre esas sombras se ven correr los faros de los automóviles, lanzando un resplandor por encima de los árboles, como sumergidos en la ribera. El cielo es un despilfarro de oro. La ciudad nueva se ha derramado por los espacios abiertos, terriblemente desnudos, fuera del cerro original. Por los descampados se extienden rosarios de luces de mercurio y se agolpan nidos de luz en las encrucijadas, sin más concierto que el de un crecimiento orgánico, ni siquiera verdaderamente especulativo, como un cuerpo viejo que irradia filamentos de energía. Apenas se distingue el acueducto, que hace la fama de la ciudad. La palabra «acueducto» es culta. Hasta el siglo XIX los segovianos lo llamaban «la puente». El Arcipreste lo llama «la costilla de la serpiente groya». No se sabe a ciencia cierta lo que significa «groya». La visión del Arcipreste es paleontológica y transforma el acueducto en el despojo de un gran animal extinguido.

Por una de las lomas del cerro de La Lastrilla se paseaba un hombre con su perro. Volaban cornejas tan numerosas que parecían granizo. El hombre era apenas un punto como un guisante, a contraluz, en el horizonte preciso de la loma y el cielo. Se le podía ocultar con la uña del dedo meñique. El perro marchaba unos metros por delante. Se detenía haciendo «la muestra», como un perro de cazador. El crepúsculo era tan desmesurado que no había proporción entre la situación astronómica y la situación del hombre y el perro, aunque formaran parte de la misma situación. Sin embargo, la afirmación de la figura en el paisaje era innegable, como esa conciencia que a veces tienen los hombres serios de que pasear con el perro a la hora de la puesta de sol es el acto más importante del día.

## La boda en Cuéllar

Sobre las dos y media de la tarde, en un sábado con un sol de plomo, se celebraba una boda en la iglesia de San Miguel, en la Plaza Mayor de Cuéllar. La ceremonia acababa de terminar. Unos dulzaineros alegraban la salida de la iglesia. Los novios se hacían fotos con los familiares, a pleno sol. Había mucho arroz. Los músicos eran cuatro. Dos de ellos tocaban la dulzaina, uno la dulzaina alta y otro la dulzaina grave. El estuche cilíndrico de cuero donde guardaban los instrumentos lo llevaban colgado como un revólver del cinturón. Otro músico tocaba el tamboril. Otro tocaba un platillo y tambor. Algunos invitados con trajes demasiado estrechos o demasiado holgados bailaban una jota. La novia llevaba un vestido de raso de color crema, de buen gusto, no demasiado ostentoso, con el escote abierto en los hombros como un tulipán. Era una muchacha de unos veinticinco años, morena, de rostro sereno, con los ojos rasgados, más bonita de frente que de perfil. Llevaba un peinado bastante elaborado, pero con un aire *négligé*. Dos largos rizos le caían por las sienes, como en los retratos franceses de estilo Imperio. Llevaba en las manos un ramillete de rosas amarillas. El novio parecía algo más joven. Llevaba un traje también de color crema, con la chaqueta larga, con botones de la misma tela, abotonada hasta el nudo de la corbata, con la corbata y el pañuelo de color salmón, y con una rosa amarilla en la solapa que le había dado la novia. Esas flores amarillas eran algo extraño en una boda. El color amarillo trae mala suerte. Es un color de ignominia. El amarillo es el color de los locos. Los invitados pasaban de sesenta. Eran gente rural, muchos de ellos jóvenes. Después irían en coches recién lavados a celebrar el banquete de bodas seguido de baile con orquesta en algún restaurante cercano. El coche de los novios tenía cintas blancas y una ristra de latas de cerveza atadas al tubo de escape. Mientras el grupo de la boda seguía haciéndose fotos, el interior de la iglesia se había quedado vacío. La sacristana había empezado a recoger las cintas y los floreros, como esas mujeres nerviosas que empiezan a barrer la casa en cuanto han cerrado la puerta en las espaldas de los huéspedes. Era una mujer muy pequeña, apenas un palmo más alta que el respaldo de los bancos de la iglesia. Me agaché para recoger un lazo que se le había caído. Me dio las gracias. Me dijo que esperaba que la sesión de fotos no durara mucho, porque ella tenía que salir a barrer el arroz. Le pregunté si los novios eran de Cuéllar. Me dijo que al novio no le conocía. Debía de ser de fuera. A la novia sí que la conocía. Era de Cuéllar. Era huérfana de padre. Había perdido a su padre siendo muy pequeña. Había sido un accidente horrible. El padre trabajaba en un taller de reparaciones de maquinaria agrícola. Había muerto con el pescuezo cortado por una máquina cosechadora.

## La hija del capitán

La farmacia de Castrillo de Villavega, un pueblo de trescientos habitantes, en la Tierra de Campos, a doce kilómetros de Osorno la Mayor, a dieciocho de Carrión de los Condes y a sesenta kilómetros de Palencia, la llevaba una joven farmacéutica, la licenciada Almudena Varea Santos, que había llegado al pueblo cuatro años antes. La licenciada había estudiado en Madrid. Al llegar a Castrillo de Villavega tenía veintiocho años y una niña de cuatro años que había tenido soltera. Era una joven de buena estatura, algo entrada en carnes, fina de piel, con unos bonitos ojos melancólicos. De carácter, más que callada, parecía taciturna. Seguía dietas de adelgazamiento que la hacían vomitar, aunque poco le hubiera costado estar en forma, es decir, adaptar el cuerpo a su envergadura natural. Con poco esfuerzo hubiera logrado ser una buena moza. Llevaba vaqueros amplios y una camiseta oscura. Del llavero de su coche colgaba un muñequito de felpa. Me dijo que había tenido la niña después de haber vivido cuatro años con un muchacho que resultó ser un vaina, sospecho que no sólo por haberla dejado a ella con la niña, que ella no lo deseaba de otro modo, sino un vaina más absoluto, a juzgar por el desdén con que lo decía. Eso no le impedía reconocer que había sufrido con la separación. La niña había cumplido ocho años, corría en bicicleta por delante de la puerta de la farmacia y apenas recordaba al padre, al que no había visto desde que habían venido a la Tierra de Campos. El padre de la licenciada Almudena Varea era general de división, del arma de artillería.

Desde la farmacia de Castrillo de Villavega la licenciada servía a catorce pueblos. El procedimiento era el siguiente: a ella le llegaban los pedidos por las mañanas, en un caso se los transmitía el mismo médico, en otros casos pasaba a recogerlos en buzones previamente dispuestos en los pueblos. A primera hora de la tarde, de regreso a Castrillo de Villavega, preparaba las recetas y reclamaba a Palencia algún medicamento, si es que le faltaba. A partir de las cinco o de las seis de la tarde hacía su recorrido. La farmacia del propio pueblo la atendía por las mañanas o a cualquier hora que se presentara gente. Me explicó que las farmacias funcionan como las notarías. Disponen de un ámbito territorial que administra el Colegio de Farmacéuticos. El traspaso de una buena farmacia en un buen territorio es caro. Ella había tenido recursos para comprar aquella farmacia en la Tierra de Campos. Desde luego hubiera sido mucho mejor una farmacia en Madrid, pero ella había utilizado los recursos de que disponía.

Le pregunté si se había adaptado fácilmente. Me dijo que no. El aislamiento era extremo. Los enormes paisajes de la

Tierra de Campos pueden producir una exaltación extraña, yo la he sentido, muchas personas la sienten, pero también pueden producir en una joven llegada, en invierno, de Madrid, con una niña en los brazos, una depresión que nada tiene de extraño. Naturalmente, lo primero que había tenido que soportar era la murmuración. Nadie en el pueblo pensó que era viuda. Pensaron que más tarde vendría el padre. Luego pensaron que era mujer separada. Más tarde se ventiló por algún canal que era madre soltera. Entonces, a las pocas semanas de llegar, le atribuyeron diversas parejas. Por las noches, la cruz verde parpadeante de la farmacia era vista con los mismos ojos que el neón de un burdel de carretera. Le atribuyeron amantes en cada pueblo que recorría. En realidad me confesó que los hombres eran respetuosos. Había muchos agricultores solterones que recibían en las narices olor a hembra, pero había sobre todo mujeres con la lengua larga. Le pregunté si esas cosas se las contaban a ella. Me dijo que se las acababan contando. Unos por maldecir de otros que maldecían de ella. O ella las acababa sabiendo, porque también había quien la prevenía de las malas lenguas, con la mejor intención, o con la intención de disfrutar de su zozobra, que es el refinamiento supremo de la murmuración.

¿Y el cura del pueblo?

El cura del pueblo era un buen hombre, indiferente, que atendía cuatro o cinco pueblos más, vivía en Palencia y redondeaba el mísero sueldo de cura trabajando como profesor en una autoescuela. No me atreví a preguntar a la licenciada cuáles habían sido las relaciones con su padre, el general de división, cuando el general se halló con una hija madre soltera, pero ella no me dio a intuir que actualmente las relaciones fueran malas. ¿Más dificultades? Sí, muchas más dificultades. La niña se había adaptado bien al pueblo, eso tenía que reconocerlo, pero también había dificultades de tipo profesional.

La hija de la panadera de Castrillo de Villavega era farmacéutica en un pueblo de León. Venía todos los fines de semana a ver a su madre y la panadera recogía recetas por su cuenta para que la hija farmacéutica trajera los medicamentos y los cobrara. Así, lo que la farmacéutica de Castrillo de Villavega dejaba de ganar, lo ganaba la hija de la panadera. Ya me había explicado que las farmacias se conceden por territorios. Había puesto denuncias. Se había quejado de intrusismo al Colegio de Farmacéuticos pero no había conseguido probar nada. Todo esto, las malas lenguas, las lenguas interesadas, las murmuraciones, las difamaciones, las opiniones torcidas y las recetas que acaparaba la hija de la panadera no pintaban un cuadro de relaciones humanas satisfactorio. Eran los defectos naturales del tejido social. En el paisaje inmenso de la Tierra de Campos que yo tanto admiraba se cultivaban las más minúsculas miserias. Se podía pensar que la licenciada desahogaba conmigo su fatiga, pero no era así. En realidad eran quejas pausadas, de pocas palabras, atendidas con mayor interés del que eran pronunciadas, porque el carácter de la licenciada no admitía la expansión, que ella hubiera considerado como una debilidad, y aunque agradecía la simpatía ajena quizá fuera porque aquella simpatía rompía el aburrimiento y no porque necesitara verdaderamente ningún tipo de compañía o de consuelo. Me atreví a preguntarle si tenía novio. Me dijo que salía con un amigo y con una amiga. A veces se iban a cenar juntos.

Mientras estábamos hablando entró en la farmacia una chica joven, de unos veinte años, menuda, rubia, bonita de cara. Estuvo un rato en la tienda con nosotros. Se paseó libremente por la casa, en la trastienda. Cuando se fue, la licenciada me dijo que era una buena amiga. Luego entró un hombre mayor a buscar un medicamento, con la receta en la mano. Yo estaba sentado en una silla, detrás del mostrador. El hombre me miró con curiosidad. Luego miró a la farmacéutica mientras le atendía. Luego me volvió a mirar. La farmacéutica me presentó como a un amigo. Cuando el hombre se fue la licenciada me dijo que aquel hombre tenía noventa y dos años. En general, la gente de la comarca era longeva. Era un hombre que pertenecía al sector de las buenas lenguas, o de las lenguas neutras, aunque ella no se podía fiar, porque las mejores lenguas no tardarían en atribuirle una relación conmigo, ni siquiera con mala intención, porque podía pensarse que las buenas lenguas deseaban que la niña encontrara un padre y la farmacéutica un compañero. Ésta era mi interpretación, que la farmacéutica, sin decir una palabra, sólo con un gesto, rechazó como una ingenuidad. No admitía otra relación con el entorno que no fuera la tensión, la duda, la desconfianza. Luego entró una mujer con una receta. Aquella mujer no podía contenerse. Apenas acababa de salir de la farmacia cuando volvió a entrar dos o tres veces con cualquier pretexto. Pensé que sería del sector de las malas lenguas. En efecto, lo era. Mi presencia en la farmacia había sido detectada. Por el pueblo había empezado a destilarse la información. Salí a la puerta. Fuera hacía un día azul, con sombras limpiamente recortadas, con perros que dormían en medio de la calle. La niña de la farmacéutica dibujaba ochos con la bicicleta.

Sobre las cinco de la tarde acompañé a la farmacéutica a hacer su ruta. Aquel día tenía que visitar y llevar medicamentos a siete pueblos, en un recorrido total de unos cincuenta kilómetros. Subimos a su automóvil, una ranchera de color guinda, con neumáticos anchos, potente, un vehículo con carácter. En el asiento de atrás estaban dispuestas las bolsas con los medicamentos y una caja para el dinero. El primer pueblo era Bárcena de Campos. Allí se hizo la entrega en el bar. Tres paquetes. Los pacientes irían a recoger cada cual su medicina. La mujer del bar nos ofreció tomar algo. La farmacéutica dijo que teníamos prisa. Los pacientes pagaban las medicinas en el bar y la farmacéutica hacía caja una vez al mes con la dueña. Le pregunté cuál era su reputación en la comarca, es decir, su reputación respecto a las murmuraciones. Me dijo que la misma que en el pueblo, pero aquella mujer del bar era una buena relación, o al menos una relación positiva.

El segundo pueblo era Villanueva de Valdavia. Allí tenía que repartir los medicamentos por varias casas. Los vecinos no se llevaban bien. Cada uno votaba a un partido. En una esquina se había formado un pequeño grupo. La farmacéutica les entregó su paquete. Pensé que aquéllos eran los votantes del partido mayoritario. El tercer pueblo se llamaba Arenillas de Nuño Pérez. Allí la entrega se hizo también en el bar. Un hombre dormía la siesta tumbado en el alféizar de una ventana. Ni se movió cuando dejamos el paquete. El cuarto pueblo era Villasila de Valdavia. Allí hizo una entrega en una casa particular. Muchos de los pueblos pertenecían a la cuenca del río Valdavia, prácticamente un arroyo que aquellos días bajaba al límite de sus recursos hidráulicos, en pleno estiaje, apenas un chorrillo de agua turbia remansado entre los chopos. Hasta el límite del horizonte se veían los grandes campos de cereal, ya cosechados, algunos por cosechar, otros con las cosechadoras trabajando a lo lejos en medio de una nube fina de polvo. Pregunté si era un país de caza. Me dijo que había muchas liebres. Ella había atropellado con el coche cerca de una docena de liebres, y también abundaba la perdiz. El curso del río era una arboleda de color verde oscuro, sobre el amarillo cegador de los rastrojos. En algunos remansos se veía la espesura de los mimbres, con largos plumeros tenues. La transformación de esos campos en primavera debe de ser asombrosa, cuando el trigo verdea, pero es en el fuego del verano cuando alcanzan su plenitud. La farmacéutica conducía rápido. Le dije que las mujeres separadas suelen conducir rápido. Me dijo que ella no era una mujer separada. En la carretera, al cruzarnos con algunos coches, la reconocían y la saludaban. Le hice notar que aquello eran muestras de aprecio, de gente que no le importaba nada su vida privada, o si le importaba era por su bien, de otro modo fingirían no haberse cruzado con ella. La farmacéutica no respondió. Creo que prefería no ser aceptada. Con toda evidencia no le resultaba fácil admitir que la gente que la saludaba en la carretera podrían ser amigos. Se podía pensar que alimentaba un resentimiento por todas aquellas murmuraciones que la hacían incapaz de aceptar cualquier gesto amistoso o favorable que ella podía interpretar como hipócrita o destinado a engañarla. El quinto pueblo era Villabasta de Valdavia. Allí dejó un paquete en casa del alcalde. El sexto pueblo se llamaba Bahillo, sobre el arroyo Ucieza. El último pueblo se llamaba Villaeles de Valdavia y en este pueblo nos detuvimos un buen rato.

Al rebasar una loma, las montañas aparecieron súbitamente sobre las ondulaciones del paisaje. Fue una visión desconcertante. En el horizonte se alzó un relieve abrupto, como pintado con unos rápidos golpes de pincel. Los bultos azules de las montañas se individualizaban con una presencia mucho más cercana de lo que se hubiera podido sospechar, en medio de la llanura. Eran los Picos de Europa en sus estribaciones palentinas, bellos, potentes, con sus azules de Patinir, con un frescor verde en la base y un perfil limpio en la línea de las cumbres. Parecían enormes cabezas que escondían los cuerpos, con los miembros extendidos detrás, hacia Cantabria y Asturias, como si se tratara de un continente distinto que se asomara a los interminables campos de cereal. Se hallaban a medio centenar de kilómetros de distancia y parecían al alcance de la mano. De allí bajaban el Pisuerga y el Carrión, y también el Valdavia y los demás ríos menores de la Tierra de Campos. Entramos en la taberna de Villaeles para dejar los medicamentos. La taberna la llevaban dos hermanos. La madre, que asomaba en la cocina, era una mujer pequeña, tenía ochenta y cuatro años y en la temporada de caza preparaba comida y camas para quince o veinte cazadores. La farmacéutica fue recibida con todo esmero. Era evidente que se le tenía consideración. Me presentó a los dos hermanos. Otros dos hombres que se hallaban fuera del bar pasaron adentro. Hubo tiempo para tomar una cerveza. Hablamos de cosas. Hablé con aquellos hombres de bastones, por un bastón que uno de ellos tenía, hecho con la cepa de un espino. Uno de los dos hermanos pasó a la trastienda del bar y salió con una vara de avellano de metro y medio de larga, gruesa como un caño de fuente, sin desbastar, que un camionero había traído de Cervera de Pisuerga. El hombre me regaló la vara. Di las gracias. Hablamos de trigo. De las variedades de trigo que se sembraban. Hablamos de caza. En Villaeles de Valdavia había liebre y perdiz, la buena y gran perdiz roja de la Tierra de Campos. La farmacéutica se encontraba a gusto. Era evidente que en aquel lugar desaparecía su desconfianza. Tenía una actitud risueña, porque, aunque yo llevaba el peso de la conversación, ella era la que gestionaba con su presencia la buena acogida. Algo había allí que se debía a ella. El trato, la vara de avellano, los ofrecimientos, la cortesía, que no tenía nada de vulgar, sino que parecía desterrar del pensamiento toda la siniestra historia de las murmuraciones. En aquella taberna de techos bajos desaparecía el temor. Estábamos obviamente en el corazón de las buenas lenguas, o en el corazón del corazón de las buenas lenguas.

Cuando salimos de allí y volvimos a la carretera dejé pasar un rato en silencio. Luego comenté a la licenciada aquello que me había parecido diferente en su actitud y el buen trato que habíamos recibido en la taberna. Ella se calló. También comenté el buen regalo de la vara de avellano que llevábamos en el asiento de atrás, y las invitaciones a volver a Villaeles de Valdavia en temporada de caza y, de haber sido temporada de caza, en vez de una vara de avellano quizá nos hubiéramos llevado una liebre. ¿De dónde venía que en Villaeles de Valdavia la recibieran así? ¿Cuál era el motivo? ¿Era un pueblo libre de murmuraciones? ¿Se aceptaba a la madre soltera? Entonces la licenciada me dijo que los dos hombres de la taberna habían hecho el servicio militar en Valladolid, en el arma de artillería, treinta y tres años atrás, cuando ella aún no había nacido y su padre era un joven capitán. Cualquiera que fueran las murmuraciones que a Villaeles de Valdavia hubieran llegado, la farmacéutica era la hija del capitán y por ello se le rendía el debido respeto, o algo más que respeto, cariño, porque a ella se trasladaban los buenos recuerdos que la gente del campo suele tener del servicio militar. Aunque ella quizá no lo hubiera deseado, porque las murmuraciones habían fortalecido su carácter, hasta allí alcanzaba la sombra protectora de su padre, el general de artillería. Eran pasadas las siete cuando llegamos a Castrillo de Villavega y terminamos el recorrido. La farmacéutica paró el coche, sacó la llave de contacto con el muñequito de felpa y llamó a su hija. No estaba en casa. La niña se había ido a jugar con otras niñas y había dejado la bicicleta contra la puerta de la farmacia.

## El notario de Baltanás

Al sur de Palencia, en un rincón vagamente delimitado por la margen izquierda del Arlanza y del Pisuerga, donde ambos ríos confluyen, extendiéndose hacia el interior de las vegas de esos ríos como un *hinterland* de secano sobre el estrecho verdor de las arboledas y tierras de regadío, se encuentra la comarca de los Valles de Cerrato. En su nombre lleva la definición misma del paisaje, es decir, un conjunto de valles de poca entidad, sin orientación precisa, como hondonadas y cuencas entre blancos cerros de greda, bien torneados, ni excavados ni rotos, sino pulidos por la erosión, que se desmenuzan como un puñado de yeso y muestran en sus laderas ligeras lenguas arcillosas, de un rosado pálido en las horas en que cambia el día. Algunos de esos cerros están plantados de pinos de repoblación que nunca alcanzan un gran desarrollo. El agua es escasa y sólo brota en manantiales en algunos recodos jugosos. Sería un error pensar que se trata de una comarca indiferente o común, en el sentido en que sus características no tienen nada de espectacular. Al contrario, se trata de un terreno con una personalidad fuertemente determinada por esas lomas, valles y cerros que componen las formas esenciales del paisaje, según lo miran los ojos que no buscan elementos de descripción, sino una verdadera composición plástica, olvidando su significado geográfico. Nada más difícil de explicar. El aire es muy seco. El paisaje, solitario. Se pueden particularizar los hoyos donde crecen unos chopos amenos, o las laderas fluidas, de curvas elegantes, donde se dibujan cortas o anchas superficies de parameras, perfiles pardos o amarillos, un puñado de encinas negras, el blanco de unos yesos, unas líneas de gredas calcinadas, un barbecho de un ocre dorado, de un dorado más profundo que el dorado del rastrojo por el que han pasado los largos dedos de una cosechadora, todo ello con amplitud, como si resultara imposible aplicar el detalle al conjunto, en un magnífico sistema abstracto de valoración mutua. Nada más sensible que valorar ese paisaje en el estado intermedio entre el conocimiento físico de un lugar y la impresión estética que provoca, a la manera de un pintor situado entre el análisis visual de su motivo y el concepto de su obra. Los cultivos buscan las tierras ricas y orgánicas que las escorrentías acumulan en el fondo de los valles, dejando las tierras altas, por estériles, dedicadas al pastoreo de ganado lanar que en otro tiempo debió de ser abundante. Aún se ven algunas de esas bordas o cabañas de pastor, a veces derruidas, a veces milagrosamente intactas, que constituyen verdaderas piezas de arquitectura. Su futuro consiste en transformarse en un montón de piedras. Son construcciones de planta circular levantadas según una técnica que procede del fondo de las edades, de bóveda apuntada, de unos tres metros de altura, de entrada baja, de muros espesos de piedra seca, ciegos o con unas pequeñas troneras, siguiendo un modelo de obra que se extiende desde la Baja Navarra hasta los extremos de León, tan arcaico o tan cercano al neolítico como las labores mismas de pastoreo. La capital de los Valles de Cerrato es Baltanás, cabeza de partido judicial, con notario y registro de la propiedad, un pueblo de mil seiscientos habitantes que hace un siglo reunía cuatro mil. En otro tiempo la comarca se autoabastecía en vino, según lo producían unas viñas de uvas ácidas, plantadas en las laderas de solano, de las que todavía quedan salpicadas unas pocas tierras que aquí llaman majuelos. Antiguamente, los mejores racimos de esas uvas se colgaban en los desvanes y se transformaban en unas pobres pasas de Navidad.

A pesar de haber perdido habitantes, el pueblo no parece haber perdido actividad. El núcleo urbano se ha derramado desde la ladera de una pequeña loma, al abrigo del cierzo, hasta el suave fondo de la vega, en un desplazamiento que apenas resulta perceptible. La Plaza Mayor ha sido remodelada. Junto a la fuente se halla un monumento dedicado «A la mujer de Baltanás». La biblioteca pública fue fundada en 1949 y lo que era cárcel del juzgado es ahora casa de cultura. Cerca de la carretera se abre una nueva plaza ajardinada. Algo más allá hay un pequeño espacio con acacias y rosales, a la manera de un parque municipal. Baltanás tuvo un barrio humilde, casas burguesas, un arrabal de pastores, un convento y tres o cuatro palacios, alguno de ellos ostentoso. La iglesia es grande, con una torre cuadrada, como una fortaleza. Hacia el arrabal de pastores hay una ermita, casi tan grande como la iglesia principal. Además de los talleres de maquinaria agrícola, creo que en Baltanás hay una fábrica de yeso. El pueblo tiene frontón nuevo y una docena de chalets. El agua del abastecimiento municipal ha reemplazado desde hace muchos años a la fuente pública, pero aún puede verse el pilón donde se abrevaba el ganado. Es un potente chorro de agua fresca, captado en un manantial al pie del cerro. Durante el invierno, esos cerros de greda actúan como depósitos naturales de agua.

Mi interés particular por Baltanás venía de que uno de mis tatarabuelos había sido notario en Baltanás. De los dieciséis tatarabuelos que uno tiene, es el único del que ha quedado un testimonio gráfico. Se trata de una fotografía donde el señor notario aparece sentado en un sillón en compañía de sus dos hijas, todavía unas niñas. La mujer del notario está ausente. Es un hombre de unos treinta y cinco años de edad, de rasgos regulares, frente ancha, algo demacrado pero de mirada viva, con barba corta y negra que le oculta los labios. Muestra una mano nudosa, larga y bella que yo he conocido en su descendencia. De las dos niñas, aquella que está a su derecha parece tener doce años de edad. Se llamaba Isabel. Sé que de muchachita aprendió a pintar a la acuarela. La más pequeña, que aún lleva tirabuzones, es mi bisabuela Otilia. El notario la protege con la mano en el hombro. A mi tatarabuelo no le conocí, pero a mi bisabuela Otilia la conocí muy bien. Había nacido en 1870, el año de la guerra francoprusiana, y murió en Burgos, casi centenaria, en 1967. Era una mujer cariñosa, educada, muy leída, de buena conversación. Intuyo que tenía una imaginación novelesca. En cierta ocasión, teniendo yo doce o trece años, me regaló un libro de relatos de naufragios. La noche en que murió hubo un pequeño temblor de tierra. El féretro donde ella descansaba se estremeció. Dos monjas de la Buena Muerte que velaban el cadáver huyeron despavoridas.

En la fotografía, Otilia tiene diez años de edad. Reconozco el rostro ovalado de mi bisabuela, su nariz y barbilla afiladas, sus ojos rasgados, negros, inteligentes, como si la mirada y los rasgos particulares hubieran evolucionado poco entre aquella niña y la anciana que yo conocí. Las dos hermanas van vestidas de forma similar, con botines y trajes largos imposibles de describir, más bien discretos, a medio camino entre trajes de señorita y vestidos de niña. Seguramente ya usaban corsé. La mayor, que se parece a su padre el notario, tiene un abanico cerrado en la mano. Otilia también luce un abanico, apoyada en un brazo del sillón, con un gesto algo más abandonado que su hermana. Eran señoritas de pueblo grande. Lo que llama la atención es que esos vestidos, con toda su coquetería antigua, son trajes de luto. El notario había perdido a su esposa poco antes de que se tomara la fotografía. De ese modo, la fotografía resulta ser un testimonio de las únicas prendas queridas que el notario conservaba en casa. La muerte de la tatarabuela fue un caso desesperado. Se produjo a causa de un parto prematuro o malogrado, mientras el notario estaba de viaje en Palencia. La joven esposa se refugió en un pudor incomprensible y se negó a que la examinara el médico si no se hallaba presente su esposo. El resultado fue que murió desangrada en brazos de mujeres, que seguían como podían las instrucciones que el médico les iba dando del otro lado de la puerta cerrada. En aquellos tiempos, el embarazo, el parto y el período puerperal eran trances sumamente peligrosos, especialmente por culpa de las hemorragias. La mortalidad de las mujeres parturientas era muy alta. Dos generaciones más tarde aún debía de ser así, o al menos así se lo oí contar a mi abuelo, que era médico rural y debía de saberlo por su propia experiencia. El caso es que mi tatarabuela murió de muerte de mujer. A causa de un desesperado arrebato de pudor, mientras el notario se hallaba quizá jugando al parchís en el casino de Palencia, mi bisabuela Otilia se quedó sin madre desde niña. En la fotografía, Isabel, la hermana mayor, se parece al señor notario. Otilia, la pequeña, debía de parecerse a su madre, y el notario le rodea la cintura con el brazo en un gesto de cariño. Mi bisabuela Otilia se casó muy joven, como suele suceder con las niñas huérfanas. Su matrimonio fue desafortunado y concluyó de un modo trágico. Enviudó al poco de cumplir los veintitrés años. Sobre el breve episodio de su vida matrimonial, que en la vejez debía adquirir tintes románticos olvidando sus peores momentos, recuerdo haberle oído decir: «Hay mujeres que se enamoran de unas pestañas bonitas». De aquel marido de las pestañas bonitas Otilia tuvo a su vez dos hijas: Etelvina y Eloísa. Etelvina fue mi abuela. La hija que tuvo Etelvina con un joven médico que fue mi abuelo se llamó Amelia y fue mi madre. De la madre de mi bisabuela Otilia a mi madre hay cuatro generaciones. Esta enumeración de antepasados me hace recordar una cancioncilla molieresca:

> […] *pour divertir Sophie*
> *il lui conta sa généalogie.*[2]

Así pues, yo estaba en Baltanás para recordar esas historias de familia, a sabiendas de que cuando se entra en el territorio de los orígenes, lo mismo que cuando se entra en un desván, la recuperación del espacio segrega un derivado sutil, que es la recuperación del tiempo. No habría manera de saber cuál era la casa del señor notario de Baltanás hacia 1870, salvo con muchas indagaciones, ni habría forma de reconstruir el escenario de aquellas tragedias familiares. El nuevo cementerio de Baltanás se ha trasladado hace muchos años a las afueras del

2. «[…] para divertir a Sofía / le contó su genealogía.»

pueblo. El viejo cementerio, que aún se ve junto a la iglesia, fue un cementerio grande, de pueblo de muchos vecinos. Ahora es poco más que un solar abandonado, rodeado de una tapia alta, donde la hierba crece hasta las rodillas. Lo más probable es que allí, donde prospera toda esa maleza, esté enterrada mi tatarabuela.

Siendo yo muy niño, servía en casa una mujer de Baltanás o de un pueblo de los Valles de Cerrato, probablemente recomendada por alguien de la familia. No recuerdo ni su nombre ni su aspecto. Yo debía de tener unos cuatro años. Durante la siesta, aquella mujer solía cantar para hacerme dormir. Recuerdo una canción. No sé si se trata de una nana o de una canción de pastores, o de ambas cosas a la vez. Dice así:

> *Ea, niño, ea, cara de serafín,*
> *el pícaro del sueño no quiere venir.*
> *[…]*
> *Casóme mi madre con un pícaro pastor,*
> *no me deja ir a misa, ni tampoco al sermón,*
> *que quiere que me quede remendándole el zurrón.*
> *[…]*
> *Ella reñía, él regañó.*
> *«No se le tengo de remendar,*
> *el zurrumucu, madre, para llevar el pan.»*

Es una canción de mi infancia. No la pongo aquí por un exceso de nostalgia, sino en la medida en que pueda interesar a algún experto en folclore. Me intriga la palabra «zurrumucu», con sus sonoridades oscuras. Me encanta la economía de recursos con que se narra la pelea doméstica: «Ella reñía, él regañó». En el penúltimo verso, la forma «tener de» pertenece al mejor castellano rural. A veces tarareo esta canción, lo que avala la importancia de la memoria remota. En cualquier caso, no he podido dejar de transcribirla.

## Un tesoro en la Tierra de Campos

En Villamartín de Campos tenían casa unos primos míos a los que yo solía visitar hace muchos años. Eran gente sumamente hospitalaria. Nunca faltaban en su mesa buenos pichones estofados. Mi prima era una mujer que siempre parecía conservarse joven. Era muy guapa, de grandes ojos azules, alegre, simpática y acogedora. Había nacido en Madrid y había vivido en Madrid hasta que se casó. Su vida en la Tierra de Campos, donde crió ocho hijos, siempre tuvo el aroma de una excitante aventura. Su marido era un hombre de buen carácter, generoso, fino de paladar, grande de cuerpo, buen mozo. Tuvo paperas siendo adulto. Se dice que la enfermedad de las paperas produce impotencia en los hombres adultos, pero a él le gustaba tanto mi prima que después de las paperas aún le hizo tres hijos.

La familia vivía en Palencia hasta que venía el verano. Cuando llegaba el tiempo de la cosecha se instalaban todos en Villamartín. La casa se hallaba junto a la plaza de la Iglesia, en la calle de la Seda, un nombre desconcertante en el país de las mantas de lana. La fachada de la casa tenía un portalón de piedra que le daba cierto empaque. La primera planta era de piedra sillar. La segunda planta era de ladrillo macizo, ancho de superficie, de canto estrecho, que antes llamaban galletazo. Las ventanas que se abrían a la calle eran más bien pequeñas que grandes. Toda la casa tenía una enorme y sombría profundidad. Los dormitorios tenían la disposición tradicional decimonónica de saloncitos con alcobas. Alrededor de la construcción principal había cuadras, corrales, pajares y graneros. Respecto a la parte noble de la casa, me viene a la memoria una característica sorprendente. Creo recordar que en aquel interior doméstico había más mesas de juego en el comedor y en los saloncitos que camas en las alcobas. Me refiero a esas mesas de juego de cuatro jugadores, perfectamente adaptadas a su función, con ceniceros de latón en las esquinas, tapete de fieltro verde, pequeños monederos ovalados para cada jugador, incrustados en la madera, del mismo latón que los ceniceros. La parte de servicio de la casa también ofrecía algunas sorpresas. En cierta ocasión, efectuando unas obras en la cocina, se descubrió un escondrijo con unas carnes de aspecto acartonado que al tocarlas se transformaron en ceniza. Se pensó que era una tumba. Podía haberlo sido. Al fin se descubrió que eran restos de jamón y de cecina. Seguramente se trataba de una despensa secreta de los tiempos de la invasión francesa.

La sorpresa más excitante de la casa se produjo cuando los ratones hicieron rodar una onza de oro en uno de los pajares. Era una de esas monedas de las llamadas peluconas, con la efigie de un Borbón. Inmediatamente se pensó en otro escondrijo igual que el de la cocina, pero esta vez de un interés mucho mayor. A las pocas semanas, en el mismo pajar, los ratones hicieron rodar otra onza de oro, idéntica a la primera. Aquello hizo aumentar prodigiosamente las expectativas. Ya nadie dudó de la existencia de un tesoro. Se emprendió un registro exhaustivo del pajar. Se excavó el piso. Se sondearon las paredes. Se desmontó el tejado. Se exploraron las vigas. Todo ello sin el menor resultado. Huyeron los ratones, no se halló el escondrijo y no volvió a aparecer otra onza de oro. Todo el mundo quedó convencido, no sin razón, de que en la casa había un tesoro, aunque no se hubiera podido dar con él.

De Palencia a Valladolid, por Villalón de Campos y Medina de Rioseco, se practica un amplio rodeo que cruza las tierras más llanas y monótonas de la comarca, con puntos de referencia muy escasos, que sólo cobran alguna relevancia en el frescor de la mañana, con el sol oblicuo, o a última hora de la tarde, cuando el horizonte, detrás de las lomas, parece desprender un humo rosado. Los pueblos se pierden en un territorio demasiado extenso. Éstas son comarcas en las que los caminos cobran una importancia única, mayor que cualquier característica natural. El primer significado del paisaje es la carretera. El agua llega por el canal de Campos, que es un ramal menor del canal de Castilla. Al sur de Medina de Rioseco se pasan los montes Torozos, que son unos alcores arbolados. Después de esas lomas se cruzan los llanos polvorientos que se extienden al norte de Valladolid.

Villalón de Campos es un pueblo grande, con una plaza ancha, ecléctica, que reúne todos los ejemplos de la vida del pueblo sin exclusión, desde un pie de columna y unos sillares que pueden ser romanos hasta una farmacia modernista. Siento una gran predilección por estas plazas. Al pie de la iglesia mayor, que muestra una fachada de soportales vaticanos, se levanta un rollo o picota de justicia en el estilo gótico adornado de la catedral de Burgos. Qué curioso instrumento de justicia es la picota. En ella se ataba a las personas expuestas a los azotes o a la vergüenza pública. Aún se creía en el valor ejemplarizante de las penas, en el supuesto ilusorio de que el hombre era manifiestamente mejorable a través de la justicia, y de esa idea nacía la pretensión de convertir el instrumento de justicia en un monumento. Villalón parece un pueblo relativamente aislado aunque el aspecto de su plaza es el de una encrucijada irregular. Antiguamente se elaboraban en Villalón de Campos unos quesos frescos de leche de oveja de mucha reputación. Tenían una forma alargada, cilíndrica, y durante los pocos días que duraba su consumo sudaban un suero amarillo.

Sin duda alguna la verdadera capital de la Tierra de Campos es Medina de Rioseco. Se encuentra a escasos treinta kilómetros de Villalón y a cuarenta de Valladolid. Todas las ciudades con el nombre de Medina que hay en España conservan algo de su prestigio inicial. Pueden ser poblachones de tejados hundidos o pueden mantenerse en una prosperidad relativa. Pueden ser centros de actividad comercial o pueden ver pasar el tráfico a lo lejos desde una altura. Pueden incluso ser un campo de ruinas, como Medina Azahara, pero nunca llegan a perder el carácter fundacional, a veces palpable, a veces fosilizado, que les hizo llamarse Medina, «la Ciudad».

Medina de Rioseco se levanta sobre un bosque de fustes de roble que corre a lo largo de los soportales de la Calle Mayor. En sus tiempos más prósperos llegó a tener veinticinco mil habitantes, cuando París debía de contar con treinta o cuarenta mil. Lo mismo que Medina del Campo, Medina de Rioseco era una ciudad de ferias. Se celebraban dos ferias anuales que duraban un mes, además de una feria habitual cada quince días. Aquello debía de generar mucho dinero. Se la llamaba la ciudad de los mil millonarios, lo cual, de ser cierto, corresponde a un porcentaje de millonarios muy elevado para la población. Probablemente ese porcentaje de millonarios hoy sólo se encuentra en Martha's Vineyard o en alguna de las islas Bahamas. Estas proyecciones sobre el esplendor pasado suelen ser de alguna utilidad comparativa siempre que no se caiga en las lamentaciones de la epístola a Fabio. En la actualidad, Medina de Rioseco goza de cierto auge comarcal que acompaña al auge general del país. En proporción, esa actividad presente nada tiene que ver con la prosperidad fabulosa de otros tiempos, salvo que se asienta en torno al mismo conjunto urbano de soportales por donde se paseaban los mil millonarios.

Uno de aquellos hombres ricos se hizo construir hacia 1550 en la iglesia de Santa María una capilla particular que le sirviera de enterramiento. Se llamaba Álvaro de Benavente. Se discute si estaba emparentado con los condes de Benavente. Puede que fuera simplemente un millonario. En cualquier caso, su deseo de disponer de un enterramiento a la altura de su rango económico le hizo comprar la sacristía de la iglesia para transformarla en capilla de panteón. Fue un hombre rico que supo hacer las cosas bien. El espacio es reducido, poco mayor que un camerino, pero resulta ser una maravilla. Se entra en la capilla por una puerta baja. Da la impresión de ser un lugar enteramente cerrado, apenas iluminado por una ventana, aunque toda una pared se abre, a través de una espléndida reja de hierro forjado, sobre el altar mayor. El hombre rico quiso ser enterrado con sus antepasados, quizá para mostrar que la estirpe de un financiero equivale a la estirpe de la nobleza, y dispuso a un lado de la capilla las tumbas para sus padres y abuelos, en total seis sepulturas emparejadas que nunca fueron ocupadas porque los cuerpos nunca fueron trasladados. En el suelo, bajo dos gruesas losas de pórfido desnudas, descansan él y su hermano. Traer ese pórfido hasta la Tierra de Campos debió de costar un dineral. Hasta aquí ese espacio no produce asombro alguno, aunque el retablo es de categoría. El asombro lo produce el techo de la capilla de Álvaro de Benavente. Es un estucado de color de tierra cocida, que cubre enteramente la bóveda, los descansos de la bóveda y buena parte de las paredes. Ya se ha dicho que la capilla es pequeña y se limita al espacio de lo que era una sacristía, pero la impresión que produce ese decorado es monumental. Representa cierto tipo de escenas entre mitológicas y religiosas, en lo mejor del Renacimiento, con algunas influencias arcaicas que quizá proceden de las iglesias románicas del país. La escena del Paraíso Terrenal reúne todos los elementos zoológicos y botánicos del Edén, con su atmósfera de lujuria. Se conserva una parte considerable del policromado, que actúa sobre gamas ricas y crepusculares. El efecto global es vertiginoso. El espacio está aprovechado enteramente. La abundancia de elementos y figuras no deja solución de continuidad al detalle. El impulso giratorio se acentúa en la bóveda. Los dioses del Olimpo recorren el cielo en sus carros, representando los días de la semana. Hay una especie de avasallamiento que uno no sabe si atribuir al carácter del hombre rico que, como suele decirse, quiso tener de todo, o al propósito de los maestros estucadores de aprovechar la capilla como un muestrario de su virtuosismo. Sería poco encarecer lo que se ve en la capilla de Álvaro de Benavente. Si este hombre en lugar de ser banquero en Medina de Rioseco hubiera sido papa en Roma hubiera encargado la capilla Sixtina.

La iglesia de Santa María es aquella en la que se produjo la violación masiva de todas las monjas jóvenes de los conventos de Medina de Rioseco cuando entraron en la ciudad las tropas del general Bessières. Durante la ocupación francesa, pasados los días de orgía, la iglesia sirvió de acantonamiento. Las imágenes robustas de Juan de Juni en el retablo mayor parece que se quieren salir del marco. De aquellos conventos de Medina que proporcionaron carne de mujer a los soldados sólo quedan dos: el de unas monjas franciscanas terciarias, que al parecer hasta hace unos pocos años hacían unos flanes exquisitos, y el de las monjas clarisas, pasado el puente del río Sequillo, en las afueras de la ciudad, que viven de donativos y de lo que rinden unas pocas tierras. Por una curiosidad quizá malsana quise hablar con esas monjas. Me intrigan los conventos. A través del torno oí la voz tiernísima de una de las descendientes espirituales de las monjas violadas. No quiso darme mucha conversación. Me dijo que hacía algunos años el convento había sufrido un incendio. En ese momento eran ocho monjas en la comunidad. No me dio oportunidad de preguntarle si conocía lo que había sucedido a sus antecesoras. Su voz parecía apresurada. Desconfiaba de la voz de hombre. Quizá me hubiera arriesgado a indagar si hablaban de aquel suceso entre ellas. La iglesia de Santa María también se puede visitar con la misma curiosidad. Aparte del camerino que forma la capilla de Benavente la nave es hermosa. Es del tipo de aquellas que llaman naves de salón. Se busca algún detalle que haga pensar en un salón de orgías. Sería un abuso literario decir que con la imaginación se oyen gritos. Bajo la tribuna del órgano hay una sirena rubia que enseña los pechos como una estrella de cabaret. Sin duda excitaba a los soldados cuando perseguían por la iglesia a las monjas y fornicaban en las capillas.

## El deseo y la búsqueda de la perfección

Desde hace algunos años el Museo Nacional de Escultura de Valladolid está cerrado por obras y no se sabe cuándo abrirá, aunque está previsto que sea el año próximo, pero es una previsión de tan poca certeza como la que anuncia la inmediata salida de un vuelo retrasado sin que los pasajeros, estragados por la espera, presten atención, ganados por el escepticismo. Sin embargo, el Museo Nacional de Escultura de Valladolid es uno de los grandes museos españoles. Mientras duran las obras, las mejores piezas se exponen en el palacio de Villena, vecino de la misma calle. En cuanto al Colegio de San Gregorio, que tarde o temprano volverá a ser el museo, actualmente sólo se visita la capilla. En ella se exhibe un retablo de Berruguete que procede del convento de La Mejorada, cerca de Olmedo. El convento es hoy día una bodega que en estos años está sacando sus primeros vinos.

Los escolares que visitan el palacio de Villena se detienen especialmente alrededor de la figura de la Muerte, no porque les recuerde alguna novia fallecida, una experiencia que a su

edad no han tenido, sino porque la Muerte es una figura tru-
culenta y en lo más tierno de la adolescencia y en lo más aburrido del bachillerato la truculencia juega paradójicamente el
papel de una bocanada de aire fresco en un ambiente cerrado.
Si se logra contemplar el momento en que dos jovencitas quinceañeras, con prendas de verano, con bronceado de piscina,
con indiferencia por todo lo que no sea la desconocida explosión de hormonas que sienten en su interior, cuando esas dos
adolescentes rezagadas se detienen junto a la figura de la Muerte y la examinan se consigue una situación única. La diferencia entre la figura y las dos muchachas es abismal. Parecen dos
mariposas junto a un trozo de madera pútrida, atraídas por el
mal olor, como dicen que algunas mariposas se dejan atraer
por los olores fétidos. La Muerte lleva un cuerno o trompa de
una forma extraña que por alguna razón hace pensar en los
sorteos de la lotería. La Muerte y la Fortuna soplan el mismo
instrumento.

Todos los museos suelen tener una pieza que juega un
papel estelar, ya sea *La Gioconda* o *Las meninas*, independientemente de la riqueza de la colección, lo mismo que dispone
de un jefe de relaciones públicas o adopta un logotipo diseñado por un publicista de renombre. La obra de arte rebaja su
carácter pero el museo asienta su prestigio. En el museo de
escultura de Valladolid ese papel lo juega una pieza de envergadura. Es un conjunto de Juan de Juni que representa el
embalsamamiento del cuerpo de Cristo y revela un instante
determinado de la acción, el instante de la compasión y el
llanto. El cuerpo de Cristo es un cadáver pálido y azulado, con
esa languidez que suelen tener los cadáveres de los ahogados,
depositado por la marea entre los brazos de los suyos. Esto es
importante. A pesar de las llagas y de las heridas que certifi-
carían las causas de su muerte, no se puede prescindir de la
idea de que el cuerpo de Cristo, en las representaciones habi-

tuales del embalsamamiento como en las de la Piedad, es el cadáver de un hombre ahogado, recogido en la playa. Ignoro de dónde viene ese sentimiento. Puede que sea debido a la desnudez radical del cadáver que siempre parece mucho más desnudo mostrando sus llagas que si de hecho mostrara sus vergüenzas. En el grupo de Juan de Juni los personajes que rodean ese cuerpo están ataviados con vestidos lujosos. Yo conocí ese grupo hace muchos años, cuando aún estaba barnizado con otros colores simples, como si fueran enormes piezas de alfarería, y no se había descubierto el lujo que yacía debajo. La restauración ha tenido el efecto de una promoción social. Los personajes han cambiado de vestuario, como si la compañía de actores hubiera pasado de actuar en un teatro oscuro a una representación en la corte. La teatralidad es tan exacta como un mecanismo de relojería. Ponderar la fuerza de la obra es fácil. Bastaría con resaltar los elementos de la Pasión. Cada actor asume su carácter haciendo olvidar que son actores, entregados con cierta voluptuosidad al acontecimiento. Uno de ellos exhibe en primer plano un zapato extraordinariamente sofisticado que, aunque el detalle resulte incongruente, alcanza un gran protagonismo. Una mujer de cara ancha y campesina escapa unos segundos de la acción, se vuelve hacia el espectador y le muestra una espina de la corona de Cristo, sin que su gesto, dirigido a aquellos que estamos fuera del escenario, deje de participar en la acción misma. Por sus rasgos, o por su apariencia sólida y rural, esa mujer recuerda a la campesina que vende huevos  en el gran cuadro de Tiziano de la Academia de Venecia, aunque probablemente se trata de una semejanza engañosa, de las que resulta difícil determinar el hilo conductor.

Las figuras de Juan de Juni son bultos completos. En los retablos en que las figuras surgen o escapan de un plano es difícil saber la parte del efecto que corresponde al imaginero y la parte que corresponde al pintor y al dorador de retablos. Las dos profesiones se funden con una destreza compartida, como la parte que corresponde al jinete y al caballo en una exhibición ecuestre. Uno de los hallazgos más notables es el efecto de una cabellera morena sobre un fondo de panes de oro. Sobre los reflejos del oro, el cabello negro adquiere un carácter pétreo y los rostros parecen esmaltados. En un bajorrelieve de Berruguete que representa la Adoración de los Magos, la Virgen es una matrona romana, con la nariz recta, el gesto noble, la cabellera ceñida por una cinta. Aislada de su contexto religioso la tabla mantendría todo su poder. El más castellano de los imagineros fue Gregorio Fernández, gallego, natural de Orense, vecino de Valladolid. En ese inconfundible aroma romano que a veces se detecta en una figura o en una composición, está presente un acontecimiento histórico. En 1527 se produjo el saqueo de Roma por las tropas del emperador Carlos V. Edward Gibbon señala un hecho notable. Los visigodos de Alarico saquearon Roma durante seis días. Las tropas alemanas, italianas y españolas del emperador católico saquearon Roma durante nueve meses y en palabras de Gibbon, «cada hora estuvo manchada por algún hecho atroz de crueldad, lujuria y rapiña».[3] Aquel saqueo produjo una gran distribución de obras y objetos de arte por todo el territorio del Imperio. No falta quien haya determinado su influencia en la difusión del Renacimiento, a la manera de una corriente artística obtenida mediante la punción violenta del caudal principal. Según Gibbon, en el saqueo de Roma se juntó lo más brutal de los alemanes, lo más depravado de los italianos y lo más feroz de los españoles, por ello asombra hallar, como uno de sus efectos colaterales, estas refinadas consecuencias. Los acontecimien-

3. Edward Gibbon: «[…] and every hour was stained by some atrocious act of cruelty, lust and rapine».

tos más destructores parecen prolongar su significado hasta encubrir su origen. Las horas atroces de las que habla Gibbon tuvieron su prolongación en las horas tranquilas de un ámbito alejado. *Il sacco di Roma* depositó los más sutiles y nobles efectos en la labor de los talleres castellanos, del mismo modo que, tres siglos más tarde, el arte de Extremo Oriente llegó a los estudios parisinos después de que las tropas anglofrancesas saquearan la Ciudad Prohibida de Pekín.

Todos los visitantes del museo se detienen con la mayor atención ante la cabeza degollada de san Pablo, que se exhibe en una especie de soporte circular, a la manera de la cabeza de san Juan Bautista. Esta tradición cristiana de las cabezas degolladas exhibidas sobre una bandeja adquiere de inmediato la categoría de un mito solar. La bandeja representa el disco celeste. Supongamos que el cristianismo fuera una religión remota y extinguida, sin textos que permitieran su comprensión. Entonces podría entenderse que las imágenes de las cabezas degolladas, con sus cabellos derramados, exhibidas sobre una bandeja, representaban un ritual extraño, una especie de sacrificio humano al sol. La cabeza de san Pablo es de un realismo sorprendente y por ello despierta la curiosidad. No es la auténtica cabeza, pero pretende ser su aproximación más exacta. Es el rostro de un anciano de mejillas pastosas, como moldeadas en barro. La barba forma largos bucles crepusculares. Tiene los ojos vueltos pero no cerrados. La boca muestra los dientes en un esfuerzo agónico. La parte más interesante es la sección del pescuezo. Todo el mundo que pasa delante de esa cabeza se inclina para examinar detalladamente el corte del pescuezo. Es una lección de anatomía. Se observa el corte de la tráquea y la laringe, los músculos del cuello, la sección de las vértebras, las principales venas y arterias, todo ello aglutinado y como comprimido por la fuerza del golpe. La piel se ha retraído. Éste es un detalle de gran importancia, pues supone que se ha roto la tensión vital de los tejidos al mismo tiempo que refleja su diferente elasticidad. Yo pienso que el destrozo causado por un golpe de hacha en un pescuezo debe de ser mucho mayor que el que se refleja en la figura, y en ese sentido el realismo está amañado con el objeto de mostrarse más real o más emocionante. La inspiración del artista no procede de una auténtica cabeza degollada sino de una cabeza separada del tronco en la sala de disección. El valor patético de la figura se obtiene mediante la observación científica del objeto, tratando debidamente esa información. Se le añaden unos dientes de esmalte y unos ojos de vidrio para aumentar el efecto. El procedimiento artístico se aleja del conocimiento positivo una vez que lo utiliza. Para obtener el patetismo se recurre con éxito a la lección de anatomía del mismo modo que a partir de un análisis de sangre se logra suscitar con un buen argumento la emoción de un crimen.

El papel de los cadáveres en el arte es muy extraño. Un ejemplo lo tenemos en el Cristo de la catedral de Burgos. Se trata de una imagen muy antigua, se dice que del siglo XIII. Se encuentra en una de las capillas principales de la catedral, o al menos en aquella en que se refugia el sentido de lo sagrado, en la que siempre hay lámparas encendidas, aunque el resto de la catedral parezca abandonado o entregado a los visitantes. Es un Cristo crucificado de tamaño natural, se dice que fabricado en piel de búfalo o en una especie de material flexible. Ello permite que jueguen sus articulaciones de modo que, para limpiarlo, se le desclava una mano que entonces deja caer el brazo, y al desclavarle la segunda mano se vence en la cintura y dobla las rodillas, como lo haría un cuerpo inerte, y al desclavarle los pies se deja caer en los brazos de los encargados de limpiarle, un poco a la manera como debió de producirse el verdadero descendimiento de la cruz. Para dar mayor veracidad a la imagen su cabello es humano, lo mismo que las uñas. Yo oí decir de niño que las uñas y el cabello, injertados en el material orgánico de la piel, le crecían lo mismo que les crece a los cadáveres, de modo que era necesario cortárselos a intervalos regulares al mismo tiempo que se ejecutaban las operaciones de limpieza. No pasan de ser tradiciones piadosas que no pretenden ser un milagro, sino acercar lo más posible la percepción de la imagen a la percepción de un verdadero cadáver. Su aspecto es terrible. Tiene las manos tumefactas y deformadas y el rostro es feo, un poco a la manera del Cristo de la Crucifixión de Grünewald, aunque no rudo ni atlético como aquél, sino más bien como una piltrafa de la que es imposible extraer un átomo más de sufrimiento. El cuello es largo y descoyuntado. Apenas pudiera mantener el peso de la cabeza que le cuelga sobre el hombro. A sus pies hay cinco huevos de avestruz que ilustran las Cinco Llagas. En cuanto a por qué esas llagas están simbolizadas precisamente por huevos de avestruz, no puedo decir nada. El origen de la imagen es confuso. Por la capilla se deslizan los pasos de las mujeres. Lo que puede decirse es que esa imagen no pretende alcanzar una verdad estética, ni una verdad simbólica a pesar de los huevos de avestruz, sino una verdad a secas, considerada en la representación del cadáver con los materiales más plausibles y con los efectos básicos. Nada más alejado del tremendismo barroco. La intención responde a un impulso más primitivo. A veces he pensado si se trata de crear la ilusión de una enorme reliquia, que sería el cuerpo de Cristo en la cruz. Tanto es el dramatismo acumulado en esa capilla larga y estrecha, que después de visitarla sólo se recupera algún alivio, como anticlímax, a modo de compensación, cuando una vez fuera de ella se oyen las campanadas de un reloj que llaman *El papamoscas*, que consiste en un grotesco personaje que abre y cierra la boca cada vez que da las horas. Sólo en España pueden hallarse tan cerca y en el mismo ámbito un Cristo y un personaje de carnaval.

El famoso Cristo del convento de Santa Clara de Palencia responde a una necesidad aún más urgente y más ansiosa por conseguir la representación del cadáver. El Cristo de las Clarisas siempre ha impresionado la imaginación de quienes lo han visitado. Los poetas le han dedicado versos. Es un Cristo yacente, colocado en el interior de un féretro de cristal, situado sobre un altar como sobre una mesa sin invitados, en una capilla no mayor que una alcoba. La primera impresión es solitaria. Si algunas personas practican su devoción, no por eso se vence la soledad infranqueable que separa del cadáver. Observarlo es fácil porque se encuentra a la altura de la mirada. Está iluminado por una luz de neón, de las frías luces objetivas que iluminan los frigoríficos. El Cristo yacente de las Clarisas es un cadáver femenino momificado. Al parecer se trata del cuerpo de una adolescente de unos dieciséis o diecisiete años, de pequeña estatura, de complexión frágil, si es que puede hablarse de complexión en un cuerpo que parece vaciado de sus vísceras y secado al sol. Vuelve el rostro hacia el lado derecho, con la boca entreabierta, donde se ven apuntar algunos dientes. Le faltan los labios, como si el proceso de embalsamamiento no hubiera conseguido preservar algunas de las partes blandas. Tiene el pelo sucio, pegado al cráneo, costroso y endurecido. Los ojos están cerrados. Los párpados son finos, rasgados, bien dibujados, probablemente restaurados en alguna intervención, lo mismo que la nariz. Salvo esos párpados finos y esa nariz bien perfilada, el Cristo de las Clarisas pertenece al prestigioso grupo de los cristos feos. El cuerpo es de un color sobado y amarillento, como el de las pieles curtidas, con algunas partes tumefactas de color caoba. Tiene pequeños pechos de adolescente donde apuntan pezones femeninos. Los brazos aparecen hinchados en las articulaciones, habiendo perdido la masa muscular. Las manos muestran unos dedos deformes, con las uñas a punto de desprenderse de la carne. Los pies, pequeños y torcidos, parecen cubiertos por un gran cuajarón de sangre seca. La imagen despierta una gran curiosidad, pero es preciso declarar que en ningún momento se tiene la impresión de hallarse delante de una imagen. ¿Qué pensaría de ese cuerpo un artista japonés? El convento de las Clarisas tiene una iglesia cúbica y sonora como una caja de música. A las horas precisas se oye cantar a las monjas. A través de la reja se ve el artesonado del coro: cruces de oro sobre fondo azul, corazones de plata sobre fondo de sangre. La comunidad está formada por once monjas de clausura. La búsqueda absoluta de la representación del cadáver lleva a apoderarse del cadáver mismo. El caso es indiferente a la identidad sexual de Cristo. Si el cadáver escogido es el de una adolescente virgen ello se debe a la imposibilidad de admitir en un convento de monjas ni siquiera el cadáver embalsamado de un hombre.

## La anatomía

Estas páginas artístico-forenses me han hecho recordar las tardes en que hojeaba, debajo de una parra, alguno de los libros de anatomía de mi abuelo. Yo debía de tener nueve o diez años. El volumen me cubría las rodillas. Las ilustraciones eran extraordinarias. Mostraban las partes del cuerpo humano como naranjas peladas, con una perspicacia muy especial, a la vez científica y sádica. Siempre hay algo cruel en las investigaciones del bisturí. En la Facultad de Medicina de Valladolid hay un museo de anatomía y pensé que allí se exhibirían algunos de los modelos y figurines que estaban en uso cuando mi abuelo estudiaba la carrera, hacia 1910. Sentí curiosidad por visitarlo. Pero el diablejo que juega con nuestros impulsos más íntimos quiso que el museo de anatomía estuviera cerrado y sólo abriera con cita previa.

## Dos catedrales

A menudo se comparan las catedrales de Burgos y de León por ser los dos grandes monumentos góticos del Camino de Santiago, y también porque al ser ambas tan distintas resulta agradable la comparación. Por el exterior, la catedral de León es desnuda, austera, limpia, con un aire francés. La catedral de Burgos, por el contrario, tiene un exterior sumamente elaborado y complejo. La catedral de León hace pensar en el hábito de un monje y la catedral de Burgos en los ropajes de un obispo. Se visita la catedral de León para conocer sus famosas vidrieras. A mí me gustaron especialmente las vidrieras bajas de la nave principal. Representan motivos vegetales, en colores vivos y profundos que forman una especie de tapicería luminosa en bellas franjas alargadas. Me enteré de que eran las vidrieras más modernas de la catedral, pero no me sentí decepcionado. Busqué la vidriera transparente que hay en Chartres. El vidrio transparente era el más difícil de obtener. En ella el valor simbólico residía en el material empleado. Representaba la Anunciación de la Virgen «a la manera de un rayo de sol que entra por un cristal sin romperle ni mancharle». Dicen que en muchas catedrales la había pero en León no la encontré. La lectura de las vidrieras es difícil. El efecto más sugestivo está en su proyección en las columnas, en los muros y en el suelo cuando luce el sol. Entonces se produce un efecto de una modernidad absoluta, parecido a la creación de un holograma. La percepción del entorno se traslada a otra dimensión. La catedral de piedra se transforma en una catedral impalpable. El efecto de cueva luminosa se multiplica en las capillas. Si el día es cambiante y el momento de luz es breve, las cosas vuelven enseguida a su estado inerte. El holograma gigante desaparece en unos segundos. Entonces las vidrieras parecen dormidas, como un potente aparato al que han cortado el suministro de energía.

Las vidrieras de la catedral de Burgos, mucho más modestas que las de la catedral de León, al contrario que el volumen del edificio, se hicieron añicos en 1813, al final de la guerra de la Independencia, cuando el general Dubreton, al mando de la guarnición francesa, hizo saltar el polvorín del castillo antes de abandonar una ciudad prácticamente en ruinas. Dubreton era un hombre testarudo. Un año antes había aguantado con éxito un asalto en toda regla de las tropas de Wellington. En la retirada de José Bonaparte hacia la frontera nada pudo disuadir a Dubreton de volar el castillo, que domina la catedral. La onda expansiva reventó las delicadas composiciones de las vidrieras. Únicamente se salvó un rosetón y algunos pequeños cuarterones, pero el efecto de las vidrieras de la catedral de Burgos no debía de ser, ni con mucho, el que se observa en la catedral de León. La catedral de Burgos se presenta en la distancia como un edificio imponente, perfecto, con un doble impulso vertical que en el tiempo de su realización debió de ser pasmoso. Se podría comparar a la sensación de plenitud que provocan las grandes obras actuales de ingeniería. Vista desde el castillo la catedral de Burgos parece un artefacto tan curioso y complejo como una estación espacial. Lo que en la catedral es un resultado laborioso, en la estación espacial es la sensación ingrávida de un estado intermedio de la arquitectura. Sobre la catedral de Burgos se han hecho observaciones variadas. Jean-Paul Sartre pasó por la ciudad en viaje de verano cuando tenía veintitrés años. En una carta a la entonces jovencísima Simone de Beauvoir le decía: «Estoy en Burgos, por fin he comprendido lo que es una catedral». Nikos Kazantzakis, el gran escritor griego, estuvo en Burgos unos meses durante la Guerra Civil y dedicó a la catedral una opinión extrañísima, pero misteriosamente profunda: le pareció el refugio de la gran serpiente de piedra. Saint-Simon, que pasó por Burgos, no la menciona. Al pequeño duque le interesaban

poco los monumentos. A Paul Claudel, que la visitó hacia
1932, no le gustó. Le pareció «demasiado amueblada de piedra». Desde el otro lado del río Arlanzón, la catedral destaca
sobre los árboles y los tejados. A Ernest Hemingway, que hacía etapa en Burgos camino de Pamplona, le pareció uno de los
paisajes urbanos más bellos que había visto. Sin duda es una
opinión banal pero es sincera. En uno de sus diarios de viaje
Franz Kafka anota su inexplicable nerviosismo ante los pináculos de la catedral de Milán. Los innumerables pináculos de
la catedral de Burgos le hubieran destruido el ánimo. Con ello
se comprende que la construcción de una gran catedral es una
obsesión prolongada durante varias generaciones, que llega
hasta nuestros días con una parte de su carga inicial que sólo
detectan los espíritus sensibles. El entorno que rodea a la catedral de Burgos ha cambiado poco desde el siglo XIX. Ese entorno de calles también ha cambiado poco desde mi niñez, salvo
en algunos detalles secundarios. Yo nací en Burgos en el mes de
enero, un día de fuerte nevada, en 1949. Se puede decir con
exactitud que soy un hombre de la primera mitad del siglo XX.
Curiosamente, la representación imaginaria que tengo de la ciudad no tiene nada que ver con la catedral, ni con los hermosos
paseos arbolados que dominan su representación urbana. Yo
veo a Burgos un día que empieza a nevar y lo veo desde uno de
los puentes que cruzan el río. Esa representación delicada, en
una atmósfera de luz blanca y sutil, difuminada por los copos de
nieve que caen transversalmente y apenas duran unos segundos
en la palma de la mano, me produce una satisfacción extraordinaria. No es necesario que la nieve empiece a cuajar. Basta con
que llegue a la palma de la mano. Se diría que la memoria se
desprende con facilidad de los jardines y de los monumentos y se
aferra con tenacidad a la conciencia de lo efímero.

El general Franco dirigió buena parte de la Guerra Civil desde su cuartel general en Burgos. El capitán general de la plaza, que se mantuvo fiel al gobierno de la República, fue fusilado en los primeros días de la rebelión por los militares sublevados. Era un militar condecorado con la Cruz Laureada de San Fernando, que tiene como efecto conmutar una pena de muerte, de modo que para cumplir las formas y poder ejecutarlo el tribunal instituido por los rebeldes le impuso dos penas de muerte, una de las cuales le fue conmutada por la condecoración, aplicándosele de inmediato la segunda pena de muerte en el campo de tiro. También fueron fusilados aquellos días gran número de sindicalistas y militantes de partidos de izquierdas o republicanos, por el simple método de seguir las listas de afiliación confiscadas en las sedes de los partidos, o por denuncia personal en una ciudad donde todo el mundo se conocía. En la pequeña ciudad conservadora las izquierdas llegaron a la extinción. Fue fusilado un joven compositor de aspecto inofensivo, autor del himno a Burgos. Fue fusilado un capellán castrense que protestó por los fusilamientos. A mí me contaron que había un campo en una localidad cercana donde el trigo crecía más lozano sobre los restos de una fosa común.

Siendo niño, muchos años después de terminada la guerra, yo vi en varias ocasiones al general Franco en la plaza de Capitanía, cuando se detenía en Burgos en viaje de veraneo a San Sebastián. Eran los tiempos clásicos de la dictadura, en el compás de los años cincuenta y sesenta, si consideramos en la dictadura unos tiempos feroces de consolidación, unos tiempos clásicos y otros tiempos tardíos de descomposición y decadencia en que los tiempos anteriores parecían de otro siglo. El dictador se alojaba en el mismo palacete que había ocupado durante la Guerra Civil, en el paseo de la Isla. El capitán general que ocupaba sin remordimientos el despacho de aquel otro capitán general fusilado por sus compañeros de armas ofrecía al Generalísimo una recepción en Capitanía. Se oía un clamor a medida que el cortejo se acercaba. El público abarrotaba las calles. El dictador llegaba en coche descubierto rodeado por la Guardia Mora, una escolta de lanceros marroquíes que recordaba sus campañas en África. Llevaban largas capas blancas que caían sobre la grupa de las monturas. Aún me parece oír el hierro de los cascos de los caballos. Se oían toques de cornetín. El Generalísimo recibía el saludo del capitán general al pie de las escalinatas de Capitanía. Yo asomaba la cabeza a través de los barrotes de un balcón sobre la misma plaza, entre las piernas de los adultos, sin perder un detalle del protocolo, y nadie me hubiera podido convencer de que no asistía a un acontecimiento histórico, como la entrada de los almogávares en Bizancio. Si un caballo defecaba aquello añadía realidad al acontecimiento. El capitán general que recibía a Franco era el mismo cuyo entierro vi pasar pocos años después. Entonces los caballos que tiraban del armón de artillería donde iba el féretro tenían las crines teñidas de betún y los cascos pintados de negro.

En Burgos quedaban entonces pocas huellas de la Guerra Civil, y no me refiero a destrucciones, que no siendo zona de combates no las hubo, sino a otras huellas más sutiles que revelan un período histórico determinado, a veces con un margen de pocos meses, a la manera de una sombra proyectada sobre una pared. Como en el resto de España, las ejecuciones dejaron en silencio a los vencidos. Quince o veinte años después de la guerra todavía subsistían en algunas fachadas unos retratos del general Franco reproducidos con una especie de plantilla y estampados en alquitrán. Correspondían a la propaganda de los primeros días de la sublevación, relacionados quizá con el pequeño 18 brumario en que Franco se proclamó Generalísimo entre sus pares. Era un rostro carrilludo, relativamente joven, sonriente, con gorrilla de legionario, reconocible, aunque extremadamente simplificado, en los trazos de alquitrán. Muchos inviernos después de la guerra la intemperie no había conseguido borrar esos retratos. Sin embargo, cuando se trata de evocar sombras, hay otro recuerdo infinitamente más interesante y casi sobrecogedor. En los días de lluvia, en el parapeto del río Arlanzón, junto el puente Gasset, aparecían tres grandes letras borrosas a medida que el revestimiento del muro se iba humedeciendo:

UHP

Eran tres enormes letras fantasmales, trazadas a brochazos. Tenían el tamaño de un hombre que las hubiera pintado con el brazo alzado, de arriba abajo, hasta los pies. Parecían escritas con pintura roja, bastante descompuesta y desvaída, que se animaba ligeramente con la lluvia, como una sobreimpresión. Era un fenómeno muy tenue. Era más bien la sombra de tres letras. Con la lluvia, aquellas letras rojas vencían el revestimiento gris que las había ocultado. Parecían las palabras misteriosas del festín de Baltasar. Cuando cesaba la lluvia, a medida que el cemento se iba secando, las letras se desvanecían con su mensaje póstumo: «Uníos Hermanos Proletarios». Llegó el momento en que renovaron el parapeto del río y aquella resurrección de los ejecutados que sólo se manifestaba con la humedad dejó de producirse. Las carátulas de Franco y el festín de la dictadura duraron muchos años más. Los sucesos de la Guerra Civil se van alejando como se fueron alejando los sucesos de las guerras carlistas, que también fueron terribles, o los sucesos de la guerra de la Independencia. Poco importa el juicio sobre las circunstancias. «On a beau dire, on a beau faire, il y aura de moins en moins de gens qui auront connu Napoléon.»[4] Mi abuelo se

4. «Por más que se diga o por más que se haga, cada vez habrá menos gente que haya conocido a Napoleón.»

rompió una vena de la mano aplaudiendo el día que se proclamó la República. Hay una ley que dice que la memoria personal llega hasta nuestros abuelos. Si eso es cierto, dentro de una generación también se habrán olvidado las minúsculas anécdotas familiares.

## El Ebro burgalés

La comarca de los páramos se extiende al norte de la provincia de Burgos, al límite con Cantabria, sobre el macizo calcáreo donde se hunden los cañones del Ebro. Son unas llanuras onduladas, por encima de los mil metros de altura, salpicadas con accidentes propios, con lomas que son verdaderas montañas y valles profundos y estrechos donde el sol apenas penetra unas horas al día. No hay paisaje más desolado, fuerte y misterioso que los páramos burgaleses al amanecer. Antes de que aparezca el sol, se iluminan las montañas lejanas. La más leve depresión acoge un sudario de niebla. Por encima el cielo es de un azul suavísimo. Cuando por fin amanece, toda la extensión que abarca la vista recibe un golpe de pincel. Se forman procesiones de árboles raquíticos en los lugares que cubría la niebla, el cielo se fortalece en unos instantes y las montañas parecen al alcance de la mano. El paisaje sufre una especie de consolidación, que no responde al engaño anterior de la mirada, ni a las últimas perturbaciones de la noche desde el largo momento en que se anunció la primera luz, sino que tiene las características de los paisajes flotantes que el sol define y amarra de una vez en el suelo, dejando las hilachas de niebla como único rastro ingrávido. Esa sutileza de la transformación sorprende en terrenos tan extremados. La soledad añade el resto. Al amanecer se siente la tierra en su potencia más ingrata y más tierna, como esos animales fieros a los que por un momento descubrimos desentumeciendo sus miembros al sol. A cuarenta kilómetros al norte de la capital se encuentran los páramos de Masa. La vegetación es pobre y aromática sobre un suelo que filtra el agua. Campo a través se marcha entre esencias de tomillo y espliego. En algunas extensiones crecen pinos de repoblación, rodeados por la estepa como un ejército sin suministros en un país hostil. Los pastos de los páramos de Masa son ricos por otras razones que por supuesto no son las de la lozanía ni las de la abundancia. Las ovejas que se alimentan de esos pastos son escasas de leche, pero esa poca leche es espesa y de excelente calidad. Con esa leche se elaboran unos quesos donde los expertos detectan un curioso sabor a avellana. En realidad ignoro si se siguen haciendo esos quesos. Hasta hace algunos años era una producción particular. La mujer del cartero del pueblo de Masa tenía una punta de veinte o treinta ovejas que ella misma ordeñaba. Venía a hacer unos cuarenta quesos al año, de los que, año sí y año no, yo me comía cuatro, es decir, el diez por ciento de la producción. Seis o siete quesos más se iban a unos *fines gueules* de Bilbao. El resto se lo repartía un rosario de devotos aficionados. La mujer del cartero, después viuda del cartero, dejó de hacer sus quesos a los ochenta y tantos años. Sus quesos habían llegado a cotizarse muy alto.

Los páramos del Tozo se encuentran al noroeste de los páramos de Masa, partiendo las aguas del Duero y del Ebro, sobre la depresión del río Urbel. Desde allí se contempla la doble cabeza de la peña de Amaya, donde nació el condado de Castilla. Detrás asoman los primeros riscos de los Picos de Europa. Sobre los páramos del Tozo están los páramos de la Lora, los más extensos de la comarca. Hacia 1965 se descubrió petróleo en los páramos de la Lora. Recuerdo que toda la provincia vivió una especie de conmoción. Yo tenía dieciséis años. Por aquel entonces la capital perdía habitantes y la pro-

vincia se despoblaba. Al petróleo se asociaba una riqueza con
la que aquellas tierras pobres jamás habían soñado. La canti-
na del pueblo más cercano al pozo de petróleo cambió de
nombre y se llamó bar Texas. Se especuló con un porvenir
fabuloso, aunque a la sonrisa de orgullo local se añadía una
dosis de incredulidad con el objetivo de salvar la tradicional
gravedad castellana. Por la ciudad circulaban pequeños frascos con petróleo de la Lora. Recuerdo que al agitar aquellos
frascos el líquido perezoso dejaba en el cristal un embadurna-
miento pardo, como de regaliz. Los profesores lo mostraban
a sus alumnos en las clases de química. Resultó que aquel petróleo contenía una proporción elevada no sé si de arsénico o
de azufre, que hacía imposible o muy costoso cualquier proceso de refinado. Además, se calculó que las reservas eran escasas. Con aquello se zanjó la polémica sobre si la supuesta re-
finería iría a Burgos, que tenía los páramos, o a Santander, que
tenía puerto, o a Bilbao, que tenía mejor puerto, o a Valladolid, que tenía lo que tiene Valladolid. Al final se decidió su explotación en crudo para satisfacer la poca demanda de aquel
petróleo prácticamente inútil. Un oleoducto de un diámetro no
mayor que un tubo de desagüe condujo el crudo al pie de la
carretera, donde según la necesidad se cargaba en cisternas. En
los páramos de la Lora aún pueden verse las bombas en activo. Hacen pensar en un grupo de mantis religiosas, no exactamente un grupo gregario, más bien un grupo disperso, perdido en lo inmenso del páramo, alternativamente alzando y
bajando la cabeza en actitud de oración. ¿Qué hubiera pensado Don Quijote de esos monstruos de hierro? En realidad, si
se piensa bien, lo más extraño no es que brotara petróleo en
los páramos de la Lora, ni que el hallazgo encendiera las lógi-
cas expectativas de la región. Lo más extraño es que unos técnicos, apoyados por unos capitales más o menos limitados, de-
cidieran buscar petróleo en aquellas parameras desoladas, lo

que avala el espíritu de iniciativa de la especie humana y de los geólogos petrolíferos en particular. Los altos páramos de la Lora se prolongan hacia el norte por los páramos de Bezana, más roqueños y abruptos, que muestran el hueso duro y roído de la roca calcárea. Los páramos septentrionales terminan en una tapia de piedra que separa la vegetación oscura y fibrosa de la estepa de los jugosos prados que se derraman inmediatamente hacia los valles de la cornisa cantábrica. Esto parece increíble pero es así. Yo he visto muchas veces esa tapia al pasar el puerto del Escudo. Es una tapia interminable que sigue las ondulaciones del terreno. De un lado están los páramos azules, pedregosos y desolados y del otro lado están los verdes prados donde engordan las buenas vacas.

El Ebro cruza los páramos por unas gargantas tortuosas que llaman las hoces del Ebro. La palabra «hoz», aplicada a un desfiladero fluvial profundo y estrecho, es muy curiosa. Nunca he sabido si responde a una descripción horizontal o vertical. El instrumento de segar las mieses sirve para definir el corte practicado por el río en la peña viva y por otra parte describe las curvas de la garganta. El Ebro nace a la vista del bien nombrado pico de Tres Mares. Desde su manantial en Fontibre sólo una loma le separa del valle del Besaya, que le hubiera llevado al Cantábrico. De la otra vertiente de Tres Mares parten las aguas del Pisuerga hacia el Atlántico. El Ebro halla un tercer camino. A poco de nacer entra en los prados de Reinosa, se extiende en un embalse que es un pequeño lago y a través de los cañones que ha excavado en los páramos busca el lejano Mediterráneo. Entre Orbaneja del Castillo y Escalada las paredes del cañón están rematadas por una crestería de roca erosionada. El río parece sumergido en las entrañas de piedra de la meseta castellana. La diferencia entre la llanura estaparia y el fondo del cañón es enorme. Arriba domina la vegetación del páramo, con taludes de roble, encina y enebro.

En lo hondo del cañón serpentea un bosque de ribera muy tupido, con alisios, chopos, sauces y avellanos. La corriente del río es rápida y siempre se ha dicho que es peligrosa. Es un río fuerte, que en invierno se hincha como si enseñara los músculos. En lo alto de la garganta queda una cinta de cielo azul. En los lugares sombríos, que son los más del recorrido, las aguas presentan un aspecto verdoso y opaco. Muy raras veces se forma una tabla de agua. Entonces aparece en el remanso una superficie reticulada que refleja los juegos de luz de la bóveda de los árboles y hace pensar en la piel de un lagarto. En Orbaneja brota una boca de agua de la misma peña que define el corte vertical del páramo. La cascada se precipita en el Ebro creando piscinas y estanques de un agua tan transparente que parece más ligera que el agua. Más allá de Escalada, el valle de Valdelateja es un circo espectacular que ofrece una visión algo más ancha de las rocas y del cielo, sin dejar de estar sumido en el corazón de la tierra. Allí el Ebro recibe por la derecha las aguas del río Rudrón, que surge de su propia garganta, labrada entre el páramo de la Lora y el páramo del Tozo. Ese río me es especialmente querido. Yo aprendí a nadar en el río Rudrón. Muchas tardes de verano íbamos a merendar a la orilla del río, entre el pueblo de Tablada de Rudrón y el pueblo de Tubilla del Agua. Aún puedo reconocer el lugar, que ahora ha sido devorado por la vegetación. Mientras los adultos pescaban cangrejos o dormían la siesta los niños nos bañábamos en el río. Las aguas del Rudrón son limpias, muy frías, de un color verde de vidrio cortado. El efecto de las aguas frías en un niño de seis o siete años era muy interesante. Se podía sobrevivir o no. Podía ver a mis primos con los labios azulados, después del baño, encogidos bajo una toalla, tiritando, con los hombros apretados y las rodillas juntas, seguramente lo mismo que ellos me veían a mí. Luego he comprobado que el agua fría provoca una exaltación de los sentidos. Es lo mismo que sucede en todas las situaciones de peligro. Después de un baño de agua fría los colores parecen más vivos, las sensaciones se vuelven más puras. Al salir del agua, si hay que tiritar se tirita durante un rato. Es una reacción sanísima. Si el niño no tirita, ni se mueve, es que ha sufrido una hidrocución. Después el cuerpo adquiere un temple especial, como si hubiera recibido un buen masaje. A mí me gustaban aquellas tardes de merienda. Ahora, siendo un hombre adulto, todavía me gusta ir a bañarme en aguas frías, en las tardes más azules de verano. Las dos mujeres sucesivas de mi vida procedían del ámbito caldoso mediterráneo y nunca han compartido sinceramente y de buen grado esta afición conmigo.

Después de recibir las aguas del Rudrón los cañones del Ebro cambian bruscamente de orientación, pero el perfil de las hoces sigue siendo el mismo: altos cantiles donde la roca que forma el sustrato del páramo aparece desnuda. Suele ser de un color azulado con largas estrías ocres, a veces socavada y lisa como un lienzo que recibe un soplo de aire, a veces a punto de fragmentarse en bloques grandes como una casa de siete pisos. Al pie de los farallones se inicia un talud pronunciado, cargado de robles y encinas, y en raros casos algún hayedo. Y abajo, el hondo discurrir del río entre la avenida frondosa de sauces y alisios. A veces los plegamientos de roca se manifiestan de tal modo que forman cuchillas verticales, como puertas o portillos por donde la corriente se engolfa. En ese caso la anchura del cañón, de pretil a pretil o de lienzo a lienzo, puede reducirse de dos mil metros a veinte. Hay quien piensa que en todo el curso del Ebro, desde el manantial hasta el delta, esos cañones son su tramo más salvaje y más bello. Un puente de piedra de un solo arco, alto como una iglesia, salva el río en Pesquera de Ebro. Luego viene una comarca difícil y compleja, donde el curso del río se vuelve prácticamente inaccesible. El valle de Zamanzas era hasta hace poco uno de los lugares más secretos de la región. La zona cuenta con numerosos pueblos, muchos más de los que su carácter agreste hace sospechar. Los recursos son escasos y siempre lo han sido. En la década de 1960 se produjo una fuerte emigración hacia Bilbao y muchos de aquellos lugares quedaron prácticamente despoblados. En poco tiempo, y a veces tan súbitamente como si se hubiera declarado una epidemia, los treinta vecinos de un pueblo quedaban reducidos a dos. A falta de ganado la maleza se comía los prados y a falta de manos el bosque invadía poco a poco los cultivos. Era un movimiento vegetal perfectamente reconocible, lento como una procesión. Primero venía la avanzadilla de enebros y sabinas, con sus figuras alargadas como frailes capuchinos. Unos años después la pujanza de los robles recuperaba las tierras para el monte. Yo conocí alguno de aquellos lugares abandonados. Un día de 1967, yendo de caza con un amigo de mi edad, llegamos a un pueblo donde había tres vecinos. Hablamos con uno de ellos. Nos sentamos y charlamos un rato. Dejamos los zurrones en el suelo y las escopetas apoyadas contra una pared. Aquel hombre nos dijo que criaba cerdos. Tenía tres cerdos y una cerda o chona de doscientos kilos. A veces utilizaba la cerda para cazar jabalí. Cuando la chona estaba en celo la sacaba por la noche a la linde del monte y la dejaba atada a un árbol. Luego se apartaba a resguardo del viento y permanecía al acecho. No tardaban en oírse gruñidos. El olor de la chona en celo atraía a los verracos de jabalí. De ese modo siempre lograba cobrar alguno. Fabricaba sus propios cartuchos de posta. Utilizaba limaduras y recortes de tubería de plomo que le traía un cuñado suyo que era fontanero en Medina de Pomar. Hablamos de los pueblos deshabitados o casi deshabitados como el suyo. Nos dijo que había un pueblo algo más arriba donde sólo quedaba un vecino y fuimos hacia allá. Era una caminata que no llegó a una hora. El pueblo lo formaban media docena de casas. No parecía haber nadie. No se veían gallinas. Una de las casas tenía la puerta abierta. En el zaguán dormía un perro. Pasamos de largo. Dimos algunas voces. Suponíamos que el hombre que vivía allí estaba en la huerta o en el campo. De repente nos sorprendió un detalle: el perro que dormía en la oscuridad del zaguán no se había despertado ni había ladrado al oírnos. Volvimos atrás. El perro seguía sin moverse. Mi compañero entró y le empujó ligeramente con la punta del pie. Entonces el perro se desplazó en bloque, como un cesto vacío. Estaba muerto, casi momificado. Hacía mucho tiempo que los gusanos le habían vaciado el interior. En aquel pueblo no había nadie, no porque el dueño del perro hubiera muerto, sino porque había emigrado sin tomarse el trabajo de cerrar la puerta de su casa, sin dejar que le siguiera su perro, sin que los tres vecinos del pueblo más cercano se enteraran siquiera de que se había ido. Con la curiosidad de los adolescentes sacamos fuera la momia del perro. Era una especie de paquete rígido, liviano y polvoriento que sólo se sostenía por el armazón del cuero y los huesos. Dejaba el pelo en las manos como si fueran escamas. Nuestro perro, que antes no había entrado en el zaguán, olía la momia de perro y daba vueltas alrededor. El perro muerto tenía los ojos cerrados y apoyaba la cabeza en las cuatro patas recogidas, en la postura circular de los perros dispuestos a una larga espera. Tenía las orejas carcomidas. Al levantar el paquete el rabo se quedó en el zaguán. Los labios habían perdido carne y formaban un rictus con una sonrisa fea. La trufa de la nariz era una fruta seca. Eran unos restos miserables. El alma de Aquiles hubiera dado toda su gloria inmortal por volver a vivir, aunque fuera en el cuerpo de un perro sarnoso. Aquel triste despojo era el fin de la reencarnación de Aquiles. Ahora, muchos de aquellos pueblos vuelven a tener algunos vecinos. Los emigrantes, ya jubilados, han arreglado las casas donde nacieron y regresan en la estación clemente, de mayo a octubre. En algunos pueblos se han abierto granjas. Los pueblos más pintorescos se animan con el turismo rural, pero a mí me ha resultado imposible dar con el pueblo abandonado donde mi amigo y yo encontramos al perro muerto, ni sé si era cerca de Robredo de Zamanzas, o cerca de Gallejones, o cerca de Villanueva Rampalay, o cerca de Consortes, o de Barriolacuesta, o de San Miguel de Cornezuelo. Esto es lo que tienen los viajes de retorno al cabo de mucho tiempo. Hay lugares que parecen haber desaparecido.

Al salir del valle de Zamanzas el Ebro entra en el valle de Manzanedo, que se quiebra en el callejón de Trespaderne y se prolonga en el largo valle de Valdivielso, al pie de la sierra de Tesla. Parece que la etimología de la palabra Ebro, que dio su nombre a Iberia, procede del euskera *ibaia ero* que significa «río insensato». Ya es bastante curioso para la historia de nuestro país que la palabra «iberia» tenga ese significado tan poco razonable. Lo cierto es que, al salir de las termópilas del puente de Valdenoceda, el Ebro ha labrado a sus espaldas un recorrido insensato por las hoces de los páramos.

## El territorio personal

Sobre la carretera de Burgos a Soria se levantan unas peñas que son el testigo de aquella sierra jurásica que recorría la meseta de norte a este y que el desgaste de los períodos geológicos ha reducido a un rosario simple y duro de vértebras sueltas, en un cadáver de roca calcárea. Su arranque se inicia muy al norte, en la peña de Amaya. Su extremo caudal llega a las puertas de Soria. Una línea que guarda cierta continuidad, con aspecto de *mamellae* o pechos de mujer, lleva el nombre de sierra de las Mamblas. En el término de Lara se encuentra la peña de su nombre. Del otro lado del río Arlanza se alza el

Guijarrón. Algo más allá se levanta la peña de Carazo que mira de soslayo y a lo lejos a la peña de Lara. Casi todas esas peñas albergaron castros celtibéricos de cierta importancia. En algunos casos, la ocupación romana y visigoda mantuvo una raigambre de dominio territorial que la roca transmitió con un prestigio casi fabuloso a los títulos de condes de Amaya y condes de Lara. Pocos restos han quedado de esos linajes anteriores al año mil. Del castillo de los condes de Lara sólo queda una pared. Su nombre pasó a los cantares de gesta, de los cantares de gesta a las crónicas y de las crónicas a los dramas románticos. Las cabezas de los Siete Infantes degollados se conservan en un arcón en la iglesia de Salas de los Infantes. De los condes de Amaya ha quedado un patio de armas con aspecto de redil y el recuerdo del título originario de la dinastía castellana.

A veces se llega a conocer un territorio relativamente grande, y ésta puede ser la ambición de un viaje peninsular, pero en la vida de un hombre lo que verdaderamente se conoce es un territorio de unos pocos kilómetros cuadrados. Eso me pasa a mí con estas peñas. En casi todas ellas he dormido al raso alguna vez. La peña de Carazo es citada por Berceo: «Caraço, el fuerte castellar». En el poema de Fernán González, Carazo figura como límite meridional del «pequeño rincón» castellano: «moros tenían Caraço en aquella sazón». En su cerro más alto, que ronda los mil quinientos metros, la peña de Carazo conserva las ruinas de un castillo árabe, casi invisible desde la base, mimetizado con el corte vertical de la roca, como si los sillares de sus pequeñas torres circulares volvieran insensiblemente a reintegrarse en la piedra madre. En otros tiempos las laderas desnudas de la peña debieron de estar cubiertas de hayedos. De aquel bosque sólo ha quedado el nombre de un pueblo, Ahedo de la Sierra. No podrá encontrarse en el entorno de la peña una sola haya que lo justifique. Al pie de los farallones del cerro oriental, donde el cierzo bufa como un fuelle, hay una franja de tejos que no llega al centenar de ejemplares. El tejo es un árbol rarísimo en estado silvestre. Desde lejos, en aquel lugar casi inaccesible, la mirada los confunde con el verde compacto y oscuro de las sabinas. Es preciso subir y tocar esa reliquia botánica. En el cielo menudean los buitres, los adultos en orden disperso, los jóvenes volando en escuadrilla. Entre los buitres de Carazo anidaba hasta hace algunos años una pareja de alimoches, más pequeños y de vuelo más directo que los buitres, con sus alas como una señal óptica en blanco y negro. A media altura de la peña brotan cuatro o cinco manantiales. Se ven restos de tenadas o majadas de pastor. El collado que separa los dos cerros es una ventana amplísima sobre los montes de Silos. Carazo ofrece un pequeño territorio personal. En los últimos días de agosto empiezan a brotar los cólquicos. Aparecen primero en lo alto del collado. El tallo y la raíz son muy venenosos. La flor crece a ras de tierra. Son seis pétalos largos y finos pintados de un tierno color malva sobre un blanco de nata con tres pistilos suspendidos sobre el cáliz como salpicaduras de pimentón. Al acabarse el verano, el cólquico baja de cota de altura a medida que refrescan las noches, siguiendo la progresión del otoño, desde el collado hasta el pie de la peña, a razón de unos cincuenta metros cada cinco noches. A mediados de septiembre aparece en el valle. Entonces los robles empiezan a otoñar, aunque sin llegar a perder las hojas. En invierno la peña entera se congela. En las noches claras refleja la luz muerta de la luna. Éstos son recuerdos de las cuatro estaciones. Podría extenderme en evocar muchas tardes de excursión, con vino y pan y lata de sardinas, y con ello dar vida y memoria a ese pálido reflejo estéril.

El límite de las provincias de Burgos y Soria se cierra al norte por las sierras de la Demanda, de Neila y de Urbión, que retienen largamente el sol de la tarde cuando el resto de la comarca ya está en sombras. La línea de la sierra de la Demanda es alta y suave. El perfil de la sierra de Urbión es agreste y escondido. Su pico más alto, que destaca a lo lejos rugoso y prominente como una nuez, suele retener un destello rosado o rojizo a la última hora del crepúsculo. Yo he visto brillar nieve en junio y en septiembre. Los duros neveros de las umbrías, espesos, vidriosos y recortados, se conservan a veces en el mes de agosto hasta la llegada de las siguientes nieves. La comarca que forman las sierras de la Demanda y de Urbión, a caballo entre las dos provincias, está cubierta por el bosque más extenso de España y dicen que el más extenso de Europa si se exceptúa el bosque escandinavo. El bosque original de roble y haya, con muestras de acebo, serbal, manzano silvestre y otros árboles menores, se encuentra dominado por el bosque de pino negro, un pino oscuro, como su nombre indica, de crecimiento lento y de madera excelente. Son bosques sanos, potentes, sin muestras de agotamiento o sobreexplotación forestal. Como sucedía a los romanos en los bosques de Germania, los bosques de Urbión pueden recorrerse durante muchos días sin salir a terreno despejado. Los bosques de Urbión hicieron soñar a los regeneracionistas españoles con un gran bosque interior que sería, en lo forestal, el símbolo del resurgimiento de España. El regeneracionismo y la repoblación forestal siempre han ido muy parejos. Se diría que había algo más que un propósito económico y de recuperación de tierras esquilmadas o estériles. Había que empezar por el principio. Hacer surgir el bosque primitivo de Iberia sería remontarse a los valores originales y sentir el país como otra cosa que los valores decadentes de la tierra desnuda. El pesimismo español se alimentaba de la estética de las parameras y de los crepúsculos violentos de un paisaje desolado. El regeneracionismo emprendedor quería plantar árboles. En los avatares de la historia de los últimos ciento cincuenta años la repoblación forestal se emprendió, se mantuvo y se mantiene con peor o mejor fortuna, con mejores o peores resultados, pero siempre con la idea de que este país no será nunca nada sin esa especie de regeneracionismo botánico que podía llegar a actuar como placebo o sustituto de un mucho más complicado regeneracionismo moral. Los bosques de Urbión, entre Burgos y Soria, como los montes de Oca, entre Burgos y Logroño, ofrecían la imagen de un territorio vigoroso y sano en el corazón de la península, «el corazón de roble de Iberia y de Castilla» que cantaba Antonio Machado. Era también un territorio posible en el sueño de los reforestadores que no escatimaron medios con un voluntarismo admirable.

Hacia la década de 1920, en la escuela de Cardeñadijo, donde mi tío Juan Manuel aprendió a leer, se plantaba todos los años un árbol en un día dedicado especialmente a ello. Cardeñadijo era un pueblo cercano a Burgos, de colinas peladas, cuya masa forestal se limitaba a los chopos de la carretera y a los sauces de un regato. El día señalado el maestro reunía a los alumnos y se los llevaba de excursión. Precedía a la fila de escolares sosteniendo en la mano un retoño tieso como una estaca. El retoño corría a cargo del Ministerio de Instrucción Pública. Una vez llegados al lugar escogido se abría un hoyo y se plantaba el árbol. Después el maestro se rodeaba de los niños y juntos cantaban:

*Salud, tierno arbolito*
*que acabo de plantar,*
*en prueba de cariño*
*a mi suelo natal.*
*Dejad que sus aromas*
*perfumen sin cesar*
*la regalada brisa*
*que el céfiro nos da.*

Seguramente la letra de la canción también procedía del Ministerio de Instrucción Pública. Mi tío Juan Manuel no la olvidó en todos los años de su vida, aunque sólo de mayor supo lo que era el céfiro. Nadie sabía tampoco con certeza lo que era la regalada brisa. Aquélla era la tierra sin misericordia del cierzo. Después de regar el árbol los niños y el maestro regresaban al pueblo. Entre las finuras de la canción y la dura realidad había un abismo. Los niños rezagados orinaban junto al retoño. De hecho, aquella estaca no llegaba a prosperar nunca. Los pastores, de suyo enemigos del árbol, la tronchaban al día siguiente. Los gañanes que no iban a la escuela no tardaban en arrancarla para hacerse un palo. Ésa hubiera sido una observación para alimentar las reflexiones del pesimismo, pero no bastaba para impedir que al año siguiente se plantara una nueva estaca y se volviera a cantar la canción no muy lejos del mustio socavón donde se había plantado la estaca anterior. Se puede ironizar lo que se quiera, pero no se debe dejar de admirar la tenacidad del maestro. Desde luego los bosques no se obtienen de ese modo, ni con ese procedimiento, pero la ceremonia del «tierno arbolito» nos habla de una fe casi infinita en las buenas cualidades del hombre, aplicadas, como un vector positivo, hacia la reforestación. Lo contrario, el vector negativo, o la cualidad intrínsecamente mala del hombre, se manifiesta en el resplandor luciferino de la mirada del pirómano.

Los pueblos de la comarca de los pinares, que desde lo alto de la sierra aparecen como un archipiélago esparcido en la interminable extensión de los bosques, siempre fueron pueblos ricos debido a los recursos que proporcionaba la madera, y también fueron pueblos con un determinado sistema de seguridad social. Los bosques son terreno comunal y patrimonio de los ayuntamientos. Al llegar a la mayoría de edad todos los naturales del pueblo con residencia en él recibían una cantidad de dinero anual que correspondía a su parte alícuota en la renta maderera. No era una cantidad muy elevada pero aseguraba un mínimo de subsistencia que en tiempos más miserables que los actuales suponía una diferencia muy marcada con los lugares que no disponían de esas rentas. Fueron pueblos con calles pavimentadas y con iluminación pública mucho antes de que ambas cosas se generalizaran, es decir, cuando normalmente, en los pueblos, las calles eran de polvo o de barro si es que había calles y sólo lucía una bombilla de cuarenta vatios en el ayuntamiento o en la casa parroquial. La explotación de la madera se hizo de forma controlada. Nunca se llegaron a esquilmar los bosques.

En Regumiel de la Sierra nació mi tía Mari, que se casó con mi tío Luis, hermano de mi madre, médico en Quintanar de la Sierra antes de emigrar a Llodio, donde ejerció toda su carrera. El origen de la población de la comarca ha sido muy discutido. Hacia 1960, el cura de Regumiel de la Sierra había reunido unos conocimientos propios. Era un hombre pequeño, membrudo, curtido, que se remangaba la sotana para dar zancadas por el monte. Se llamaba don Blas. Decía don Blas que aún podían verse por los pueblos de la sierra algunos especímenes de la primera población celtibérica, de pómulos altos y marcados, nariz grande, aguileña y afilada, cogote dolicocéfalo, ojos claros, barbilla fina y prominente, todo ello explicado con gestos de las manos que parecían moldear su propia cara y su cogote. La forma de los huesos del rostro se transmite, emerge o permanece latente durante muchos milenios. Decía también don Blas que la mayoría de la población de aquellas sierras había venido como consecuencia de las guerras de Flandes, en tiempos de Felipe II, que había poblado la agreste comarca con los prisioneros de guerra del duque de Alba. Familias enteras de los Países Bajos sufrieron aquella deportación. A ello había que añadir una tercera contribución humana en tiempo de la sublevación de las Alpujarras. Entonces fueron asentados en la sierra algunos grupos moriscos. En la sierra abundan los apellidos patronímicos como Miguel, Pedro, Antón o Benito, que producen nombres como fórmulas químicas simples, del tipo José de Miguel, Antón de Blas, Pedro Antón o Juan de Benito. Decía el cura de Regumiel que lo extraño de los apellidos flamencos y lo infamante de los apellidos moriscos había empujado a tomar aquella solución. Había que retener por lo tanto un sustrato humano complejo, mezcla de celtíbero, morisco y flamenco. No sé el valor antropológico que puedan tener las explicaciones del cura de Regumiel que yo escuché siendo niño, pero lo que queda en evidencia es el carácter frío, remoto y aislado de unas sierras que son bellas y ricas y que entonces fueron consideradas como lugares de deportación y castigo.

*El otoño en Soria*

El río Duero nace a los pies de la Muela de Urbión, por encima del límite de la vegetación, en esa piedra que vista desde Carazo parece una nuez lejana coloreada por el crepúsculo. En su primer recorrido se alimenta de las aguas del deshielo. Cruza los bosques y se crece a las puertas de Soria con el aporte del río Razón y del río Tera que surgen de lo oscuro de esos mismos bosques. A la izquierda queda el cerro de Numancia. El río se acerca entonces a su territorio más poético. Antonio Machado definió para siempre su «curva de ballesta en torno a Soria» en unos famosos versos bellos y concisos que son un ejemplo de geografía descriptiva. Machado vivió cuatro o cinco años en Soria y su recuerdo es inseparable de la ciudad. Su nombre también es inseparable del Duero y del paseo entre San Polo y San Saturio, «tras las murallas viejas de Soria», del otro lado del río. La historia de amor de Antonio Machado en

Soria con Leonor Izquierdo, su mujer, casi una adolescente, encierra una tragedia honda y sencilla, que nadie se atreve a calificar de romántica por no rebajar su significado. Aun así, todavía hoy, los novios de Soria cumplen el rito de pasear junto a los álamos del río. Las jóvenes mujeres casadas hacen jogging. Los hombres solitarios pasean con un perro. El paraje es muy hermoso. ¿Por qué no haberlo dejado intacto? Primero se construyó una espantosa pasarela frente a la ermita. Luego se abrió un camino y se hizo un aparcamiento en la orilla opuesta. ¿Por qué no haber respetado el lugar en vez de aprovecharlo? Como todos los parajes de aguas mansas, provoca una ensoñación profunda, agradable y levemente depresiva. Puede ser una ensoñación melancólica, de las que hacen ver en las hierbas acuáticas la cabellera de una mujer ahogada. La lámina de agua es densa, opaca, con brillos oscuros. A veces se forma un remolino, no mayor que una moneda, que hace vibrar un junco como si lo agitara una mano debajo del agua. En otoño el camino de San Saturio es un lugar de nostalgia. También recuerdo el río en invierno, helado de orilla a orilla, con polvo de nieve sobre el hielo. En la niebla los árboles aparecían hirsutos. La obra del frío y de la noche había dibujado una filigrana de escarcha sobre las ramas. El sentimiento era entonces amortiguado y frágil, como la expresión de la serenidad perfecta. De las mujeres, Antonio Machado amó «cuanto ellas pueden tener de hospitalario», un sentimiento que sin ceder en ternura encierra toda una filosofía masculina. El aprecio que mi generación demostró por Machado fue muy grande. Aprendimos sus versos con canciones. Las lecciones de Juan de Mairena fueron nuestro Montaigne. En estos días de septiembre los álamos del Duero se iluminan con un cálido color limón que los novios, los pintores y los poetas admiran. Hay álamos blancos, con un otoñar más triste y gris que los álamos dorados. El río aguanta el fin del estiaje con una carga de agua densa y tupida que forma islas de juncos. El poeta tiene en Soria un monumento. Es una piedra áspera, extraída de las rocas que forman el cauce del río. Sobre ella se ha colocado una enorme cabeza de bronce con la forma de una avellana gigante y con la expresión severa, harta y muerta de una mascarilla fúnebre. Justo enfrente, en la misma plaza, los estudiantes del instituto donde el poeta daba clase frecuentan el café Machado. Es un homenaje de otra índole pero de igual valor que el monumento de bronce. Soria es una pequeña ciudad que se anima extraordinariamente a la caída de la tarde. Mientras los bares se llenan de público el río recoge las últimas luces entre San Polo y San Saturio. El otoño en Soria es breve, precoz y sentimental. La flor del cólquico había empezado a brotar en las márgenes del río y al día siguiente me fui a Medinaceli.

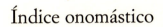

# Índice onomástico

535

# Índice onomástico

# Índice onomástico

# Índice onomástico

# Índice onomástico

# Índice onomástico

# Índice onomástico

# Índice onomástico

# Índice onomástico

# Índice onomástico

# Índice onomástico

# Índice onomástico

ESTE LIBRO HA SIDO IMPRESO
EN LOS TALLERES DE
A&M GRÀFIC, S. L.
SANTA PERPÈTUA DE MOGODA (BARCELONA)